21世纪普通高等教育规划教材

management

管理学
—— 认知、理论与实践
（第三版）

费湘军　胡一鸣　编著

化学工业出版社

·北京·

本书定位于应用型本科高校人才培养目标，立足于提高学生管理的综合素质，坚持教学单元化和系统化相结合、理论与实务相结合。本书以学习者的主体地位组织教学工作，以管理者角色扮演为情景，以体验式教学为手段，以提高学习者的学习兴趣为导向，以提高学习者的能力素质和职业素质为目标，遵循认知——理论——实践的循序渐进的学习方式，很好地做到了理论与实践结合，知识与能力齐飞的目的。书中配有大量思考题、案例和实训内容，具有很强的实践操作性，可以满足教师教学、学生自学的需要。

本书在整体结构的设计上遵循学习教育的逻辑规律，从管理者角色扮演的认知学习，到了解管理基础和管理工作的环境与实质，再到管理的四大职能学习，最后进行管理者的自我修炼。这个学习循环层次性分明，充分体现了应用型本科的高素质人才的培养目标，蕴含着能力素质培养的终极目标。

本书主要创新点有三个：其一结构创新，即按照认知学习——理论学习——实践学习的结构进行编著；其二以管理者角色进行内容设计，情景化教学得以很好地应用；其三通过模拟企业综合案例贯穿整个知识结构，与管理者角色扮演统一起来，从形式到内容上形成了完整的体系。

本书既可作为普通高等院校经济管理类相关专业学生的教材，也可作为社会相关人员的参考用书。

图书在版编目（CIP）数据

管理学：认知、理论与实践/费湘军，胡一鸣编著．
3版．—北京：化学工业出版社，2019.3（2021.1重印）
21世纪普通高等教育规划教材
ISBN 978-7-122-33802-0

Ⅰ.①管⋯　Ⅱ.①费⋯②胡⋯　Ⅲ.①管理学-高等学校-教材　Ⅳ.①C93

中国版本图书馆 CIP 数据核字（2019）第 011512 号

责任编辑：郝英华　　　　　　　　装帧设计：张　辉
责任校对：宋　玮

出版发行：化学工业出版社（北京市东城区青年湖南街 13 号　邮政编码 100011）
印　　刷：北京京华铭诚工贸有限公司
装　　订：三河市振勇印装有限公司
787mm×1092mm　1/16　印张 19½　字数 510 千字　2021 年 1 月北京第 3 版第 3 次印刷

购书咨询：010-64518888　　　　　　售后服务：010-64518899
网　　址：http://www.cip.com.cn
凡购买本书，如有缺损质量问题，本社销售中心负责调换。

定　　价：56.00 元　　　　　　　　　　　　　　　　　　版权所有　违者必究

前 言

《管理学教程——从实践中来，到实践中去》自 2011 年 1 月初版，2014 年再版，到今年已经连续使用了 8 年的时间，在第一版和第二版教材使用的过程中，课程组不断地进行研究探索，总结提炼应用型本科的教学规律，努力提升教学效果，进一步丰富和完善了应用型本科学习的结构逻辑和体验式教学的设计内容。为了适应我国高等教育改革的新趋势，尤其是适应应用型本科院校"管理学原理"的教学，提高教学的效率与效果，课程组对原书进行了第 2 次修订，并更名为《管理学——认知、理论与实践》（第三版）。本书的教学设计行为导图如图 1 所示。

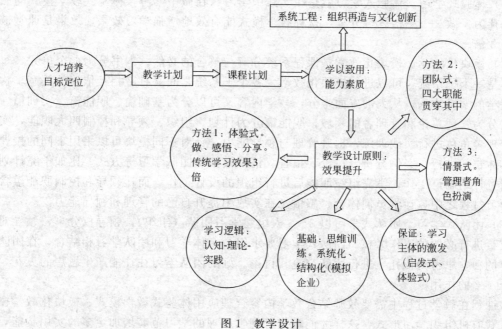

图 1　教学设计

一、设计的思路与结构更趋合理

高等教育的目标就是要培养有道德、有纪律、有文化的具有全面高素质的人才，应用型本科人才培养也必须以此为终极目标。在这样的战略指导下，传统课程教学必须遵循这条主线。为此，本书中设计了以素质为导向的人才培养模式，如图 2、图 3 所示。

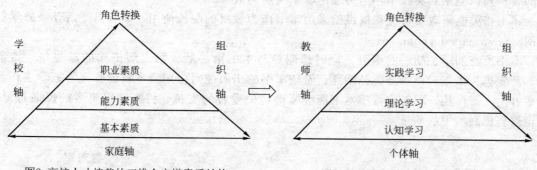

图2　高校人才培养的三维金字塔素质结构　　　图3　课程教学的三维金字塔结构层次

设计思路：本书结构设计与教学体系遵循高校人才培养的素质结构模型，从认知学习开始，到系统的理论学习，再到实践学习，体现的是知识到能力的学习过程，是一种由低到高的层次设计。本书以模拟企业综合管理案例为课程主案例，引入体验式教学方法，以单元化教学内容为主，整合理论教学与管理素质培养的内容，在学习知识的同时，提升学习者管理素质。跳出理论学理论，从实践到理论，以项目教学为主，以体验式教学为手段，以提高学生管理素质和能力素质为抓手，反向去探索管理的理论。

设计结构：绪论　管理者角色扮演，完成学习者的角色定位；第一单元　管理总论，你需要了解的管理基础；第二单元　管理者的领域，你从事管理工作的环境与实质；第三单元　计划，管理的职能之一；第四单元　组织，管理的职能之二；第五单元　领导，管理的职能之三；第六单元　控制，管理的职能之四；第七单元　管理者能力素质开发，管理者的自我修炼。

二、设计的教学方法增强了学习的效果

（1）体验式学习。体验式学习就是在实践中学习、在做中学习，体验式教学模式的三部曲可概括为：做——感悟——分享，这种教学模式能有效地增强学习效果，效果是课堂被动学习的 3 倍。

（2）模块化教学。模块化教学是课程系统分解与整合的必然。本书分为七个单元，每个单元都是一个子系统，可以进行模块化教学，各个子系统之间又有着相互依赖的关系，构成了管理学的学科体系。从大的方面来分，教学内容又可以分为基础篇、职能篇、实训篇。基础篇又分为管理总论和管理者的领域，职能篇分为计划、组织、领导和控制四大职能，实训篇以管理者角色进行实战训练，提升管理与领导能力。针对不同模块可以采用不同的授课方式，具体包括讲授、案例分析、讨论、报告、情景模拟、团队学习等方式。比如学完计划职能后布置计划制订工作，学完组织职能后进行组织的设计工作，而让领导和控制职能蕴含在团队学习过程之中，让学员们体会、感悟，在实战中提升自己的管理和领导能力。

（3）团队式学习。团队式学习以 3~5 人组建学习团队（组织），领导权分享，领导对小组和成员进行必要的工作考核。团队式学习要求组员个体学习和团队学习相结合，在团队中以个体的独立思考为依托，进行团队交流和讨论。好的团队学习往往能产生思想的火花，起到 $1+1>2$ 的作用。

该课程在教学过程中需要教师结合教学内容合理应用体验式教学模式、模块化教学模式和团队式有机组织学习形式，这样才能跳出管理学原理的学习范畴增加更多的实用技能，在学习过程中潜移默化地对学习者进行管理素质的塑造。

本书在做了上述的完善后，结构与层次更加科学合理，也更加适合应用型本科人才培养的实际和需要。有了这些内容的补充和完善，教学工作的多样化可以更好地开展和实施，对于团队学习、课堂讨论、报告和角色扮演的开展必将起到支持性作用，使学习者灵活地将所学的管理知识应用到实践中，达到理论联系实际的效果。

本书相关电子教案可免费提供给采用本书作为教材的院校使用，如有需要请登录教学资源网（www.cipedu.com.cn）。

本书由费湘军、胡一鸣编著，同时感谢参与本书第一版、第二版工作的孟晓华、费湘琴、严定忠、张威、卢景方、孙晓燕。希望本书的出版能对应用型本科的管理学教学工作起到更好的支持作用，同时也希望本书能继续得到关爱者的支持，将来获得更多的反馈意见，以便修订提高本书的质量。

费湘军

2018 年 12 月于苏州

目 录

绪论 管理者角色扮演,完成学习者的角色定位

第一节 模拟企业构建 1
第二节 管理团队组建 3
第三节 团队任务 3

第一单元 管理总论,你需要了解的管理基础

第一章 管理者与管理 6
第一节 工作生活中的管理故事 6
第二节 管理的若干个问题 9
思考题 23

第二章 管理的演进 24
第一节 管理产生的历史背景 24
第二节 中外早期管理思想 26
第三节 管理理论的形成与发展 30
第四节 当前的趋势和问题 48
思考题 53

第三章 管理的基本原理 54
第一节 管理原理的特征与意义 54
第二节 系统原理 55
第三节 人本原理 56
第四节 责任原理 59
第五节 效益原理 61
思考题 66

第二单元 管理者的领域,你从事管理工作的环境与实质

第四章 组织文化与环境 68
第一节 组织文化概述 68
第二节 组织环境 74
思考题 80

第五章 决策 81
第一节 决策基本概念 81
第二节 决策的普遍性 85

  第三节 决策思维 ·· 86
  第四节 决策方案的分析 ·· 89
  第五节 群体决策 ·· 95
  思考题 ·· 104

第三单元 计划，管理的职能之一

第六章 计划的基础 ·· 106
  第一节 计划的概念 ·· 106
  第二节 计划的类型 ·· 108
  第三节 计划的编制程序 ·· 111
  第四节 计划的权变因素 ·· 113
  第五节 计划的基础——目标 ·· 114
  思考题 ·· 120

第七章 计划的工具和技术 ·· 121
  第一节 评价环境的技术 ·· 121
  第二节 预算 ·· 123
  第三节 计划工具 ·· 124
  第四节 时间管理 ·· 129
  思考题 ·· 135

第八章 战略管理与企业家精神 ·· 136
  第一节 战略管理的概念 ·· 136
  第二节 战略的层次和类型 ·· 140
  第三节 战略管理过程 ·· 143
  第四节 战略管理的分析方法 ··· 145
  第五节 企业家精神 ·· 149
  思考题 ·· 154

第四单元 组织，管理的职能之二

第九章 组织的基础 ·· 156
  第一节 组织概述 ·· 156
  第二节 组织设计 ·· 158
  思考题 ·· 168

第十章 组织与职务设计 ·· 169
  第一节 机械式组织结构设计 ··· 169
  第二节 有机式组织结构设计 ··· 171
  第三节 职务设计选择 ·· 174
  思考题 ·· 185

第十一章　人力资源管理 ··· 186
第一节　人力资源管理概述 ·· 186
第二节　人力资源管理的过程 ·· 188
第三节　国外人力资源管理现状 ·· 197
思考题 ··· 202

第五单元　领导，管理的职能之三

第十二章　领导的基础 ··· 204
第一节　行为的基础 ·· 204
第二节　理解群体与团队工作 ·· 209
思考题 ··· 213

第十三章　领导理论 ··· 214
第一节　管理者与领导者 ··· 214
第二节　领导理论 ·· 216
思考题 ··· 226

第十四章　激励 ··· 227
第一节　激励概述 ·· 227
第二节　早期激励理论 ·· 229
第三节　当代激励理论 ·· 234
思考题 ··· 244

第十五章　沟通与人际交往技能 ··· 245
第一节　沟通 ·· 245
第二节　人际交往技能的开发 ·· 249
思考题 ··· 260

第六单元　控制，管理的职能之四

第十六章　控制的基础 ··· 262
第一节　控制的基本概念 ··· 262
第二节　控制的基本过程 ··· 266
第三节　有效控制的原则 ··· 268
思考题 ··· 273

第十七章　控制技术与方法 ··· 274
第一节　预算控制 ·· 274
第二节　审计控制 ·· 277
第三节　质量控制 ·· 280
第四节　管理信息系统 ·· 282
思考题 ··· 290

第七单元　领导能力开发，管理者的自我修炼

第十八章　能力素质的提出 …………………………………………………………… 292
　　第一节　综合素质的三维结构 ……………………………………………………… 292
　　第二节　能力素质是应用型本科人才培养的重心 ………………………………… 293
第十九章　开发培训的方案选择 ………………………………………………………… 294
　　第一节　领导力内涵界定 …………………………………………………………… 294
　　第二节　领导力开发方案选择 ……………………………………………………… 295
测试题参考答案 …………………………………………………………………………… 300
参考文献 …………………………………………………………………………………… 303

绪论　管理者角色扮演，完成学习者的角色定位

第一节　模拟企业构建

一、模拟企业含义及发展历程

1. 模拟企业含义

模拟企业是一套专业的管理工作系统。从公司注册到企业经营与管理均与现实中完全一样，只是没有实际的产品交付、货币收支。在学习或培训中，参加的学员可以自行选择岗位，成为老板或普通员工，接受公司经营所涉及的人力资源管理、财务、市场营销、采购等各方面的教育与训练。此外，学员在"模拟公司"中可经历企业全部业务的操作过程，了解和体会创业过程中各环节、各岗位的工作内容和相关联系，而又不必承担任何经济风险。在相对"真实的"虚拟环境中，验证自己的创业项目，经营自己创办的企业，完善企业的经营管理。一旦模拟成功，就可以将虚拟企业照搬到现实中来，从而降低新办企业的创业风险，提高创业成功率和企业存活率。更重要的是，学员可以在此过程中提高岗位实操能力，增强"实际"工作经验，提升职业素质和能力素质。

2. 发展历程

20世纪80年代后期，"模拟企业"在世界范围内得到了迅猛发展。据不完全统计，1998年4月，世界30个国家建立并且在数据库中可以查到其信息的"模拟公司"有2775个。此外，一些国家还建立了"模拟公司"协调中心，负责本国"模拟公司"之间的业务交往和人员培训，及从事国际商务和交流协调活动。为促进各国"模拟公司"之间的交往，1993年11月，欧共体和德国北威州政府资助建立了"欧洲模拟公司"网络，现已发展成为国际性组织"EUROPEN"协会。该协会还组织一年一度的"模拟公司国际博览会"，为促进世界范围内"模拟公司"之间的交流和相互学习做出了贡献。

2007年3月中国成功加入"EUROPEN"，并成为核心会员。这标志着中国将可以享有先进的模拟公司实训技术和浩大的全球模拟公司资源。随着中国的加入，"EUROPEN"正式更名为"PEN—INTERNATIONAL"（全球模拟公司联合体）。

当前国内高校普遍开展的国际企业管理挑战赛（GMC）、企业行为模拟、企业管理决策模拟、企业经营沙盘模拟、ERP模拟沙盘、用友的虚拟商业社会环境（VBSE）等都属于模拟企业的实际应用。

二、模拟企业组建的方法

模拟企业是一个系统化的工程，需要多学科、多样化的知识和技能，为了吸取模拟企业运作的精髓，管理学原理也可以进行模拟企业管理的体验式学习，只要根据课程知识结构合理设计与把握即可达到真实的效果。

模拟企业的组建，可以按照以下三种方法进行设计，但不管哪一种方法都应该使得组建的企业基本信息清晰。组建的原则是以小为佳，以自己熟悉的环境为佳，可以包括企业名称、LOGO、经营场所、业务活动等。

1. 虚拟的企业

虚拟的企业是指根据团队成员的意向完全由团队虚构一个现实中并不存在的企业，界定企业的地址、经营范围、资源条件等内容。也就是说这样的企业是你们完全虚构出来的，在后续的模拟企业综合案例的分析研究中还可以根据实际情况对企业信息进行修改或完善，目的就是要有助于你们管理团队运用所需管理学基础知识分析贵企业管理中的相关工作。

2. 现实版的企业

现实版的企业是指根据团队成员的意向完全由团队按照现实中的某个企业的情况来设计自己公司的情况。也就是说这样的企业是你们完全照搬下来的，在后续的模拟企业综合案例的分析研究中你们就以这个企业的情况为自己公司的实情，以此开展相关分析研究工作。

3. 虚拟与现实企业的结合

虚拟与现实企业的结合是指管理团队借助于上述两种方法进行模拟企业的构建，把现实企业情况与虚拟企业情况相结合构建一个你们喜欢的公司，界定下来后这样的公司就是你们模拟企业活动的初始条件。

三、模拟企业活动的目的与形式安排

1. 模拟企业活动的目的

① 体验式学习方式增强学习效果。模拟企业案例是由各个小组根据兴趣或者专长自行设计的，属于自己的企业，成员对企业的内部环境和外部环境都有一定的了解，自然增强了案例的体验性，增强了学习的效果。

② 系统性案例学习与分享。模拟企业综合案例贯穿了管理学原理的主要知识，以管理者角色进行学习，学习之中综合运用管理学原理的基本知识去解决实际的管理问题，该案例系统性、结构性好。涉及到的知识结构有：组织的文化与环境、决策、计划、组织、领导与控制四大职能，该案例是理论与实践的高度统一。其中计划与组织都有相应的文字作业，领导与控制主要体现在模拟企业的管理过程之中。

2. 模拟企业活动的学习形式

① 个人。由个人进行学习，主要是利用课下时间进行学习。
② 团队。由团队进行组织学习，利用课上与课下时间进行学习。
③ 课堂讲解与讨论。课堂上组织学习，发挥个人与团队的作用。
④ 线上学习。如利用蓝墨云班课上的内容进行学习。

3. 模拟企业活动的考核形式

① 阶段性工作考核。提交阶段性作业或者现场报告与答辩，阶段性作业指的是某一板

块的作业内容，如文化分析、环境分析、战略制定、计划或者组织设计中的某项工作。

② 完整版报告（方案）上交。上交系统性的案例，涵盖管理学所能涉及到的主要知识点。

③ 模拟企业演练。实战演练，以体现从理论到实践的能力。

第二节 管理团队组建

一、管理团队的含义

现代管理如今越来越重视团队这一概念。管理专家建议重新构建组织，以利于团队工作。董事们正在向公司的管理人员阐述团队工作的重要性，高级管理人员勉励其下属在部门内部要搞好团队工作。21世纪的管理理论研究也必然会围绕着团队展开，正是在这种情况下，你们去组织自己的管理团队进行组织的管理工作才更加有意义。贝尔滨博士的《管理团队》中提到，一支结构合理的团队应该拥有以下八个团队角色，即"公司工人""董事长""塑造者""楔子""资源调研员""监听评价者""团队工人"和"完成者"。

团队指在一个组织中，依成员工作性质、能力组成各种小组，参与组织各项决定和解决问题等事务，以提高组织生产力和达成组织目标。基本上，小组是组织的基本单位，各种小组的形成，若是成员能力具有互补性，形成异质性团队，其效果较佳，因为可从不同观点讨论，激发更有创意或独特的问题解决方式。

团队管理基础在于团队，其成员可在2～25人之间，理想上少于10人较佳。而团队建立适当与否，直接影响团队管理成效。这里所说的管理团队是指由你们这几位管理者所组建的工作团队，属于交叉性团队。

二、管理团队的组建

你们创立的企业由你们所组建的管理团队进行管理，你们几位团队成员担任的是企业中中高层管理职务，如果分解后还有剩余职务或职位无人担任则可以自行忽略，不再安排。这些职位可以包括总经理、副总经理、市场部经理、研发部经理、财务部经理、物流部经理、人力资源部经理等。

第三节 团队任务

本课程学习团队要求以3～5人进行组建学习团队，领导对小组和成员要进行必要的工作考核，如工作态度、工作分工、完成的质量、团队协作等。团队式学习要求组员个体学习和团队学习相结合，在团队中以个体的独立思考为依托，进行团队交流和讨论。团队学习，这种有机组织本身就可以很好地锻炼学员们的沟通、计划、组织、领导和控制能力，在学习过程中潜移默化地对学习者进行管理能力的塑造。团队在课程学习中的主要工作任务如下。

一、管理你的企业

以你所组建的企业为学习的组织，以管理学原理为学习的要求，管理你的企业主要包括以下工作内容：环境分析与战略制定；计划与目标确立；组织设计（包括结构结构设计、管理人员职务设计、管理人员所在部门的工作职责、重要的管理制度等）。

根据学期时长安排各项工作的完成时间，如环境分析与战略制定（13周）、计划与目标制定（15周）、组织设计工作（17周）。

二、演练你的企业

演练你的企业是指团队在管理企业的过程之中，选择某一方面的管理活动进行细化、达到能表演的境界。

根据学员学习情况，有选择的安排此阶段的工作。如果可以执行的话，一般应安排在学期快结束的时候，如第18周。当然演练你的企业也可以作为期末考试的内容，这个阶段充分体现了学以致用的精神内涵，是从认知学习——理论学习——实践学习的完整体验，这种考核要求较高，需要较多的时间和精力。

第一单元　管理总论，你需要了解的管理基础

在人类历史上，还很少有什么事比管理的出现和发展更为迅猛，对人类具有更为重大和更为激烈的影响。

——彼得·德鲁克

管理是由心智所驱使的唯一无处不在的人类活动。

——戴维·B·赫尔茨

第一章 管理者与管理

内容提要
- 管理故事的启迪
- 管理与管理者含义
- 管理经典职能
- 管理者的角色与技能
- 有效的管理者与成功的管理者
- 管理工作的普遍性
- 管理的性质
- 管理学研究方法与管理方法
- 管理学的特点与学科体系

第一节 工作生活中的管理故事

【故事一】 分工

一位年轻的炮兵军官上任后，到下属部队视察操练情况，发现有几个部队操练时有一个共同的情况：在操练中，总有一个士兵自始至终站在大炮的炮筒下，纹丝不动。经过询问，得到的答案是：操练条例就是这样规定的。原来，条例因循的是用马拉大炮时代的规则，当时站在炮筒下的士兵的任务是拉住马的缰绳，防止大炮发射后因后坐力产生的距离偏差，减少再次瞄准的时间。现在大炮不再需要这一角色了。但条例没有及时调整，出现了不拉马的士兵。这位军官的发现使他受到了国防部的表彰。

管理的首要工作就是科学分工，对组织工作进行系统的优化。只有每个员工都明确自己的岗位职责，才不会产生相互推诿和扯皮等不良现象。如果公司像一个庞大的机器，那么每个员工就是一个零件，只有他们爱岗敬业，公司的机器才能得以良性运转。公司是在不断发展的，管理者应当根据实际动态情况对人员数量和分工及时做出相应调整。否则，队伍中就会出现"不拉马的士兵"。"不拉马的士兵"占用了组织的资源，使组织运作效率低下，而且还违反了公平原则，直接影响组织内部的士气和人气，对组织发展的潜在危害是不言而喻的。如果组织中有人滥竽充数，给组织带来的不仅仅是工资的损失，而且还会导致其他人员心理不平衡，最终导致组织工作效率整体的下降。

【故事二】 制度的力量

这是历史上一个制度建设的著名例证。18世纪末期，英国政府决定把犯了罪的英国人统统发配到澳洲去。

一些私人船主承包从英国往澳洲大规模地运送犯人的工作。英国政府实行的办法是以上船的犯人数支付船主费用。当时那些运送犯人的船只大多是一些很破旧的货船改装的，船上设备简陋，没有什么医疗药品，更没有医生，船主为了牟取暴利，尽可能地多装人，使船上的条件十分恶劣。一旦船只离开了岸，船主按人数拿到了政府的钱，对于这些人是否能远涉重洋活着到达澳洲就不管不问了。有些船主为了降低费用，甚至故意断水断食。3年以后，英国政府发现：运往澳洲的犯人在船上的死亡率达12%，其中最严重的一艘船上424个犯人死了158个，死亡率高达37%。英国政府费了大笔资金，却没能达到大批移民的目的。

英国政府想了很多办法。每一艘船上都派一名政府官员监督，再派一名医生负责犯人和医疗卫生，同时对犯人在船上的生活标准做了硬性的规定。但是，死亡率不仅没有降下来，有的船上的监督官员和医生竟然也不明不白地死了。原来一些船主为了贪图暴利，贿赂官员，如果官员不同流合污就被扔到大海里喂鱼。政府支出了监督费用，却照常死人。

政府又采取新办法，把船主都召集起来进行教育培训，教育他们要珍惜生命，要理解去澳洲开发是为了英国的长远大计，不要把金钱看得比生命还重要，但是情况依然没有好转，死亡率一直居高不下。

一位英国议员认为是那些私人船主钻了制度的空子。而制度的缺陷在于政府给予船主报酬是以上船人数来计算的。他提出从改变制度开始：政府以到澳洲上岸的人数为准计算报酬，不论你在英国上船装多少人，到了澳洲上岸的时候再清点人数支付报酬。

问题迎刃而解。船主主动请医生跟船，在船上准备药品，改善生活，尽可能地让每一个上船的人都健康地到达澳洲。一个人就意味着一份收入。自从实行上岸计数的办法以后，船上的死亡率降到了1%以下。有些运载几百人的船只经过几个月的航行竟然没有一个人死亡。

绩效考核和激励应是基于流程管理的考核和激励。就是考核谁，考核什么，考核到什么程度，什么时间来考核都要有流程上的依据。流程管理思想跟功能管理不一样的地方在于，功能管理往往强调事情本身，做这个事情往往就是目的，但是流程管理的目的是为了战略的实施，为了公司获得更大的效益，否则就宁愿不惩罚你，宁愿不考核你！

【故事三】 竞争

国外一家森林公园曾养殖几百只梅花鹿，尽管环境幽静，水草丰美，又没有天敌，而几年以后，鹿群非但没有发展，反而病的病，死的死，竟然出现了负增长。后来他们买回几只狼放置在公园里，在狼的追赶捕食下，鹿群只得紧张地奔跑以逃命。这样一来，除了那些老弱病残者被狼捕食外，其他鹿的体质日益增强，数量也迅速地增长。

流水不腐，户枢不蠹。人天生就有种惰性，没有竞争就会故步自封，躺在功劳簿上睡大觉。竞争对手就是追赶梅花鹿的狼，时刻让梅花鹿清楚狼的位置和同伴的位置。跑在前面的梅花鹿可以得到更好的食物，跑在最后的梅花鹿就成了狼的食物。按照市场游戏规则，给予

"头鹿"奖励，让"末鹿"被市场淘汰。

【故事四】 沟通

美国知名主持人"林克莱特"一天访问一名小朋友，问他说："你长大后想要当什么呀？"小朋友天真的回答："我要当飞机的驾驶员！"林克莱特接着问："如果有一天，你的飞机飞到太平洋上空所有引擎都熄火了，你会怎么办？"小朋友想了说："我会先告诉坐在飞机上的人绑好安全带，然后我挂上我的降落伞跳出去。"当在现场的观众笑得东倒西歪时，林克莱特继续注视这个孩子，想看他是不是一个自作聪明的家伙。

没想到，接着孩子的两行热泪夺眶而出，这才使得林克莱特发觉这孩子的悲悯之情远非笔墨所能形容。于是林克莱特问他说："为什么要这么做？"小孩的答案透露出一个孩子真挚的想法："我要去拿燃料，我还要回来！"。

你真的听懂了手下的话了吗？你是不是也习惯性地用自己的权威打断手下的语言？我们经常犯这样的错误：在手下还没有来得及讲完自己的事情前，就按照我们的经验大加评论和指挥。反过头来想一下，如果你不是领导，你还会这么做吗？打断手下的语言，一方面容易做出片面的决策，另一方面使员工缺乏被尊重的感觉。时间久了，手下将再也没有兴趣向上级反馈真实的信息。

反馈信息系统一旦被切断，领导就成了"孤家寡人"，在决策上就会变成"睁眼瞎"。与手下保持畅通的信息交流，将会使你的管理如鱼得水，以便及时纠正管理中的错误，制定更加切实可行的方案和制度。

【故事五】 管理的艺术，写要比说的靠谱

古代有个员外，发现出门用的马车的轮子坏了，让管家去买一个给换上。轮子买来了，非常结实，可就是装不上。员外一问，原来管家安排一个家丁去买的，那家丁刚来，从来没有近距离接触过员外的马车，最后只能凭自己小时候对牛车的印象买了个轮子。

管理者常常痴迷于语言的力量，在商业社会中，许多利益也都是通过语言赢得的。无论在办公室、谈判桌，还是饭桌，一个雄辩滔滔的管理者总要比一个寡言少语的管理者更加容易吸引别人的目光，获得更多机会。

但语言往往不是万能的，特别是在管理中。从管理者的口头命令到意图被实现，中间还有很长一段路。有的管理者口头下达命令的时候自己都不清楚目的是什么，对完成时间、实现程度也没有概念。这样的口头命令往往会使员工手足无措。员工是跟管理者沟通还是自以为是的去做，这就不是管理者能够控制的范围了。

管理者一般似乎都不太喜欢白纸黑字沟通，觉得浪费时间，不如把人叫过来吩咐一番省事。实际上，他们不时会因此付出更大的沟通成本，甚至埋下隐患。例如前面的故事，假如那个家丁买来的轮子被勉强装上，也许哪一天员外会付出更大代价。

之所以提倡管理者用"写"向下属下达任务，特别是一些重要任务，是因为在写的过程中，管理者可以理顺思路，将要求细化。员工能获得更明确的信息，而不是盲人骑瞎马。同时，文字记录能够保存，管理者不用怕员工赖账，以没听清或者听错了为由搪塞责任。

写，并不一定是非要拿笔写在纸上，现代化的企业信息管理，无纸化办公早已普及。通过信息化管理工具，所写的记录不但可以永久保存，而且能方便的实时查询。

管理的艺术并不排斥语言，灵活运用语言和其他手段，其根本目的还是让命令更加顺利的执行，就像我们打电话，但也发短信、写邮件一样。运用之道，存乎"心"，需要管理者在实践中不断摸索。

看了以上的故事，它一定会给你带来某些方面的思考。我们不妨就将这种思考作为今天

学习管理学的开始。

第二节 管理的若干个问题

一、管理者

1. 组织

组织是对完成特定使命的人们的系统性的安排，是指一种由人们组成的、具有明确的和系统性结构的实体。

组织具有三大基本特征。

① 目的性——组织有自己明确的目标。
② 属人性——组织都是由人组成的。
③ 结构性——组织发展出一种系统性的结构，用以规范和限制成员的行为。即按一定规则和程序而设置的多层次岗位及其有相应人员隶属关系的权责角色结构。

2. 组织中成员的分类

操作者和管理者是对组织中成员的两种最基本的分类。

操作者：直接从事某种工作或任务，不具有监督其他人工作的职责。如装配线上的工人、商店的服务员等。

管理者：是指有资格指挥别人活动的人，他们一定有下级。在一个组织中，管理者通常被分为以下三种基本的类型。

基层管理者：处于管理层级中最底层的管理者，如制造厂中的领班、运动队中的教练等、学校的班主任等。

高层管理者：处于管理层级中最高层的管理者，诸如公司的总裁和副总裁、总监、总经理、首席执行官或者董事会主席、学校的校长等。

中层管理者：处于管理层级中间层次的管理者，位于高层和基层管理者之间的管理者，如部门或办事处主任、项目经理、单位主管、地区经理、系主任以及部门经理等。

【案例一】 管理大师

一般管理之父：法约尔

科学管理之父：弗雷德里克·温斯洛·泰勒（Frederick Winslow Taylor, 1856—1915）

组织理论之父：马克斯·韦伯（Max Weber）

行为科学的奠基人：乔治·埃尔顿·梅奥（George Elton Mayo）

现代管理理论之父：切斯特·巴纳德（Chester I. Barnard, 1886—1961）

X-Y 理论管理大师：道格拉斯·麦格雷戈（Douglas M. McGregor, 1906—1964）

人性管理的理论大师：亚伯拉罕·哈罗德·马斯洛（Abraham Harold Maslow, 1908—1970）

穿梭在管理丛林中的游侠：哈罗德·孔茨（Harold Koontz）

现代管理学之父：彼得·德鲁克（Peter F. Drucker）

权变管理思想创始人：弗雷德·菲德勒（Fred E. Fiedler）

经济组织决策管理大师：赫伯特·西蒙（Herbert Simon）

双因素理论创始人：弗雷德里克·赫茨伯格（Frederick Herzberg）

领导艺术的指导者，组织发展理论创始人：沃伦·本尼斯（Warren G. Bennis）

现代营销学之父：菲利普·科特勒（Philip Kotler）
实践管理大师：查尔斯·汉迪（Charles Handy）
经理角色理论巨匠：亨利·明茨伯格（Henry Mintzberg）
全球最著名的管理学大师之一，商界教皇，管理领袖中的领袖，后现代企业之父：汤姆·彼得斯（Tom Peters）
领导变革之父：约翰·科特（John P. Kotter）
竞争战略之父：迈克尔·波特（Michael Porter）
学习型组织之父，当代最杰出的新管理大师：彼得·圣吉（Peter M. Senge）

二、管理的追求

管理是指同别人一起，或通过别人使活动完成得更加有效的过程。管理追求这样的两个基本点：一是效果；二是效率。

所谓效果，是指组织预定目标的实现。就是要通过管理达成组织所期望的结果。效果涉及的是活动的结果问题。

所谓效率，是指输入与输出的比例关系（输出/输入）。效率涉及的是活动的方式，反映的是达成管理效果的手段问题。效率是管理的极其重要的组成部分，对于给定的输入，如果你能获得更多的输出，你就提高了工作的效率；同样，对于较少的输入，如果你能获得同样的输出，那么你同样提高了效率。经济学告诉我们经营的输入资源是稀缺的（资金、人员、设备等），所以管理者必须关心这些资源的有效利用。因此，管理就是要使资源成本最小化。

效率和效果的关系，我们可以从图1-1清楚地看出。

图1-1 效率和效果的关系

高效果但低效率。有些企业不顾效率，却很容易达到有效果；一些政府部门机构有效果，但效率往往很低。

高效率但低效果。这就是把错事干好的企业或单位。

高效率与高效果。一般来说，高水平的管理能以高效率的活动方式而得到组织期望的高效果。

低效率与低效果。一般来说，低水平的管理绝大多数是由于无效率和无效果，或者是通过以牺牲效率来取得效果的。

所以，管理就是"首先要做正确的事"——这是效果问题，组织追求的就是要达到预期的目标，实现高效果；"其次要正确地做事"——这是效率问题，在保证正确目标的前提下，尽量提高组织的工作效率。

三、管理经典职能

法国工业家亨利·法约尔在20世纪初就提出，所有的管理都履行着五种管理职能：计划、组织、指挥、协调和控制。不过现在国内外得到普遍认同的是将这五种职能精简为四个基本职能——计划、组织、领导和控制，即将指挥和协调职能并入到领导职能之中。如表1-1所示。

表1-1 管理的四大职能

计划	组织	领导	控制		
确定目标，制定战略，开发分计划	决定需要做什么，怎么做，由谁去做	指导和激励所有参与者以及解决冲突	对活动进行监控以确保其按计划完成	导致→	组织宣称目标的实现

职能方法之所以被广泛地运用，是由于它再简单明了不过了，遵循职能方法，很容易回答管理者在做什么？他们在做计划、组织、领导和控制工作。但是，它是否确切地描述了管理者的实际的所作所为呢？当然未必，但是，它是对管理工作的一种高度、集中的概括。

（1）计划职能。包含规定组织的目标，制定总战略和战术以实现这些目标，以及将计划逐层展开，形成计划体系，以便协调各种活动，使之一体化。

（2）组织职能。包括决定组织要完成的任务，由谁去完成这些任务，这些任务怎样进行分类组合，信息传递的方式和途径，以及各种决策应在哪一层级上制定。

（3）领导职能。包括管理者如何激励下属，如何指导他们的活动，怎样选择最有效的沟通渠道，以及解决组织成员之间的冲突。

（4）控制职能。为了保证任务活动按照既定的计划进行，管理者必须适时地监控组织的工作完成绩效，必须将实际的表现与预先设定的目标进行比较。一旦出现了显著的偏差，管理的任务就是要使组织各项工作回到正确的轨道上来。

四、管理者的角色与技能

1. 管理者角色理论

1955年著名的管理学家彼得·德鲁克提出了"管理者角色"的概念。他认为，管理者的角色可分为三类：管理一个组织，求得组织的生存和发展；管理管理者；管理工人和工作。"管理者角色"理论影响最广泛的当数亨利·明茨伯格（Henry Mintzberg）提出的理论。20世纪60年代末期，明茨伯格教授通过仔细研究发现，现实生活中的管理者与传统上认为的管理者有很大的差异。人们一般都认为，管理者应该是深思熟虑的思考者，总是在尽量掌握充分信息的基础上作出决策。但实际研究发现，许多经理都陷入大量的、无一定模式的和短期的、应急的各种活动当中，几乎没有时间静下心来思考，他们的工作经常被打断。如明茨伯格在《经理工作的性质》一书中描述了经理工作的共同特点。

① 大量的工作，永不松懈的步调，空闲时间极少。

② 工作活动具有简短性、多样性和琐碎性，肤浅性是经理工作的职业危险。

③ 倾向于将工作更活跃的部分——现实的、具体的、明确的、非例行的活动放在优先地位。

④ 在口头的（电话、会晤）、书面的（文件）和观察性的（视察）几种联系工具中，爱用口头交谈的方式。

⑤ 处于他的组织与外界接触的网络之间，与顾客、供应商、业务伙伴、同级人员以及

其他人的外部联系要消耗经理联系时间的 1/3 至 1/2，与下属的联系要占 1/3 至 1/2 的时间，而与其上级的联系时间通常只占 10%。

⑥ 经理的职务反映了责任与权力的混合。经理对许多工作做出的初步决定负责，它们又规定了他的许多长期义务。但经理可以通过获取信息、行使领导职务等许多方式从他的义务中取得好处。

在大量观察的基础上，明茨伯格教授提出了一个管理者究竟应该扮演哪些角色的框架。见表1-2。明茨伯格认为，管理者扮演着10种不同的但又高度相关的角色，即挂名首脑、领导者、联络者、监听者、传播者、发言人、企业家、混乱驾驭者、资源分配者、谈判者角色。这10种角色又进一步组合成3个方面，即人际关系（挂名首脑、领导者、联络者）、信息传递（监听者、传播者、发言人）和决策制定（企业家、混乱驾驭者、资源分配者、谈判者）。

表1-2 明茨伯格的管理者角色理论

角色	描述	特征活动
人际关系		
1. 挂名首脑	象征性的首脑，履行法律性的或社会性的例行义务	迎接来访者，签署法律文件
2. 领导者	负责激励和动员下属，负责人员配备、培训和交往的职责	实际上从事所有的有下级参与的活动
3. 联络者	维护自行发展起来的外部接触和联系网络，向人们提供恩惠和信息	发感谢信，从事外部委员会工作及其他有外部人员参加的活动
信息传递		
1. 监听者	寻求和获取各种特定的信息，以便透彻地了解组织与环境；作为组织内部和外部信息的神经系统	阅读期刊和报告，保持私人接触
2. 传播者	将从外部人员和下级那里获得的信息传递给组织的其他成员	举行信息交流会，用打电话的方式传达信息
3. 发言人	向外界发布组织的计划、政策、行动、结果等信息；作为组织所在产业方面的专家	举行董事会议，向媒体发布信息
决策制定		
1. 企业家	寻求组织和环境中的机会，制定"改进方案"以发起变革，监督某些方案的策划	制定战略，检查会议决议执行情况，开发新项目
2. 混乱驾驭者	当组织面临重大的、意外的动乱时，负责采取补救行动	制定战略，检查陷入混乱和危机的时期
3. 资源分配者	负责分配组织的各种资源——事实上是批准所有重要的组织决策	调度、询问、授权，从事涉及预算的各种活动和安排下级的工作
4. 谈判者	在主要的谈判中作为组织的代表	参与工会进行合同谈判

管理者角色理论认为，现实中由于组织类型不同，管理者在组织内所处的层次不同，其扮演这10种角色的侧重点是不同的，甚至同一组织、同一层次管理者在组织的不同时期扮演的角色也是变动的。

管理者角色在内容和特点上的变化可以用四个方面的变数来解释。
① 环境方面的变数，包括周围环境、产业部门以及组织的特点。
② 职务方面的变数，包括职务的级别及所负担的职能。
③ 个人方面的变数，包括担任该项职务者的个性和风格上的特点。
④ 情绪方面的变数，包括许多与时间有关的因素。

管理者角色的侧重点是随组织的等级层次而变化的，特别是传播者、挂名首脑、谈判者、联络者和发言人角色，对于高层管理者要比低层管理者更为重要。相反，领导者角色对于低层管理者而言，要比中层和高层管理者更为重要。

要注意管理者角色和管理职能的区别和联系：首先，职能方法仍然代表着将管理者的工作概念化的最有效的方式；其次，管理者角色实际上和管理者职能是一致的。许多角色基本上可以属于一个或几个职能。

2. 管理者的技能

管理者的职责是变化的和复杂的，管理者需要特定的技能来履行他的职责和活动。那么管理者需要哪些类型的技能呢？1955年，罗伯特·卡茨（Robert L. Katz）在美国哈佛商业评论发表了《高效管理者的三大技能》一文，这是作者针对当时美国企业界涌起的一股寻找"理想经理人"的狂热而撰写的个人研究成果。在那个时代，人们普遍认为，有一种类型的人最适合担任经理人，因此，找出这类人的性格特质，然后按图索骥，寻找具有这类性格特质的管理者就成为企业界的关注重点。但是，究竟有没有所谓的"理想经理人"——能够有效地处理任何企业的任何问题？是否存在类型化的经理人——身上具备某些典型的领导特质？管理能力是与生俱来的，还是可以后天培养的？如果能够培养，又该怎样培养？罗伯特·卡茨给出了答案。罗伯特·卡茨认为，许多企业如此强烈地执着于寻找类型化的经理人，以至于它们只盯住某些特定的性格特质或素质，反而忽视了真正应当关心的问题——这个人究竟能做成什么事情。因此，罗伯特·卡茨提出了管理的"技能"说。他解释说，"技能"一词，指的是一种能力，这种能力可以是后天培养的，并不一定要与生俱来；这种能力要在实际行动中得以展现，并不仅仅蕴藏于潜能之中。因此，根据行为结果来评判一个管理者，比根据他表面上的性格加以评判更加有效。因为技能比性格特质更容易辨认：技能是展现在外部的，可以观察和评估；而内在的性格则不易辨识，常常被曲解。

罗伯特·卡茨认为，有效的管理者应当具备三种基本技能：技术性技能、人际性技能和概念性技能。

① 技术性技能——指使用某一专业领域内有关的工作程序、技术和知识来完成组织任务的能力，如工程师、会计、技术员等。技术技能是完成组织内具体工作所需要的技能，所有工作都需要一些专门的才能，技术技能强调内行领导。获取技术技能的途径包括接受正规教育和从事工作。对于基层管理者来说，技术技能是非常重要的，因为他们要直接处理员工所从事的工作。

② 人际性技能——指与处理人际关系有关的技能，如人际交往等。管理者的人际关系技能是指与人共事，理解别人，激励别人的能力。许多人在技术上是出色的，但在人际关系上方面有些欠缺。例如，他们不善于倾听，不善于理解别人的需要，或者不善于处理冲突。由于管理者是通过别人来做事的，因而必须具备良好的人际技能才能实现有效的沟通、激励和授权。各层管理者都必须具备人际技能。

③ 概念性技能——是指能够洞察企业与环境相互影响的复杂性，并在此基础上加以分析、判断、抽象、概括，并迅速作出决断的能力。具体包括：系统性、整体性能力；识别能力；创新能力；抽象思维能力。例如，面对困难，管理者必须看清问题，制定解决方案，选择最优方案。概念技能是高级管理者最迫切需要的技能，实质上一种战略思考及执行的能力。

三种技能在不同管理层次中的要求不同，概念技能由高层向低层重要性逐步递减；技术技能由高层向低层重要性逐步增加；人际技能对不同管理层的重要程度区别不十分明显，但比较而言高层要比低层相对重要一些。管理学教科书再三告诫我们，对于一个合格的管理者，人际技能是十分重要的。一个成功的管理者，肯定是具有良好人际关系的人。

五、有效的管理者与成功的管理者

在组织的管理中，有的管理者工作完成得很好，经常为此受到领导的好评；有的管理者工作做得一般，可职务晋升得很快。为了弄明白这个问题，我们有必要对这两种不同的管理者进行分析。一类为有效的管理者；一类为成功的管理者。那么，有效的管理者也是成功的管理者吗？

有效的管理者——用工作成绩的数量和质量以及下级对其满意和承诺的程度作为标志。

成功的管理者——用在组织中晋升的速度作为标志。

在组织中提升的最快的管理者，与在组织中成绩最佳的管理者从事的是同样的活动吗？他们对管理者工作的强调重点一样吗？事实并非如此，如图1-2所示。

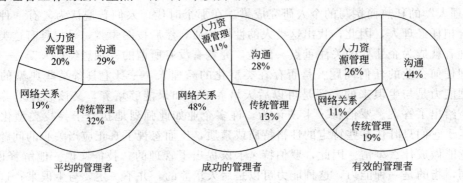

图1-2 平均的、成功的和有效的管理者每种活动的时间分布

这里所说的传统管理主要指的组织的决策、计划和控制工作等。沟通主要指围绕工作交流例行信息和处理文书等。人力资源管理包括激励、惩戒、调解冲突、人员配备和培训等。网络联系包括各种社交活动、政治活动和与外界交往等。

由图1-2可以看出，不同的管理者花在这四项活动上的时间和精力是有着显著区别的：网络关系的维护对成功的管理者来说相对贡献最大，从事人力资源管理活动的相对贡献最小。而在有效的管理者中，沟通的相对贡献最大，维护网络关系的贡献最小。成功的管理者和有效的管理者他们强调的工作重点是不一样的，事实上，他们是相反的。社交和施展政治技巧对于在组织中获得更快的提升起着非常重要的作用。

六、管理者的工作具有普遍性

1. 从组织的层次上看

由图1-3我们可知：尽管管理的层次有高低之分，但所有的管理者，无论他处在哪个层次上，都要履行计划、组织、领导和控制职能，都要制定决策，只是他们花在每项职能上的时间和精力不同。最高管理层要考虑整个组织的设计，而基层管理者集中于工作小组和个人的工作设计。

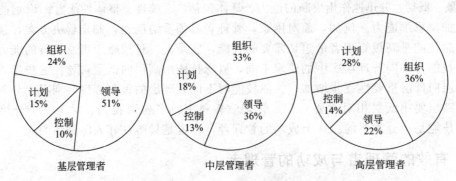

图1-3 处于组织不同层次的管理者每种职能的时间分布

2. 从组织的类型上来看

营利性组织和非营利性组织是组织的一种最基本的划分方法。事实上，无论是哪种类型的管理者，他们的工作大部分是一样的，管理者的工作都具有很多的共同性。比如，他们都要作决策、设立目标、建立有效的组织结构、雇用和激励员工、从法律上保障组织的生存，以及获得内部的政治支持以实现计划。

两者的差别主要表现在：对于营利性组织（企业组织），衡量绩效的最重要也是最明确的指标是利润，而对于非营利性组织（政府行政部门），就找不到这种一般性的指标来进行评价。

3. 从组织的规模上来看

作为小企业管理者，他们的工作通常有着下面的一些特点。

① 发言人。如接待消费者，会晤银行家安排融资，寻求新的生意机会，以及促进变革等。

② 多面手。说明了他们的管理工作综合了大公司总裁的活动和第一线监工的日复一日的活动。

③ 工作的非正规性。表现为计划缺乏协调性，组织结构的设计也不复杂，控制则更多地依靠直接巡视。

而作为大企业的管理者，他们主要关心的是企业的内部事务、结构化的和正规性的工作，同时还依靠复杂的计算机化的监视系统来进行管理。

4. 从跨国度的可转移性上看

对不同国家管理实践偏好的比较研究，得出的结论是：没有从一般性角度去支持管理概念的普遍性。也就是说，在经济、社会、政治或文化方面存在差异的国家或者地区和组织，管理的概念和方法就应该做某些修正以适应组织所处的环境。

七、市场对管理者的估价

优秀的管理者能点草为金；低劣的管理者却恰好相反。这个道理对于那些设计组织的报酬系统的人来说是再清楚不过了。管理者趋向于比操作者挣得更多，随着管理者职权和责任的扩大，他们报酬也相应地提高，并且，许多组织愿意支付极具诱惑力的报酬，以吸引和留住优秀的管理者。管理者的工资反映了市场供求的作用，管理的超级明星，像职业体育运动的超级明星一样，成为企业不惜重金争夺的对象。优势管理者的技能是一种稀缺商品，报酬方案只是该组织对这种稀缺商品的价值。

美国大学教授协会最近发表了一份教授薪水年度报告，在2009～2010学年，美国大学校长年收入按平均统计，最低的是大学教授收入的0.06倍，最高的是教授收入的6.77倍。

中国国务院发展研究中心企业研究所2004年4月24日正式发布了《转型中国企业人力资源管理》的报告，报告说，企业经营者的报酬制度经过20多年的探索、改革后，有了很大改变，总经理的薪酬收入水平有了很大提高，与员工平均收入差距拉大，平均收入的倍数相对集中在3～15倍。

你能否成为管理者，取决于你在组织中的等级，你所受到的教育和经验，组织经营的业务类型，组织所在社区报酬的相对水平，以及你作为一个管理者的有效程度。

【案例二】 美国私立大学校长的收入

美国大学教授协会曾发表了一份教授薪水年度报告，在2009～2010学年，美国大学校长年收入按平均统计，最低的是大学教授收入的 0.06 倍，最高的是教授收入的 6.77 倍。2016 年 7 月，"高等教育纪事"网站（The Chronicle of Higher Education）发布了《公立和私立大学管理层薪资报告》，其中，私立大学的管理者收入数据从 2008 学年开始统计，直至 2013 年，数据显示，一位典型的私立大学校长，其总收入的 73% 来自基本工资，而 600 所私立大学校长的基本工资中位数约为 30 万美元。照此推算美国私立大学校长的年收入（包括基本工资、奖金、津贴和免税所得收入等）中位数约 40 万美元。这个收入是什么概念呢？纽约审计署 2015 年发布的一份报告显示，2014 年华尔街从业人员平均年收入达到 40.48 万美元。

资料来源：2017 年 2 月 28 日，高等教育纪事网站。

【案例三】 A 股上市公司总经理的收入

2016 年 A 股全体上市公司合计营收和净利润同比均出现两位数增长，总经理们的平均薪资亦同比上涨 6.3%，其中超过 500 万元薪酬的总经理人数增长幅度更高达 37%。不过薪资单两极的差距也达到惊人的 542 倍，在已披露 2016 年薪酬的 2986 名上市公司总经理中，人均薪酬为 82.16 万元，相较 2015 年上涨 4.9 万元，涨幅 6.3%；最高与最低薪酬相差逾 542 倍；最高行业平均薪酬是最低行业平均薪酬的 5.74 倍；女性总经理人数与男性差别较大，平均薪酬却略高于后者 2.09 万元；高学历依旧是高薪酬的保障之一。

报告显示，按城市总经理平均薪酬排名，广东省大获全胜，珠海市、深圳市和佛山市上市公司总经理人均薪酬占据前三名，其中珠海以 140.96 万元成为总经理人均薪酬最高的城市，深圳市和佛山市平均薪酬分别为 130.64 万元和 129.59 万元。其余 53 个城市总经理平均薪酬均在 100 万以下，其中平均薪酬在 90 万元至 100 万元之间的十个城市分别位列第四名至第十三名，分别为大连市（97.76 万元）、重庆市（96.72 万元）、乌鲁木齐市（95.97 万元）、北京市（93.93 万元）、青岛市（93.64 万元）、昆明市（93.23 万元）、上海市（92.42 万元）、宁波市（91.76 万元）、天津市（90.96 万元）、广州市（90.19 万元）。

资料来源：2017 年 10 月 13 日，投资时报。

八、管理的概念

长期以来，许多中外学者从不同的研究角度出发，对管理作出了不同的解释，然而，不同学者在研究管理时出发点不同，因此，他们对管理一词所下的定义也不同。直到目前为止，管理还没有一个统一的定义。特别是 20 世纪以来，各种不同的管理学派，由于理论观点的不同，对管理概念的解释更是众说纷纭。管理学者是这样定义"管理"的，如下这些。

① 泰勒：确切知道要别人去干什么，并注意他们用最好最经济的方法去干。

② 法约尔：管理是所有的人类组织（不论是家庭、企业或政府）都有的一种活动，这种活动由五项要素组成：计划、组织、指挥、协调和控制。管理就是实行计划、组织、指挥、协调和控制。

③ 哈罗德·孔茨：管理就是设计和保持一种良好环境，使人在群体里高效率地完成既定目标。

④ 小詹姆斯·唐纳利：管理就是由一个或更多的人来协调他人活动，以便收到个人单独活动所不能收到的效果而进行的各种活动。

⑤ 彼得·德鲁克：归根到底，管理是一种实践，其本质不在于"知"而在于"行"，其验证不在于逻辑，而在于成果；其唯一权威就是成就。

⑥ 赫伯特·亚历山大·西蒙（Herbert Alexander Simon）：管理就是决策。

管理定义可以列举很多，以上几种具有一定的代表性，综合分析上述各种不同观点，总的来说，它们各有真知灼见，也各有不足之处，但这些定义都着重从管理的现象来描述管理本身，而未揭示出管理的本质。那么，如何对管理这一复杂的概念进行比较全面和一般的概括呢？

让我们对管理活动的一般情况先做一下剖析。我们知道管理是一种行为，作为行为，首先应当有行为的发出者和承受者，即谁对谁做；其次，还应有行为的目的，为什么做。因此，形成一种管理活动，首先要有管理主体，即说明由谁来进行管理的问题；其次要有管理客体，即说明管理的对象或管理什么的问题；再次要有管理目的，即说明为何而进行管理的问题。

有了以上三个要素，就具备了形成管理活动的基本条件。同时，我们还应看到，任何管理活动都不是孤立的活动，它必须要在一定的组织、环境和条件下进行。

我们对管理的定义是：管理是社会组织中，为了实现预期的目标，以人为中心进行的协调活动。

结合上述的管理概念，为了更好地理解管理，我们需要从以下5个方面进行把握。

① 管理的重要特征是面向集体，是共同劳动中协调的需要。
② 创造和保持一种环境是管理的重要内容。
③ 管理的重要目的在于完成预定的使命和目标。
④ 决策是管理工作的核心内容。
⑤ 管理既是科学，又是艺术。

九、管理的性质

管理具有两重性。这是由生产过程本身的两重性决定的。由于生产过程是由生产力和生产关系组成的统一体，决定着管理也具有组织生产力与协调生产关系两重功能，从而使管理具有两重性。

1. 自然属性（共性、普遍性）

所谓管理的自然属性，是指管理与生产力、社会化大生产相联系而具有的属性。在管理过程中，为有效实现企业目标，要对人、财、物等资源合理配置，对产、供、销及其他职能活动进行协调，以实现生产力的科学组织。一些西方发达资本主义国家的企业所采用的现代化管理方法与技术，在社会主义企业管理中，只要适用，是完全可以应用的。

2. 社会属性（个性、特殊性）

所谓管理的社会属性，是指管理与生产关系、社会制度相联系而产生的属性。在管理的过程中，为维护生产资料所有者的利益，需要调整人们之间的利益分配，协调人与人之间的关系。这种调整生产关系的管理功能，反映的是生产关系与社会制度的性质，故称管理的社会属性。社会主义企业管理与资本主义企业管理的区别也主要反映在管理的社会属性上。资本主义企业管理是为了维护资本主义生产关系，是资本家榨取工人创造的剩余价值的一种手段；而社会主义企业管理则是在维护社会主义生产关系条件下，充分发挥职工的积极性、智慧和创造力，搞活经营，提高效益，实现社会主义生产目的。

十、管理学研究方法与管理方法

（一）管理学的研究方法

管理学的研究对象就是普遍适用于任何具体领域管理实践的基本规律和方法。根据管理学的研究的对象和特点，具体的研究方法主要有以下几种。

1. 观察研究法

观察研究法的优点在于获取资料的直接性，它是在事物发生和活动的过程中进行的。观察研究法可以采用多种方式，可以预先提出一个假设，再观察实际过程。如果实际过程符合假设，那么就可以断定这种假设是成立的；如果实际过程不符合假设，那么就可以推翻这种假设。例如，在霍桑实验的第一阶段，实验者假设"照明亮度的变化是影响产量变化的决定因素"，通过实验观察，发现照明亮度的变化与产量变化之间并没有直接的关系，因此就推翻了原先的假设。观察研究法还可以用做其他方法的辅助手段，或用做描述性研究工作的最基本的搜集资料的手段。

2. 历史研究法

历史研究法就是运用管理理论与实践的历史文献，全面考察管理的起源、历史演变、重要的管理思想和流派，从中得出规律性的东西。任何管理现象都不是孤立的，都有它产生的历史背景及其形成、发展的演变过程。因此，只有把某一管理思想或管理理论放在一定历史条件下，从其产生和发展的过程中去考察，才能掌握它的来龙去脉，了解它的实质所在。

3. 比较研究法

比较研究法是指把不同的或相类似的事物放在一起做比较，用以鉴别事物之间的异同，分辨出一般性和特殊性的东西，可为我借鉴的东西和不可为我借鉴的东西。也就是通过对不同国家在不同社会制度、环境、历史条件下产生的管理理论、技术和方法及其应用效果进行横向比较研究的方法。

4. 调查研究法

调查研究法就是通过访谈、问卷调查和观察等方式，有计划、有步骤地了解某一组织存在的管理问题或管理经验，弄清产生问题或取得经验的原因是什么，并从中总结出带有规律性的东西。

5. 实验研究法

管理实验是指为了检验某种管理理论或假设，在一定的控制条件下进行的某种操作或从事的某种探索性活动。通过对实验资料进行分析、综合和归纳，寻求普遍适用的管理原理和方法。实验研究方法又可分为两种具体方法，即实验室试验法和现场试验法，这两种方法各有所长。实验室试验法一般控制条件严格，需要相应的仪器设备，可以反复多次验证，如泰勒为制定科学的工作定额而做的"搬运生铁"试验。但实验室试验与实际状况相差较大，因此真实性较差。现场试验虽然能克服实验室试验的不足，但现场条件总是比较复杂，许多影响、变化因素无法排除，因而现场试验也有自身的局限性。我国早期经济体制改革采用在沿海开放城市试点就是一种现场试验，先在小部分地区或企业进行改革试验，观察和总结改革中存在的问题和经验，待改革方案经过实践检验比较完善时，再在较大范围内推广。这种方法有利于避免大的波折和重大的损失，同时，经过实践检验后的改革方案能增强群众对改革的信心、理解和承受能力，保证改革稳步推进。

6. 案例研究法

所谓管理案例，是指取材于某一组织内发生的一组事实，描述的可以是一个组织成功的经验，也可以是存在的问题。案例研究方法就是通过对典型管理案例的分析，从中总结出管理的经验、方法。例如，经验主义流派的代表人物德鲁克等人提出的目标管理思想，就来自于大量的案例分析。案例研究方法是管理理论研究的一种最基本、最常用的方法，这种方法的最大优点是能够体现理论联系实际的原则，使抽象的一般管理原理建立在大量的实际案例分析的基础之上。

管理方法是指用来实现管理目的而进行的手段、方式、途径和程序的总和。也就是运用管理原理，实现组织目的的方式。任何管理，都要选择、运用相应的管理方法。说起管理方法，人们很容易想起密密麻麻的数字和符号构成的数学模型、繁琐复杂的逻辑运算和形形色色的计算机，使一般人望而生畏，觉得高不可攀。其实，数学方法只是思维逻辑的一种形式，计算机是提供信息、进行运算的一个辅助性工具。数学手段和计算机运用只是管理方法的一个部分、一个方面或一种类型，并不是管理方法的全部。

(二) 管理方法

管理方法可按以下标志进行分类。

1. 按作用的原理划分

企业的管理方法有行政方法、经济方法、制度方法和教育宣传方法四类。行政方法是通过直接的行政系统采用行政手段作用于管理客体的方法。与宏观经济管理不同，企业管理由于范围小、对象少，宜于多用行政方法进行管理，才能提高效率。经济方法是运用奖金、津贴、福利、待遇等手段激励被管理人员的方法，由于这种方法与人们的物质利益紧密相连，对于调动人员的积极性有较大的作用。制度方法又叫企业"法律方法"，是指用一定的规范约束管理客体的方法，它对于保持管理的稳定性、连续性和标准性有很大的作用。教育宣传方法是用不同的形式解决被管理人员思想问题的方法，人们常说的精神激励、思想政治工作、行为科学就属于教育宣传方法。

2. 按管理方法适用的普遍程度划分

按管理方法适用的普遍程度，可分为一般管理方法和具体管理方法。

一般管理方法（或称为通用管理方法），是以不同领域的管理活动都存在某些共同的属性为依据而总结出的管理方法。通用管理方法是人们对不同领域、不同部门、不同条件管理实践的理论概括和总结，揭示出了这些共同属性，从而总结出的管理方法。比如，不论是政治活动还是经济活动，都需要做好决策和为协调各方面的活动而进行组织和控制，以保证预定目标的实现。这种存在于各种管理活动中的共同性，决定了某些管理方法的通用性。在管理的实践过程中，管理学家根据管理实际工作中的应用问题提出了许多通用的管理方法，其中有任务管理法、人本管理法、目标管理法、系统管理法等。这些通用管理方法对于各种不同的管理活动都是适用的，是管理方法中主要和重要的组成部分。

具体管理方法（或称为专门管理方法），是对某个资源要素、某一局部或某一时期实施管理所特有的专门方法，是为解决具体管理问题的管理方法。如计算机信息管理是以信息资源为主要管理对象的具体管理方法，激励管理方法是以人力资源为管理对象的具体管理方法。而生产管理、销售管理、库存管理、行政管理等，由于管理对象、目的不同而具备不同的管理特点，这就要求必须有适应这些特点的特殊的、专门的方法。即使是某一类型的管理，由于其具体的条件不同，也各有其不同的特点。例如，同样是企业的生产管理，但对每一个特定企业而言，由于工艺技术不同，所有制不同，生产规模不同，人员素质不同，社会环境不同，其管理都会具有各自的特点，需要有同它们的特点相适应的管理方法。总之，每一个事物、每一个过程的矛盾都各有其特殊性质，用不同的方法去解决不同的矛盾，是由各种不同的管理活动所具有的特殊规律决定的，管理者应该根据各种不同的具体条件发挥其创造性。每个新的具体方法的产生，都是管理者的知识经验、组织能力、专业技能和创造性思维的集中表现。

专门管理方法和通用管理方法并非是绝对分立的，而是相互影响、相互制约的。通用管理方法是专门管理方法的前提和基础，它为人们运用专门管理方法提供思想路线和基本原则，专门管理方法则是通用管理方法的具体表现。人们在把专门管理方法运用于实际工作的时候总是自觉不自觉地表现其通用的方法；反过来说，通用的方法又必定会支配和制约着人们对专门管理方法的运用。

3. 按方法的定量化程度划分

按方法的定量化程度，可分为定性管理方法和定量管理方法。

在管理实践中，管理者运用数理知识方法，对管理现象及其发展趋势，以及与之相联系的各种因素，进行计算、测量、推导等，属于定量分析方法。管理者对管理现象的基本情况进行判断、粗略统计和估计属于定性分析方法。定性是粗略的定量，定量是精确的定性。在现代管理中，定量管理已成为很重要的方法和手段，这标志着管理水平的提高。定量方法是重要的，但是它并不排斥定性的方法，这不仅是由于定性是定量的基础，而且还在于，有许多事物和现象运用目前的手段还难以进行定量研究，从而使定量方法受到限制。定量方法和定性方法又是相互渗透的，许多问题的解决，常常需要二者相互补充。还有不少方法既可用来定性，又可用来定量。管理者在管理的过程中，要充分利用这两种管理方法的特点，为管理服务。

十一、管理学的特点与学科体系

管理学是系统研究管理活动的基本规律和一般方法的科学。管理学是适应现代社会化大生产的需要产生的，管理学是一门综合性的交叉学科。其特点表现为以下几个方面。

1. 一般性

管理学作为一般管理学，它区别于"宏观管理学"和"微观管理学"。它是研究所有管理活动中的共性原理的基础理论学科，无论是"宏观管理"还是"微观管理"，都需要管理学的原理作为基础来加以学习和研究。管理学是各门具体的或专门的管理学科的共同基础。

2. 综合性

管理学的综合性表现为：在内容上，它需要从社会生活的各个领域、各个方面以及各种不同类型组织的管理活动中概括和抽象出对各门具体管理学科都具有普遍指导意义的管理思想、原理和方法；在方法上，它需要综合运用现代社会科学、自然科学和技术科学的成果，来研究管理活动过程中普遍存在的基本规律和一般方法。管理活动是很复杂的活动，影响这一活动的因素是多种多样的。搞好管理工作，必须考虑到组织内部和组织外部的多种错综复杂的因素，利用经济学、数学、生产力经济学、工程技术学、心理学、生理学、仿真学、行为科学等的研究成果和运筹学、系统工程、信息论、控制论、电子计算机等最新成就，对管理进行定性的描述和定量的预测，从中研究出行之有效的管理理论，并用以指导管理的实际工作。所以从管理学与许多学科的相互关系来看，可以说，管理学是一门交叉学科或边缘学科，但从它又要综合利用上述多种学科的成果才能发挥自己的作用来看，它又是一门综合性的学科。

3. 历史性

任何一种理论都是实践和历史的产物，管理学尤其如此。管理学是对前人管理实践、经验和管理思想、理论的总结、扬弃和发展。割断历史，不了解管理历史发展和前人对管理经验的理论总结，不进行历史考察，就很难理解建立管理学的依据。历史性也表明了管理学是一个需要在实践中不断成熟和发展的学科。

4. 实用性

实用性也称为实践性。管理学是为管理者提供从事管理的有用的理论、原则和方法的实用性学科。管理的实践性表现为它具有可行性，而它的可行性标准是通过经济效益和社会效益来加以衡量的。因此，管理学又是一门实用学科，只有把管理理论同管理实践相结合，才能真正发挥这门学科的作用。

研究管理活动需要综合运用现代社会科学、自然科学和技术科学的成果，管理学科已发展成为一个庞大的学科体系，它由许多门管理类学科组成。那么，管理学在整个管理学科体系中的地位和作用是什么呢？它与其他管理类学科是什么关系呢？管理学科分类体系如表1-3所示。

表 1-3 管理学科分类体系

按学科层次划分	哲学	管理哲学
	基础科学	管理学
	应用科学	企业管理学、行政管理学、商业管理学、医院管理学、计划管理学、人力资源管理学、财务管理学等
按是不是物质部门划分	物质部门	工业管理学、农业管理学、冶金管理学、建筑管理学、运输管理学等
	非物质部门	医院管理学、图书馆管理学、文艺管理学、体育管理学、大学管理学等
按资源对象划分	人力	领导科学、人才学、管理心理学等
	物力	物资经济管理、设备管理等
	财力	财务管理、会计管理、成本管理、资金管理等
按管理职能划分	计划职能	决策学、预测学、国民经济计划管理、企业计划管理、车间计划管理等
	组织职能	组织管理学、组织结构学、组织行为学等
	指挥职能	领导科学、管理艺术等
	控制职能	统计学、会计学、管理控制学等
	协调职能	和谐论
按发展成熟程度划分	成熟	企业管理学、行政管理学等
	不成熟	发展管理学、管理创新学等
按学科性质划分	综合性	管理哲学、管理学、战略管理学、管理经济学等
	史学性	管理学说史等
	工具性	统计学、会计学、审计学等
	比较性	比较管理学等
	行为性	行为科学等

资料来源：龚荒，杨政军. 管理学. 北京：中国矿业大学出版社，2006.

【案例分析一】 管理者角色

玛丽是一家造纸厂的厂长，这家工厂面临着一项指控：厂里排泄出来的废水污染了邻近的河流，因此，玛丽必须到当地的治水管理局去为本厂申辩。奥利弗是该厂的技术工程部经理，他负责自己那个部门的工作与销售部门相协调。拉尔夫负责厂里的生产管理，他刚接到通知：每天向本厂提供包装纸板箱的那家供应厂商遭了火灾，至少在一个月之内无法供货，而本厂的包装车间想知道，现在他们该干什么。拉尔夫说，他会解决这个问题的。最后一个是萝丝，她负责文字处理办公室的工作，办公室里的员工之间为争一张办公桌刚发生了一场纠纷，因为它离打印机最远，环境最安静。

思考

在这家企业里，玛丽、奥利弗、拉尔夫和萝丝各自扮演了什么角色？

【案例分析二】 苏州婚博会现场纪实

2012年5月18日,苏州婚博会在苏州工业园区博览中心举行,活动现场有很多婚庆公司、酒类经销商参展,人气十分火爆。当天有一家知名酒类品牌适时地推出了一个促销活动——"满10桌送4瓶",促销力度空前。但是现场多家经销商在具体执行中并没用做到统一,各家为了争夺客户、增加自身的销售额,尽量去解释对自己有利的政策支持,导致现场一片混乱。

思考

请你从该酒企业苏州办事处的角度去分析如何做好此次促销活动的管理工作。

【案例分析三】 某家电企业公关经理的一天

汪先生简介:公关部经理,相貌堂堂、谈吐干练,从业5年,受到同事和主管的一致好评。

汪先生通常都会比较早来到公司,第一件事就是收取最新邮件,看有没有较重要的事情或邮件需要处理。收完邮件后,他一般不着急立刻开展工作,而是在较著名的门户网站新浪或搜狐上浏览社会和财经新闻,看有没有重要的事情发生,或者能否给他带来策划和公关的借鉴点、灵感。更重要的是要看有没有不利于公司的信息出现,以便在第一时间做出处理。此项工作花费大概30分钟的时间。

接着,他简要地罗列今天要做的工作,然后开个短会布置工作。汪先生已经养成了良好的工作习惯,他会随时把新增加的工作内容按顺序罗列在笔记本的"今日工作"栏上,已经完成的工作则打钩表示完成。

与下属沟通并分配好工作之后,他通常要给媒体、政府和行业主管部门打几个电话。一般情况是轮流打电话,这样可以确保每月能够与每个人沟通一次。这种沟通往往是礼节性的,没有什么目的,更多的是把个人与企业最新的情况融入,并咨询对方是否有指示或需要协助提供的东西。同时,汪先生也非常清楚,通过这种沟通可以获得更多的信息。

随着媒体市场化程度的加快,记者的流动性也非常的强,每周督促和提醒对"媒体联络表"进行调整和补充也是一项必不可少的内容。这项工作是在每周三进行,今天正好是这一天。

汪先生今天有一项重要的工作要做——完成某著名财经媒体关于"中国入世十周年对家电企业的影响"的约稿,此稿将以董事长的名义刊发。在整理好自己的思路和想法之后,按照与董事长约定的时间,在上午11点整准时叩开了董事长办公室的门。汪先生首先汇报了该财经媒体的基本情况以及选题和约稿意图,并就整体文章的谋篇布局、观点结构向董事长作了汇报。从董事长的表情中可以判断,汪先生的专访构思得到了他的认可,他只是略微作了补充和修改。此外,汪先生还就公司的企业文化建设和公司内刊的近期宣传方向提了一些想法与董事长探讨。

在下午3点钟的时候,一篇结构完美、观点深刻独到的专访在得到董事长最后认可和签字之后,连同董事长的照片一起发给了媒体。后从媒体方面反馈的信息显示,这个专访很受欢迎。

下午4点钟的时候,汪先生赶往市政府参加一个会议——世界华商大会的参展事宜简单沟通会。在会上,汪表现出非常积极的参与态度,但有一个底线,绝对不作参加的表态。因为这需要对华商大会进行全面的了解和调查,考虑公司整体安排并取得相关决策层意见之后方能最后决定。

回到办公室的时候,已经6点钟了。汪先生再次打开邮箱收取邮件,并处理日常案头工作。7点钟的时候,汪先生走在回家的路上。在路上,他思考晚上和明天的工作内容,同时也在祈祷,明天千万不要有公司负面的消息出现。

小链接:公关经理的基本素质

具有新闻、中文或经济类专业知识;为人亲和、沟通能力卓越,有极强的新闻敏感性和工作的主观能动性;对所在专业和行业知识了解透彻,随时关注企业自身和行业动态,有敏锐的洞察力;文笔功底深厚,做事细致周详,思维敏捷深刻;具有一定的社会关系网络,人脉关系丰富,与媒体保持持续良好的沟通和交流,在某种意义上可以充当新闻发言人的角色。

思考

1. 企业公关经理每天的工作内容有哪些?结构如何?
2. 本案例中涉及的管理工作有哪些?
3. 你拟从事的职业和岗位有哪些素质要求?

自我评估 你从事管理的动机有多强?

1. 我希望与我的上级建立积极的关系　　　　1　2　3　4　5　6　7
2. 我希望与我同等地位的人在游戏中
   和体育比赛中竞争　　　　　　　　　　　1　2　3　4　5　6　7
3. 我希望与我同等地位的人在与工作
   有关的活动中竞争　　　　　　　　　　　1　2　3　4　5　6　7
4. 我希望以主动和果断的方式行事　　　　　1　2　3　4　5　6　7
5. 我希望吩咐别人做什么和用法令对
   别人施加影响　　　　　　　　　　　　　1　2　3　4　5　6　7
6. 我希望在群体中以独特的和引人注目
   的方式出人头地　　　　　　　　　　　　1　2　3　4　5　6　7
7. 我希望完成通常与管理工作有关的
   例行职责　　　　　　　　　　　　　　　1　2　3　4　5　6　7

要求:每一个问题,在最能反映你的动机强烈程度的数字上画圈,然后加总你的分数。根据你的得分可以测试你的管理动机的强弱程度。

实训题

管理认知项目作业

要求:

1. 内容:项目实施目的和意义、项目开展方式、项目实施时间、项目人数安排、项目实施步骤(流程)、重点内容(最好配以图形加以说明)、项目涉及管理要素(知识)、实施注意事项、感悟问题、分享你所揭示的管理学知识(1~2个)。
2. 完成时间:2周。
3. 检查方式:方案+陈述。

思考题

1. 什么是管理?你是如何看待管理的?
2. 你认为有效益的组织一定有效率吗?
3. 管理的职能有哪些?它们之间有什么关系?
4. 管理者在层次与技能方面有哪些联系?
5. 针对某一个企业的总经理,分析其承担了管理者的哪些角色身份。
6. 为什么说管理既是科学又是艺术?

第二章 管理的演进

内容提要
- 中西方早期的管理思想
- 科学管理理论的内容及评价
- 一般管理理论的内容及评价
- 理想行政组织理论及评价
- 人际关系理论的内容及评价
- 现代管理理论的主要流派
- 管理新趋势

第一节 管理产生的历史背景

一、人类早期的管理实践

1. 巴比伦空中花园

巴比伦（Babylon）是世界著名古城遗址和人类文明的发祥地之一。它位于伊拉克首都巴格达以南90公里处，幼发拉底河右岸。空中花园在公元前600年建筑，它是一个四角锥体的建筑，由沥青及砖块建成的建筑物以拱顶石柱支承着，台阶种有全年翠绿的树木，河水从空中花园旁边的人工河流下来，远看就仿似一座小山丘。

巴比伦空中花园最令人称奇的地方是其供水系统，因为巴比伦雨水不多，而空中花园的遗址亦远离幼发拉底河，所以研究人员认为空中花园应有不少的输水设备，奴隶不停地推动紧连着齿轮的把手，把地下水运到最高一层的储水池，再经人工河流返回地面。另一个难题是在保养方面，因为一般的建筑物，要长年抵受河水的侵蚀而不塌下是不可能的，由于美索不达米亚平原（Mesopotamian plain）没有太多石块，因此研究人员相信空中花园所用的砖块与别处不同，它们被加入了芦苇、沥青及瓦，更有文献认为石块被加入了一层铅，以防止河水渗入地基。

2. 万里长城

万里长城是中国古代在不同时期为抵御塞北游牧部落联盟侵袭而修筑的规模浩大的军事工程的统称。长城东西绵延上万里，因此又称作万里长城。现存的长城遗迹主要为始建于14世纪的明长城，西起嘉峪关，东至辽东虎山，全长8851.8千米，平均高6～7米、宽4～5米。长城工程建设中体现了三个管理特点。第一，有严谨的工程计划。对工程所需土石及人力、畜力、材料、联络都安排得井井有条，一环扣一环，使工期不至于延误。第二，严格的工程质量管理，主要是工程验收制度，如规定在一定距离内用箭射墙，箭头碰墙而落，工程才算合格，否则返工重建。第三，有效的分工制。长城建设在事先确立走向前提下，分区、分段、分片同时展开，保证工程进度的同步性，体现了有效的分工。

3. 都江堰

都江堰位于四川成都平原西部的岷江上，建于公元前3世纪，是中国战国时期秦国蜀郡太守李冰及其子率众修建的一座大型水利工程，是全世界至今为止，年代最久、唯一留存、以无坝引水为特征的宏大水利工程。至今仍发挥巨大效益。

几千年前，人类就能够完成如此规模浩大的、由成千上万人参加的大型工程。谁来吩咐每个人该干什么？谁来保证在工地上有足够的石料让每个人都有活干？答案就是管理。在某些人的监督下将人们的努力组织起来，这些监督者负责计划、组织、领导和控制活动。不管当时人们怎么称呼管理，得有人计划要做什么，得有人组织人们和材料去做这件事，得有人指挥人们去做，以及采取某些控制措施来保证每件事情都能按照计划进行。

组织在我们中间已存在了几千年，管理实践也是如此。但是，只是在过去的几百年中，尤其是在20世纪，管理才被系统地加以研究，逐渐形成一种共同的知识体系，成为一门正式的学科。

二、三次产业革命的推动

第一次产业革命，18世纪蒸汽机的发明（起始于英国），使人进入了机械化时代。这次工业革命，提高了生产力，巩固了资本主义统治的基础，产生了近代两大对立阶级——无产阶级和资产阶级；并把劳动力从农村引向城市，开始了城市化进程；英国等资本主义国家在世界范围内大肆抢占商品市场，强占原料产地，拓展殖民地，加剧了当地的贫困落后，使东方从属于西方。

第二次科技革命，电力的发明（起始于德国），使人们进入了电气时代。第二次科技革命时期，科学技术的迅猛发展主要表现在三个方面：电力的广泛应用、内燃机和新交通工具的创制、新通讯手段的发明。此次工业革命的特点有：以科学家发明为主；多国发明相互推动；日本等国同时利用两次工业革命成果。

第三次科技革命，计算机等信息技术的出现（起始于美国），使人们进入了自动控制时代。二十世纪四五十年代开始的新科学技术革命，以原子能技术、航天技术、电子计算机的应用为代表，还包括人工合成材料、分子生物学等高新技术。第三次科技革命的出现，既是由于科学理论的重大突破，也是由于社会的需要，特别是各国对科学技术迫切需求的结果。此次科技革命是以科技转化为生产力的速度加快、科学理论和生产技术相互促进、各个领域相互渗透为特点。第三次科技革命使生产力的发展不再依靠劳动强度，而主要依靠生产技术的提高。第三产业比重上升，促进了社会生产结构的变化，推动了国际经济格局的调整和科技竞争。

随着机械力的出现、大量生产、迅速扩展的铁路系统带来运输成本的降低，这一切都促进了大企业的发展，而大企业更需要正规化的管理。随着社会生产活动的不断发展，对于规范的管理理论的需求也应运而生。

第二节 中外早期管理思想[1]

一、中国早期的管理思想

作为四大文明古国之一的中国自古至今，就有着极其丰富的管理思想，其中一些管理思想至今仍有着重要的指导作用。尤其是古代关于管理的论述，如《论语》《孙子兵法》《三国演义》《资治通鉴》等著作中对管理的精辟论述，至今备受各国管理学界的重视。如，天时、地利、人和；修身、齐家、治国；穷究事理、先谋后事；刚柔并济、德刑并用；义利两全、富国强民；知人善任、赏罚分明；事在四方、要在中央；不陷不渎、上下同欲。具体可以归纳为以下几个方面。

1. 古代系统管理思想

公元前两千多年，禹以王位世袭制代替了禅让制，中国开始进入奴隶制社会。管理的历史活动便从原始社会的社会公共事务管理发展到了国家管理。早在春秋战国时期，古代政治家已先后提出了治国的总方针：一是人治思想；二是法治思想；三是礼法并举思想。如春秋时的管仲就提出"顺乎民心"的治国思想，他认为"政之所行，在顺民心；政之所废，在逆民心"。并已认识到"法"的作用，提出"劝之以赏赐，纠之以刑罚"，用法来规范民众。

战国中后期，荀子就提出了"礼法并举"的思想，主张"以善至者待之以礼，以不善至者待之以刑"。而韩非子则提出了以法治为中心，法、术、势相结合的法治思想，并主张在法律面前人人平等，提出"刑过不避大臣，赏善不遗匹夫"的主张。

秦始皇统一中国后，采取了一系列管理国家的措施，对中国几千年的封建社会有深远的影响。第一，他改"王"为"帝"，自称"皇帝"有至高无上的权力；第二，设立以"三公九卿"为主的行政管理机构，以皇帝为中心，下设各种官职，主要官员都由皇帝任免和调动；第三，建立了以"郡县制"为基础的中央集权制，全国划分为36郡，后增至40郡，郡下设县，县下设乡，乡下设县亭，郡县官吏也由皇帝直接任免；第四，制定法令，管理国家，以《法经》为主要内容，形成了一系列法律、条令并形成体系。同时还统一了文字、货币和度量衡，以及车轨、道宽并且修筑万里长城。这些措施对建立、巩固中央集权管理体制起了重要作用。

中国古代系统管理思想十分丰富。举世闻名的万里长城，其建造、管理都体现了古代系统管理思想的萌芽。在建造工程上，明代长城一般分为镇城、路城、卫城、关城、堡城、城墙、放台、烟墩等不同等级、不同形式和不同用途的建筑，形成了一个完整的防御工程体系。在管理上，沿线设9个镇，每镇设总兵，上受兵部指挥，每镇之下又分级设"路"、"关"及城堡、墩台，形成多级管理系统，信息自下而上、自上而下传递迅速、反馈自如。

闻名中外的大型水利枢纽工程——都江堰工程，也是系统工程的古代杰作。该工程由岷江鱼嘴分水工程、飞沙堰溢洪排沙工程、宝瓶口引水工程及水利信息系统构成，融灌溉、蓄水、防洪、排沙于一体，合理地解决了分水导江、防洪防旱、引水灌溉、排除泥沙等一系列重大问题。这是中国古代劳动人民运用系统思想的典范。

我国宋朝丁渭修复皇宫的方案"一举三得"，也集中反映了公元11世纪初中国管理思想的先进水平，也是运用系统管理思想的典范。当时，因遭雷击使皇城失火被焚，皇帝命宰相

---

[1] 资料来源：湖南大学工商管理学院参考资料（http://jpkc.hnu.cn/）（略有删改）。

丁渭主持修复。丁渭提出：将宫前大街开挖成河，取土烧砖，引汴水入宫，水运建材。宫修复，以废砖烂瓦填平河沟，修复宫前大街。这样，挖河一举解决了就地取土、方便运输、清理废墟三个问题，省时、省工、省钱，符合管理的最优化原则，成为著名的中国古代管理思想的实践范例。

2. 古代信息管理思想

万里长城的修筑，其主要目的是防御敌人的进犯。因而及时传递信息、掌握敌情是十分重要的。长城上的烽火台就起着"信息源"的作用，白日以烟、夜晚以火作为传递信息的媒介。明代规定，来敌百人左右，一烟一炮示之；五百人二烟二炮；千人以上，三烟三炮；五千人以上五烟五炮。这种信息传递，既定性（敌人来犯），又定量（来敌人数），烟炮配合，光声并举，相互核对，几小时之内就能把军情准确地传递至千里之外的指挥机关。

我国古代著名的军事家孙武十分重视信息和情报的作用，《孙子兵法》载："知己知彼，百战不殆；不知彼而知己，一胜一负；不知彼不知己，每战必败。"

我国古代不仅在军事上运用信息管理手段，在经济管理上也运用信息手段。唐代刘晏在当时建立了全国信息网，以迅速掌握全国各地的经济信息和物价状态。他以朝廷用驿道快马传递公文的办法，设置知院官，收集各种庄稼好坏、市场价格的变动、四方物资的余缺等情报交给招募来的"驶足"，由他们一站接一站传递。数日内可将全国各地的信息迅速传递到刘晏处，再由刘晏等人综合各地信息，做出决策。由于信息灵活，渠道多，使市场长年保持稳定，国家掌握了足够的资金。虽经数十年战乱，仍保证了唐代国富民安。可见，信息管理对国家政治、经济的发展所起的重要作用。

3. 古代对策和决策管理思想

对策和决策思想早在战国时期就大放异彩，其丰富的经验对今天的决策科学化很有参考价值。墨子的"三表"决策思想，提出了正确的决策必须以实事求是为前提的思想。墨子提出："有本之者，有原之者，有用之者。于何本之？上本之于古者圣王之事；于何原之？下原察百姓耳目之实；于何用之？废（发）以为刑政，观其中国家、百姓、人民之利，此所谓言有三表也。"即在判断一件事是否可行时，先考察历史，看是否符合古代圣王的遗训；然后要听取百姓的意见，看是否符合民心；最后看是否真正有利于国家民众。

战国时孙膑的对策思想在"田忌赛马"的故事中得到了生动的反映。当时，齐将田忌与齐威王赛马，田忌屡赛屡败。后来，田忌听从孙膑的计策，用自己的上、中、下等马，分别与齐王约中、下、上等马比赛，结果以2比1获胜。这是一种"整体优化"的对策。张良是汉高祖刘邦的谋士，他为汉朝的建立和巩固谋划了很多英明决策，因而被刘邦誉为"运筹于帷幄之中，决胜于千里之外"的最优决策者。

诸葛亮雄才大略，纵观天下，预测未来，做出三分天下的关键决策，并通过联孙抗曹，使一无所有的刘备能坐镇一方，雄观天下。《孙子兵法》十分重视决策，提出："用兵之道，以计为道"。孙子认为：计划、决策应从"道、天、地、将、法"五个方面入手，才能保证战争的胜利。这种决策思想同样适用于经济管理。

4. 古代用人思想

中国古代很早就提出了选才用人的管理思想，认识到"知人善任，礼贤下士"的重要性。墨子提出要"察其所能而慎予官"。荀子告诫执政者"无私人以官职事业"，切不可任人唯亲，而主张任人唯贤，唯才是举。晏子则进一步指出：人的才能也是不同的，应当让人专司一事，不能要求他无所不能。用人的优点，不用他的短处；用人所擅长的，不用他所不擅长的。这就是任用人才的要略。秦始皇能完成统一大业，是因为重用了蹇叔、商鞅、张仪、范雎等人。楚汉之争，项羽因"嫉贤忌能，有功者害之，贤者疑之"，以至败退垓下，陷入

"四面楚歌"的绝境。而刘邦则重用在某些方面比自己高明的张良、肖何和韩信，从而大获全胜，建立了汉王朝。刘邦的用人思想在于量能授贤，不拘一格。关于择人的原则，《六韬》中有六字标准：一曰仁，二曰义，三曰忠，四曰信，五曰勇，六曰谋。此外，"为官择人""任人唯贤""外举不避仇，内举不避亲""君子用人如器，各取所长"等论述，均反映了古人的用人思想。北宋王安石的人才管理思想更加系统化、理论化。他的用人思想可概括为"教之、养之、取之、任之"。其中，教之之道，即坚持学用一致，造就人才；养之之道，即维持政府官员生活的俸禄报酬应采取的方针——"饶之以财""约之以礼""裁之以法"；取之之道，即选拔官吏的途径；任之之道，任用人才首先要根据其专长，知农的为农官，知工的为工官。王安石把通过教育培养人才作为人才管理的起点，从根本上入手，这比他的前人前进了一大步。

5. 古代行为管理思想

我们的祖先在几千年前，就开始了对人类心理和行为的研究，有许多精辟的学说。在探索人类行为动机、需要的奥秘方面，中国古代先祖们起到了创始人和开路先锋的作用。韩非曰："天有大命，人有大命。"即天有天的规律，人有人的规律。孙子也提出："人情之理，不可不察。"即关于人的心理活动应该进行研究，不研究是不行的。对于人的本性问题，荀子认为："人之性恶，其善者伪也。"而孟子则认为："人之性善也，犹水之就地下；人无有不善，水无有不下。"告子认为人性无善恶，"人性之无分于善不善也，犹水之无分于东西也。"人性如水，向哪儿引导就向哪儿流淌。对于人的欲望和需要方面，荀子提出："养人之欲，给人以求，使欲不穷乎物，物必不属于欲，两者相持而去。"管仲也指出："仓廪实而知礼节，衣食足而知荣辱。"在激励和奖惩方面，孙子提出："合军聚众，务在激气。"并主张"文武兼施"，"恩威并重"。诸葛亮指出："赏以兴功，罚以禁奸，赏不可不平，罚不可不均。""诛罚不避亲戚，赏赐不避仇怨"，应做到"无党无偏"。对于管理者品行修养的研究，中国古代也十分重视。孟子主张"自反""内省"来修养自己，他说："爱人不亲反其仁，治人不治反其智，礼人不答反其敬。"并认为"知耻"是修养的先决条件。荀子提出"治气养心之本"，即"血气刚强，则柔之以调和；勇毅猛戾，则辅之以道顺；狭隘偏小，则廓之以广大"。

6. 古代管理艺术思想

《论语·为政篇》中指出："君子不器"，即领导者主要从事管理工作，而不应自己一味"冲锋陷阵"。孙子指出："兵无常势，水无常形，能因之就化而取胜者，谓之神。"并强调战略战术上的"奇正相生"和灵活运用的重要性。《三十六计》，旨在应付千差万别、千变万化的复杂局面，要"审时度势"、"时变境迁"、"运用之妙，存乎一心"。诸葛亮东和孙权，北拒曹操，西抚蛮夷，所用战略不同；他三气周瑜、七擒孟获、六出岐山、五路退敌，其战术也不一样。这种根据时间、地点、条件而采取不同方法的做法，是中国古代"权变"思想的萌芽。

综上所述，中国古代的管理思想十分丰富、博大精深，虽然当时未形成独立的理论体系，但其思想价值极高，对现代管理科学的发展做出的贡献是不可估量的。

二、外国早期的管理思想

外国的管理实践和思想也有着悠久的历史。在奴隶社会，管理实践和思想主要体现在指挥军队作战、治国施政和管理教会等活动上。古巴比伦人、古埃及人以及古罗马人在这些方面都有过重大的贡献。

在欧洲文艺复兴时期，也出现过许多管理思想，如 16 世纪莫尔（Thomas More，1478—1535）的《乌托邦》和马基雅维利（Niccolo Machiavelli，1469—1527）的《君主论》。然而，外国管理实践和思想的革命性发展是在工厂制度产生之后。

18世纪60年代开始的工业革命不仅在工业技术上而且在社会关系上都引起了巨大的变化，加速了资本主义生产的发展。手工业受到机器大生产的排挤，社会的基本生产组织形式迅速从以家庭为单位转向以工厂为单位。在新的社会生产组织形式下，效率和效益问题，协作劳动的组织和配合问题，在机器大生产条件下人和机器、机器和机器之间的协调运转问题，使传统的军队式、教会式的管理方式和手段遇到了前所未有的挑战。在这种情况下，随着资本主义工厂制度的建立和发展，不少对管理理论的建立和发展具有重大影响的管理实践和思想应运而生。

1. 亚当·斯密的劳动分工观点

亚当·斯密（Adam Smith，1723—1790）是英国古典政治经济学家，他对管理理论发展的一大贡献是他的劳动分工理论。斯密认为，分工的起源是由于人的才能具有自然差异，那是起因于人类独有的交换与易货倾向，交换及易货属于私利行为，其利益决定于分工，假定个人乐于专业化及提高生产力，经过剩余产品的交换行为，促使个人增加财富，此种过程将扩大社会生产，促进社会繁荣，并达到私利与公益的调和。

他列举制针业来说明。"如果他们各自独立工作，不专习一种特殊业务，那么他们不论是谁，绝对不能一日制造二十枚针，说不定一天连一枚也制造不出来。他们不但不能制出今日由适当分工合作而制成的数量的二百四十分之一，就连这数量的四千八百分之一，恐怕也制造不出来。"

分工促进劳动生产力的原因有三个：第一，劳动者的技巧因专业而提高；第二，由一种工作转到另一种工作，通常会损失不少时间，有了分工，就可以免除这种损失；第三，许多简化劳动和缩减劳动的机械的发明，只有在分工的基础上才有可能。

2. 小瓦特和博尔顿的科学管理制度

小瓦特（James Watt Jr.，1769—1848）和博尔顿（Mattew R. Boulton，1770—1842）分别是蒸汽机发明者瓦特和其合作者马修·博尔顿的儿子。1800年，他们接管了一家铸造厂后，建立起许多管理制度。如在生产管理和销售方面，根据生产流程的要求，配置机器设备，编制生产计划，制定生产作业标准，实行零部件生产标准化，研究市场动态，进行预测；在会计的成本管理方面，建立起详细的记录和先进的监督制度；在人事管理方面，制定工人和管理人员的培训和发展规划；实行工作研究，并按工作研究结果确定工资的支付办法；实行由职工选举的委员会来管理医疗福利费等福利制度。

3. 马萨诸塞车祸与所有权和管理权的分离

1841年10月5日，在美国马萨诸塞州至纽约的西部铁路上发生了两列火车相撞的车祸，在马萨诸塞州议会的推动下，这个铁路公司不得不进行管理改革。老板交出了企业管理权，只拿红利，另外聘请具有管理才能的人员担任企业领导。这是历史上第一次在企业管理中实行所有权和管理权的分离。其意义在于：一是独立的管理职能和专业的管理人员正式得到承认，管理不仅是一种活动，还是一种职业；二是随着所有权和管理权的分离，横向的管理分工开始出现，这不仅提高了管理效率，也为企业组织形式的进一步发展奠定了基础；三是具有管理才能的人员掌握了管理权，直接为科学管理理论的产生创造了条件，为管理学的创立和发展准备了前提。

4. 欧文的人事管理

罗伯特·欧文（Robert Owen，1771—1858）是19世纪初英国著名的空想社会主义者。他曾在其经营的一家纺织厂中做试验，试验主要是在当时工厂制度下工人劳动条件和生活水平都相当低下的情况而进行的，主要包括改善工作条件、缩短工作日、提高工资、改善生活条件、发放抚恤金等。试验的目的是探索对工人和工厂所有者双方都有利的方法和制度。欧文开创了在企业中重视人的地位和作用的先河，有人因此称他为人事管理之父。

5. 巴贝奇的作业研究和报酬制度

查尔斯·巴贝奇（Charles Babbag，1792—1871）是英国著名的数学家和机械工程师，出版了《论机器和制造业的经济》一书，他对管理的贡献主要有两个方面：一是对工作方法的研究，认为要提高工作效率，必须仔细研究工作方法；二是对报酬制度的研究，他主张按照对生产率贡献的大小来确定工人的报酬。

6. 尤尔的工厂秩序和法典

安德鲁·尤尔（Andrew Ure，1778—1857）是英国的化学家和经济学家，1835年他编写了《工厂哲学，或论大不列颠工厂制度的科学、道德和商业经济》一书。在该书中，他主张建立工场手工业的秩序和工厂的必要的纪律和法典。他认为，工人由熟练而产生的"不驯服的脾气"给整个工场手工业造成了巨大的损害，所以必须建立"秩序"，必须建立与机器生产体系的需要和速度相适应的"纪律法典"。他认为，只有有效地实行这种"纪律法典"，才能使工人抛弃无规则的劳动习惯，使他们与整个自动体系的始终如一的规律性活动协调一致。安德鲁·尤尔可以说是第一个明确提出在工厂中建立必要规章制度的人。

7. 汤尼的收益分享制度与哈尔西的奖金方案

亨利·汤尼（Henry R. Towne，1844—1924）是当时美国耶鲁-汤尼制造公司的总经理。他在1889年发表的题为"收益分享"一文中，提出对职工的报酬应采取收益分享制度才能克服由利润分享制度带来的不公平。他提出的具体办法是：每个职工享有一种"保证工资"，然后每个部门按科学方法制定工作标准，并确定生产成本。该部门超过定额时，由该部门职工和管理阶层各得一半。定额应在3～5年内维持不变，以免降低工资。他的主张实质上是按某一部门的业绩来支付该部门职工的收益，这样就可避免某一部门业绩好而另一部门业绩差时，实行利润分享制度使前者受损所产生的不合理现象。

弗雷德里克·哈尔西（Frederick A. Halsey，1856—1935）对管理的贡献也体现在工资制度方面。1891年，他向美国机械工程学会提交了一篇题为"劳动报酬的奖金方案"的论文。论文指出了当时普遍使用的计时制、计件制和利润分享三种报酬制度的弊端。他认为，汤尼的收益分享虽有改进，但在同一部门中问题依然存在。因而，他提出了自己的奖金方案，该方案是按每个工人来设计的：一是给予每个工人每天的保证工资；二是以该工人过去的业绩为基础，超额者发给约为正常工资率1/3的奖金。可以看出，哈尔西所提出的制度与其他当时所见的工资制度相比有许多优点。

第三节 管理理论的形成与发展

20世纪是管理思想多样化的时期，出现了很多的管理思想和管理理论。中国早期的管理思想虽然博大精深，但管理理论的系统形成却出现在西方。时至今日，中国仍未形成有特色的管理理论，这不能不引起我们的思考。本节主要介绍西方的管理理论。按照出现的先后顺序，依次是古典管理理论、行为管理理论、数量管理理论、系统管理理论、权变管理理论和质量管理理论。

一、古典管理理论

（一）科学管理

物质方面的直接浪费，人们是可以看到和感觉到的，但由于人们不熟练、低效率或指挥不当而造成的浪费，人们既看不到，又摸不到。"所有的日常活动中不注意效率的行为都在使整个国家资源遭受巨大损失，而补救低效能的办法不在于寻求某些出众或是非凡的人，而在于科学的管理。"提出这个观念的人正是被西方管理界誉为"科学管理之父"的泰勒。

费雷德里克·泰勒（Frederick W. Taylor，1856—1915）是美国古典管理学家，科学管理的创始人。他18岁从一名学徒工开始，先后被提拔为车间管理员、技师、小组长、工长、维修工长、设计室主任和总工程师。在他的管理生涯中，他不断在工厂实地进行试验，系统地研究和分析工人的操作方法和动作所花费的时间，逐渐形成其管理体系——科学管理。泰勒的主要著作是《科学管理原理》（1911）和《科学管理》（1912）。在两部书中所阐述的科学管理理论，使人们认识到管理是一门建立在明确的法规、条文和原则之上的科学，它适用于人类的各种活动，从最简单的个人行为到经过充分组织安排的大公司的业务活动。

泰勒的科学管理的根本目的是谋求最高效率，而最高的工作效率是雇主和雇员达到共同富裕的基础，使较高工资和较低的劳动成本统一起来，从而扩大再生产的发展。要达到最高的工作效率的重要手段是用科学化的、标准化的管理方法代替旧的经验管理。为此，泰勒提出了一些基本的管理制度。

① 对工人提出科学的操作方法，以便有效利用工时，提高工效。研究工人工作时动作的合理性，去掉多余的动作，改善必要动作，并规定出完成每一个单位操作的标准时间，制定出劳动时间定额。

② 对工人进行科学的选择、培训和晋升。选择合适的工人安排在合适的岗位上，并培训工人使用标准的操作方法，使之在工作中逐步成长。

③ 制定科学的工艺规程，使工具、机器、材料标准化，并对作业环境标准化，用文件形式固定下来。

④ 实行具有激励性的计件工资报酬制度。对完成和超额完成工作定额的工人以较高的工资率计件支付工资，对完不成定额的工人，则按较低的工资率支付工资。

⑤ 管理和劳动分离。管理者和劳动者在工作中密切合作，以保证工作按标准的设计程序进行。

上述这些措施虽然在现在已成为管理常识，但当时却是重大的变革。随后，美国企业的生产率有了大幅度的提高，出现了高效率、低成本、高工资、高利润的新局面。

科学管理不仅仅是将科学化、标准化引入管理，更重要的是泰勒所倡导的精神革命，这是实施科学管理的核心问题。许多人认为雇主和雇员的根本利益是对立的，而泰勒所提的科学管理却恰恰相反，它相信双方的利益是一致的。对于雇主而言，追求的不仅是利润，更重要的是事业的发展。而正是这事业使雇主和雇员联系在一起，事业的发展不仅会给雇员带来较丰厚的工资，而且更意味着充分发挥其个人潜质，满足自我实现的需要。只有雇主和雇员双方互相协作，才能达到较高的绩效水平，这种合作观念是非常重要的。正像1912年泰勒在美国众议院特别委员会听证会上所作的证词中强调的，科学管理是一场重大的精神变革，每个人都要对工作、对同事建立起责任观念；每个人都要有很强的敬业心和事业心。这样雇主和雇员都把注意力从利润分配转移到增加利润数量上来。当双方友好合作，互相帮助以代替对抗和斗争时，通过双方共同的努力，就能够生产出比过去更大的利润来，从而使雇员提高工资，获得较高的满意度，使雇主的利润增加起来，使企业规模扩大。

泰勒是科学管理的先锋，其追随者和同行者也对科学管理作出了重要的贡献。亨利·甘特用图表进行计划和控制的做法是当时管理思想的一次革命。从一张事先准备好的图表上，管理部门可以看到计划执行的进展情况，并可以采取一切必要行动使计划能按时或在预期的许可范围内完成。甘特根据这个思想设计的甘特图现在还常用于编制进度计划。亨利·福特在泰勒的单工序动作研究基础之上，进一步对如何提高整个生产过程的效率进行了研究。他充分考虑了大量生产的优点，规定了各个工序的标准时间定额，使整个生产过程在时间上协调起来，创建了第一条流水生产线——福特汽车流水生产线，使成本明显降低。同时，福特进行了多方面的标准化工作，包括在产品系列化，零件规格化，工厂专业化，机器、工具专业化，作业专门化等。泰勒及其同行者与追随者的理论与实践构成了泰勒制，人们称以泰勒为代表的学派为科学管理学派。

科学管理的许多思想和做法至今仍被许多国家参照采用，泰勒最强有力的主张之一就是制造业的成本会计和控制，使成本成为计划和控制的一个不可缺少的组成部分。而现在我国企业仍存在低质量、高成本、低效率、高能耗现象。曾经有人提出向管理要效益，的确，好的管理可以出效益，但在实践层次上，我国企业还很有差距，这也是强调科学管理的原因所在。

泰勒的科学管理主要有两大贡献：一是管理要走向科学；二是劳资双方的精神革命。前者是有效管理的必要条件，后者是有效管理的必要心理。古希腊哲学家柏拉图曾构筑一段故事：航行在海上的一艘船上，在部分水手的拥戴下，某年轻力壮的水手杀了有点年老且耳聋的船长……结果船失去了方向，结局只可能是沉没！在当今，精神革命的实质就是通过合作将蛋糕做大，否则只能在沉默中死亡。当然，科学管理存在过于重视技术、强调个别作业效率，且对人的看法有偏、忽视了企业的整体功能等历史局限因素，所以，科学管理不是万能的，但没有科学管理却是万万不能的。

（二）组织管理理论

组织管理理论着重研究管理职能和整个组织结构。杰出代表是亨利·法约尔（Henri Fayol）和马克斯·韦伯（Max Weber）。

1. 法约尔的一般管理理论

泰勒的科学管理开创了西方古典管理理论的先河。在其正被传播之时，欧洲也出现了一批古典管理的代表人物及其理论，其中影响最大的首属法约尔及其一般管理理论。

亨利·法约尔（Henri Fayol，1841—1925），法国人，早期就参与企业的管理工作，并长期担任企业高级领导职务。泰勒的研究是从"车床前的工人"开始，重点内容是企业内部具体工作的效率。法约尔的研究则是从"办公桌前的总经理"出发的，以企业整体作为研究对象。他认为，管理理论是"指有关管理的、得到普遍承认的理论，是经过普遍经验检验并得到论证的一套有关原则、标准、方法、程序等内容的完整体系"；有关管理的理论和方法不仅适用于公私企业，也适用于军政机关和社会团体。这正是其一般管理理论的基石。

法约尔的著述很多，1916年出版的《工业管理和一般管理》是其最主要的代表作，标志着一般管理理论的形成。其主要内容如下。

（1）从企业经营活动中提炼出管理活动。法约尔区别了经营和管理，认为这是两个不同的概念，管理包括在经营之中。通过对企业全部活动的分析，将管理活动从经营职能（包括技术、商业、业务、安全和会计五大职能）中提炼出来，成为经营的第六项职能。进一步得出了普遍意义上的管理定义，即"管理是普遍的一种单独活动，有自己的一套知识体系，由各种职能构成，管理者通过完成各种职能来实现目标的一个过程"。

法约尔还分析了处于不同管理层次的管理者其各种能力的相对要求，随着企业由小到大、职位由低到高，管理能力在管理者必要能力中的相对重要性不断增加，而其他诸如技术、商业、财务、安全、会计等能力的重要性则会相对下降。

（2）倡导管理教育。法约尔认为管理能力可以通过教育来获得，"缺少管理教育"是由于"没有管理理论"，每一个管理者都按照他自己的方法、原则和个人的经验行事，但是谁也不曾设法使那些被人们接受的规则和经验变成普遍的管理理论。

（3）提出五大管理职能。法约尔将管理活动分为计划、组织、指挥、协调和控制五大管理职能，并进行了相应的分析和讨论。管理的五大职能并不是企业管理者个人的责任，它同企业经营的其他五大活动一样，是一种分配于领导人与整个组织成员之间的工作。

（4）提出十四项管理原则。法约尔提出了一般管理的十四项原则，包括：劳动分工；权力与责任；纪律；统一指挥；统一领导；个人利益服从整体利益；人员报酬；集中；等级制度；秩序；公平；人员稳定；首创精神；团队精神。

法约尔的一般管理理论是西方古典管理思想的重要代表，后来成为管理过程学派的理论基础（该学派将法约尔尊奉为开山祖师），也是以后各种管理理论和管理实践的重要依据，对管理理论的发展和企业管理的历程均有着深刻的影响。管理之所以能够走进大学讲堂，全赖于法约尔的卓越贡献。一般管理思想的系统性和理论性强，对管理五大职能的分析为管理科学提供了一套科学的理论构架，来源于长期实践经验的管理原则给实际管理人员巨大的帮助，其中某些原则甚至以"公理"的形式为人们接受和使用。因此，继泰勒的科学管理之后，一般管理也被誉为管理史上的第二座丰碑。

亨利·法约尔是直到20世纪上半叶为止，欧洲贡献给管理运动的最杰出的大师，被后人尊称为"现代经营管理之父"。他最主要的贡献在于三个方面：从经营职能中独立出管理活动；提出管理活动所需的五大职能和十四条管理原则。这三个方面也是其一般管理理论的核心。它与泰勒的科学管理并不是矛盾的，只不过是从两个方面来看待和总结管理实践的。这些管理的职能和原则对企业而言，是"为和不为"的问题，而不是"能和不能"的问题；实质上也是企业维系长期的有效竞争的平台，有之未必然，无之必不然。

2. 韦伯的组织理论

被称为"组织理论之父"的韦伯与泰勒、法约尔是西方古典管理理论的三位先驱。马克斯·韦伯（Max Weber，1864—1920）生于德国，曾担任过教授、政府顾问、编辑，对社会学、宗教学、经济学与政治学都有相当的造诣。韦伯的主要著作有《新教伦理与资本主义精神》《一般经济史》《社会和经济组织的理论》等，其中官僚组织模式（Bureaucratic Model）的理论（即行政组织理论），对后世产生了最为深远的影响。有人甚至将他与杜克海姆、马克思奉为社会学的三位"现世神明"。韦伯行政组织理论产生的历史背景，正是德国企业从小规模世袭管理，到大规模专业管理转变的关键时期，了解韦伯的思想更具有重要的现实意义。

韦伯认为，任何组织都必须以某种形式的权力作为基础，没有某种形式的权力，任何组织都不能达到自己的目标。人类社会存在三种为社会所接受的权力。

传统权力（Traditional Authority）：传统惯例或世袭得来。

超凡权力（Charisma Authority）：来源于别人的崇拜与追随。

法定权力（Legal Authority）：理性——法律规定的权力。

对于传统权力，韦伯认为：人们对其服从是因为领袖人物占据着传统所支持的权力地位，同时，领袖人物也受着传统的制约。但是，人们对传统权力的服从并不是以与个人无关的秩序为依据，而是在习惯义务领域内的个人忠诚。领导人的作用似乎只为了维护传统，因而效率较低，不宜作为行政组织体系的基础。

而超凡权力的合法性，完全依靠对领袖人物的信仰，他必须以不断的奇迹和英雄之举赢得追随者，超凡权力过于带有感情色彩并且是非理性的，不是依据规章制度，而是依据神秘的启示。所以，超凡的权力形式也不宜作为行政组织体系的基础。

韦伯认为，只有法定权力才能作为行政组织体系的基础，其最根本的特征在于它提供了慎重的公正。原因在于：管理的连续性使管理活动必须有秩序的进行；以"能"为本的择人方式提供了理性基础；领导者的权力并非无限，应受到约束。

有了适合于行政组织体系的权力基础，韦伯勾画出理想的官僚组织模式，具有下列特征。

（1）组织中的人员应有固定和正式的职责并依法行使职权。组织是根据合法程序制定的，应有其明确的目标，并靠着这一套完整的法规制度，组织与规范成员的行为，以期有效地追求与达到组织的目标。

（2）组织的结构是一层层控制的体系。在组织内，按照地位的高低规定成员间命令与服从的关系。

（3）人与工作的关系。成员间的关系只有对事的关系而无对人的关系。

（4）成员的选用与保障。每一职位根据其资格限制（资历或学历），按自由契约原则，经公开考试合格予以使用，务求人尽其才。

（5）专业分工与技术训练。对成员进行合理分工并明确每个人的工作范围及权责，然后通过技术培训来提高工作效率。

（6）成员的工资及升迁。按职位支付薪金，并建立奖惩与升迁制度，使成员安心工作，培养其事业心。

韦伯认为，凡具有上述6项特征的组织，可使组织表现出高度的理性化，其成员的工作行为也能达到预期的效果，组织目标也能顺利达成。韦伯对理想的官僚组织模式的描绘，为行政组织指明了一条制度化的组织准则，这是他在管理思想上的最大贡献。

3. 巴纳德的系统组织理论

切斯特·巴纳德（Chester I. Barnard，1886—1961）是西方现代管理理论中社会系统学派的创始人。他早年就读于蒙特赫蒙学院，1906～1909年在哈佛大学读完了全部经济学课程，因缺少实验学科的学分而未获得学位，后来却由于他在研究企业组织的性质和理论方面作出了杰出的贡献，得到过7个荣誉博士学位，他于1909年进入美国电话电报公司工作，1927年起担任新泽西贝尔电话公司总经理，一直到退休。他对组织管理工作的极大热情还使他自愿参与了许多社会组织的活动。他帮助制定过美国原子能委员会的政策，在新泽西紧急救济队、新泽西感化院、联合劳务组织担任过领导职务。1948～1952年巴纳德担任洛克菲勒基金会董事长。他还是一个出色的钢琴演奏家，担任过美国新泽西巴赫协会主席。

巴纳德在漫长的工作经历中积累了丰富的经营管理经验，并深入分析现代管理的特点，写出了许多重要著作。其中最有名的是1938年出版的《经理人员的职能》，被誉为美国现代管理科学的经典著作。该书连同他10年后出版的《组织与管理》是其系统组织理论的代表作，是其毕生从事企业管理工作的经验总结。他将社会学概念应用于分析经理人员的职能和工作过程，并把研究重点放在组织结构的逻辑分析上，提出了一套协作和组织的理论。他认为，社会的各级组织包括军事的、宗教的、学术的、企业的等多种类型的组织都是一个协作的系统，它们都是社会这个大协作系统的某个部分和方面。这些协作组织是正式组织，都包含三个要素：协作的意愿、共同的目标和信息联系。所有的正式组织中都存在非正式组织。正式组织是保持秩序和一贯性所不可缺少的，而非正式组织是提供活力所必需的。两者是协作中相互作用、相互依存的两个方面。

经理人员的作用就是在一个正式组织中充当系统运转的中心，并对组织成员的活动进行协调，指导组织的运转，实现组织的目标。经理人员的主要职能有三个方面。

① 提供信息交流的体系。

② 促成个人付出必要的努力。

③ 规定组织的目标。

经理人员作为企业组织的领导核心，必须具有权威。权威是存在于正式组织内部的一种"秩序"，是个人服从于协作体系要求的愿望和能力。要建立和维护一种既能树立上级权威，又能争取广大"不关心区域"群众的客观权威，关键在于能否在组织内部建立起上情下达、下情上达的有效的信息交流沟通（对话）系统，这一系统既能保证上级及时掌握作为决策基础的准确信息，又能保证指令的顺利下达和执行。要维护这种权威，身处领导地位的人必须随时掌握准确的信息，作出正确的判断，同时还需要组织内部人员的合作态度。巴纳德对信息交流沟通（对话）系统的主要要素进行了探讨，这对于大型组织（企业集团）建立权威至关重要。

组织的有效性取决于个人接受命令的程度。巴纳德分析个人承认指令的权威性并乐于接受指令的四个条件。

① 他能够并真正理解指令。
② 他相信指令与组织的宗旨是一致的。
③ 他认为指令与他的个人利益是不矛盾的。
④ 他在体力和精神上是胜任的。

巴纳德在《组织与管理》一书中再次突出强调了经理人员在企业组织与管理中的重要领导作用，从五个方面精辟地论述了"领导的性质"这一关系到企业生存和发展的根本性的问题。

① 构成领导行为的四要素：确定目标、运用手段、控制组织、进行协调。
② 领导人的条件：平时要冷静、审慎、深思熟虑、瞻前顾后、讲究工作的方式方法；紧急关头则要当机立断、刚柔相济、富有独创精神。
③ 领导人的品质：活力和忍耐力、当机立断、循循善诱、责任心以及智力。
④ 领导人的培养和训练：通过培训增强领导人一般性和专业性的知识，在工作实践中锻炼平衡感和洞察力，积累经验。
⑤ 领导人的选拔：领导人的选择取决于两种授权机制——代表上级的官方授权（任命或免职）和代表下级的非官方授权（接受或拒绝）。后者即被领导者的拥护程度是领导人能否取得成功的关键。领导人选拔中最重要的条件是其过去的工作表现。

巴纳德在组织管理理论方面的开创性研究，奠定了现代组织理论的基础，后来的许多学者如德鲁克、孔茨、明茨伯格、西蒙、利克特等人都极大地受益于巴纳德，并在不同方向上有所发展。

对于经理人员，尤其是将一个传统的组织改造为现代组织的经理人员来说，巴纳德的价值尤其突出。因为传统的组织偏重于非正式组织和非结构化的决策与沟通机制，目标也是隐含的，要将其改造为现代组织，就必须明确组织的目标、权力结构和决策机制，明确组织的动力结构即激励机制，明确组织内部的信息沟通机制。这三个方面是现代组织的柱石，同时在转变的过程中，要充分考虑利用非正式组织的力量。这一点对我国当前的企业改革非常具有现实意义。

二、行为管理实践与理论

（一）早期的倡导者

1. 罗伯特·欧文

罗伯特·欧文（Robert Owen，1771—1858），英国的空想社会主义者，也是一位企业家、慈善家，现代人事管理之父，人本管理的先驱。

欧文的管理思想基于"人是环境的产物"这一法国唯物主义学者的观点，他在新拉纳克所进行的一切实验都是为了证明"用优良的环境代替不良的环境，是否可以使人由此洗心革面，清除邪恶，变成明智的、有理性的、善良的人"。欧文认为，好的环境可以使人形成良好的品行，坏的环境则使人形成不好的品行。他对当时很多资本家过分注重机器而轻视人的做法提出了强烈批评，并采用多种办法致力于改善工人的工作环境和生活环境。

欧文在新拉纳克的管理独具特色，他推行了一种新的管理制度，其核心是废除惩罚，强调人性化管理。欧文根据工人在工厂的表现，将工人的品行分为恶劣、怠惰、良好和优质四个等级，用一个木块的四面涂上黑、蓝、黄、白四色分别表示。每个工人的前面都有一块，部门主管根据工人的表现进行考核，厂长再根据部门主管的表现对部门主管进行考核。考核结果摆放在工厂里的显眼位置上，所属的员工一眼就可以看到各人木块的不同颜色。这样，每人目光一扫，就可以知道对应的员工表现如何。刚开始实行这项制度的时候，工人表现恶劣的很多，而表现良好的却很少。但是，在众人目光的注视中和自尊心理的驱使下，表现恶劣的次数和人数逐渐减少，而表现良好的工人却不断增多。为了保证这种考核的公正，欧文还规定，无论是谁认为考核不公，都可以直接向他进行申诉。这种无惩罚的人性化管理，在当时几乎是一个奇迹。同时，部门主管考核员工，经理考核部门主管，同时辅之以越级申诉制度，开创了层级管理的先河，也有利于劳资双方的平等沟通和矛盾化解。

欧文指出：把钱花在提高劳动力素质上是企业经理最佳的投资之一。他认为关心雇员既能为管理当局带来高利润，同时又能减轻人们的痛苦。欧文对管理学中的贡献是：摒弃了过去那种把工人当作工具的做法，着力改善工人的劳动条件，诸如提高童工参加劳动的最低年龄；缩短雇员的劳动时间；为雇员提供厂内膳食；设立按成本向雇员出售生活必需品的模式，从而改善当地整个社会状况。

2. 雨果·明斯特伯格

雨果·明斯特伯格（Hugo Munsterberg，1863—1916），工业心理学的主要创始人，被尊称为"工业心理学之父"。

1892年，明斯特伯格受聘于哈佛大学，建立了心理学实验室并担任主任。在那里，他应用实验心理学的方法研究大量的问题，包括知觉和注意等方面的问题。明斯特伯格对用传统的心理学研究方法研究实际的工业中的问题十分感兴趣，于是他的心理学实验室就成为了工业心理学活动的基地，成为后来的工业心理学运动的奠基石。他研究的重点是：如何根据个体的素质以及心理特点把他们安置到最适合他们的工作岗位上；在什么样的心理条件下可以让工人发挥最大的干劲和积极性，从而能够从每个工人那里得到最大的、最令人满意的产量；怎样的情绪能使工人的工作产生最佳的效果。

1913年他在《心理学与工业效率》这本书中论述了对人类行为进行科学研究以发现人类行为的一般模式和解释个人之间差异的重要性。该书包括三大部分内容：第一部分，最适合的人，即研究工作对人们的要求，识别最适合从事某种工作的人应具备什么样的心理特点，将心理学的实验方法应用在人员选拔、职业指导和工作安排方面；第二部分，最适合的工作，即研究和设计适合人们工作的方法、手段与环境，以提高工作效率，他发现，学习和训练是最经济的提高工作效率的方法和手段，物理的和社会的因素对工作效率有较强的影响，特别是创造工作中适宜的"心理条件"极为重要；第三部分，最理想的效果，即用合理的方法在商业中也同样可以确保资源的合理利用，他研究了对人的需要施加符合组织利益的影响的必要性。明斯特伯格指出心理学家在工业中的作用应该是帮助发现最适合从事某项工作的工人；决定在什么样的心理状态下，每个人才能达到最高产量；在人的思想中形成有利于提高管理效率的影响。

明斯特伯格作为工业心理学的先驱，他的研究和思想对后来的研究工作和工业心理学理论有着深远的影响。早期的工业与组织心理学的研究工作主要着重于应用心理学的思想和方法，增加企业的经济收益。这样，企业主从增加自己的经济利益出发，开始在企业中雇佣心理学家，心理学家也得以进入到企业中开展应用性的研究。心理学家对研究人的因素无疑处于最有贡献的地位。20世纪的许多重要的工业与组织心理学家的理论和研究都可以追溯到明斯特伯格的思想和研究工作。在明斯特伯格之后，大量的社会心理学和工业心理学著作相继问世，产生了注重研究人的心理因素，试图通过对人的各种需要的满足来调动人的积极性的"人际关系学说"，这一学说以著名的霍桑工厂实验为基础，在二十世纪四五十年代颇有影响。在此基础上又发展出行为科学理论，自20世纪50年代在西方受人瞩目，很快风靡起来，至今仍在企业管理中有一定的影响。

明斯特伯格的研究方向和路线，以及所采取的方法对后来的人们有很大启示，在管理学上也有诸多应用。他开创了工业心理学领域——对工作中的个人进行科学研究以使其生产率和心理适应最大化。他认为应该用心理测验来选拔雇员，用学习理论来评价培训方法的开发，要对人类行为进行研究以便搞清楚什么方法对于激励工人是最有效的。他还指出了科学管理与工业心理学二者都是通过科学的工作分析，以及通过使个人技能和能力更好地适合各种工作的要求，寻求提高生产率。他的研究对于我们今天的甄选技术、员工培训、工作设计和激励仍有重要的影响。

但是，明斯特伯格所考虑的面比较狭窄，仅限于个体心理的研究，缺乏社会心理学和人类学的观点和论据。所以，他的工业心理学在当时未能引起更为广泛的注意，而是在其影响下的研究和理论为工业心理学增加了深度和广度，获得了人们更多的重视。

3. 玛丽·帕克·福莱特

玛丽·帕克·福莱特（Mary Parker Follett，1868—1933），是美国社会哲学家。她是美国新英格兰地区的一位社会工作者，同时也是一位波士顿上层社会的社交名流，并且还是一位具有重大建树的一流学者，她在政治学、经济学、法学和哲学方面都有着极高的素养。这种不同学科的综合优势，使她可以把社会科学诸多领域内的知识融会贯通，从而在管理学界提出了独具特色的新型理论。福莱特从她生活的时代来讲，是"科学管理"时期，而且她对泰勒的某些观点很赞赏，并作了进一步的概括，但她的政治哲学和管理哲学的基本倾向，则明显地具有"社会人"时代的特征。她既概括了泰勒的许多思想，又得出与后来的梅奥等人所作的"霍桑试验"的研究成果大致相同的结论，所以她成了这两个时代之间的一个联系环节。福莱特的主要著作有《新国家》（1918）、《创造性的经验》（1924）、《作为一种职业的管理》（1925）等。

福莱特是最早认识到应当从个人和群体行为角度考察组织的学者之一。她认为，组织应该基于群体道德而不是个人主义，个人的潜能只有通过群体的结合才能释放出来，否则永远是一种潜能。管理者的任务是调和与协调群体的努力，管理者应将工人看作合作者——看作共同群体的一个部分。因此，管理者应当更多地依靠他的知识和专长去领导下属，而不是依靠他的职务的正式权力。福莱特的人本思想影响着我们看待动机、领导、权力和权威的方式。

福莱特企业哲学的基本原理靠结合以及从更广泛的范围来解决问题，启发了人们的创造力和想象力，可以视为类似于泰勒的"精神革命"和梅奥等人有关人群协作的号召。她提出的权威的非人格化和对情境规律的服从的思想，对改变专制主义制度的管理也起到一定的作用。

（二）梅奥的人际关系理论（1933）

1. 古典管理理论的困惑

古典管理理论的杰出代表泰勒、法约尔等人在不同的方面对管理思想和管理理论的发展做出了卓越的贡献，并对管理实践产生深刻影响，但是他们共同的特点是，着重强调管理的科学性、合理性、纪律性，而未给管理中人的因素和作用以足够重视。他们的理论是基于这样一种假设，即社会是由一群群无组织的个人所组成的；他们在思想上、行动上力争获得个人利益，追求最大限度的经济收入，即"经济人"；管理部门面对的仅仅是单一的职工个体或个体的简单总和。基于这种认识，工人被安排去从事固定的、枯燥的和过分简单的工作，成了"活机器"。从20世纪20年代美国推行科学管理的实践来看，泰勒制在使生产率大幅度提高的同时，也使工人的劳动变得异常紧张、单调和劳累，因而引起了工人的强烈不满，并导致工人的怠工、罢工以及劳资关系日益紧张等事件的出现；另一方面，随着经济的发展和科学的进步，有着较高文化水平和技术水平的工人逐渐占据了主导地位，体力劳动也逐渐让位于脑力劳动，也使得西方的资产阶级感到单纯用古典管理理论和方法已不能有效控制工人以达到提高生产率和利润的目的。这使得对新的管理思想、管理理论和管理方法的寻求和探索成为必要。

2. 人际关系学说的诞生——霍桑试验

与此同时，人的积极性对提高劳动生产率的影响和作用逐渐在生产实践中显示出来，并引起了许多企业管理学者和实业家的重视，但是对其进行专门的、系统的研究，进而形成一种较为完整的全新的管理理论则始于20世纪20年代美国哈佛大学心理学家梅奥等人所进行的著名的霍桑试验。

乔治·艾顿·梅奥（George Elton Myao，1880—1949）原籍澳大利亚的美国行为科学家，人际关系理论的创始人，美国艺术与科学院院士，进行了著名的霍桑试验，主要代表著作有《组织中的人》和《管理和士气》。

在美国西方电器公司霍桑工厂进行的，长达9年的实验研究——霍桑试验，真正揭开了作为组织中的人的行为研究的序幕。

霍桑试验的初衷是试图通过改善工作条件与环境等外在因素，找到提高劳动生产率的途径，从1924年到1932年，先后进行了四个阶段的实验：照明试验、继电器装配工人小组试验、大规模访谈和对接线板接线工作室的研究。但试验结果却出乎意料：无论工作条件（照明度强弱、休息时间长短、工厂温度等）是改善还是取消改善，试验组和非试验组的产量都在不断上升；在试验计件工资对生产效率的影响时，发现生产小组内有一种默契，大部分工人有意限制自己的产量，否则就会受到小组的冷遇和排斥，奖励性工资并未像传统的管理理论认为的那样使工人最大限度的提高生产效率；而在历时两年的大规模的访谈试验中，职工由于可以不受拘束地谈自己的想法，发泄心中的闷气，从而态度有所改变，生产率相应地得到了提高。

对这种"传统假设与所观察到的行为之间神秘的不相符合"，梅奥做出了如下解释。

① 影响生产效率的根本因素不是工作条件，而是工人自身。参加试验的工人意识到自己"被注意"，是一个重要的存在，因而怀有归属感，这种意识助长了工人的整体观念、有所作为的观念和完成任务的观念，而这些是他们在以往的工作中不曾得到的，正是这种因素导致了劳动生产率的提高。

② 在决定工人工作效率的因素中，工人为团体所接受的融洽性和安全感较之奖励性工资有更为重要的作用。

3. 人际关系学说

霍桑试验的研究结果否定了传统管理理论的对于人的假设，表明了工人不是被动的、孤立的个体，他们的行为不仅仅受工资的刺激，影响生产效率的最重要因素不是待遇和工作条件，而是工作中的人际关系。据此，梅奥提出了自己的观点。

（1）工人是"社会人"而不是"经济人"。梅奥认为，人们的行为并不单纯出自追求金钱的动机，还有社会方面的、心理方面的需要，即追求人与人之间的友情、安全感、归属感和受人尊敬等，而后者更为重要。因此，不能单纯从技术和物质条件着眼，而必须首先从社会心理方面考虑合理的组织与管理。

（2）企业中存在着非正式组织。企业中除了存在着古典管理理论所研究的为了实现企业目标而明确规定各成员相互关系和职责范围的正式组织之外，还存在着非正式组织。这种非正式组织的作用在于维护其成员的共同利益，使之免受其内部个别成员的疏忽或外部人员的干涉所造成的损失。为此非正式组织中有自己的核心人物和领袖，有大家共同遵循的观念、价值标准、行为准则和道德规范等。

梅奥指出，非正式组织与正式组织有重大差别。在正式组织中，以效率逻辑为其行为规范；而在非正式组织中，则以感情逻辑为其行为规范。如果管理人员只是根据效率逻辑来管理，而忽略工人的感情逻辑，必然会引起冲突，影响企业生产率的提高和目标的实现。因此，管理当局必须重视非正式组织的作用，注意在正式组织的效率逻辑与非正式组织的感情逻辑之间保持平衡，以便管理人员与工人之间能够充分协作。

（3）新的领导能力在于提高工人的满意度。在决定劳动生产率的诸因素中，置于首位的因素是工人的满意度，而生产条件、工资报酬只是第二位的。职工的满意度越高，其士气就越高，从而产生的效率就越高。高的满意度来源于工人个人需求的有效满足，不仅包括物质需求，还包括精神需求。

（三）人际关系运动

人际关系运动的代表人物主要有：戴尔·卡耐基、亚伯拉罕·马斯洛和道格拉斯·麦格雷戈。他们一致相信雇员满意的重要性——一个满意的工人一定会是一个富于生产性的工人。

1. 戴尔·卡耐基

戴尔·卡耐基被誉为是 20 世纪最伟大的心灵导师和成功学大师，美国现代成人教育之父。卡耐基在实践的基础上撰写而成的著作，是 20 世纪最畅销的成功励志经典。主要代表作有《沟通的艺术》、《人性的弱点》、《人性的优点》、《美好的人生》、《快乐的人生》、《伟大的人物》和《人性的光辉》。

他一生致力于人性问题的研究，运用心理学和社会学知识，对人类共同的心理特点，进行探索和分析，开创并发展出一套独特的融演讲、推销、为人处世、开发于一体的成人教育方式。

实例： 戴尔·卡耐基经典语录

我们若已接受最坏的，就再没有什么损失。

朝着一定目标走去是"志"，一鼓作气中途绝不停止"气"，两者合起来就是"志气"。一切事业的成败都取决于此。

想交朋友，就要先为别人做些事——那些需要花时间体力、体贴、奉献才能做到的事。

行为胜于言论，对人微笑就是向人表明："我喜欢你，你使我快乐，我喜欢见到你"。

世上人人都在寻找快乐，但是只有一个确实有效的方法，那就是控制你的思想，快乐不在乎外界的情况，而是依靠内心的情况。

一种简单、明显、最重要的获得好感的方法，那就是记住他人的姓名，使他人感觉对于别人很重要。

始终挑剔的人，甚至最激烈的批评者，都会在一个有忍耐和同情心的倾听者面前软化降服。

如果希望成为一个善于谈话的人,那就先做一个致意倾听的人。

与人沟通的诀窍就是:谈论别人最为愉悦事情。

一个人事业上的成功,只有15%是由于他的专业技术,另外的85%要依赖人际关系、外世技巧。软与硬是相对而言的。专业的技术是硬本领,善于处理人际关系的交际本领则是软本领。

许多人在重组自己的偏见时,还以为自己是在思考。

2. **亚伯拉罕·马斯洛**

马斯洛是一位人道主义心理学家,他从理论上提出了人类需要的五个层次:生理需要、安全需要、社会需要、尊重需要和自我实现需要。从动机的角度来看,马斯洛认为,需要层次中的每一步必须得到满足,下一层次的需要才会被激活;一旦某种需要被充分满足,它就不再对行为产生激励作用。

3. **道格拉斯·麦格雷戈**

麦格雷戈提出了关于人性的两套系统性假设——X理论和Y理论。X理论基本上是一种关于人性的消极观点,它假设人们缺乏雄心壮志,不喜欢工作,总想回避责任,以及需要在严密地监督下才能有效地工作;而Y理论提出了一种积极观点,它假设人们能够自我管理,愿意承担责任,以及把工作看作像休息和玩一样自然。

(四)行为科学理论家

20世纪二三十年代,行为科学产生于管理工作实践。它正式被命名为行为科学,是在1949年美国芝加哥的一次跨学科的科学会议上。行为科学理论是依靠科学方法研究组织行为的理论,其代表人物主要有亚伯拉罕·马斯洛(Abraham Harold Maslow,1908—1970)及其需要理论;道格拉斯·麦格雷戈(Douglas Mcgregor,1906—1964)的X-Y理论;戴维·麦克利兰(David C. Mcclelland)的成就动机理论;弗雷德里克·赫茨伯格(Fredrick Herzberg,1923—2000)的双因素理论;维克托·弗鲁姆(Victor H. Vroom)的期望理论等。有关他们的理论请见领导篇。

三、数量管理理论

数量管理理论产生于第二次世界大战时期,它是以现代自然科学和技术科学的最新研究成果(如先进的数学方法、电子计算机技术以及系统论、信息论、控制论等)为手段,运用数学模型,对管理领域中的人力、物力、财力进行系统的定量分析,并做出最优规划和决策的理论。数量管理理论主要包括以下三个方面。

1. **运筹学**

运筹学(Operational Research,OR)是数量管理理论的基础。就其内容讲,运筹学是一种分析的、实验的和定量的方法,专门研究在既定的物质条件下,为了达到一定的目的,如何最经济、最有效地使用人、才、物等资源。运筹学一词最早出现于1938年。当时英国波德塞雷达站负责人A.P·罗提出对整个防空作战系统的运行研究,以解决雷达站合理配置和整个空军作战系统协调配合来有效地防御德机入侵的问题。1940年9月英国成立了由物理学家P.M.S·布莱克特领导的第一个运筹学小组,后来发展到每一个英军指挥部都成立运筹学小组。1942年美国和加拿大都相继建立了运筹学小组。这些运筹学小组在确定护航舰队的规模、开展反潜艇战的侦察、组织有效的对敌轰炸等方面做了大量研究,为运筹学有关分支的建立作出了贡献。第二次世界大战期间,"OR"成功地解决了许多重要作战问题,显示了科学的巨大物质威力,为"OR"后来的发展铺平了道路。

第二次世界大战后的工业恢复繁荣时期，由于组织内与日俱增的复杂性和专门化所产生的问题，使人们认识到这些问题基本上与战争中所曾面临的问题类似，只是具有不同的现实环境而已，运筹学就这样潜入工商企业和其他部门，在20世纪50年代以后得到了广泛的应用。对于系统配置、聚散、竞争的运用机理深入的研究和应用，形成了比较完备的一套理论，如规划论、排队论、存贮论、决策论等，由于其理论上的成熟，电子计算机的问世，又大大促进了运筹学的发展，世界上不少国家已成立了致力于该领域及相关活动的专门学会，美国于1952年成立了运筹学会，并出版期刊《运筹学》，世界其他国家也先后创办了运筹学会与期刊，1957年成立了国际运筹学协会。

运筹学的特点：一是运筹学已被广泛应用于工商企业、军事部门、民政事业等研究组织内的统筹协调问题，故其应用不受行业、部门的限制；二是运筹学既对各种经营进行创造性的科学研究，又涉及组织的实际管理问题，它具有很强的实践性，最终应能向决策者提供建设性意见，并应收到实效；三是它以整体最优为目标，从系统的观点出发，力图以整个系统最佳的方式来解决该系统各部门之间的利害冲突。对所研究的问题求出最优解，寻求最佳的行动方案，所以它也可看成是一门优化技术，提供的是解决各类问题的优化方法。

2. 系统分析

"系统分析"概念最早由美国兰德公司于1949年提出。系统分析方法是指把要解决的问题作为一个系统，对系统要素进行综合分析，找出解决问题的可行方案的咨询方法。兰德公司认为，系统分析是一种研究方略，它能在不确定的情况下，确定问题的本质和起因，明确咨询目标，找出各种可行方案，并通过一定标准对这些方案进行比较，帮助决策者在复杂的问题和环境中作出科学抉择。系统分析一般包括以下步骤。

（1）限定问题。所谓限定问题，就是要明确问题的本质或特性、问题存在的范围和影响程度、问题产生的时间和环境、问题的症状和原因等。限定问题是系统分析中关键的一步，因为如果"诊断"出错，以后开的"处方"就不可能对症下药。在限定问题时，要注意区别症状和问题，探讨问题原因不能先入为主，同时要判别哪些是局部问题，哪些是整体问题，问题的最后确定应该在调查研究之后。

（2）确定目标。系统分析目标应该根据客户的要求和对需要解决问题的理解加以确定，如有可能应尽量通过指标表示，以便进行定量分析。对不能定量描述的目标也应该尽量用文字说明清楚，以便进行定性分析和评价系统分析的成效。

（3）调查研究，收集数据。调查研究和收集数据应该围绕问题的起因进行。一方面要验证有限定问题阶段形成的假设；另一方面要探讨产生问题的根本原因，为下一步提出解决问题的备选方案做准备。

（4）提出备选方案和评价标准。通过深入调查研究，使真正有待解决的问题得以最终确定，使产生问题的主要原因得到明确，在此基础上就可以有针对性地提出解决问题的备选方案。备选方案是解决问题和达到咨询目标可供选择的建议或设计，应提出两种以上的备选方案，以便提供进一步的评估和筛选。为了对备选方案进行评估，要根据问题的性质提出约束条件或评价标准，供下一步应用。

（5）备选方案评估。根据上述约束条件或评价标准，对解决问题的备选方案进行评估，评估应该是综合性的，不仅要考虑技术因素，也要考虑社会经济等因素。最后，根据评估结果确定最可行方案。

（6）提交最可行方案或实施。最可行方案并不一定是最佳方案，它是在约束条件之内，根据评价标准筛选出的最现实可行的方案。如果客户满意，则系统分析达到目标。如果客户不满意，则要与客户协商调整约束条件或评价标准，甚至重新限定问题，开始新一轮系统分析，直到客户满意为止。

3. 决策科学化

决策科学化是指决策要以充足的事实为依据，按照事物的内在联系对大量的资料和数据进行分析和计算，遵循科学的程序，进行严密的逻辑推理，从而做出正确决策。电子计算机、管理信息系统、决策支持系统（DSS）、企业资源计划（ERP）等的应用为决策科学化提供了可能。

四、系统管理理论

系统管理理论是指应用系统理论的范畴、原理，全面分析和研究企业和其他组织的管理活动和管理过程，重视对组织结构和模式的分析，并建立起系统模型以便于分析。这一理论是卡斯特等美国管理学家在系统论和控制论的基础上建立起来的。其理论要点有以下三个。

① 组织是一个由许多子系统组成的，组织作为一个开放的社会技术系统，是由五个不同的分系统构成的整体，这五个分系统包括：目标与价值分系统；技术分系统；社会心理分系统；组织结构分系统；管理分系统。这五个分系统之间既相互独立，又相互作用，不可分割，从而构成一个整体。这些系统还可以继续分为更小的子系统。

② 企业是由人、物资、机器和其他资源在一定的目标下组成的一体化系统，它的成长和发展同时受到这些组成要素的影响，在这些要素的相互关系中，人是主体，其他要素则是被动的。管理人员需力求保持各部分之间的动态平衡、相对稳定、一定的连续性，以便适应情况的变化，达到预期目标。同时，企业还是社会这个大系统中的一个子系统，企业预定目标的实现，不仅取决于内部条件，还取决于企业外部条件，如资源、市场、社会技术水平、法律制度等，它只有在与外部条件的相互影响中才能达到动态平衡。

③ 如果运用系统观点来考察管理的基本职能，可以把企业看成是一个投入-产出系统，投入的是物资、劳动力和各种信息，产出的是各种产品或服务。运用系统观点使管理人员不至于只重视某些与自己有关的特殊职能而忽视了大目标，也不至于忽视自己在组织中的地位与作用，可以提高组织的整体效率。

五、权变管理理论

权变管理理论是20世纪70年代在美国形成的一种管理理论。这一理论的核心是力图研究组织的各子系统和各子系统之间的相互联系，以及组织和其所处的环境之间的联系，并确定各种变数的关系类型和结构类型。它强调在管理中要根据组织所处的内外部环境随机应变，针对不同的具体条件寻求不同的最合适的管理模式、方案或方法。

建立模式时应考虑下列因素：企业规模的大小、管理者职位的高低、下属个人之间的差别、环境的不确定程度等。环境变量与管理变量之间的函数关系就是权变关系，这是权变管理理论的核心内容。环境可分为外部环境和内部环境。外部环境又可分为两种：一种由社会、技术、经济、政治和法律等组成；另一种由供应者、顾客、竞争者、雇员和股东等组成。内部环境基本上是正式组织系统。

六、质量管理理论

在20世纪80年代和90年代，西方的工商企业界掀起了一场质量革命——全面质量管理。这场革命是由一小群质量专家掀起的，其中最突出的是一位名叫爱德华兹·戴明的美国人。下面简单介绍一下戴明的质量管理法。

质量是一种以最经济的手段，制造出市场上最有用的产品。戴明博士是世界著名的质量管理专家，他对世界质量管理发展做出的卓越贡献享誉全球，以戴明命名的"戴明品质奖"，至今仍是日本品质管理的最高荣誉。作为质量管理的先驱者，戴明学说对国际质量管理理论和方法始终产生着异常重要的影响。戴明学说简洁明了，其主要观点"十四要点"成为21世纪全面质量管理的重要理论基础。

戴明博士最早提出了 PDCA 循环的概念，所以又称其为"戴明环"。PDCA 循环是能使任何一项活动有效进行的一种合乎逻辑的工作程序，在质量管理中得到了广泛的应用。P、D、C、A 四个字母所代表的意义如下。

① P（Plan）计划。包括方针和目标的确定以及活动计划的制定。

② D（Do）执行。执行就是具体运作，实现计划中的内容。

③ C（Check）检查。就是要总结执行计划的结果，分清哪些对了，哪些错了，明确效果，找出问题。

④ A（Action）行动（或处理）。对总结检查的结果进行处理，对成功的经验加以肯定，并予以标准化，或制定作业指导书，便于以后工作时遵循；对于失败的教训也要总结，以免重现。

对于没有解决的问题，应提给下一个 PDCA 循环中去解决。

全面质量管理（Tall Quality Management，TQM）包括以下几个要点。

① 强烈地关注顾客。顾客的含义不仅包括外部购买组织产品和服务的人，还包括内部顾客（诸如发运和回收应收账款的人员），他们向组织中的其他人提供服务并与之发生相互作用。

② 坚持不断地改进。TQM 是一种永远不能满足的承诺，"非常好"还不够，质量总能得到改进。

③ 改进组织中每项工作的质量。TQM 采用广义的质量定义。它不仅与最终产品有关，并且与组织如何发货、如何迅速地响应顾客的投诉、如何有礼貌地回答电话等都有关系。

④ 精确地度量。TQM 采用统计技术度量组织作业中的每一个关键变量，然后与标准和基准进行比较以发现问题，追踪问题的根源，消除问题的原因。

⑤ 向雇员授权。TQM 吸收生产线上的工人加入改进过程，广泛地采用团队形式作为授权的载体，依靠团队发现和解决问题。

戴明学说反映了全面质量管理的全面性，说明了质量管理与改善并不是个别部门的事，而是需要由最高管理层领导的推动才可奏效。

七、20 世纪 90 年代的管理理论新发展

20 世纪 90 年代以来，产生了一些体现时代特征的管理理论，主要有学习型组织、精益思想、业务流程再造和核心能力理论。

（一）学习型组织

企业组织的管理模式问题一直是管理理论研究的核心问题之一，而对未来企业组织模式的探索研究，又是当今世界管理理论发展的一个前沿问题。从传统的以泰勒职能制为基础，适应传统经济分工理论的层级组织到威廉·大内提出的适应企业文化环境的 Z 型组织，都是为了建立一个适应经济发展变化的企业组织形态。20 世纪 80 年代以来，随着信息革命、知识经济时代进程的加快，企业面临着前所未有的竞争环境的变化，传统的组织模式和管理理念已越来越不适应环境的变化，其突出表现就是许多在历史上曾名噪一时的大公司纷纷退出历史舞台。因此，研究企业组织如何适应新的知识经济环境，增强自身的竞争能力，延长组织寿命，成为世界企业界和理论界关注的焦点。在这样的大背景下，以美国麻省理工学院

教授彼得·圣吉（Peter Senge）为代表的西方学者，吸收东西方管理文化的精髓，提出了以"五项修炼"为基础的学习型组织理念。

彼得·圣吉，1947年出生于芝加哥，1970年在斯坦福大学获航空及太空工程学士学位，之后进入麻省理工学院斯隆管理学院攻读博士学位，师从佛睿恩特（Jay Forrester）教授，研究系统动力学整体动态搭配的管理理念；1978年获得博士学位后，圣吉留在斯隆管理学院，继续致力于将系统动力学与组织学习、创造原理、认知科学、群体深度对话与模拟演练游戏融合，从发展出"学习型组织"理论。作为他们研究成果的结晶，圣吉的代表作《第五项修炼——学习型组织的艺术与实务》于1990年在美国出版，该书于1992年荣获世界企业学会（World Business Academy）最高荣誉的开拓者奖（Pathfinder Award），圣吉本人也于同年被美国《商业周刊》推崇为当代最杰出的新管理大师之一。

学习型组织理论认为，在新的经济背景下，企业要持续发展，必须增强企业的整体能力，提高整体素质。也就是说，企业的发展不能再只靠像福特、斯隆、沃森那样伟大的领导者一夫当关、运筹帷幄、指挥全局，未来真正出色的企业将是能够设法使各阶层人员全心投入并有能力不断学习的组织——学习型组织。

所谓学习型组织，是指通过培养弥漫于整个组织的学习气氛、充分发挥员工的创造性思维能力而建立起来的一种有机的、高度柔性的、扁平的、符合人性的、能持续发展的组织。这种组织具有持续学习的能力，具有高于个人绩效总和的综合绩效。学习型组织具有下面的几个特征。

1. **组织成员拥有一个共同的愿景**

组织的共同愿景（Shared Vision），来源于员工个人的愿景而又高于个人的愿景。它是组织中所有员工共同愿望的景象，是他们的共同理想。它能使不同个性的人凝聚在一起，朝着组织共同的目标前进。

2. **组织由多个创造性个体组成**

在学习型组织中，团体是最基本的学习单位，团体本身应理解为彼此需要他人配合的一群人。组织的所有目标都是直接或间接地通过团体的努力来达到的。

3. **善于不断学习**

这是学习型组织的本质特征。所谓"善于不断学习"，主要有四点含义。一是强调"终身学习"。即组织中的成员均应养成终身学习的习惯，这样才能形成组织良好的学习气氛，促使其成员在工作中不断学习。二是强调"全员学习"。即企业组织的决策层、管理层、操作层都要全心地投入学习，尤其是经营管理决策层，他们是决定企业发展方向和命运的重要阶层，因而更需要学习。三是强调"全过程学习"。即学习必须贯彻于组织系统运行的整个过程之中。约翰·瑞定（J. Redding）提出了一种被称为"第四种模型"的学习型组织理论。他认为，任何企业的运行都包括准备、计划、推行三个阶段，而学习型企业不应该是先学习然后进行准备、计划、推行，不要把学习与工作分割开，应强调边学习边准备、边学习边计划、边学习边推行。四是强调"团体学习"。即不但重视个人学习和个人智力的开发，更强调组织成员的合作学习和群体智力（组织智力）的开发。

4. **"地方为主"的扁平式结构**

传统的企业组织通常是金字塔式的，学习型组织的组织结构则是扁平的，即从最上面的决策层到最下面的操作层，中间相隔层次极少。它尽最大可能将决策权向组织结构的下层移动，让最下层单位拥有充分的自决权，并对产生的结果负责，从而形成以"地方为主"的扁平化组织结构。例如，美国通用电器公司目前的管理层次已由9层减少为4层。只有这样的体制，才能保证上下级的不断沟通，下层才能直接体会到上层的决策思想和智慧光辉，上层也能亲自了解到下层的动态，吸取第一线的营养。只有这样，企业内部才能形成互相理解、互相学习、整体互动思考、协调合作的群体，才能产生巨大的、持久的创造力。

5. 自主管理

学习型组织理论认为，"自主管理"是使组织成员能边工作边学习并使工作和学习紧密结合的方法。通过自主管理，可由组织成员自己发现工作中的问题，自己选择伙伴组成团队，自己选定改革进取的目标，自己进行现状调查，自己分析原因，自己制定对策，自己组织实施，自己检查效果，自己评定总结。团队成员在"自主管理"的过程中，能形成共同愿景，能以开放求实的心态互相切磋，不断学习新知识，不断进行创新，从而增加组织快速应变、创造未来的能量。

6. 组织的边界将被重新界定

学习型组织的边界的界定，建立在组织要素与外部环境要素互动关系的基础上，超越了传统的根据职能或部门划分的"法定"边界。例如，把销售商的反馈信息作为市场营销决策的固定组成部分，而不是像以前那样只是作为参考。

7. 员工家庭与事业的平衡

学习型组织努力使员工丰富的家庭生活与充实的工作生活相得益彰。学习型组织对员工承诺支持每位员工充分的自我发展，而员工也以承诺对组织的发展尽心尽力作为回报。这样，个人与组织的界限将变得模糊，工作与家庭之间的界限也将逐渐消失，两者之间的冲突也必将大为减少，从而提高员工家庭生活的质量（满意的家庭关系、良好的子女教育和健全的天伦之乐），达到家庭与事业之间的平衡。

8. 领导者的新角色

在学习型组织中，领导者是设计师、仆人和教师。领导者的设计工作是一个对组织要素进行整合的过程，他不只是设计组织的结构和组织政策、策略，更重要的是设计组织发展的基本理念；领导者的仆人角色表现在他对实现愿景的使命感，他自觉地接受愿景的召唤；领导者作为教师的首要任务是界定真实情况，协助人们对真实情况进行正确、深刻的把握，提高他们对组织系统的了解能力，促进每个人的学习。

学习型组织有着它不同凡响的作用和意义。它的真谛在于：学习一方面是为了保证企业的生存，使企业组织具备不断改进的能力，提高企业组织的竞争力；另一方面学习更是为了实现个人与工作的真正融合，使人们在工作中活出生命的意义。

尽管学习型组织的前景十分迷人，但如果把它视为一贴万灵药则是危险的。事实上，学习型组织的缔造不应是最终目的，重要的是通过迈向学习型组织的种种努力，引导出一种不断创新、不断进步的新观念，从而使组织日新月异，不断创造未来。

学习型组织的基本理念，不仅有助于企业的改革和发展，而且它对其他组织的创新与发展也有启示。人们可以运用学习型组织的基本理念，去开发各自所置身的组织创造未来的潜能，反省当前存在于整个社会的种种学习障碍，思考如何使整个社会早日向学习型社会迈进。或许，这才是学习型组织所产生的更深远的影响。

（二）精益思想

第二次世界大战结束不久，汽车工业中统治世界的生产模式是以美国福特制为代表的大量生产方式，这种生产方式以流水线形式少品种、大批量生产产品。在当时，大批量生产方式即代表了先进的管理思想与方法，大量的专用设备、专业化的大批量生产是降低成本，提高生产率的主要方式。与处于绝对优势的美国汽车工业相比，日本的汽车工业则处于相对幼稚的阶段，丰田汽车公司从成立到1950年的十几年间，总产量甚至不及福特公司1950年一天的产量。汽车工业作为日本经济倍增计划的重点发展产业，日本派出了大量人员前往美国考察。丰田汽车公司在参观美国的几大汽车厂之后发现，采用大批量生产方式降低成本仍有进一步改进的余地，而且日本企业还面临需求不足与技术落后等严重困难；加上战后日本国内的资金严重不足，也难有大量的资金投入以保证日本国内的汽车生产达到有竞争力的规模，因此他们认为在日本进行大批量少品种的生产方式是不可取的，而应考虑一种更能适应日本市场需求的生产组织策略。

以丰田的大野耐一等人为代表的精益生产的创始者们，在不断探索之后，终于找到了一套适合日本国情的汽车生产方式：及时制生产、全面质量管理、并行工程、充分协作的团队工作方式和集成的供应链关系管理，逐步创立了独特的多品种、小批量、高质量和低消耗的精益生产方法。1973年的石油危机，使日本的汽车工业闪亮登场。由于市场环境发生变化，大批量生产所具有的弱点日趋明显，而丰田公司的业绩却开始上升，与其他汽车制造企业的距离越来越大，精益生产方式开始为世人所瞩目。

1985年，美国麻省理工学院的Daniel T. Jones教授等筹资500万美元，用了近5年的时间对90多家汽车厂进行对比分析，于1992年出版了《改造世界的机器》一书，把丰田生产方式定名为精益生产，并对其管理思想的特点与内涵进行了详细的描述。四年之后，该书的作者出版了它的续篇《精益思想》，进一步从理论的高度归纳了精益生产中所包含的新的管理思维，并将精益方式扩大到制造业以外的所有领域，尤其是第三产业，把精益生产方法外延到企业活动的各个方面，不再局限于生产领域，从而促使管理人员重新思考企业流程，消灭浪费，创造价值。

所谓精益思想，就是根据用户需求定义企业生产价值，按照价值流组织全部生产活动，使要保留下来的、创造价值的各个活动流动起来，让用户的需要拉动产品生产，而不是把产品硬推给用户，暴露出价值流中所隐藏的muda[1]，不断完善，达到尽善尽美。消除muda是精益生产方式的精髓。

精益思想包括精益生产、精益管理、精益设计和精益供应等一系列思想，其核心是通过"及时适量"、"零库存"、"传票卡"等现场管理手段实现"订货生产"，从而确保产品质量并降低成本。精益思想最初是体现在对产品质量的控制中，即指不追求产品的成本优势和技术领先，而是强调产品的成本与技术的合理匹配、协调。此后，企业界将精益思想逐步引伸、延展到企业经营活动的全过程，即追求企业经营投入和经济产出的最大化、价值最大化。从字面意思来看，"精"体现在质量上，追求"尽善尽美"、"精益求精"；"益"体现在成本上，只有成本低于行业平均成本的企业才能获得收益。因而，精益思想不单纯追求成本最低、企业眼中的质量最优，而是追求用户和企业都满意的质量、追求成本与质量的最佳配置、追求产品性能价格的最优比。

（三）业务流程再造

1990年，美国哈佛大学博士迈克尔·哈默（Michael Hammer）教授和CSC Index首席执行官詹姆斯·钱皮（James Champy）在合作的文章《流程再造：不是自动化改造，而是推倒重来》（Reengineering Work: Don't Automate, But Obliterate）中提出了业务流程再造（Business Process Reengineering, BPR）的概念。定义如下："BPR是对企业的业务流程（Process）作根本性（Fundamental）的思考和彻底性（Radical）重建，其目的是在成本、质量、服务和速度等方面取得显著性（Dramatic）的改善，使得企业能最大限度地适应以顾客（Customer）、竞争（Competition）、变化（Change）为特征的现代企业经营环境。"

---

[1] muda是一个日本词，专指消耗了资源而不创造价值的一切人类活动。

1993年哈默与钱皮出版了《再造企业：管理革命的宣言》一书，系统阐述了BPR的思想，提出再造企业的首要任务是BPR，只有建设好BPR，才能使企业彻底摆脱困境。他们指出，面临着顾客日益挑剔、竞争日益激烈、变化日益频繁这三股力量冲击的当代企业，必须彻底改变传统的工作组织方式，从更好地满足内部和外部顾客需求出发，将流程涉及的一系列跨职能、跨边界的活动集成和整合起来，即以首尾相连的完整连贯的一体性流程来取代以往的被各部门割裂的、片段黏合式的破碎流程。这一突破性、根本性的变革称为"业务流程再造"。至此，BPR作为一种新的管理思想，像一股风潮席卷了整个美国和其他工业化国家，并大有风靡世界之势。另外，对BPR做出重要贡献的除了哈默与钱皮外，还有托马斯·达文波特（Thomas Davenport）。现在基本上已把他们三位公推为BPR的奠基人。

业务流程再造是一种管理思想。他强调以业务流程为改造对象和中心，以关心客户的需求和满意度为目标，来对现行的业务流程进行根本的再思考和彻底地再设计，并且利用先进的制导技术、信息技术以及现代化的管理手段，最大限度地实现技术上的功能集成和管理上的职能集成，从而实现企业经营在成本、质量、服务和速度等方面的巨大改善。

传统的组织结构是建立在职能和等级制的基础上，而业务流程再造将流程推到管理日程表的前列，通过重新设计流程，可以在流程绩效的改善上取得飞跃，激发和增强企业的竞争力。再造中最关键的部分是在公司的核心竞争力和经验基础上确定它应该做什么，即确定它能做得最好的是什么。采取再造方法的结果是公司规模的缩小和外包业务的增多。

（四）核心能力理论

战略管理理论的发展经历了三个阶段：经典战略理论阶段、产业结构分析阶段（波特阶段）和核心能力理论阶段。

核心能力再造理论是由20世纪80年代资源基础理论发展而来的。在20世纪50年代，斯尔兹尼克（Selznick）提出了"独特能力"的概念，并且在20世纪60年代形成了企业战略管理的基本范式，即公司使命或战略建立在"独特能力（Distinctive Competence）"基础之上。到了20世纪80年代，资源基础理论认为企业的战略应当建立在企业核心资源上。所谓核心资源是指有价值的、稀缺的、不完全模仿和不完全替代的资源，它是企业持续竞争优势的源泉。

核心能力理论代表了战略管理理论在20世纪90年代的最新进展，它是由美国学者普拉哈拉德（C. K. Prahalad）和英国学者哈默（G. Hamel）于1990年首次提出的，他们在《哈佛商业评论》所发表的《公司的核心能力》（The Core Competence of the Corporation）一文已成为最经典的文章之一。此后，核心能力理论成为管理理论界的前沿问题之一被广为关注。

核心能力是组织内的集体知识和集体学习，尤其是协调不同生产技术和整合多种多样技术流的能力。一项能力可以界定为企业的核心能力，其必须满足以下的五个条件。

① 不是单一的技术或技能，而是一簇相关的技术和技能的整合。
② 不是物理性资产。
③ 必须能创造顾客看重的关键价值。
④ 与对手相比，竞争上具有独特性。
⑤ 超越特定的产品或部门范畴从而为企业提供通向新市场的通道。

第四节　当前的趋势和问题

一、全球化

全球化是一个以经济全球化为核心，包含各国、各民族、各地区在政治、文化、科技、军事、安全、意识形态、生活方式、价值观念等多层次、多领域的相互联系、影响和制约的多元概念。"全球化"可概括为科技、经济、政治、法治、管理、组织、文化、思想观念、人际交往、国际关系十个方面的全球化。随着世界经济一体化步伐的加快，越来越多的企业从事国际化经营，并通过对分布在世界各地的子公司或代理机构对人力、物力、财力等要素的有效规划、组织、协调、指挥和控制，谋求全球范围内的竞争优势。例如，福特汽车公司的"维多利亚皇冠"轿车的零件来自世界各国：墨西哥（座椅、风挡玻璃和油箱）；日本（减震器）；西班牙（发动机电子控制装置）；德国（反锁刹车系统）；还有英格兰（关键轴类零件）。这个例子说明了世界已成为一个全球性的市场，组织将在更大的范围内谋求整体而不是局部的利益，人们将更多地超越自己的国界来思考问题，解决问题。在此意义上，人类是一个整体，将打破国界的限制，人类的经济与管理行为将从全球的长远角度来考察。

二、组织资源的变化

当前，组织的资源由以劳动力、土地、资本为主正逐渐转向以知识与信息为主。传统的资源如劳动力、土地、资本和自然资源支撑了20世纪的发展，而21世纪，知识与信息已经成为组织发展的最大资源。那么，组织现行的资源配置模式是否应该放弃，未来的资源配置模式又应该如何？20世纪90年代风行欧美的组织改造理论与实践，似乎是先知先觉者的先行行为，然而确实有其历史的背景和未来的呼唤。那么，对于21世纪新型组织资源的管理又将会给我们带来什么样的挑战？

三、工作人员多样化

工作人员的多样化，是指员工们在性别、民族和种族等方面更具有异质性。

过去，我们用"溶化锅"方法来处理组织内的差异，我们假定不同的人会在某种程度上自动同化。但现在我们认识到，当雇员们参加工作时，他们并没有把他们的文化价值和生活方式搁在一边。

因此，管理面临的挑战是，通过处理不同的生活方式、家庭需要和工作风格，使组织更能够包容多样化的人群。管理者应当相信，多样化的员工都有各自优秀的方面，都有表现各自优势、实现自身价值的愿望。管理的目标，就是要充分发挥员工的才智、挖掘员工的潜能，尽可能帮助他们实现自我，使员工的满意度达到最大，从而最大限度地激发他们对工作的热情和对组织的忠诚；同时，采取一切办法，通过各种形式来强化组织理念，以统一员工的思想和行为朝向共同的组织目标，形成具有"建设性冲突"的组织文化。

四、人性假设的重新思考

组织的成员由经济人向社会人，自我实现的人转变。在物质不甚丰富而又在逐步丰富的20世纪中，大众迫于生计更多地像一个追逐利益的经济人，经济学家们以此构造了他们的理论体系和现实的经济体系，然而在物质甚为丰富、人类生活有了大步提高之后，人们也许开始摆脱经济人的头衔，此时不仅经济体系需要重构，对人们工作努力的驱动源恐怕也需要重构。现在不也有许多管理者在号称进行"以人为本"的管理，似乎在寻找一种未来的范式吗？

五、授权

授权是组织运作的关键，它是以人为对象，将完成某项工作所必需的权力授给部属人员。即主管将处理用人、用钱、做事、交涉、协调等方面的一定的决策权移转给部属，不只授予权力，且还托付完成该项工作的必要责任。组织中的不同层级有不同的职权，权限则会在不同的层级间流动，因而产生授权的问题。授权是管理人的重要任务之一。有效的授权是一项重要的管理技巧。若授权得当，所有参与者均可受惠。

管理的最终目标在于提高组织的经营绩效，许多管理思想的发展，均针对效率的提高而来，近一百多年的管理研究与实践，可归纳出管理的两大原则：专门化与人性化。对管理绩效的追求必须同时兼故这两种原则，企业除了应奉行专门化的原则外，还要设法注入人性论的技巧，才可使经营效率达到满意状态。

在目标管理中，授权的必要性具体表现如下。

① 授权是完成目标责任的基础。用权是尽责的需要，权责对应或权责统一，才能保证责任者有效地实现目标。

② 授权是调动部属积极性的需要。目标管理对人的激励，是通过激发人员的动机，将人们的行为引向目标来是实现的。目标是激发这种动机的诱因，而权力是条件。受到良好的教育和培训的工人，使得今天的工人通常比他们的管理者更清楚如何把工作做得更好。管理者们认识到，他们可以通过重新设计工作和让工人来决定那些与工作有关的事情，使质量、生产率和雇员的责任感得到改进。

③ 授权是提高部属能力的途径。目标管理是一种能力开发体制，这主要是通过目标管理过程中的自我控制、自主管理实现的。实行自我控制与自我管理，目标责任者必须有一定的自主权。在运用权限自主的决定问题和控制中，将促使目标责任者对全盘工作进行总体规划，改变靠上级指令行事的局面，有利于能力发挥并不断提高。

④ 授权是增强应变能力的条件。现代管理环境情况多变，要求管理组织系统要有很强的适应性，很强的应变能力。而实现这一点的重要条件就是各级管理者手中要有自主权。

六、激励创新和变革

福特公司创始人亨利·福特曾经说过"不创新，就灭亡"。在市场竞争激烈、产品生命周期短、技术突飞猛进的今天，不创新，就会灭亡。创新是企业生存的根本，是发展的动力，是成功的保障。在今天，创新能力已成了国家的核心竞争力，也是企业生存和发展的关键，是企业实现跨越式发展的第一步。

管理者现在面对的是正在以前所未有的速度发生变革的环境。一些巨大的僵化的组织已不能敏捷地变化自己以适应环境，从而导致衰落乃至消亡。新世纪的到来使得一些肩负组织重托的人不得不为组织的生存与发展而担心，于是便有了"第五项修炼"一说，以针对现时组织。然而使组织真正成为有学习能力，有超然思维的有机体又谈何容易。21世纪中有哪些组织能真正成为这样的组织，从而保持不败的地位呢？所以，未来成功的组织，定将是灵活的、能够快速反应的并在新型管理者领导下的组织，这些管理者能够有效地发起大规模的和革命性的变革。

七、信息的爆炸

信息爆炸将导致信息搜索的困难。21世纪是信息的世纪，是信息爆炸的世纪，信息越是充分越是丰富，人们就越难及时搜索到自己所需要的信息，除非有比现今更为有效的信息搜索方法与技术。信息社会中的人就像一艘孤立无援的船独自在大海中寻觅。从所需信息的角度来看，一个个生产者和消费者都是不充分信息的拥有者，如何在他们之间架起沟通的桥梁，可能是21世纪市场营销全新观念和体系的拓展方向，整合抑或是分工？渠道抑或是媒体？

八、组织的分工

组织内部由分工走向综合。20世纪是专业化分工大发展的世纪，人类从专业化分工获得了巨大的收益，20世纪的文明可以说是专业化分工的文明。然而分工愈深愈细愈有可能偏离本原要旨，使综合性的问题难以处理和解决，如大至南极上空的臭氧层变薄的问题，小至一个企业拓展新市场的问题。综合意味着系统，未来的管理应该是重返综合的管理，人类或许可从综合中获得更大的收益，企业或许能在综合中获得新生，管理学或许要创造综合性的理论与方式方法。

九、可持续发展

组织和人类的可持续发展才是硬道理。然而全球在发展时竭泽而渔，使资源枯竭、生态环境恶化、物种减少、气候反常等，所有这一切都给未来的社会及其组织的发展带来了困难，人们不禁要大声问：人类社会还能持续发展吗？21世纪应该回答这个问题，作为支撑这个社会经济支柱的企业也应有自己的答案。企业首要的是生存，就像人类一样，然后才能有发展。未来的企业应以什么方式发展，才能与可持续发展的命题相一致，这应该是未来管理学研究的首要的、战略的问题。

十、道德

道德通常是指那些用来明辨是非的规则或原则。道德在本质上是规则或原则，这些规则或原则旨在帮助有关主体判断某种行为是正确的或错误的，或这种行为是否为组织所接受。不同组织的道德标准可能不一样，即使是同一组织，也可能在不同的时期有不同的道德标准。此外，组织的道德标准要与社会的道德标准兼容，否则这个组织很难为社会所容纳。

道德与社会责任作为管理学中的两个重要的范畴，近年来引起了人们强烈的关注。在道德沦丧的事件屡屡被媒体曝光以后，在组织中加强道德建设的重要性得到了越来越多的人的认同，管理者不仅要提升自身的道德修养，还要致力于提高组织员工的道德素质。企业在遵守法律、追求利润的同时，还要争取为社会做点有意义的事，这就是一种社会责任。未来的管理学将覆盖全新的管理伦理、管理价值观和行为方式。现在开始探讨未来的管理伦理必将会给从今天走入未来的管理者以莫大的帮助。

【案例】 麦道公司的伦理守则

个人具有正直和符合伦理的品质或根本不具有。个人必须坚持这些品质或根本不坚持。为了使正直和伦理成为麦道公司的特征，作为公司成员我们必须努力做到：

- 在所有交往中要诚实可信；
- 要可靠地完成所交代的任务；

- 说话和书写要真实和准确;
- 在所有工作中要与人合作并作出自己的贡献;
- 对待同事、顾客和其他人要公平和体贴;
- 在所有活动中要遵守法律;
- 承诺以较好的方式完成所有任务;
- 节约使用公司资源;
- 为公司服务并尽力提高我们生活于其中的世界的生活质量。

正直和高伦理标准要求我们努力工作、具有勇气和作出艰难选择。有时,为了确定正确的行动路线,员工、高层管理人员和董事会之间进行磋商是必要的。有时正直和伦理可能要求我们放弃商业机会。但是,从长远看,做正确的事比做不正确不符合伦理的事对我们更有利。

【案例分析一】 管理问题分析

王军是一个冷冻食品厂的厂长,该厂专门生产一种奶油特别多的冰淇淋。在过去的四年中,每年的销售量稳步递增。但是,今年的情况发生了较大的变化,到八月份,累计销售量比去年同期下降 17%,生产量比所计划的少 15%,缺勤率比去年高 20%,迟到早退现象也有所增加。王军认为这种现象的发生,很可能与管理有关,但也不能确定发生这些问题的原因,也不知道应该怎样去改变这种情境。他决定去请教管理专家。

思考

具有不同管理思想(科学管理思想、行为管理思想、定量管理思想、权变管理思想)的管理专家,会认为该厂的问题出在哪里?并提出怎样的解决方法。

【案例分析二】 荣事达的自律宣言[1]

零缺陷管理和倡导相互尊重、互相平等、互惠互利、共同发展、诚信至上、文明经营、以义生利、以德兴企的"和商"理念,是荣事达十几年经营成果的结晶,现已成为全体员工的群体意识。

1. 以和为贵的"和商理念"

1997 年 5 月,荣事达集团在国内一些大报上以整版广告的形式推出了《荣事达企业竞争自律宣言》,据称这是中国第一部"自律宣言"。

在荣事达的企业文化中,"和商"是整个企业管理的精神基石。他们将此概括为四句话:"相互尊重,互相平等;互惠互利,共同发展;诚信至上,文明经营;以义生利,以德兴企。"荣事达副总经理李洪峰说,"和商"是中国商人生意经的精髓,是所谓"和气生财"、"买卖不成仁义在"、"义利并重以义生利",一个"和"字,浸透了中国商业文化的原汁原味。

荣事达在企业发展的早期,先借的是"百花"牌子,后来又借上海的"水仙"牌子,于是有了"上海水仙"和"合肥水仙"两种称谓。那时候洗衣机属卖方市场,各地的营销商都来找陈荣珍要洗衣机,陈荣珍说:"我没有像销路不错的厂子那样摆起架子拒人于千里之外,我有一个原则,即使无法多给,也要少给,不能给人家吃闭门羹。"这样与许多商家建立了融洽关系。几年之后,"合肥水仙"卖得好过"上海水仙",居然许多华东地区的顾客也提出要"合肥产的"。陈荣珍决定不再借牌,而要自己创牌。他说:"我当时的信心除了对自己企

---

[1] 苏勇,陈小平. 管理伦理学教学案例精选,上海:复旦大学出版社,2001.

业的自信,更多的是来自多年友好往来的营销商们的鼓舞,他们听说我要创牌子,纷纷表示大力支持。"荣事达洗衣机出来后,果然被商家们放在好位置进行推销,新牌子一下子叫响了市场。

2. 同行交恶引发"自律宣言"

海尔与新飞的"上海滩大战"是较为典型的恶性竞争事件。据上海媒体报道,某年3月海尔销售人员发放印刷品,声称新飞冰箱原材料就地购买,暗示其生产技术不过关,售后服务跟不上,产品积压30万台云云,在上海市场的许多大商场里公开散发,新飞对此提出抗议。海尔的答复是,"海尔散发的歪曲事实的宣传单页"纯属招聘工作人员的个人行为,公司不能代其受过。两家交恶,欲对簿公堂。

1999年6月,在济南市人民商场,某家电企业的员工曾和"小鸭"公司员工发生过殴打事件,而在南京,也发生过类似事件。许多恶性竞争事件的主角都是如雷贯耳的国产名牌。

当前最让企业感到痛苦的就是由卖方市场转向买方市场之后爆发的恶性竞争。自荣事达自律宣言之后,"自律"开始成为商家的"口头禅"。2000年7月,中国VCD行业刚刚经过遍体鳞伤的价格大战,各企业坐在一起第一件事就是商量搞出一个"自律宣言"。

思考

1. 请结合本案例谈一谈你对管理伦理道德的认识。
2. 请谈谈自律与他律的关系、行业自律与合谋的关系。

测试题 你是定量型的人吗?

为了帮助你认识自己,请对下述每一种情况标明对应你反应强度的数字,评价标准:松弛(1)、有点紧张(2)、紧张(3)、非常紧张(4)。

当你处于下述情境时的感觉如何:	反应强度
1. 当你买了几样东西后,要确定找给你的钱数对不对时	1 2 3 4
2. 当你需要计算你用赊购方式购买的物品按当时的利率应付多少钱时	1 2 3 4
3. 你觉得你被索费太多故要亲自核算餐费账单上的金额时	1 2 3 4
4. 告诉服务员你认为餐费账单金额不对,然后看着服务员当场重新核对时	1 2 3 4
5. 估计文章或论文的字数,看是否超过你预先打算写的长度时	1 2 3 4
6. 估计你正在读的小说还剩多少页时	1 2 3 4
7. 计算你的车每升汽油跑多少公里时	1 2 3 4
8. 核对你的银行月度平衡表时	1 2 3 4
9. 听着某人向你说明怎么设置你的单镜头反光照相机的快门速度、曝光速度和光圈读数时	1 2 3 4
10. 检查别人简单的加减乘除运算的数字结果时	1 2 3 4
11. 玩需要算分的桥牌或扑克牌游戏时	1 2 3 4
12. 心算976+777时	1 2 3 4
13. 用铅笔和纸计算976+777时	1 2 3 4
14. 当你决定存款时,听别人向你解释银行的利率时	1 2 3 4

思考题

1. 简述明茨伯格的管理者角色理论。
2. 泰勒的科学管理理论产生的历史背景及其基本内容是什么?
3. 法约尔的一般管理理论包括哪些内容?该理论与"科学管理理论"有什么区别?
4. 韦伯的"组织行政理论"具有哪些特征?
5. 怎样认识未来管理变革的发展趋势?
6. 合乎伦理的管理具有哪些特征?
7. 管理者可以采取哪些办法来改善组织及其成员的伦理行为?

第三章 管理的基本原理

内容提要
- 管理原理的特征
- 系统原理的含义
- 人本原理的含义
- 责任原理的含义
- 效益原理的含义

第一单元 管理总论，你需要了解的管理基础

管理原理是从管理学中抽象出来的，作为管理理论的基础，它舍去了管理学中的具体方法、措施、制度等，而着重研究管理学的基本理论、基本原理、基本原则。

管理原理、管理原则是进行管理活动的行动指南，是实施管理职能的理论依据。管理原理、管理原则也是一个具有层次机构的理论体系。深入研究管理原理、管理原则，将使我们了解和掌握管理活动的基本规律，用以指导管理实践。

第一节 管理原理的特征与意义

一、管理原理的主要特征

1. 客观性

管理原理是对管理的实质及其客观规律的总结（"原"即原本、根本；"理"即道理、规律），是对管理工作客观必然性的刻画。管理要顺应和利用原理，也就是说顺应和利用规律。违背了原理必然会遭到客观规律的惩罚，承受严重的后果。

2. 概括性

管理原理是对包含了各种复杂因素和复杂关系的管理活动客观规律的描绘；或者说，是在总结大量管理活动经验的基础上，舍弃了各组织间的差别，经过高度综合和概括而得出的具有普遍性、规律性的绪论。因此管理原理对不同的组织都是适用的，具有普遍的指导意义。

原理不能主观臆想。其实，世界上有许多未解之谜，但不能主观断言概括为规律或原理，否则是违背管理原理特征的。

3. 稳定性

管理原理并不是一成不变的僵死的教条，它随着社会经济和科学技术的发展而不断发展。但是，它也不是变化多端和摇摆不定的，而是相对稳定的（要持续相当长的一段时间）。不管事物的运动、变化和发展的速度有多快，但这个确定性却是相对稳定的。

4. 系统性

管理原理中的各原理（系统原理、人本原理、责任原理和效益原理）组成了一个有机体系，是根据管理现象本身的有机联系，形成一个相互联系、相互转化的完整的统一体。

二、研究管理原理的意义

管理原理，是对管理现象的一种抽象，是对大量管理实践经验的升华，它指导一切管理行为，即对于做好管理工作有着普遍的指导意义。

① 掌握管理原理有助于提高管理工作的科学性，避免盲目性。
② 研究管理原理有助于掌握管理的基本规律。
③ 对于管理原理的掌握有助于迅速找到解决管理问题的途径和手段。

第二节 系统原理

一、系统的概念

系统是指由相互依赖、相互作用的各种要素（信息、人力、财力、设备、材料、能源、任务等）组合而成的，具有特定功能的有机整体。凡是客观存在的、由诸要素组成的各种独立事物，都可看成一个系统，如一个公司、一个工厂、一项工程等。一个系统可以划分成若干具有相对独立子功能的子系统，但各子系统间既互相联系又相互制约。

我们可以从三个方面理解系统的概念。

① 系统是由若干要素（部分）组成的。这些要素可能是一些个体、元件、零件，也可能其本身就是一个系统（或称之为子系统）。如运算器、控制器、存储器、输入/输出设备组成了计算机的硬件系统，而硬件系统又是计算机系统的一个子系统。

② 系统有一定的结构。一个系统是其构成要素的集合，这些要素相互联系、相互制约。系统内部各要素之间相对稳定的联系方式、组织秩序及失控关系的内在表现形式，就是系统的结构。例如钟表是由齿轮、发条、指针等零部件按一定的方式装配而成的，但一堆齿轮、发条、指针随意放在一起却不能构成钟表；人体由各个器官组成，单个各器官简单拼凑在一起不能称其为一个有行为能力的人。

③ 系统有一定的功能，或者说系统要有一定的目的性。系统的功能是指系统在与外部环境相互联系和相互作用中表现出来的性质、能力和功能。例如信息系统的功能是进行信息的收集、传递、储存、加工、维护和使用，辅助决策者进行决策，帮助企业实现目标。

与此同时，我们还要从以下几个方面对系统进行理解：系统由要素组成，要素处于运动之中；要素间存在着联系；系统各子系统和的贡献会大于各子系统贡献的和，即常说的 $1+1>2$；系统的状态是可以转换、可以控制的。

二、系统的特征

1. 集合性

这是系统最基本的特征。一个系统至少由两个或两个以上的子系统构成。构成系统的子系统也称为要素。如一个典型的大中型工业企业系统通常由研究开发子系统、生产子系统、销售子系统、财务子系统、后勤管理子系统等组成。

系统各要素之间、各要素与系统之间以及系统与外部环境之间的相互关系，必须以整体为主进行协调，局部服从整体，达到整体效果最优。

2. 层次性

系统都是具有一定层次结构，每一个系统都是由其子系统组成，而每一个子系统又是由其子系统组成，系统的每一层次都有自己的功能和目的。系统内层次分明，各层做各层的事，只有在出现不协调或发生矛盾时，才需要上一层来出面解决。

3. 相关性

系统内各要素或子系统各要素之间具有特定的相互依赖关系。一方面表现为子系统同系统之间的关系，系统的存在和发展，是子系统存在和发展的前提，因而各子系统本身的发展，就要受到系统的制约；另一方面表现为系统和系统的关系。

三、系统原理的要求

系统原理是人们从系统角度认识管理、处理管理问题的理论和方法。组织和组织管理是由许多具有共同目标、相互联系、相互作用的要素和子系统构成的有机整体。组织管理是整体管理，是系统管理，因此应树立全局观念、整体观念，局部服从全局，部分服从整体，用系统的观点来观察和思考问题，用系统的方法来分析和解决问题。

基本要求如下：

① 系统管理追求的是系统整体最优，而不是某个局部或某个单项指标最优。因此，要对组织管理的人、财、物、信息等基本组成要素以及产、供、销基本过程进行合理组合和优化，使系统整体不断处于"最佳状态"，并实现优良的整体效益。

② 对组织管理涉及的各个部门和环节制定目标，进行目标管理。

③ 优化管理系统的结构，建立各子系统的关系，确定合理的管理幅度和管理层次。

④ 明确各子系统的职责权限，建立各子系统间管理信息传递与反馈的网络体系。使上级对下级的信息具有指导功能，同级之间的信息具有参谋功能，下级对上级的信息具有支持功能。

⑤ 环境系统的动态管理。组织管理的环境因素（如政治、经济、社会、资源、技术、竞争等因素）时刻影响着管理系统。因此，管理系统必须具有自我调节和自我应变的功能，必须通过对系统内部条件和外部环境的研究、分析，通过对管理要素和管理目标的调整与优化，使其适应不断变化的外部环境，并实现动态平衡。

第三节 人本原理

一、人本原理的概念

管理的本质就是激励、引导人们去实现预定的目标。管理过程中组织、指挥及控制等基本职能的实施对象首先是人或人的群体，人既是管理的主体（管理者），又是管理的客体（被管理者）。所以应当把人视作管理的主要对象及组织最重要的资源。

人本原理，是管理学四大原理之一，简言之就是以人为本。它要求人们在管理活动中坚持一切以人为核心，以人的权利为根本，强调人的主观能动性，力求实现人的全面、自由发展。其实质就是充分肯定人在管理活动中的主体地位和作用。

管理的人性化趋势。管理离不开人，而人的复杂性决定了管理的复杂性。管理的难度在于准确地把握人性，对人性的认识是随着社会发展而逐步深化的。在经济全球化条件下，文化上也出现了一些变化：更加强调个性、人的本性和人的独立性，导致人的需求的多样化；传统文化和外来文化的融合，使得社会文化的多样性、人的心理的复杂性和人的行为的不确定性更加突出。在此条件下，管理理论的发展也出现了新的趋势，其中一个重要的趋势即重视人的趋势，提出了"人本管理"的新思想。"人本管理"强调理解人、尊重人、充分发挥人的主动性和积极性。有的学者将人本管理概括为"3P"管理，即 of the People（企业是由人组成的）；by the People（企业要依靠人进行管理）；for the People（办企业是为了满足人的需要）。也有的学者将"人本管理"分为5个层次，即情感管理、民主管理、自主管理、人才管理和文化管理。德鲁克指出，20世纪管理学的最伟大贡献在于，它让体力劳动者的劳动生产率提高了50倍。21世纪最大的挑战在于，如何提高知识工人的劳动生产率（Bruce A. Pastemack, 1999）。

二、人本管理的思想

以人为本的管理思想就是要求我们在组织的各项工作中应该确立以人为本的指导思想及依靠群众办事的指导方针，制定全面开发人力资源的战略，根据人的思想、行为规律，抓好组织的思想文化建设，努力提高领导水平，运用各种激励手段，调动和充分发挥人的积极性和创造性，以不断增强组织活力。

组织最重要的资源是人、人才，这是当代管理思想的一大进步。在资本主义企业管理的很长一段时期内，资本家及其代理人见物不见人，爱护机器、材料远胜过爱护人，普通的员工被当作会说话的工具使用。第二次世界大战后这一状况发生了很大变化，以人为本的思想逐步被管理者接受。美国钢铁大王卡内基曾说："将我所有的工厂、设备、市场、奖金全部都拿去，但只要保留我的组织人员，4年以后，我将仍是一个钢铁大王。"

依据人本原理的内容，可以延伸出如下几条管理原则。

1. 激励原则

激励-保健因素理论是美国的行为科学家弗雷德里克·赫茨伯格（Fredrick Herzberg）提出来的，又称双因素理论。这是激励原则的理论根源。他告诉我们，满足人类各种需求产生的效果通常是不一样的。物质需求的满足是必要的，没有它会导致不满，但是仅仅满足物质需求又是远远不够的即使获得满足，它的作用往往是很有限的，不能持久。要调动人的积极性，不仅要注意物质利益和工作条件等外部因素，更重要的是要从精神上给予鼓励，使员工从内心情感上真正得到满足。

2. 行为原则

现代管理心理学强调，需要与动机是决定人的行为的基础，人类的行为规律是需要决定动机，动机产生行为，行为指向目标，目标完成需要得到满足，于是又产生新的需要、动机、行为，以实现新的目标。掌握了这一规律，管理者就应该对自己的下属行为进行行之有效的科学管理，最大限度地发掘员工的潜能。

3. 能级原则

所谓能级原则是指根据人的能力大小，赋予相应的权力和责任，使组织的每一个人都各司其职，以此来保持和发挥组织的整体效用。一个组织应该有不同层次的能级，只有这样才能构成一个相互配合、有效的系统整体。能级原则也是实现资源优化配置的重要原则。

4. 动力原则

没有动力，事物不会运动，组织不会向前发展。现代管理学理论总结了三个方面的动力

来源：物质动力、精神动力和信息动力。物质动力指管理系统中员工获得的经济利益以及组织内部的分配机制和激励机制；精神动力包括奋斗的理想、事业的追求、高尚的情操、理论或学术研究、科技或目标成果的实现等，特别是人生观、道德观的动力作用，将能够影响人的终生；从管理的角度来看，信息作为一种动力，有超越物质和精神的相对独立性。在信息化社会，信息冲击产生的压力会转变成你追我赶的竞争动力，它对组织活动起着直接的、整体的、全面的促进作用。

5. 纪律原则

不以规矩无以成方圆。作为现代社会的组织，没有纪律也是不可能长期生存下去的。因此，组织内部从上到下都应该制定并遵守共同认可的行为规范，违犯了纪律就应该得到相应的惩罚。

三、人本原理在管理工作中的运用

人本能动性原理应贯穿于组织管理的各项活动之中，并重点反映在以下工作上。

1. 转变领导观念，提高领导艺术

人本能动性原理的运用关键在于领导，领导作风和领导方式归根结底是领导观念的反映。领导者要领会和确立人体能动性原理的精神和思想，在领导作风和方式上应由指挥命令式转向民主方式，并逐步提高领导艺术。

2. 遵循行为管理规律，加强对人的科学研究

在日常生活和工作中，人们会有各种各样的行为。要使人们表现出管理者所期望的行为，必须遵循行为科学所揭示的规律，研究需要、动机和行为三者之间的关系。人的行为是由动机决定的，而动机又是由需要引起的。因此，要使职工的行为和企业的目标统一起来，充分调动职工的积极性，管理者则应做到以下几点。

① 了解研究职工的需要，尽力满足职工的物质和精神方面的正当、合理的需求，并随着职工需求层次的提高，不断地予以调整和满足。

② 采取各种方式和手段，激励职工的动机，引发职工的行为。

③ 制定切实可行的目标，引导职工的行为并使之与组织的目标相符，使每个职工都有明确、具体、便于考核的职责，以有效运用人力资源，达到管理的总目标。

3. 重视人才、培养人才，建立合理的人才群体结构

组织内部要形成浓厚的重视人才的风气。努力做到科学选拔人才、合理使用人才、积极培养人才和准确考评人才。

组织的生存和发展需要有一个人才群体。因此，在培养和使用人才的过程中，组织要追寻最大限度的人才群体效能，努力使人才群体结构（指人才群体的能力结构、知识结构、智能结构、专业结构和心理素质结构）合理化和科学化。

4. 完善激励机制，全方位调动职工的积极性

激励机制建立的基本原则就是物质激励和精神激励相结合。在组织内部，应逐步形成一整套较为完善的激励机制，使管理工作持续而高效。以下的激励方法构成了一个较为完善的激励机制。

① 目标激励。即实行目标导向，激励和引导职工向上。

② 形象激励。即美化职工的形象，使职工特别是条件较差的岗位上的职工感到自己的形象美，以激发其工作热情。

③ 内在激励。即让每一个职工从内心深处认识到自己工作的价值和自身的价值，从而热爱本职工作，焕发出更大的干劲。

④ 奖惩激励。即通过表彰先进，惩罚落后来激发职工的积极性。
⑤ 兴趣激励。即最大限度地满足职工的各种兴趣需要，使他们的业余时间过得有意义。
⑥ 物质激励。即运用工资、奖金、住房分配等各种物质手段，激发职工的积极性。
⑦ 参与激励。即尽可能地让员工参与到计划、决策等方面的工作上来，参与激励实质上是一种角色激励。
⑧ 角色激励。又称责任激励，与目标激励相联系。
⑨ 信息激励。在现代社会中，信息激励是超越物质和精神激励的另一种激励方式，且其作用愈来愈大。从某种意义上说，激励的方法只有一种，那就是信息激励。一个人如果没有"接收"到环境所"发出"的"信息"，他就不会被影响，他就不可能受到"激励"。

在这里，信息激励是狭义的，仅指单纯的，不伴随具体的物质刺激，但却给人的观念造成影响的"消息"对人的激励作用。如危机、信心、榜样、竞争等方面的信息激励。

总之，物质激励是基础，精神激励是支柱。管理者要正确认识它们之间的辩证关系并加以综合协调与运用，使各种激励真正成为推动人们前进的力量源泉。

5. 职工参与管理，唤起职工的主人翁意识

作为现代劳动者的组织员工，已不仅仅是谋求物质财富的"经济人"，而是具有各种复杂需求的"社会人"，他们的创造性和积极性很大程度上取决于其对事业、理想的理解和追求，以及上级管理者的民主意识、民主方法和对下级的信任程度。实行民主管理，让职工参与管理和决策，可以唤起职工的主人翁意识，大大激发职工的工作热情，因此，它是现代管理发展的必然，是实现管理现代化的必要条件。

6. 柔性管理

柔性管理是相对刚性管理而言的。在刚性管理中，组织管理者是以制度和职权为条件，利用约束、监督、强制和惩罚等手段对组织成员进行管理。而柔性管理是以情感和文化为基础，运用尊重、激励、引导和启迪等方式进行管理。从本质上说，柔性管理是一种"以人为本"的管理，它是组织管理者依据组织成员的心理和行为规律，以人性化的工作方式和管理思维，在组织成员中形成一种潜在的说服力，从而把组织的意志变为组织成员的自觉行动。因此，实行柔性管理应从情感管理入手，实行民主管理、自我管理和文化管理。

第四节 责 任 原 理

管理是追求效率和效益的过程，也是追求责、权、利统一的过程。为此，管理必须要在合理分工的基础上明确规定各部门和个人的工作任务和责任。

所谓职责是指特定职位应当承担的责任，是组织赋予部门或个人的，是组织维持其正常秩序的一种约束力。职责听起来很抽象，但实际上它是在数量、质量、时间、效益等方面对组织及组织成员行为规范的严格规定。表达职责的形式主要有条例、规程、合同等。职责是在合理分工的基础上确定的，因此，分工明确，职责才会明确。

一、明确每个人的职责

劳动分工，是企业生产组织的必然要求。在分工的基础上确定每个人的职位，明确规定各职位应担负的任务，这就是职责。挖掘人的潜能的最好办法就是要明确每个人的职责。为此，提出三个要求。

① 职责界限要清楚。

② 职责内容要具体，并要作出明文规定。
③ 职责一定要落实到个人，做到事事有人负责。

二、职位设计和权限委授要合理

职位设计要做到合理，必须注意处理好以下三个因素。

1. 权限

明确了职责，就要授予相应的权力。实行任何管理都需要借助于一定的权力。

管理总离不开人、财、物的使用，如果没有一定的人权、物权、财权，任何人都不可能对任何工作实行真正的管理。职责和权限虽然很难从数量上画等号，但有责无权，责大权小，许多事情都得请示上级，由上级决策、上级批准，当上级过多地对下级份内的工作发指示、作批示的时候，实际上等于宣告此事下级不必完全负责。所以，明智的上级必须克制自己的权力欲，要把下级完成职责所必需的权限全部委授给下级，由他去独立决策，自己只在必要时给予适当的帮助和支持。只有这样，才可能使下级具备履行职务责任的条件。

2. 利益

权限的合理授予，只是完全负责所需的必要条件之一。完全负责就意味着责任者要承担全部风险。而任何管理者在承担风险时，都自觉不自觉地要对风险与收益进行权衡，然后才决定是否值得去承担这种风险。为什么有时上级放权，下级反而不要，宁可捧"铁饭碗"吃"大锅饭"呢？原因就是在于风险与收益不对称，没有足够的利益可图。当然，这种利益，不仅仅是物质利益，也包括精神上的满足感。

3. 能力

能力，这是完全负责的关键因素。管理是一门科学，也是一门艺术。管理者既要有生产、技术、经济、社会、管理、心理等方面的科学知识，又需要有处理人际关系等方面的组织才能，还要有一定的实践经验。

科学知识、组织才能和实践经验这三者构成了管理能力。在一定时期，每个人的时间和精力有限，管理能力也是有限的，并且每个人的能力各不相同。因此，每个人所能承担的职责也是不一样的。有的人能挑一百斤的担子，有的人只能挑五十斤的担子。只能挑五十斤担子的人硬要他挑一百斤的担子，其结果只能是：或者依靠上级，遇事多多请示，多多汇报；或者主要依赖助手，遇事就商量和研究；或者凑合应付，遇事上推下卸，让别人去干。这样，也不可能做到完全负责。

图 3-1 责、权、利三角定理

职责和权限、利益、能力之间的关系遵守等边三角形定理，如图 3-1 所示。职责、权限、利益是三角形的三个边，它们是相等的，能力是等边三角形的高，根据具体情况，它可以略小于职责。这样，就使得工作富有挑战性。管理者的能力与其所承担的职责相比，总是感到能力不够，这种压力能促使管理者自觉地学习新知识，注意发挥智囊的作用，使用权限也会慎重些，获得利益时还会产生更大的动力，努力把自己的工作做得更好。但是，能力也不可过小，以免形成"挑不起"职责的后果。

权限委授要合理，就是授权要恰当。作为一个管理者，能力、精力、时间都是有限的，因此，许多工作要授予给下级去干。这里有两个问题必须清楚。一是要做到善于授权。这样，既为下级工作履行职责提供条件，可以调动下级工作积极性；又可以使自己有足够的精力、时间考虑重大的、关键的问题。二是要做到授权恰当。太小，下级不好工作；太多，无法承担应负的责任，也容易失控，影响全局。

三．奖惩要分明、公正而及时

人无完人，但人总是向上的。对每个人的工作表现及其绩效给予公正而及时的奖惩，有助于提高人的积极性，挖掘每个人的潜力，从而不断提高管理成效。只有这样，才能使每个人知道自己干得怎样，干好干坏对自己和组织有什么后果。从而才能及时引导每个人的行为向符合组织需要的方向变化。

对每个人进行公正的奖惩，要求以准确的考核为前提。若考核不细致或不准确，奖惩就难以做到恰如其分。因此，首先要明确工作绩效的考核标准。

有成绩有贡献的人员，要及时予以肯定和奖励，使他们的积极行为维持下去。奖励有物质奖励和精神奖励，二者都是必需的。如果长期埋没员工的工作成果，就会挫伤员工的积极性。过时的奖赏失去其本身的作用和意义。

及时而公正的惩罚也是必不可缺的，惩罚是利用令人不喜欢的东西或取消某些为人所喜爱的东西，改变人们的工作行为。惩罚可能引致挫折感，从而可能在一定程度上影响人的工作热情，但惩罚的真正意义在于杀一儆百，利用人们害怕惩罚的心理，通过惩罚少数人来教育多数人，从而强化管理的权威。惩罚也可以及时制止这些人的不良行为，以免给企业造成更大损失。

严格奖惩，使每个人都积极而有效地工作，要建立健全组织的奖惩制度。使奖惩工作尽可能地规范化、制度化，是实现奖惩公正而及时的可靠保证。"胡萝卜加大棒"是有效实施责任原理不可或缺。

第五节 效益原理

一、效益的概念

效益、效果和效率是既相互联系、又相互区别的概念。

所谓效果是指人们或组织通过某种行为、力量、手段、方式而产生的结果。其中有的是有效益的，有的是无效益的。例如，有的企业生产的产品虽然质量合格，但它不符合社会需要，在市场上卖不出去，积压在仓库里，最后甚至会变成废弃物资。这些产品是不具有效益的。所以，只有那些为社会所接受的效果，才是有效益的。

所谓效率指特定的系统在单位时间内的投入与所取得的效果之间的比率。反映了劳动时间的利用状况，与效益有一定的联系。这个比率是一个经常用来衡量管理水平的标准。例如，要衡量企业管理的水平，就必须考察企业投入的资金、技术、人力、物力等因素与所获得的利润之间的比率。在一定的时间内，如果消耗的物资、能量等因素越少，而产生的效果越大，就意味着效率越高；反之，如果消耗的物资、能量等因素越多，而产生的效果越小，就意味着效率越低。

而效益是指有效产出与其投入之间的一种比例关系，是效果和利益的总称。通常又分为社会效益和经济效益。社会效益和经济效益两者既有联系，又有区别。经济效益是讲求社会效益的基础，而讲求社会效益又是促进经济效益提高的重要条件。两者的区别主要表现在，经济效益较社会效益直接、显见；经济效益可以运用若干个经济指标来计算和考核，而社会效益则难以计量，必须借助于其他形式来间接考核。管理应把讲求经济效益和社会效益有机结合起来。

一般而言，企业组织所开展的诸多管理活动就是为取得经济效益而服务的，企业追求良好的经济效益，不仅是企业出于积累资金自我发展的需要，而且更为重要的是能够促进社会进步、国民经济的发展以及社会生产力的提高，因此，经济效益与社会效益从根本上说应该是一致的。但是，当有的企业从局部考虑问题，或者采取不合理、不合法的手段获得经济效益时，二者就会产生矛盾，管理的作用就在于要消除这种矛盾，力求将经济效益与社会效益有机地结合起来。

虽然效率与效益有一定的联系。但在实践中，效益与效率并不一定是一致的。例如，企业花费巨额投资增添技术设备来提高生产率，如果实际结果使单位产品生产的物化劳动消耗的增量超过了活劳动的减量，从而导致生产成本增加，就会出现效率提高而效益降低的现象。

二、效益原理

效益原理，是指组织的各项管理活动都要以实现有效性、追求高效益作为目标的一项管理原理。效益是管理的永恒主题，任何组织的管理都是为了获得某种效益。

影响组织效益的因素是多方面的，如科学技术水平、管理水平、资源消耗和占用的合理性等。从管理的这一具体因素来看，管理的目标就是追求高效益。有效地发挥管理功能，能够使企业的资源得到充分利用，带来企业的高效益。反之，落后的管理就会造成资源的损失和浪费，降低企业活动的效率，影响企业的效益。向管理要效益，使管理出效率，已成为人们的共识。

效益原理体现的原则如下。

① 价值原则。效益的核心就是价值，要通过科学而有效的管理，对人、对组织、对社会有价值的追求，实现经济效益和社会效益的最大化。

② 投入产出原则。效益是一个对比概念，通过以尽可能小的投入来取得尽可能大的产出的途径来实现效益的最大化。

③ 边际分析原则。在许多情况下，通过对投入产出微小增量的比较分析来考察实际效益的大小，以做出科学决策。

三、管理活动遵循效益原理的基本途径

所有的管理都是致力于提高效益，但并不是所有的管理都是有效的。从管理的角度来看效益的提高，涉及的因素是多种多样的，如管理思想、管理制度、管理方法、管理环境和管理措施等，这些因素对管理效益的影响是十分重大的，尤其是像管理者的思想观念、行为方式，能够直接影响着管理的决策、组织、领导和控制的一系列活动，并对管理效益产生着直接的作用。因此，遵循效益原理，就要求管理者把握以下三个方面。

1. 确立可持续发展的效益观

由于自然资源的短缺与自然环境的恶化已成为整个人类社会生存和发展的重大威胁，因此，组织管理者在提高效益的过程中，必须确立可持续性的发展观。

将可持续发展与效益原理结合起来，就是要兼顾需要与可能，在讲究经济效益的同时，保持与生态环境和社会环境的协调发展，就是要既要注重技术的先进性、经济上的合理性，又要注重对社会的效用性和天人合一的和谐性。对那些在生产过程中排放出大量的工业废气、污染周围环境的企业，或以次充好、质量掺假而高价出售产品的企业，社会必须通

过经济、法律、行政和教育的手段给予严厉的制裁，创造出一种具有一定的强制性约束力的激励环境，使各组织能够正确处理好经济效益和社会效益、局部效益与全局效益、短期效益和长远效益、间接效益和直接效益等方面的关系，把过程与结果、动机与效果有机地结合起来。

2. 提高管理工作的有效性

管理学家德鲁克认为：作为管理者，不论职位高低，都必须力求有效。管理的有效性，应是管理的效率、效果和效益的统一。其实现的重要途径是要确立有效管理的评价体系。

一是在评价标准上要注意直接的成果和价值的实现。从组织获取的产值、利润等方面看组织目标实现的状况，以考察组织在产品或服务的质量方面所获得的效果和效益。而价值的实现则是比对直接成果的追求体现出更高水平的管理，是一种深层次的管理，像组织文化、经营哲学、组织形象的塑造、开发并向市场推出民众欢迎的产品、服务特色等，就是价值意义上的管理追求。

二是在评价内容上应以工作绩效为主，以贡献为主，并分清主客观条件对工作绩效的影响。具体来讲，对管理者的评价主要结合德、能、勤、绩等方面的内容加以考察；对管理集体的评价，要考察其管理上的服务态度与质量，与相关管理部门的协调性等。

三是在评价方法上应综合不同评价主体的评价结果。不同的主体可从不同的角度去评价，所以效益的评价没有一个绝对的标准。一般来说，评价主体可以是管理者（机构）本身，可以是上级主管或职工群众，可以是有相互工作往来、服务关系的其他管理者或管理部门，还可以由市场和专家来评价等。只有综合这些不同评价主体的结果，并做到定性与定量相结合，才能保证评价结果的全面性、客观性和公正性。就其评价的特点来说：领导评价，一般具有权威性；群众评价，一般比较公正、客观；市场评价，一般以经济效益为主。

3. 处理好局部效益和全局效益的关系

局部效益和全局效益是统一的，有时又是矛盾的。因此，当局部效益与整体效益发生冲突时，管理者必须把全局效益放在首位，做到局部效益服从整体效益。

首先应该遵循整体优化原则。因为整体优化是决策的关键步骤。它要求经过系统的分析和综合，提出各种不同方案、途径和办法，然后从不同的方案中，选出符合整体优化原则要求的方案，作出科学的决策。无论在哪一类组织中，从事任何一项工作，都应该考虑两个以上的方案，并将远期和近期、直接和间接的效果进行整体分析比较，因事、因时、因地制宜作出整体而科学的评价。通过比较分析各种方案带来的影响和后果，进而考虑各种方案所需的人力、物力、财力等要素的条件，选择最优方案。在选择整体优化方案之后，有时还要进行局部试验，成功之后进行全面推广，实行由点到面的工作方法。

其次，遵循要素有效性原则。任何一个组织的管理都离不开人、财、物、时间和信息，它是由这些互为作用的要素组合而成。为取得组织整体效益的最优化，管理者必须充分激发每个要素的作用。这一原则要求管理者用科学手段来处理系统内的矛盾，以便做到人尽其才、财尽其用、息（信息）尽其流。在现代管理中，人是管理要素中的主宰，只有充分发挥人的积极性、主动性和创造性，才能使系统内各要素各尽所能，为组织创造更多、更好的经济效益和社会效益。

4. 追求组织长期稳定的高效益

管理者要追求组织长期稳定的高效益，一方面，不仅要"正确地做事"，更为重要的是要"做正确的事"。这是因为效益与组织的目标方向紧密相联；如果目标方向正确，工作效率越高，获得的效益越大；如果目标方向完全错误，工作效率越高，反而效益会出现负值。因此，管理者在管理工作中，首要的问题是确定正确的目标方向，搞好组织的战略管理，并在此前提下讲究工作的高效率。只有这样，才能获得较高的经济效益和社会效益。另一方面，组织管理者必须具有创新精神。如企业管理者不能只满足眼前的经济效益水平，而应该居安思危，不断地推行新产品，以高质量、低成本的优势去迎接市场的挑战。只有不断地积极地进行企业的技术改造、技术开发、产品开发和人才开发，才能保证企业有长期稳定的较高的经济效益。

【案例分析一】 文化病变——人性与责任

X公司是国内一家知名的上市公司，董事长兼总经理A从工人干起，一步步地成为了当家人。多年来，在他的带领下，公司一直保持着高速发展，并于1997年年底成功上市。

在A总的引领下，公司的文化不乏一些闪光的亮点。

重视人才——从1994年开始，公司每年都招收大量的高学历新员工，给予较高的工资、福利待遇，很快聚集了大量名校毕业生，极大地提高了公司的产品技术含量和质量。公司也因此营造了一种尊重人才的氛围。

唯才是举——每年年底，中层干部开始一年一度的干部竞争上岗，干部岗位完全开放。竞岗者必须要交书面的"竞争上岗报告"，通过后，还要经过答辩。每一年都有干部落马，都有新人、能人上岗。因此，公司造成了一种紧迫感和危机感。

但是，A总个人价值观上的一些致命缺陷，也导致了公司内部不良文化的滋生和蔓延，使得X公司在一种畸形的氛围中逐渐走入了歧途。

一、缺乏人情味

A总比较独断专权。在公司内部，严厉打击异己以及不太驯服的员工和干部。不论你以前有多大贡献，一旦冒犯"天威"，你是一定要下来的。曾经有一位技术部的经理，只因说了句不太恰当的闲话，就被处罚，写悔过书，三十七八岁的男子汉，在保卫处，痛哭流涕地检讨自己"我罪该万死……"。即使这样，部门经理还是被撤掉了，并且以后永远不得翻身。

二、等级制度森严、压抑了人的主动性和创造力

A总搞一言堂，上行下效。公司内小报告盛行。公司有个不成文的规定——不允许与辞职人员来往。有一位同志，与从X公司辞职的朋友一起到海边游泳，被人看到并报告了A总，该同志的工资被降了下来，几年里，一直不给他涨工资。X公司的工资水平在他们所在的城市是第一位的，没人愿意丢掉饭碗。所以，大家说话办事都极其小心。一谈到什么敏感话题，一些年长的员工就神秘兮兮地说"莫谈国事，莫谈国事……"。于是，大家都很知趣地闭上嘴巴。

三、过度追究责任、矫枉过正，导致扯皮推诿

这一点在生产部门、技术部门、质检部门体现得尤为突出。公司的质量标准是这样的：技术部门出检验方法、标准，生产部门按设计生产，质检部门照技术部的标准检验。一般来讲，一旦产品出问题，先找质检部门，质检部门说，"我们检验的时候没问题，这是质量不稳定，应该找技术部门"，或者说，"我们是按标准检验，是不是技术部的标准有问题？"技术部更聪明，把检验标准提高、再提高，一直到完美无缺的地步。生产部门做不出那么高水平的产品，但质检部门按照完美无缺的标准检验，于是产品就开始在车间里

积压，生产线中止，但三个部门各不相让。时间耽搁长了，销售部开始着急——因为延迟交货是要罚款和丢失客户的。

资料来源：吴维库，李钢．一个上市公司的文化病变．企业管理，2002（12）：40．

思考

1. 结合该案例谈谈你对"现代管理的核心是使人性得到最完美的发展"这句话的看法。
2. 结合该案例谈谈你对管理的责任原理的看法。

【案例分析二】 2008年国际金融危机

金融危机又称金融风暴，是指一个国家或几个国家与地区的全部或大部分金融指标的急剧、短暂和超周期的恶化。2008年金融危机始发于美国的次贷危机，由美国次贷危机的发展而演化成了一场席卷全球的实体经济危机。

美国次贷危机是美国房地产市场上的次级按揭贷款的危机。所谓次级按揭贷款，就是给资信条件较"次"的人的按揭贷款。相对来说，按揭贷款人没有（或缺乏足够的）收入或还款能力证明，或者其他负债较重，他们的资信条件较"次"，因此，这类房地产的按揭贷款，就被称之为次级按揭贷款。相对于给资信条件较好的按揭贷款人所能获得的比较优惠的利率和还款方式，次级按揭贷款人在利率和还款方式方面，通常要支付更高的利率，遵守更严格的还款方式，以控制金融机构在次级按揭贷款上的还款风险。但是，由于美国过去7、8年以来新贷款松、金融创新活跃、房地产和证券市场价格上涨的影响，由于美国金融监管部门的监管缺失，这种常规措施并没有得到普遍实施，这样一来，次级按揭贷款大幅度增加，次级按揭贷款的还款风险就由潜在转变成现实。在这过程中，美国众多的金融机构为了一己之利，纵容次贷的过度扩张及其关联的贷款打包和证券化规模的膨胀，使得在一定条件下发生的次级按揭贷款违约时间的规模扩大，到了引发危机的程度。

次贷危机发生的条件，就是信贷环境的改变，特别是房价停止上涨或下降。因为，次级按揭贷款人的资信状况本来就比较差，或是缺乏足够的收入证明，或是还存在其他的负债，因此，还不起房贷或违约是很容易发生的事情。但在信贷环境宽松，或者房价上涨的情况下，放贷机构因贷款人违约收不回贷款，他们可以干脆把抵押的房子收回来，再卖出去即可，这样不仅不会亏损，而且还可以获得盈利。但在信贷环境改变，特别是房价下降的情况下，放款机构把房子收回来再卖，就很难实现，或是房子很难卖出，或是因房价卖的过低而导致亏损。如果这类事情频繁地、集中地或大规模地发生，危机就出现了。

关于次贷危机爆发的原因，存在不同的看法，如：美国政府对金融机构监管不力；美国货币当局货币政策的错误；贪婪成性的金融机构的过度投资；美国整个金融业的腐败和共谋行为；美国庞大金融机构的高度官僚化；美国人长期形成的低储蓄和高消费习惯走到了极限；国际经济的不平衡和美国的巨额贸易赤字；美国发动战争又久拖不决带来的巨额支出；货币金融市场国有的不稳定性；美国式资本主义的痼疾使然；以及美国对不合理的国际贸易与分工格局的维护，等等。

但是，其爆发原因也有许多共识。一般认为，美国次贷危机的苗头开始于2006年年底，但其从苗头出现，问题累积到危机确认，特别是到贝尔斯登、美林证券、花旗银行和汇丰银行等国际金融机构对外宣布数以百亿计美元的次贷危机损失，花了半年多的时间。此次次贷危机的涉及面非常广，产生、扩展的原因极为复杂，但主要原因有这样三个方面。

（1）美国金融监管当局，特别是美联储货币政策的松紧变化。

次贷危机作为金融问题，它的形成是和美联储货币政策的松紧变化紧密关联的。从2001年初美国联邦基准利率下调50个基点开始，美联储的货币政策开始了从加息转变为减息的周期，货币政策趋于宽松。宽松的货币政策环境，反映在房地产市场上，就是住房贷款利率也同期下降。这一阶段住房贷款利率的持续下降成为推动美国房产几年的持续繁荣的主要因素。因为创新形式的金融贷款，只要求购房者每月负担较低的灵活的还款额度，表面上减轻了购房者的还款压力，推动或支撑了房产市场的多年繁荣。

泡沫膨胀到一定程度就必然会破灭。从2004年6月起，美联储的低利率政策开始了逆转，到2006年8月，联邦基准利率上升到5.25%，标志着扩张性政策的完全逆转。连续升息，提高了购买房屋的借贷成本，因而产生了抑制房产需求和降温房产市场的作用，促发了房价的下跌，以及按揭贷款违约风险的大量增加。

(2) 美国投资市场，以及全球经济和投资环境一段时期内，情绪乐观、持续积极。

进入21世纪，金融的全球化趋势加大，在全球范围，利率长期下降、美元贬值，以及资产价格上升，使流动性在全世界范围内扩张，激发了追求高回报、忽视风险的金融品种和投资行为的流行。由于美国金融市场具有强大的国际影响力，其投资市场具有高度的开放性，许多房贷机构降低或进一步降低贷款条件，不仅是美国，包括欧亚、乃至中国在内的全球主要商业银行和投资银行，均参加了美国次级房贷衍生品的投资，且投资的金额巨大，这就使得危机发生后，其影响波及全球的金融系统，对全球经济产生严重影响。

(3) 金融监管缺失，许多银行，特别是许多美国银行和金融机构违规操作或不当操作，忽略规范和风险的按揭贷款、证券打包行为较为普遍。

在美国次级房贷的这一轮繁荣中，部分银行和金融机构为了一己之利，利用房贷证券化可以将风险转移到投资者身上的机会，有意或无意地降低信用门槛，导致银行、金融和投资市场的系统风险增大。在这一时期，美国住房贷款一度出现首付率逐年下降的趋势。历史上标准的首付额度是20%，这一时期却一度降到了零。有的金融机构，还故意将高风险的次级按揭贷款，"悄悄"地打包到证券化产品中去，向投资者推销这些有问题的按揭贷款证券。其突出的表现就是，在发行按揭证券化产品时，不向投资者披露房主难以支付的高额可调息按揭贷款，和购房者按揭贷款是零首付的情况。而评级市场的不透明和评级机构的利益冲突，又使得这些严重的高风险资产得以顺利进入投资市场。而大量美国次级房贷衍生产品，银行和金融机构有意或无意的违规操作或不当操作的广泛出现，以及评级市场的不透明、不规范等问题的较为严重的存在，又都是与金融监管的缺失，主要是美国的金融监管缺失紧密相关的。

从美国次贷危机引起的华尔街风暴，现在已经演变为全球性的金融危机。这个过程发展之快，数量之大，影响之巨，可以说是人们始料不及的。大体上说，可以划成三个阶段：一是债务危机。借了住房贷款的人，不能按时还本付息引起的问题；第二个阶段是流动性的危机。这些金融机构由于债务危机导致不能够及时有足够的流动性对付债权人变现的要求；第三个阶段，信用危机。就是说，人们对建立在信用基础上的金融活动产生怀疑，造成了美国和全球范围的严重信用危机。要消除这场危机，必然需要较长的时间。

思考

1. 结合管理学的原理分析此次金融危机产生的原因是什么？
2. 你认为金融监管当局、银行和金融机构应该怎么做？

思考题

1. 学习管理学原理的重要性。
2. 如何系统地看待管理学基本原理？
3. 在实践中如何合理地运用管理学基本原理？请举例说明。
4. 用管理学原理分析中国的三鹿奶粉事件。

管理学

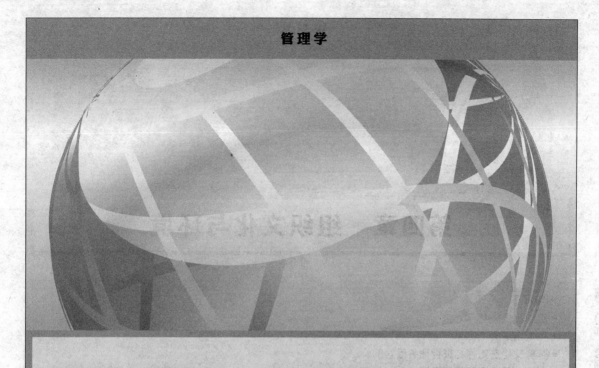

第二单元　管理者的领域，你从事管理工作的环境与实质

管理的本质工作是决策。

——斯蒂芬·P·罗宾斯

决策是管理的心脏，管理是由一系列决策组成的，管理就是决策。

——美国著名管理学家赫伯特·西蒙

儒家文化在治理着天下。

——乾隆皇帝

第四章 组织文化与环境

内容提要
- 组织文化概念
- 构成组织文化的10个特征
- 解释文化是如何约束管理者行为的
- 区别一般环境和具体环境
- 对比确定的与非确定的环境
- 说明环境是如何约束管理者行为的

第一节 组织文化概述

一、组织文化概念

美国学者约翰·科特和詹姆斯·赫斯克特认为,企业文化是指一个企业中各个部门,至少是企业高层管理者们所共同拥有的那些企业价值观念和经营实践。

特雷斯·迪尔和阿伦·肯尼迪认为,企业文化是价值观、英雄人物、习俗仪式、文化网络、企业环境。

威廉·大内认为,企业文化是"进取、守势、灵活性——即确定活动、意见和行为模式的价值观"。

组织文化有广义和狭义之分。从广义上来说,组织文化是组织在其社会实践过程中所创造的物质财富与精神财富的总和,包括物质、制度行为和精神三个层面。物质层包括组织外在形象、企业家形象以及产品形象等;制度行为层包括组织制度行为、经营行为、道德行为和活动行为等;精神层包括组织的价值观和理念等。而狭义上的组织文化概念就是指精神层面的内容,包括组织的经营宗旨、价值观和道德行为准则的综合。

本书对文化的定义为:组织文化是处于一定经济社会文化背景下的组织在长期的过程中,逐步生成和发展起来的日趋稳定的独特的价值观,以及以此为核心而形成的行为规范、道德准则、群体意识、风俗习惯等。

此外,文化还有强弱之分,所谓强文化是指主要的价值观念能够为组织内的员工所广泛了解和接受的组织文化。雇员对组织的基本价值观的接受程度和承诺程度越高,文化就越强。反之就是弱文化，雇员对组织的基本价值观的接受程度和承诺程度均较低。

【案例一】 企业文化的实质与作用

企业文化对于一个企业的成长来说，看起来不是最直接的因素，但却是最持久的决定因素。

纵观世界成功的企业，如美国通用电气公司、日本松下电器公司等，其长盛不衰的原因主要有三个，即优质的产品、精明的销售和深厚的文化底蕴。

中国著名企业家张瑞敏分析海尔经验时说："海尔过去的成功是观念和思维方式的成功。企业发展的灵魂是企业文化，而企业文化最核心的内容应该是价值观。"至于张瑞敏个人在海尔充当的角色，他认为"第一是设计师，在企业发展中如何使组织结构适应企业发展；第二是牧师，不断地布道，使员工接受企业文化，把员工自身价值的体现和企业目标的实现结合起来。"实际上，海尔的扩张主要是一种文化的扩张——收购一个企业，派去一个总经理、一个会计师、一套海尔的文化。

二、组织文化的要素

根据组织文化的定义，其内容是十分广泛的，但其中最主要的应包括如下几点。

1. 经营哲学

经营哲学是一个组织特有的从事生产经营和管理活动的方法论原则。它是指导组织行为的基础。一个组织在激烈的市场竞争环境中，面临着各种矛盾和多种选择，要求组织有一个科学的方法论来指导，有一套逻辑思维的程序来决定自己的行为，这就是经营哲学。例如，日本松下公司"讲求经济效益，重视生存的意志，事事谋求生存和发展"，这就是它的战略决策哲学。再如，北京蓝岛商业大厦创办于 1994 年，它以"诚信为本，情义至上"的经营哲学为指导，"以情显义，以义取利，义利结合"，使之在创办三年的时间内营业额就翻了一番，跃居首都商界第 4 位。

2. 价值观念

所谓价值观念，是人们基于某种功利性或道义性的追求而对人们（个人、组织）本身的存在、行为和行为结果进行评价的基本观点。可以说，人生就是为了价值的追求，价值观念决定着人生追求行为。价值观不是人们在一时一事上的体现，而是在长期实践活动中形成的关于价值的观念体系。企业的价值观，是指企业职工对企业存在的意义、经营目的、经营宗旨的价值评价和为之追求的整体化的群体意识，是企业全体职工共同的价值准则。只有在共同的价值准则基础上才能产生企业正确的价值目标。有了正确的价值目标才会有奋力追求价值目标的行为，企业才有希望。因此，企业价值观决定着职工行为的取向，关系企业的生死存亡。只顾企业自身经济效益的价值观，就会偏离社会主义方向，不仅会损害国家和人民的利益，还会影响企业形象；只顾眼前利益的价值观，就会急功近利，搞短期行为，使企业失去后劲，导致灭亡。我国老一代的民族企业家卢作孚（民生轮船公司的创始人）提倡"个人为事业服务，事业为社会服务，个人的服务是超报酬的，事业的服务是超经济的"。从而树立起"服务社会，便利人群，开发产业，富强国家"的价值观念，这一为民为国的价值观念促进了民生轮船公司的发展。又如，北京西单商场的价值观念以求实为核心，即"实实在在的商品、实实在在的价格、实实在在的服务"。在经营过程中，严把商品进货关，保证商品质量；控制进货成本，提高商品附加值；提倡"需要理解的总是顾客，需要改进的总是自己"的观念，提高服务档次，促进了企业的发展。

3. 组织精神

组织精神是指组织基于自身特定的性质、任务、宗旨、时代要求和发展方向，并经过精心培养而形成的组织成员群体的精神风貌。

组织精神是组织文化的核心，在整个组织文化中处于支配地位。组织精神以价值观念为基础，以价值目标为动力，对组织经营哲学、管理制度、道德风尚、团体意识和组织形象起着决定性的作用。可以说，组织精神是组织的灵魂。

组织精神通常用一些既富于哲理，又简洁明快的语言予以表达，便于职工铭记在心，时刻用于激励自己；也便于对外宣传，容易在人们脑海里形成印象，从而在社会上形成个性鲜明的组织形象。如王府井百货大楼的"一团火"精神，就是用大楼人的光和热去照亮、温暖每一颗心，其实质就是奉献服务；西单商场的"求实、奋进"精神，体现了以求实为核心的价值观念和真诚守信、开拓奋进的经营作风。

4. 组织道德

组织道德是指调整本组织与其他组织之间、组织与顾客之间、组织内部职工之间关系的行为规范的总和。它是从伦理关系的角度，以善与恶、公与私、荣与辱、诚实与虚伪等道德范畴为标准来评价和规范组织。

组织道德与法律规范和制度规范不同，不具有那样的强制性和约束力，但具有积极的示范效应和强烈的感染力，当被人们认可和接受后具有自我约束的力量。因此，它具有更广泛的适应性，是约束组织和职工行为的重要手段。中国老字号同仁堂药店之所以三百多年长盛不衰，在于它把中华民族优秀的传统美德融于组织的生产经营过程之中，形成了具有行业特色的职业道德，即"济世养身、精益求精、童叟无欺、一视同仁"。

5. 团体意识

团体意识是指组织成员的集体观念。团体意识是组织内部凝聚力形成的重要心理因素。团体意识的形成使组织的每个职工把自己的工作和行为都看成是实现组织目标的一个组成部分，使他们对自己作为组织的成员而感到自豪，对组织的成就产生荣誉感，从而把组织看成是自己利益的共同体和归属。因此，他们就会为实现组织的目标而努力奋斗，自觉地克服与实现组织目标不一致的行为。

6. 组织形象

组织形象是组织通过外部特征和经营实力表现出来的，被消费者和公众所认同的组织总体印象。由外部特征表现出来的组织形象称为表层形象，如招牌、门面、徽标、广告、商标、服饰、营业环境等，这些都给人以直观的感觉，容易形成印象；通过经营实力表现出来的形象称为深层形象，它是组织内部要素的集中体现，如人员素质、生产经营能力、管理水平、资本实力、产品质量等。表层形象是以深层形象为基础，没有深层形象这个基础，表层形象就是虚假的，也不能长久地保持。流通组织由于主要是经营商品和提供服务，与顾客接触较多，所以表层形象显得格外重要，但这绝不是说深层形象可以放在次要的位置。例如北京西单商场以"诚实待人、诚心感人、诚信送人、诚恳让人"来树立全心全意为顾客服务的组织形象，而这种服务是建立在优美的购物环境、可靠的商品质量、实实在在的价格基础上的，即以强大的物质基础和经营实力作为优质服务的保证，达到表层形象和深层形象的结合，赢得了广大顾客的信任。

7. 组织制度

组织制度是在生产经营实践活动中所形成的，对人的行为带有强制性，并能保障一定权利的各种规定。从组织文化的层次结构看，组织制度属中间层次，它是精神文化的表现形式，是物质文化实现的保证。组织制度作为职工行为规范的模式，使个人的活动得以合理进行，内外人际关系得以协调，员工的共同利益受到保护，从而使组织有序地组织起来为实现组织目标而努力。

8. 组织使命

所谓组织使命是指组织在社会经济发展中所应担当的角色和责任。组织使命是指组织的根本性质和存在的理由，说明组织的经营领域、经营思想，为组织目标的确立与战略的制定提供依据。组织使命要说明组织在全社会经济领域中所经营的活动范围和层次，具体的表述组织在社会经济活动中的身份或角色。它包括的内容为组织的经营哲学、组织的宗旨和组织的形象。

【案例二】 企业文化的类型

按照任务和经营方式的不同，迪尔和肯尼迪把企业文化分为四种类型，即强人文化；拼命干、尽情玩文化；攻坚文化；过程文化。

① 硬汉型文化。这种文化鼓励内部竞争和创新，鼓励冒险。这种企业文化竞争性较强，产品更新快。

② 努力工作尽情享受型文化。这种文化强调工作与娱乐并重，鼓励职工完成风险较小的工作。这种企业文化竞争性不强、产品比较稳定。

③ 赌注型文化。它具有在周密分析基础上孤注一掷的特点。这种企业文化一般具有投资大、见效慢的文化特点。

④ 过程型文化。这种文化着眼于如何做，基本没有工作的反馈，职工难以衡量他们所做的工作。这种企业文化机关性较强、按部就班就可以完成任务的企业文化特点。

三、组织文化功能

1. 导向功能

所谓导向功能就是通过它对组织的领导者和职工起引导作用。组织文化的导向功能主要体现在以下两个方面。

(1) 经营哲学和价值观念的指导。经营哲学决定了组织经营的思维方式和处理问题的法则，这些方式和法则指导经营者进行正确的决策，指导员工采用科学的方法从事生产经营活动。组织共同的价值观念规定了组织的价值取向，使员工对事物的评判达成共识，有着共同的价值目标，组织的领导和员工为着他们所认定的价值目标去行动。美国学者托马斯·彼得斯和小罗伯特·沃特曼在《追求卓越》一书中指出"我们研究的所有优秀公司都很清楚他们的主张是什么，并认真建立和形成了公司的价值准则。事实上，一个公司缺乏明确的价值准则或价值观念不正确，我们则怀疑它是否有可能获得经营上的成功。"

(2) 组织目标的指引。组织目标代表着组织发展的方向，没有正确的目标就等于迷失了方向。完美的组织文化会从实际出发，以科学的态度去制定、确立组织的发展目标，这种目标一定要具有可行性和科学性。组织员工就是在这一目标的指导下从事生产经营活动的。

2. 约束和规范功能

组织文化的约束和规范功能是指组织文化对每个组织成员的思想、心理和行为具有约束和规范的作用。组织文化对组织成员的约束是一种软约束，这种约束来自于组织文化氛围、团队行为准则和道德规范。团队意识、社会舆论、共同的习俗和风尚等精神文化内容，会造成强大的使个体行为从众化的团队心理压力和动力，使组织成员产生共鸣，而产生自我控制。

3. 凝聚功能

组织文化以人为本，尊重人的感情，从而在组织中造成了一种团结友爱、相互信任的和睦气氛，强化了团体意识，使组织职工之间形成强大的凝聚力和向心力。共同的价值观念形成了共同的目标和理想，职工把组织看成是一个命运共同体，把本职工作看成是实现共同目标的重要组成部分，整个组织步调一致，形成统一的整体。这时，"厂兴我荣，厂衰我耻"成为职工发自内心的真挚感情，"爱厂如家"就会变成他们的实际行动。

4. 激励功能

共同的价值观念使每个职工都感到自己存在和行为的价值，自我价值的实现是人的最高精神需求的一种满足，这种满足必将形成强大的激励。在以人为本的组织文化氛围中，领导与职工、职工与职工之间互相关心，互相支持。特别是领导对职工的关心，职工会感到受人尊重，自然会振奋精神，努力工作。另外，组织精神和组织形象对组织职工有着极大的鼓舞作用，特别是组织文化建设取得成功，在社会上产生影响时，组织职工会产生强烈的荣誉感和自豪感，他们会加倍努力，用自己的实际行动去维护组织的荣誉和形象。

5. 辐射功能

组织文化不止在组织起作用，它也能通过各种渠道诸如传播媒体、公共关系等对社会产生影响。组织文化不仅对组织内部产生强烈的影响，通过自己的产品和服务，通过组织职工的传播，也会把自己组织的经营理念、组织精神和组织形象昭示于社会，有的还会对社会产生强烈的影响。如 20 世纪 50 年代鞍钢的孟泰，20 世纪 60 年代大庆的"铁人"，20 世纪 90 年代的李素丽等，都对社会产生了巨大的影响，这就是组织文化的辐射功能。

同时，组织文化还以其深层次结构——观念形态的因素，对社会产生辐射。一个优秀的组织，它的组织精神、职业道德、经营管理思想、价值准则等都对社会心理产生影响。如松下公司的全员经营、首钢的经济责任制、丰田的组织精神都冲击着当代人的心理，激发着人们的创新精神和竞争意识，使人们的观念不断发生着变化。

【案例三】 组织文化的负面作用

组织文化的功能说明文化对组织的重要价值，它有助于提高组织的承诺，增强员工行为的一致性，提高管理的效果和工作效率。对员工来说，它有助于减少员工行为的模糊性，因为它告诉员工什么事情应该做、应该怎样去做事、什么是重要的、什么是不重要的等。但我们也不能忽视组织文化对组织发展的潜在负面影响。

第一，组织文化会成为改革的障碍。当组织的共同价值观与进一步提高组织效率的要求不符时，它就成了组织改革的阻力。当组织面对稳定环境时，行为的一致对组织而言很有价值，但它却可能束缚组织的手脚，使组织难以应付变化莫测的环境的挑战。在社会剧烈变革的时代，这是最可能发生的事情。

第二，兼并和收购的障碍。以前，高层管理者在做出兼并或收购的决策时，主要考虑的是融资优势以及产品的协调性。但近年来，文化的相容性成了他们重点关注的对象。就是说，在考虑到收购对象在财务和生产方面优势的同时，还将收购对象的文化与本公司文化的相容与否作为决策的重要依据。美国银行收购查尔斯·史阔伯(Charles Schwab)公司就是一个生动的例子。美国银行为了扩展经营领域、实行多样化经营战略，于 1983 年买下史阔伯公司。但这两个公司的文化存在着很大差异，美国银行作风保守，而史阔伯公司喜欢冒险。一个典型表现是，美国银行的高级管理人员开的是公司提供的四车门的福特车和别克车，而史阔伯公司高级管理人员开的车却是公司提供的法拉利、宝马和保时捷等。虽然史阔伯公司利润丰厚，有助于美国银行拓展业务，但史阔伯的员工无法适应美国银行的工作方式。终于在 1987 年，查尔斯·史阔伯又从美国银行买回了他的公司。

第三，多元化的障碍。现代社会是一个多元化的时代。组织为了在复杂的环境下掌握竞争的优势，总希望内部员工之间有差异，形成个性和特色以适应多元化的趋势。管理人员希望新成员能够接受组织的核心价值观，否则，这些成员就难以适应或不被组织所接受。由于组织文化的强大影响力，使员工服从于组织文化，这样就将员工的行为与思想限定在了组织文化所规定的范围内。组织之所以雇用各具特色的个体，是因为他们能给组织带来多种选择的优势。但当员工要在组织文化的作用下试图去适应该组织的要求时，这种多元化的优势就丧失了。

四、组织文化的10个特征[1]

① 成员的同一性：雇员与作为一个整体的组织保持一致的程度，而不是只体现出他们的工作类型或专业领域的特征。

② 团体的重要性：工作活动围绕团队组织而不是围绕个人组织的程度。

③ 对人的关注：管理决策要考虑结果对组织中的人的影响程度。

④ 单位的一体化：鼓励组织中各单位以协作或相互依存的方式运作的程度。

⑤ 控制：用于监督和控制雇员行为的规章、制度及直接监督的程度。

⑥ 风险承受度：鼓励雇员进取、革新及冒风险的程度。

⑦ 报酬标准：同资历、偏爱或其他非绩效因素相比，依雇员绩效决定工资增长和晋升等报酬的程度。

⑧ 冲突的宽容度：鼓励雇员自由争辩及公开批评的程度。

⑨ 手段——结果倾向性：管理更注意结果或成果，而不是取得这些成果的技术和过程的程度。

⑩ 系统的开放性：组织掌握外界环境变化并及时作出反应的程度。

上述10个特征可以视为组织文化的10个特征变量，研究它对于管理者有着非常好的指导意义。一则它指明了管理者研究企业应该具有的文化视角；二则可以作为组织于其他组织进行文化建设比较的基础内容。

五、组织文化的来源

一个组织的文化是以下两方面相互作用的结果。

① 创始人的倾向性和假设。

② 第一批成员从自己的经验中领悟到的东西。

组织不同的成长经历、环境背景会导致不同的组织文化特征，例如，微软公司创始人比尔·盖茨进取心很强，富有竞争与冒险精神，因而微软公司的文化特点也是富于进取创新，敢于冒险，在用人上也愿意聘用那些有错误而又能吸取经验教训的人。

而IBM，情形却相反。其创始人托马斯·沃森几乎为每一件事都制定了规则。深色西装、白衬衣、条纹领带、禁止喝酒，甚至下班后也禁止。因而IBM公司企业文化表现为稳健与保守。

韩国现代集团创始人陈裕阳的家庭忠诚感和专制统治的风格，以及他成长创业的经历，使得现代集团的企业文化又呈现为另外一种风格，那就是强制的、充满竞争气氛、封建顺从意识，并带有军事化的特点。

---

[1] 斯蒂芬·P·罗宾斯. 管理学. 黄卫伟等译. 第4版. 北京：中国人民大学出版社，2003.

六、组织文化对管理决策的影响

① 计划方面。如计划应包含的风险度;计划应由个人还是由群体制定;管理者参与环境扫描的程度等。

② 组织方面。如雇员工作中应有的自主权程度;任务应由个人还是小组来完成;部门经理间的相互联系程度等。

③ 领导方面。如管理者关心雇员日益增长的工作满意度的程度;哪种领导方式更为适宜;是否所有的分歧(甚至是建设性的分歧)都应当消除等。

④ 控制方面。如是允许雇员控制自己的行为还是施加外部控制;雇员绩效评价中应强调哪些标准;个人预算超支将会产生什么反响等。

以上这些例子说明了组织的文化实实在在地影响着组织的各项管理活动,了解文化、利用文化、在管理中重视文化的作用是管理者在实际工作中不能疏忽的。

第二节 组织环境

一、环境的定义

1. 环境的概念

组织环境(Organization Environment)是指所有潜在影响组织运行和组织绩效的外部因素或力量。组织环境调节着组织结构设计与组织绩效的关系,影响组织的有效性。组织环境对组织的生存和发展,起着决定性的作用,是组织管理活动的内在与外在的客观条件。组织环境可分为一般环境和具体环境。

一般环境包括组织外部的一切,如经济因素、政治条件、社会背景及技术因素等。

具体环境是指与实现组织目标直接相关的那部分环境。它是由对组织绩效产生积极或消极影响的关键顾客群或要素组成的。典型的情况是它包括投入物供应商、客户或顾客、竞争者、政府机构及公共压力集团。

2. 评价环境的不确定性

评价环境可以从两个维度来考虑,它们分别是变化程度和复杂程度。如果组织环境要素大幅度改变,我们称之为动态环境;如果变化很小,则称为稳态环境。复杂性程度是指组织环境中的要素数量及组织所拥有的与这些要素相关的知识的广度。一个组织要与之打交道的顾客、供应商、竞争者及政府机构越少,组织环境中的不确定性就越少。根据这两个维度来划分,则可将环境划分为简单-稳态环境、复杂-稳态环境、简单-动态环境和复杂-动态环境四种类型。如表4-1所示。

表4-1 环境不确定性矩阵

变化程度 复杂程度	稳 态	动 态
简单	单元1:稳定的和可预测的环境,要素少。要素有某些相似并基本上维持不变。对要素的复杂知识的要求低	单元2:动态的和不可预测的环境,要素少。要素有某些相似但处于连续的变化过程中。对要素的复杂知识的要求低
复杂	单元3:稳定的和可预测的环境,环境要素多。要素间彼此不相似但单个要素基本维持不变。对要素的复杂知识的要求高	单元4:动态的不可预测的环境,环境要素多。要素间彼此不相似并且处于连续变化中。对要素的复杂知识的要求高

二、组织与环境的关系

组织环境对组织的形成、发展和灭亡有着重大的影响。组织环境为某些组织的建立起到积极的促进作用,例如蒸汽机技术的出现导致了现代工厂组织的诞生。某些环境的变化为组织的发展提供了有利条件。相反,由于某些组织未能适应环境的变化,因而已不复存在。在当代和未来,组织的目标、结构及其管理等只有变得更加灵活,才能适应环境多变的要求。

组织与环境的关系,不仅是组织对环境做出单方面的适应性反应,组织对环境也具有积极的反作用。主要表现为:组织主动地了解环境状况,获得及时、准确的环境信息;通过调整自己的目标,避开对自己不利的环境,选择适合自己发展的环境;通过自己的力量控制环境的状况和变化,使之适应自己的活动和发展,而无需改变自身的目标和结构;可以通过自己的积极活动创造和开拓新的环境,并主动地改造自身,建立组织与环境新的相互作用关系。另外,组织对环境的反作用也有消极的一面,即对环境的破坏。这种消极的反作用又会影响组织的正常活动和发展。组织环境是相对于组织和组织活动而言的,只有相对于组织和组织活动的外部物质和条件才具有组织环境的意义。在人类产生之前,自然界就客观存在,只有当人类通过分工协作形成了自己的社会活动,从而也产生了对这些活动的管理之后,自然界的一部分与人类的这种活动相关联,才成为组织环境。因而,组织环境的性质与内容都与组织和组织活动息息相关:与一定经济组织的经济管理活动相联系的是经济组织环境;与一定军事组织的军事管理活动相联系的是军事组织环境;与一定教育组织的教育管理活动相联系的是教育组织环境等。这些组织环境都是与一定组织和组织活动相对应的。

【案例分析一】 不同国家的企业文化模式与管理特点[1]

文化是与民族分不开的,一定的文化总是一定民族的文化。企业文化是一个国家的微观组织文化,它是这个国家民族文化的组成部分,所以一个国家企业文化的特点实际就代表这个国家民族文化的特点。下面我们仅对能代表东西方民族文化特点的几个国家和地区的企业文化和管理特点做一些简要介绍。

一、美国的企业文化的模式与管理特点

美国是一个多民族的移民国家,这决定了美国民族文化的个人主义特点。美国的企业文化以个人主义为核心,但这种个人主义不是一般概念上的自私,而是强调个人的独立性、能动性、个性和个人成就。在这种个人主义思想的支配下,美国的企业管理以个人的能动主义为基础,鼓励职工个人奋斗,实行个人负责、个人决策。因此,在美国企业中个人英雄主义比较突出,许多企业常常把企业的创业者或对企业做出巨大贡献的个人推崇为英雄。企业对职工的评价也是基于能力主义原则,加薪和升职也只看能力和工作业绩,不考虑年龄、资历和学历等因素。以个人主义为特点的企业文化缺乏共同的价值观念,企业的价值目标和个人的价值目标是不一致的,企业以严密的组织结构、严格的规章制度来管理员工,以追求企业目标的实现。职工仅把企业看成是实现个人目标和自我价值的场所和手段。

二、欧洲国家的企业文化模式与管理特点

欧洲文化是受基督教影响的,基督教给欧洲提供了理想价格的道德楷模。基督教信仰上帝,认为上帝是仁慈的,上帝要求人与人之间应该互爱。受这一观念的影响,欧洲文化崇尚个人的价值观,强调个人高层次的需求。欧洲人还注重理性和科学,强调逻辑推理和理性的

---

[1] http://tieba.baidu.com/f?kz=797993799.

分析。

虽然欧洲企业文化的精神基础是相同的，但由于各个国家民族文化的不同，欧洲各个国家的企业文化也存在着差别。英国人由于文化背景的原因，世袭观念强，一直把地主贵族视为社会的上层，企业经营者处于较低的社会等级。因此，英国企业家的价值观念比较讲究社会地位和等级差异，不是用优异的管理业绩来证明自己的社会价值，而是千方百计地使自己加入上层社会，因此在企业经营中墨守成规，冒险精神差。

法国最突出的特点是民族主义，傲慢、势利和优越感，因此法国人的企业管理表现出封闭守旧的观念。

意大利崇尚自由，以自我为中心，所以在企业管理上显得组织纪律差，企业组织的结构化程度低。但由于意大利和绝大多数的企业属于中小企业，组织松散对企业生机影响并不突出。

德国人的官僚意识比较浓，组织纪律性强，而且勤奋刻苦。因此，德国的企业管理中，决策机构庞大、决策集体化，保证工人参加管理，往往要花较多的时间论证，但决策质量高。企业执行层划分严格，各部门只有一个主管负责，不设副职。职工参与企业管理广泛而正规，许多法律都保障了职工参与企业管理的权力。职工参与企业管理主要是通过参加企业监事会和董事会来实现。按照《职工参与管理法》规定，2万人以上的企业，20名，劳资代表各占一半，劳方的10名代表中，企业内推举7人，企业外推举3人；1万～2万人的企业中，监事会成员16人，劳方代表8人，其中企业内推举6人，企业外推举2人，1万人以下的企业，监事会成员中的劳资代表均各占一半。

三、中国企业文化的现状

新中国成立以前，受外国资本和封建官僚买办控制的企业中，劳动者处于被残酷剥削和压迫之下，他们没有自由，没有平等，有的只是愤怒和反抗。在旧中国，具有一定代理性的中国企业文化只有在民族资本主义企业中才存在，它是由老一代的民族企业家所倡导的。前面已经提到的由民生轮船公司的创始人卢作孚先生于1925年所倡导的"民生精神"就是一例。

新中国成立以后，国有企业是中国经济的主体，企业文化也如同整个国家的经济建设一样，经历了一番曲折的道路。在传统计划经济体制下，高度集权的管理模式对企业文化建设既有积极的一面，也存在着严重的消极因素。所谓积极的一面是有利于体现企业的社会主义共性，形成注重国家利益的大集体观念和艰苦奋斗精神，如20世纪50年代至60年代出现的"两参一改三结合"的"鞍钢宪法"和"三老四严"的"大庆精神"，就是这种观念和精神的代表。所谓消极的一面，是这种集权管理模式强化了"官本位"观念，管理活动行政化，职工群众的积极性未能充分发挥出来，民主管理的监督约束机制显得无力。特别是在极"左"思潮的干预下，"以阶级斗争为纲"，把政治挂帅绝对化，严重阻碍了企业民主制度的建立和监督制度的形成。实行经济体制改革以后，传统计划经济体制逐步转换为社会主义市场经济体制，中国企业文化建设的环境开始转变，特别是现代企业制度的建立，为建立有中国民族特色的企业文化创造了有利的政治法律环境，企业文化建设也取得了明显成效。

中国是一个历史悠久的文明国家，中国的传统文化内涵丰富，其中既有积极的一面，也有消极的一面。关于如何利用传统文化中的积极因素建立有中国特色的企业文化，有待各位在将来的学习和工作中再作讨论与研究。

思考

1. 联系自己的实际工作和生活经历，谈谈文化对自己的影响。

2. 收集、整理并升华某组织的文化案例。

【案例分析二】 研祥智能企业文化

一、公司简介

研祥智能科技股份有限公司成立于1993年，是中国最大的特种计算机研究、开发、制造、销售和系统整合于一体的高科技企业。2003年10月10日，研祥智能于中国香港联交所上市，股票代码8285，是当时中国同行业中唯一的上市公司。

研祥智能是国家火炬计划重点高新技术企业、国家规划布局内重点软件企业、中国企业信息化500强。产品被列入国家重点新产品和国家火炬计划项目，并多次获得科技进步奖励。自2000年起，研祥智能在中国特种计算机行业已经名列前茅。2004年，中国社科院工业经济研究所、WTO研究中心和中国经营报社共同组织对香港上市公司H股进行竞争力指数排名，研祥智能综合指数排第九名，效益指数排第七名。2007年，研祥智能被评选为"第四届中国最具生命力企业"。公司董事长陈志列是第四届深圳市政协常委。

研祥智能在中国设有多个研发中心、数十家全资分支机构，并建立了覆盖中国各主要城市的"EVOC"特种计算机产业联盟，组成了庞大的销售、服务网络，能够随时为客户提供周到的服务。"诚信祥和、永继经营"，研祥智能将在与客户的精诚合作和使命实践中演绎永恒价值，致力于推动产业自动化、智能化、信息化领域的不断发展，立足中国，面向世界。

二、企业宗旨、战略、使命

企业宗旨（1993年）
◆ 诚信祥和，永继经营。

发展战略（2000年）
◆ 坚持在特种计算机领域实施专业化发展，力求在品质和规模方面成为业界的领先者；
◆ 市场导向与技术导向并重，并据此合理配置企业资源。

企业使命（2007年）
◆ 不断地创新，引领世界特种计算机行业的发展，为全球客户提供最具竞争力的产品和服务。

三、企业价值观

诚信原则（1993年）
◆ 诚心诚意对待合作伙伴，建立企业品牌良好信誉；
◆ 个人及部门间相互信任、真诚合作是建立一支高效率团队的保障；
◆ 信守承诺，对自己的言行负责。

永远的改进（1995年）
◆ 变是市场永远不变的规则；
◆ 所有的工作、品质及服务，永远都有进一步改进的空间。

鼓励创新（2003年）
◆ 雷同永远落后，创新才有发展；
◆ 提供良好的创新环境，允许失败；
◆ 专事专人做，新事新做法，对事不对人。

四、管理理念

职业经理操盘（1997年）
我们认为一个称职的职业经理应具备并不断提高以下素质：

- 有很强的敬业精神及良好的道德水准；
- 有良好的专业素质及极佳工作业绩；
- 善于沟通，有团队合作能力，维持客观公正；
- 认同公司文化，对企业忠诚；
- 设定具有挑战性的工作目标，具备创新管理的胆量、思维，勇于承担责任，善于解决问题；
- 能够招用高水平同事共同工作，并能为公司培养优秀技术和管理人才。

一张纸、一支笔、写清楚、给专人（1993年）
用电脑、用网络、写清楚、e专人（2000年）

- 我们崇尚简洁有效的信息传递方式。过去用纸笔，现在更多地用电脑通过网络将4W1H（What, Where, When, Who, How）写清楚，并 Email To/Cc 到相关人员。我们相信"口说无凭"、"口无遮拦"，只有"写清楚"，才能理清头绪，只有"给专人"才能有效地解决问题。

如实简单、提供建议（1995年）

- 实事求是是高尚人品的体现；将复杂问题分析概括出其本质是专业能力的体现；提供建设性意见/解决方案是创造性能力的体现。

思考

1. 总结研祥智能科技股份有限公司文化的特点。
2. 联系研祥智能科技股份有限公司发展历史，分析组织文化的产生于凝练过程。

【案例分析三】 海尔的核心价值观

海尔创业于1984年，成长在改革开放的时代浪潮中。30年来，海尔始终以创造用户价值为目标，一路创业创新，历经名牌战略、多元化发展战略、国际化战略、全球化品牌战略四个发展阶段，2012年进入第五个发展阶段——网络化战略阶段，海尔目前已发展为全球白色家电第一品牌。

海尔的愿景和使命是致力于成为行业主导，用户首选的第一竞争力的美好住居生活解决方案服务商。海尔通过建立人单合一双赢的自主经营体模式，对内，打造节点闭环的动态网状组织，对外，构筑开放的平台，成为全球白电行业领先者和规则制定者，全流程用户体验驱动的虚实网融合领先者，创造互联网时代的世界级品牌。

"海尔之道"即创新之道，其内涵是：打造产生一流人才的机制和平台，由此持续不断地为客户创造价值，进而形成人单合一的双赢文化。同时，海尔以"没有成功的企业，只有时代的企业"的观念，致力于打造基业长青的百年企业，一个企业能走多远，取决于适合企业自己的价值观，这是企业战略落地，抵御诱惑的基石。

海尔的核心价值观是：
是非观——以用户为是，以自己为非
发展观——创业精神和创新精神
利益观——人单合一双赢

"永远以用户为是，以自己为非"的是非观是海尔创造用户的动力。

海尔人永远以用户为是，不但要满足用户需求，还要创造用户需求；海尔人永远自以为非，只有自以为非才能不断否定自我，挑战自我，重塑自我——实现以变制变、变中求胜。

这两者形成海尔可持续发展的内在基因特征：不因世界改变而改变，顺应时代发展而发展。

这一基因加上每个海尔人的"两创"（创业和创新）精神，形成海尔在永远变化的市场上保持竞争优势的核心能力特征：世界变化愈烈，用户变化愈快，传承愈久。

创业创新的两创精神是海尔文化不变的基因。

海尔不变的观念基因既是对员工个人发展观的指引，也是对员工价值观的约束。"永远以用户为是，以自己为非"的观念基因要求员工个人具备两创精神。创业精神即企业家精神，海尔鼓励每个员工都应具有企业家精神，从被经营变为自主经营，把不可能变为可能，成为自己的CEO；创新精神的本质是创造差异化的价值。差异化价值的创造来源于创造新的用户资源。两创精神的核心是强调锁定第一竞争力目标。目标坚持不变，但为实现目标应该以开放的视野，有效整合、运用各方资源。

人单合一双赢的利益观是海尔永续经营的保障。

海尔是所有利益相关方的海尔，主要包括员工、用户、股东。网络化时代，海尔和分供方、合作方共同组成网络化的组织，形成一个个利益共同体，共赢共享共创价值。只有所有利益相关方持续共赢，海尔才有可能实现永续经营。为实现这一目标，海尔不断进行商业模式创新，逐渐形成和完善具有海尔特色的人单合一双赢模式，"人"即具有两创精神的员工；"单"即用户价值。每个员工都在不同的自主经营体中为用户创造价值，从而实现自身价值，企业价值和股东价值自然得到体现。

每个员工通过加入自主经营体与用户建立契约，从被管理到自主管理，从被经营到自主经营，实现"自主，自治，自推动"，这是对人性的充分释放。

人单合一双赢模式为员工提供机会公平、结果公平的机制平台，为每个员工发挥两创精神提供资源和机制的保障，使每个员工都能以自组织的形式主动创新，以变制变，变中求胜。

思考

结合文化的含义请你谈谈对海尔企业文化的认识？

实训题

【模拟企业综合案例分析一】企业文化与环境分析

要求：

1. 结合你们团队组建的企业来构建模拟企业的企业文化（仅从狭义文化的范畴研究即可）。
2. 针对你企业所处的环境进行分析（重点分析企业所处的行业环境即可）。

测试题 哪一种组织文化最适合你？

对下列陈述，根据你自己的感觉，在相应的同意或不同意的等级上划圈。SA=非常同意、A=同意、U=不肯定、D=不同意、SD=非常不同意。

1. 我喜欢成为团队的一员并根据我对团队的贡献来评价我的绩效	SA A U D SD
2. 个人的需要不应当为实现部门目标做出妥协	SA A U D SD
3. 我喜欢老板让我自由处置工作	SA A U D SD
4. 我喜欢冒风险的激动和刺激的体验	SA A U D SD
5. 人们不应违反规则	SA A U D SD
6. 资历在组织中应得到高度的报酬	SA A U D SD

7. 我崇尚权力	SA A U D SD
8. 一个人工作绩效差与他的努力程度无关	SA A U D SD
9. 我喜欢可预测的事情	SA A U D SD
10. 我宁愿自己的身份和地位来自于自己的职业专长，而不是来自于雇佣我的组织	SA A U D SD

思考题

1. 什么是组织文化？请描述你所在组织的组织文化。
2. 组织文化是如何形成的？它又是如何影响管理者行为的？
3. 论述管理者在组织文化形成与变革中的作用。
4. 组织环境与管理环境的区别有哪些？
5. 你认为企业经营的一般环境和任务环境哪一个更重要？为什么？
6. 怎样评估一个组织的外部环境？有哪些管理方法？

第五章 决 策

内容提要
- 决策的含义
- 概述决策制定过程
- 理性决策及其局限性
- 有限理性决策
- 确定性、风险性和不确定性决策
- 群体决策的优缺点
- 改善群体决策的四种方法

第一节 决策基本概念

一、决策的含义

决策，管理者工作的实质。时至今日，对决策概念的界定不下上百种，决策的复杂性决定了不可能有统一的看法，诸多界定归纳起来，基本有以下三种理解。

一是把决策看作是一个包括提出问题、确立目标、设计和选择方案的过程。这是广义的理解。代表人物 H.A·西蒙认为，决策是一个过程，大体包括 4 个阶段：找出制定决策的根据，即收集情报；找到可能的行动方案；在诸行动方案中进行抉择，即根据当时的情况和对未来发展的预测，从各个备择方案中选择一个方案；对已选择的方案及其实施进行评价。决策过程中的最后一步，对于保证所选定方案的可行性和顺利实施而言，又是关键的一步。

二是把决策看作是从几种备选的行动方案中作出最终抉择，是决策者的拍板定案。这是狭义的理解。

三是认为决策是对不确定条件下发生的偶发事件所做的处理决定。这类事件既无先例，又没有可遵循的规律，做出选择要冒一定的风险。也就是说，只有冒一定的风险的选择才是决策。这是对决策概念最狭义的理解。

综合以上观点，决策是指管理者识别并解决问题以及利用机会的过程，即为了达到一定目标，在掌握充分信息和对有关情况进行深刻分析的基础上，采用一定的科学方法和手段，拟定并评估各种方案，从中选出合理方案的过程。对这一概念的理解包括以下几个方面。

① 决策的目标必须清楚。
② 必须有两个及两个以上的备选方案。
③ 决策是以可行方案为依据的，决策结果是选择一个满意的方案。
④ 决策是一个分析判断过程。在本质上决策是一个循环过程，贯穿于整个管理活动的始终。

二、决策的种类

由于组织活动非常复杂，因而，管理者的决策也多种多样的。不同的分类方法，具有不同的决策类型。

1. 按决策的作用分类

（1）战略决策。是指有关组织的发展方向的重大全局决策，由高层管理人员作出。

（2）管理决策。为保证组织总体战略目标的实现而解决局部问题的重要决策，由中层管理人员作出。

（3）业务决策。是指基层管理人员为解决日常工作和作业任务中的问题所作的决策。

2. 按决策的性质分类

（1）程序化决策。即有关常规的、反复发生的问题的决策。

（2）非程序化决策。是指偶然发生的或首次出现而又较为重要的非重复性决策。

3. 按决策的问题的条件分类

（1）确定性决策。是指可供选择的方案中只有一种自然状态时的决策。即决策的条件是确定的。

（2）风险型决策。是指可供选择的方案中，存在两种或两种以上的自然状态，但每种自然状态所发生概率的大小是可以估计的。

（3）不确定型决策。是指在可供选择的方案中存在两种或两种以上的自然状态，而且，这些自然状态所发生的概率是无法估计的。

4. 决策按其性质分类

（1）结构化决策。是指对某一决策过程的环境及规则，能用确定的模型或语言描述，以适当的算法产生决策方案，并能从多种方案中选择最优解的决策。

（2）非结构化决策。是指决策过程复杂，不可能用确定的模型和语言来描述其决策过程，更无所谓最优解的决策。

（3）半结构化决策。是介于以上二者之间的决策，这类决策可以建立适当的算法产生决策方案，使决策方案中得到较优的解。

5. 按决策主体分类

（1）个人决策。在最后选定决策方案是由最高领导最终做出决定的一种决策形式。决策迅速，责任明确，充分发挥领导个人的主观能动性。

（2）群体决策。由两个或以上的人构成的决策群体所做出的决策。耗时，复杂，但可集思广益，弥补个人不足。

6. 按决策能否量化分类

根据决策的目标、变量和条件能否量化可以将决策分为定量决策和定性决策。

（1）定量决策。是指决策的目标本身就表现为数量指标，这类决策要求有一定的准确度，如产量增长多少、成本下降多少，否则就没有实际意义了。

（2）定性决策。定性决策的目标则只能做定性的描述或抽象的表达，这类决策一般难以用数学方法来解决，主要依靠管理者的经验和分析判断能力，如组织机构的设计、干部的选拔等。

三、决策制定过程

决策制定过程始于一个存在的问题，终于对选择方案的实施。图 5-1 较为详细地列出了一个完整的决策制定过程，管理者一般对于复杂的、较少有先例的决策常常遵循这个完整的决策过程，但对于经常遇见的、例行的管理问题的决策有时看起来并不需要严格地遵守上述的决策步骤。

图 5-1 决策制定过程

问题识别是主观的。在某些事情被认为是问题前，管理者必须意识到差异，同时，他们必须有采取行动所需要的资源。怎样使管理者意识到事情的差异呢？显然，他们必须将事情的现状和某些标准进行比较。标准是什么？它可以是过去的绩效，也可以是预先设置的目标或者组织内外其他一些单位的绩效。

但一个没有压力的差异是一个可推迟到未来某个时期的问题。压力可能来自于组织的政策、截止的日期、上司的期望或即将来临的绩效评定等，所以真正促使管理者去识别问题的还需要有现实的压力。

其次，管理者需要确定决策的标准，即确定什么因素与决策相关。在此基础上，给每个标准分配权重。然后，分别去拟定方案、分析方案、选择方案和实施方案。

到这里还没有结束，管理者还需要对最终的决策效果进行评价，评价决策效果就是要看看我们是否解决了问题。如问题仍然存在，则管理者需要仔细分析什么地方出了错，继续进行决策。

下面举例说明一下决策的过程，这种方法很简单，但是非常适用。

【案例一】 买新车的决策

1. 识别问题

假设一家企业的轿车发动机炸裂了，为了简化问题，假设修车不经济，并且公司总部要求企业经理买新车而不是租车。故现在我们就有了一个问题，在经理需要有一辆轿车和他现有的车不能使用这一事实间存在着差异，问题就此产生，需要他拿出决策的结果。

2. 确定决策标准

企业经理必须评价什么因素与他的决策相关。这些标准可能是价格、车型、颜色、空间、制造厂家、配置（如自动换挡、CD、导航仪等）以及维修记录等。

3. 给每个标准分配权重

假设经理选择了如表 5-1 所示的决策标准用来决策，那么他现在需要确定所选标准各自的重要性了，当然一般来说，这些标准的重要性是有差异的。

表 5-1 购车决策的标准及重要性

标　　准	重　要　性	标　　准	重　要　性
起价	10*	维修记录	4
车内舒适性	8	性能	3
耐用性	5	操纵性	1

注：* 此例中标准的最高分为 10 分。

4. 拟定方案

按决策标准对 13 个备选方案进行评价，见表 5-2。

表 5-2　按决策标准对 13 个备选方案的评价

方案	标准					
	起价	车内舒适性	耐用性	维修记录	性能	操纵性
Acura Integra RS	5	6	10	10	7	10
Chevrolet Lumina	7	8	5	6	4	7
Eagle Premier LX	5	8	4	5	8	7
Ford Taurus L	6	8	6	7	7	7
Honda Accord LX	5	8	10	10	7	7
Hyundai Sonata GLS	7	7	5	4	7	7
Mazda 626 LX	7	5	7	7	4	7
Nissan Altima	8	5	7	9	7	7
Plymouth Acclaim	10	7	3	3	3	5
Pontiac Bonneville	4	10	5	5	10	10
Toyota Camry DLX	6	7	10	10	7	7
Volkswagen Passat	4	7	5	4	10	8
Volvo 240	2	7	10	9	4	5

5. 分析方案

对轿车方案进行综合评分，见表 5-3。

表 5-3　轿车方案的综合评分

方案	标准下的评价分					
	起价	车内舒适性	耐用性	维修记录	…	总分
Acura Integra RS	50	48	50	40	…	219
Chevrolet Lumina	70	64	25	24	…	202
Eagle Premier LX	50	64	20	20	…	185
Ford Taurus L	60	64	30	28	…	210
Honda Accord LX	50	64	50	40	…	232
Hyundai Sonata GLS	70	56	25	16	…	195
Mazda 626 LX	70	40	35	28	…	192
Nissan Altima	80	40	35	36	…	209
Plymouth Acclaim	100	56	15	12	…	197
Pontiac Bonneville	40	80	25	20	…	205
Toyota Camry DLX	60	56	50	40	…	234
Volkswagen Passat	40	56	25	16	…	175
Volvo 240	20	56	50	36	…	179

6. 选择方案

经过上述的分析，我们选择在这 13 个备选方案中得分最高的方案为最优方案，在买轿车的例子中，管理决策者选择 Toyota Camry DLX 作为最终的决策结果。

第二节　决策的普遍性

一、从管理职能的角度看决策的普遍性

1. 计划方面

在计划职能中，存在许多的决策问题需要你的决策。比如关于你的组织的短期目标应该是什么？组织的长远目标是什么？什么战略能够最好地实现这些目标？每个目标的困难程度又有多大？

2. 组织方面

在组织设计方面，诸如直接向我报告的下属应是多少人？组织中的集中程度应该多大？各个职务应该如何设计？你的组织何时应该实行改组？等等。对于这些问题的回答就是组织方面的决策问题。

3. 领导方面

在你领导的各项工作中，你需要处理关于如何对待缺乏积极性的雇员问题。在特定的环境中，你需要对有效的领导方式进行合理的选择。何时是激发冲突的最恰当的时机？这些都是普遍的领导决策。

4. 控制方面

组织中的哪些活动需要你的控制？你如何去控制这些活动？组织中的绩效偏差达到什么程度才算严重？组织应建立哪种类型的管理信息系统？关于这些问题的解决过程就是控制中的决策问题。

二、从管理的层次性上来分析决策的普遍性

1. 战略层——非结构化决策

组织中的高层主要做这方面的决策。该层次的特点是决策问题一般具有全局性、战略性、复杂性，弹性大等特征。决策所需信息大多来自系统外部环境以及内部的综合性信息。这一层次的决策要求决策者有丰富的知识和经验，有高层次的人际关系和信息渠道，有高深的专业造诣。

2. 战术层——半结构化决策

组织中的中层主要做这方面的决策。这类决策多属局部的、短期的决策，所需的信息有一定的寿命，多数信息来自系统内部，一部分问题需要凭经验解决，一部分问题可通过模型、规范、程序来解决。决策者应有相当全面的知识和较高的专业水平，要求具有应用定性和定量相结合的方法决策问题的能力。

3. 作业层——结构化决策

组织中的基层主要做这方面的决策，通常是针对定型的管理问题的决策。可以依据一定的规则来处理日常的、具体的、重复性的问题，解决问题通常用数据、文字、图形、图标等处理方式。这类决策问题普遍着眼于效率和质量，因此，管理人员要求能熟练地操作相关信息技术设备。

第三节 决策思维

一、理性决策

1. 理性决策的假设
理性决策是建立在以下几种假设基础之上的决策思维。
① 问题是清晰、明确的。
② 要实现单一而明确的目标。
③ 所有方案和结果是已知的。
④ 偏好是清楚的。
⑤ 偏好是一贯而稳定的。
⑥ 不存在时间或成本的约束。
⑦ 最终的选择将使经济报偿最大化。

2. 理性假设的局限
① 个人信息处理能力是有限的。
② 感性偏见可以歪曲问题本质——决策者的背景、在组织中的地位、利益和过去的经验等，使他的注意力集中于一定的问题而忽略其他问题。
③ 许多决策者选择信息是出于其易获得性，而不是出于其质量。
④ 决策者倾向过早地在决策过程中偏向某个方案。从而左右着决策过程，使之趋向于该方案。
⑤ 前期的解决方法现在不起作用了，但这并不能引起寻求新方案的需求。相反，它常引起一种承诺升级，即决策者进一步增加对先期行动的资源投入，以试图证明起初的决策并没有错。
⑥ 从前的决策先例制约着现在的选择。大多数决策实际上是许多长期分决策的积累。
⑦ 组织是由不同的利益群体组成的。从而使得它很难，甚至不可能建立起一种为实现单一目标的共同努力。
⑧ 组织对决策者施加着时间和成本的压力，这限制了一个管理者所能寻找到的可行方案数量。从而，人们趋向于在旧方案的附近寻找新方案。
⑨ 尽管有着潜在的不同见解，但在大多数组织的文化中都存在强烈的保守偏见。

尽管理性主义在一定程度上带有"乌托邦"色彩，我们也欢迎对它的批判，但是过于简单和绝对的否定态度也是不可取的。不能实现不代表没有意义，人们总是在追求尽善尽美中得到较善较美的。正因为如此，传统理性决策模型的思想价值一直受到理论界的肯定。

二、有限理性

有限理性是指介于完全理性和非完全理性之间的在一定限制下的理性。有限理性（Bounded Rationality）的概念最初是阿罗提出的，他认为有限理性就是人的行为"即是有意识地理性的，但这种理性又是有限的"。一是环境是复杂的，在非个人交换形式中，人们面临的是一个复杂的、不确定的世界，而且交易越多，不确定性就越大，信息也就越不完全；二是人对环境的计算能力和认识能力是有限的，人不可能无所不知。

管理者做有限理性决策的思路：首先把问题的本质特征抽象为简单的模型，而不是直接处理全部复杂性的决策行为。然后，在组织的信息处理限制和约束下，管理者努力在简单的模型参数下采取理性的行动。其结果是一个满意的决策，而不是一个最大化的决策，是一个解决方案"足够好"的决策。

完全理性决策与有限理性决策的比较，请见表 5-4 所示的内容。

表 5-4 完全理性决策与有限理性决策的比较

决策步骤	完 全 理 性	有 限 理 性
1. 提出问题	确定一个重要的、相关的组织问题	确定一个反映管理者利益和背景的、可预见的问题
2. 确定决策标准	确定所有的标准	确定有限的一套标准
3. 给标准分配权重	评价所有标准并依据它们对组织目标的重要性进行排序	建立一个简单的评价模型并对标准排序；决策者自身的利益强烈影响排序
4. 制定方案	创造性地制定广泛的各种方案	制定有限的一系列相似方案
5. 分析方案	依据决策标准和重要性评价所有方案；每一方案的结果是已知的	从希望的解决方法出发，依据决策标准，一次制定一个评价方案
6. 选择方案	最大化决策：获得最高经济成果的方案	满意决策：寻找到一个满意的、充分的解决方法为止
7. 实施方案	由于决策是最大化单一的、明确的组织目标，所以所有组织成员将会接受此方案	政治和权力的考虑将会影响决策的接受和执行
8. 评价	依据最初的问题客观评价决策成果	对决策结果的评价只有消除评价者个人利益才能客观

资料来源：斯蒂芬·P·罗宾斯. 管理学. 黄卫伟等译. 第 4 版. 北京：中国人民大学出版社，2003.

三、直觉决策

管理者通常还运用直觉（Intuition）来帮助他们改进决策的制定。美国企业家 S. M. 沃尔森曾说过："一个成功的决策，等于 90% 的信息加上 10% 的直觉"。

所谓直觉决策（Intuitive Decision Making）是一种潜意识的决策过程，基于决策者的经验、能力，以及积累的判断，研究者对管理者运用直觉决策进行了研究，识别出五种不同的直觉，分别为基于经验的决策、基于认知的决策、基于价值观或道德的决策、影响发动的决策以及潜意识的心理过程。

根据直觉制定决策或者根据感觉制定决策并非与理性决策毫无联系，相反，二者是相互补充的。一个对特定情况或熟悉的事件有经验的管理者，当遇到某种类型的问题或情况时，通常会迅速地作出决策，可能看上去他所获得的信息有限。这样的管理者并不依靠系统性的和详尽的问题分析或识别和评估多种备择方案，而是运用他自己的经验和判断来制定决策。

直觉决策法是一种定性决策方法。直觉是客观事物在人们头脑中迅速留下的第一印象，是在极短的时间内，对情况突如其来的、超越逻辑的顿悟和理解。

在管理过程中，绝大多数决策是用直觉决策法作出的，但直觉决策法往往得不到管理者的重视。在人类的行为方式中，最复杂的是直觉，最简单的也是直觉。直觉过程是人脑高速分析、反馈、判别、决断的过程，体现为敏锐的洞察力。

1. 直觉决策的特点

直觉决策相对于经典的理性决策也有自身的一些决策性质。

① 寻求满意方案。直觉决策寻求的是满意方案而不是理性决策中的最优方案。

② 整体性。直觉决策的过程往往是对决策问题的整体把握而不是细枝末节的思考。

③ 参考点原则。决策者根据自己的知识和经验为参考点推测和把握评估方案效果。

④ 逐一排除。相对于理性决策方案的比较，直觉决策中的决策是对每一方案的逐一比较并排除较差的方案。

⑤ 满意决策。决策者容易在发现第一个满意方案后就形成决策，而不论这个方案是否是最优方案。

⑥ 创新性。直觉决策可以免受理性决策思路的束缚而发掘出更有创新思想的决策方案。

⑦ 时效性。直觉决策的时效性强。

决策者在进行直觉决策时，一般情况下的直觉决策方案都会经过理性决策的验证。爱因斯坦关于相对论的最初思想来源于直觉判断，但从直觉到完整的理论却花了爱因斯坦10年的时间去探索。作为直觉决策的决策结果，应该有相应的理性因素加以论证，亦即直觉决策只有和理性相结合才能取得更好的决策效果。

2. 直觉决策的决策过程

（1）确定决策目标。决策目标是决策者进行决策的依据，决策目标除了包括客观上决策应该达到的标准，还包括决策者主观上所期望达到目标的可能性程度，即期望值。

（2）情景估计。在复杂而又不确定条件下进行决策时，决策者会对决策环境中有限的决策依据进行推敲，并根据这些有限的决策依据进行决策。

（3）情景再估计。如果你所遇到的情景不是以前所熟悉的，或者是无法估计的，则需要你寻找更多的信息，对决策环境进行再估计，从而避免决策的盲目性。

（4）确定待选方案。在这一阶段，决策者的直觉和主观判断将发挥重要作用。决策者依据自己的知识、经验以及对于环境的预测，充分发挥自己的直觉判断能力以及由此可能激发的灵感，挖掘出可行的方案。相对于理性决策来说，直觉决策在这一阶段具有发散性思维的特点，能够广泛搜集各种信息、排除明显不合理的方案，从而预选出少数可行的方案。

（5）方案评估。由直觉决策产生的待选方案同样需要经过理性的评估，你可以用比较成熟的决策技术和方法证明其可行性。

（6）确定决策方案。即从待选方案中选出满意度最高的方案作为你的决策方案。

3. 直觉决策的运用

管理者何时最有可能使用直觉决策的方法呢？根据研究发现，个人决策最有可能在以下7种情况下使用：时间有限，但又有压力要作出正确决策时；不确定性水平很高时；几乎没有先例存在时；难以科学地预测变量时；事实有限，不足以明确指明前进道路时；分析性资料用途不大时；当需要从几个可行方案中选择一个，而每一个方案的评价都不错时。

在进行决策时，管理者直觉的应用无外乎两种情况：要么在决策过程之初运用直觉，要么在决策过程之末使用直觉。若在决策开始时使用，决策者会尽力避免去系统地分析问题，而是"跟着感觉走"，让直觉自由发挥，力图产生不寻常的可能性事件，以及形成不同于传统行事方式的标新立异的方案与创意。若是在决策制定结尾时运用，就是在确定决策标准及其权重以及制定和评价方案的理论分析之后，决策者即把这一决策先放一放，待一二天对信息进行最后的筛选和消化之后，再来作出最后的选择，此法被形象地称之为"睡眠决策"。

【案例二】 Hotmail 值多少钱？❶

萨伯尔巴蒂亚在斯坦福大学毕业后，27岁那年在加利福尼亚建立了一家新公司，梦想两年内微软能以4亿美元收购。他做到了，不仅仅是靠新的概念，也是由于他头脑冷静而且聪明，他的谈判直觉来源于印第安的文化背景。

这个新概念就是Hotmail，Hotmail的最初想法来源于合作者。这一概念利用广告业务的支持，建立网络邮件系统，能在互联网上匿名获取免费电子邮箱账号。他们期望这一系统能

---

❶ http://wiki.mbalib.com/wiki/Intuitive_Decision_Making.

够吸引一些想与朋友收发私人邮件，却又不愿意使用企业信箱而带来不必要的麻烦的商业人士。另一个重要优势是，人们可以在世界的任何地方登陆自己的邮箱。公司 1990 年 7 月 4 日成立，已经有成千上万的用户注册。

一年后，当微软提出有兴趣收购 Hotmail 时，数据显示，巴蒂亚已经赚了几千万美元。他拒绝被收购，这惹得微软的高级管理人员非常恼火。但是一个星期后他们又重新走到一起开始谈判，而且在后来的两个月中，微软的人员每隔一星期就会造访一次。巴蒂亚最后提出以 5 亿美元成交，对方气急败坏地说巴蒂亚疯了。但是巴蒂亚知道这种愤怒只不过是一种战术。微软还在提高价格，这个软件界巨人的谈判者多次愤怒地拍案而起。当微软提出以 3.5 亿美元成交时，巴蒂亚的管理团队中除了巴蒂亚之外，所有人都投票表示赞同和接受。巴蒂亚后来说道："对 3.5 亿美元成交额说'不'时，是我做过的最惊人的事情。每个人都对我说，如果我弄坏了这件事情，Hotmail 就卖不出去了。"

在 1997 年的新年之夜，这笔交易宣布达成，成交价格为相当于 4 亿美元的微软股票。8 个月后，当 Hotmail 的业务扩大了 3 倍后，这个数字看起来就是小意思了。

第四节　决策方案的分析

一、问题与决策：一种权变方式

1. 问题的类型

① 结构良好问题——指那些直观的、熟悉的和易确定的问题。它们与完全理性假设接近一致。

② 结构不良问题——指那些新的或不同寻常的、有关问题的信息是含糊的或不完整的问题。

2. 决策的类型

① 程序化决策——指对于一些经常出现的，有处理这类问题的标准程序的决策。

② 非程序化决策——指对于一些独一无二的、不重复发生的问题所采取的决策（当管理者面临结构不良问题或新出现的问题时）。

3. 综合分析

① 结构良好问题与程序化决策是相对应的；而结构不良问题需要非程序化决策。

② 低层管理者主要处理熟悉的、重复发生的问题，他们主要依靠标准操作程序那样的程序化决策；越往上层的管理者，他们所面临的问题越可能是结构不良问题。

③ 在现实生活中，极少的管理决策是完全程序化的或完全非程序化的，而绝大多数决策介于两者之间。

④ 采用程序化决策有利于提高组织效率。因为程序化决策使需要管理者斟酌决定的范围减至最小的程度。

二、决策方案的分析

决策者可根据决策问题的性质和所处的具体环境，采用不同的决策方法。下面将主要介绍确定型决策、不确定型决策和风险型决策三种定量决策方法。

（一）确定型决策

确定型决策的主要特点是，决策问题所处的环境即自然状态是明确的，每一方案的结果是已知的、确定的，管理者能做出理想而精确的决策。决策者只需从备选方案中选择经济效果最好的方案。确定型决策方法很多，如盈亏平衡分析法、线性规划法、投资回收期法。这里主要介绍盈亏平衡分析法和线性规划法。

1. 盈亏平衡分析法

（1）盈亏平衡分析法的基本原理。盈亏平衡分析法，又称量本利分析法、保本点分析法，是通过考察决策方案中的产量、成本和利润三者之间的相互关系以及盈亏变化规律来为决策提供依据的方法。此法的核心是盈亏平衡点的分析和确定，以此来预先判定产量或销售量达到什么水平才能保证企业不亏损，为企业经营决策提供依据。

企业的总成本包括固定成本和变动成本两部分。固定成本（F）是指在一定时间和范围内，不随产量变动而变动的成本，即使不生产一件产品也需要支出的那些费用，如厂房与设备租金、折旧费等。变动成本（V）是指随着产量的变动而变动的成本，如原材料费、燃料费、直接人工费等。

为了简化问题，我们假定产销平衡，固定费用和单位可变费用以及单价保持不变，并且在不考虑税金的情况下，量、本、利三者之间的关系可用公式表示如下。

利润＝销售收入－成本＝销售收入－（固定成本＋变动成本）

即
$$R = S - C$$
$$= p \times Q - (F + V) = p \times Q - (F + C_v \times Q) = (p - C_v) \times Q - F$$

其中，R 为利润；S 为销售收入；C 为总成本；p 为销售单价；Q 为销售量（或产量）；F 为固定成本；V 为变动成本；C_v 为单位变动成本。

以上公式可用盈亏平衡图 5-2 表示。图中 E 为盈亏平衡点、盈亏临界点、保本点，此点表示在销售量为 Q_0 时企业的销售收入等于总成本，即利润为 0。

当 $R = 0$ 时，企业不盈也不亏、保本，则 $(p - C_v) \times Q - F = 0$，

所以
$$Q_0 = \frac{F}{p - C_v}$$

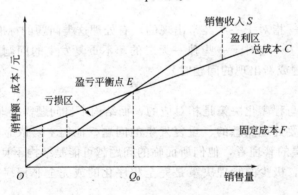

图 5-2 盈亏平衡图

此时，Q_0 为盈亏平衡点的销售量或产量；$p - C_v$ 为单位边际贡献。首先介绍边际贡献的概念，它是指销售收入减去总变动成本后的余额，在盈亏平衡分析法中是一个有重要意义的概念。这个余额先要抵偿固定成本，剩余部分为利润。看来，边际贡献是对固定成本和利润的贡献。当总的边际贡献与固定成本相等时，恰好盈亏平衡，此时再增加一个单位的产品，就会增加一个边际贡献的利润。而单位边际贡献，则是指单位产品售价与单位产品变动成本之差。它表示在不考虑固定成本分摊时，每生产一件产品可以创造的毛利润。

以上分析的是单一品种的盈亏平衡分析。在多品种情况下，由于不能直接对不同品种产

品的销售量进行加总,因此,在进行盈亏平衡分析之前,要把不同产品的销售量均转化为以货币为单位表示的销售额。通过盈亏平衡公式,可得销售额 $S_0=F/(1-C_v/p)$。其中,$1-C_v/p$,即 $(p-C_v)/p$,分子为单位边际贡献,分母为销售单价,两者之比即为边际贡献率,它表示在不考虑固定成本分摊时,每生产一件产品可以创造的毛利润率。

(2) 盈亏平衡分析法的应用

① 确定盈亏平衡点的销售量。以这个销售量为参照标准,来判断企业目前产品的产销量是处在盈利区还是处在亏损区,便于企业采取相应措施。企业获得利润的底线是生产过程中的各种消耗均能得到补偿。为此,企业的盈亏平衡点销量是:当价格、固定费用和变动费用既定的情况下,企业至少应生产销售多少数量的产品才能使总收入与总成本相等。计算出盈亏平衡点销量后,若企业现实产量高于盈亏平衡点销量,则盈利;若低于盈亏平衡点销量,则亏损。

【例 5-1】 某企业为销售某产品,预计单位产品售价为 1200 元,单位产品变动成本为 800 元,每年需支出固定费用为 1800 万元,试判断企业计划销量为 35000 件时能否盈利?

解:
$$Q_0 = \frac{F}{p-C_v} = \frac{1.8 \times 10^7}{1200-800} = 45\,000 \text{ (件)}$$

因为计划销量 35 000 件小于盈亏平衡点产量 45 000 件,所以企业在计划销量时亏损。

② 计算目标利润指标。目标利润(L)等于计划销售额减去总成本,用公式表示为
$$L = pQ - (F + C_v Q)$$

【例 5-2】 某企业销售一种产品,预计单位产品售价为 1200 元,单位产品变动成本为 800 元,每年需支出固定费用为 1800 万元,计划销售量为 50 000 件,此时企业的目标利润是多少?

解:$L = pQ - (F + C_v Q) = 1200 \times 50\,000 - (1.8 \times 10^7 + 800 \times 50\,000) = 200$(万元)

③ 判断企业的经营安全状况。

可以用经营安全率(S)来衡量企业的经营安全状况的好坏。
$$S = \frac{Q - Q_0}{Q} \times 100\% = \left(1 - \frac{Q_0}{Q}\right) \times 100\%$$

式中,$Q - Q_0$ 为安全余额,即实际销售量与盈亏平衡点产量之差。安全余额越大,企业盈利水平越高。用此公式计算出经营安全率指标后,可以参照表 5-5 的评判标准来判断企业经营是否安全、安全的程度有多大。一般来说,经营安全率介于 0~1,越接近于 1 越安全,盈利的可能性越大,反之越不安全。

表 5-5 企业经营安全状态评判标准

经营安全率/%	>30	25~30	15~25	10~15	<10
经营状态	安全	较安全	不安全	要警惕	危险

④ 确定企业实现目标利润的最低单价。

【例 5-3】 某企业生产一种产品,通过市场调查与预测,一年可销售该产品 8000 件,生产该产品年固定成本 10000 元,该产品单位变动成本 10 元,企业欲实现年利润 10000 元,试确定该产品的最低销售单价。

解:由 $L = pQ - (F + C_v Q)$ 可推出 $p = (L + F + C_v Q)/Q$

代入数据得 $p = 12.5$ 元

2. 线性规划法

线性规划法就是在线性等式或不等式的约束条件下,求解线性目标函数的最大值或

最小值的方法。其中目标函数是决策者要求达到目标的数学表达式，用一个极大或极小值表示。约束条件是指实现目标的能力资源和内部条件的限制因素，用一组等式或不等式来表示。

线性规划是决策系统的静态最优化数学规划方法之一。它作为经营管理决策中的数学手段，在现代决策中的应用是非常广泛的，它可以用来解决科学研究、工程设计、生产安排、军事指挥、经济规划；经营管理等各方面提出的大量问题。

运用线性函数规划法建立数学模型的步骤是：首先，确定影响目标的变量；其次，列出目标函数方程；再次，找出实现目标的约束条件；最后，找出是目标函数达到最优的可行解，即该线性规划的最优解。

【例 5-4】 总共只有 1200 发火箭弹的两火箭发射组 A 和 B，A 组和 B 组每分钟各能发射 30 发和 40 发火箭弹；平均两组每发各能覆盖敌阵面积分别为 1.2 平方米和 0.8 平方米；战斗上要求两组同时发射，且时间分别不能超过 20 分钟和 35 分钟。为了对敌阵达到尽可能大的覆盖，问 A、B 组各应该发射多少分钟？

解：设 A、B 组各发射 x、y 分钟。

目标函数：$\mathrm{Max} z = (30 \times 1.2)x + (40 \times 0.8)y = 36x + 32y$

约束条件：$30x + 40y \leqslant 1200$

$$0 \leqslant x \leqslant 20$$
$$0 \leqslant y \leqslant 35$$

用作图法解分析如下。

$$\mathrm{Max} z = 36x + 32y = 36 \times 20 + 32 \times 15 = 1200 \text{（平方米）}$$

解得 A 组和 B 组，各发射 20 分钟、15 分钟时有最大值为 1200 平方米。见图 5-3。

当然，除了图解法外，我们还可以用 Excel 软件来进行求解（使用 Excel "工具"中的规划求解），这种方法也是非常常用的。对于有很多个约束条件的线性规划求解问题，我们可以借助于商用版软件 Lindo 来解决。

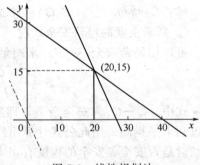

图 5-3　线性规划法

（二）不确定型决策

不确定型决策面临的自然状态难以确定，而且各种自然状态发生的概率也无法预测，所以此类决策具有极大的风险性和主观性。对于相同的决策问题，不同的决策者可能会做出完全不同的选择。这主要取决于决策者对待风险的态度及其采用的对应的决策准则。常用的决策准则有乐观准则、悲观准则、后悔值准则、折中准则和等可能性准则等。

1. 乐观准则

也称为"大中取大法"。选用该准则的决策者往往对事务的未来前景持乐观的态度，认为会发生最好的自然状态，故愿意承担一定的风险去争取最大收益。具体做法是，先分别从各个备选方案中找出各自的最大损益值，再在这些最大损益值中取最大者，所对应的方案就是最佳方案。

【例 5-5】 某企业要投产一种新产品，有三个方案可供选择：A、B、C。估计产品投放市场后有 3 种自然状态，分别是销路好、销路一般、销路差。各方案在各种状态下的损益值如表 5-6 所示。试用乐观准则进行决策。因为 200＞140＞90，所以采用乐观准则应选择 B 方案。

表 5-6 损益值资料 单位：万元

方案\自然状态	损益值			最大损益值
	销路好	销路一般	销路差	
A	140	60	−30	140
B	200	130	20	200
C	90	70	30	90

2. 悲观准则

也称为"小中取大法"。选用该准则的决策者厌恶风险，采取行动时倾向于保守，总是力求在不利的情况下获得最大收益。具体做法是：先分别从各个备选方案中找出各自的最小损益值，再从这些最小损益值中取最大者，所对应的方案就是最佳方案。同【例 5-5】资料，用悲观准则决策。如表 5-7 所示，因为 30＞20＞−30，所以采用悲观准则应选择 C 方案。

表 5-7 损益值资料 单位：万元

方案\自然状态	损益值			最小损益值
	销路好	销路一般	销路差	
A	140	60	−30	−30
B	200	130	20	20
C	90	70	30	30

3. 后悔值准则

又称"懊悔值准则"、"最小后悔值准则"。当某种自然状态出现时，在此状态下收益值最大的方案为最优方案，但决策者当时并未选择这一方案，而是选择了其他方案，致使他没有获得此状态下的最大收益，因而感到后悔。后悔的程度有多大，用后悔值表示。后悔值就是指每种自然状态下的最大损益值减去各方案的损益值。具体的决策过程为：先确定各方案的最大后悔值，然后从这几个最大后悔值中选择最小的，其对应的方案就是我们要选的方案。注意是"先状态、后方案"，也就是说先在各自然状态下计算后悔值，再在各方案下找出最大后悔值并找出最小的。利用表 5-6 的资料，计算各自然状态下的后悔值（括弧内为后悔值），如表 5-8 所示。因为 10＜70＜110，所以选择 B 方案。

表 5-8 后悔值计算表 单位：万元

方案\自然状态	损益值			最大后悔值
	销路好	销路一般	销路差	
A	140(200−140=60)	60(130−60=70)	−30[30−(−30)=60]	70
B	200(200−200=0)	130(130−130=0)	20(30−20=10)	10
C	90(200−90=110)	70(130−70=60)	30(30−30=0)	110

4. 折中准则

介于乐观准则和悲观准则之间的是折中准则，即凡事求稳，努力寻求一个较为稳妥的方案。与乐观准则、悲观准则的主要区别表现在：乐观准则、悲观准则只考虑每个方案中最大损益值或最小损益值，而折中准则则把最大、最小损益值均考虑在内，通过一个乐观系数来计算各方案的折中损益值。需要说明的是，乐观系数就被认为是最大损益值出现的概率，(1－乐观系数)则为最小损益值出现的概率。操作过程如下：先根据历史数据或经验估计出一个乐观系数 α（0≤α≤1），再分别计算各方案的折中损益值，然后选取最大值对应的方案就是最优方案。折中损益值的计算公式为

某方案的折中损益值＝该方案的最大损益值×α＋该方案的最小损益值×(1－α)

同【例 5-3】资料，用折中准则进行决策。

假设 α＝0.4，1－α＝0.6

则　　　　方案 A 的折中损益值＝140×0.4＋(－30)×0.6＝38（万元）

方案 B 的折中损益值＝200×0.4＋20×0.6＝92（万元）

方案 C 的折中损益值＝90×0.4＋30×0.6＝54（万元）

显然，应选择 B 方案。

5. 等可能性准则

又称"等概率准则"。该准则假定各自然状态发生的概率相等，若各方案的自然状态有 N 个，则每个状态发生的概率均为 1/N。用此相同的概率分别乘以每个方案下的损益值，即可得到各个方案的期望损益值，然后选取最大值对应的方案就是最优方案。

同【例 5-3】的资料，用等可能性准则进行决策。

假设三种自然状态发生的概率相等，均为 1/3。

计算各方案期望损益值

$$E(A)=[140+60+(-30)]/3\approx 56.7（万元）$$
$$E(B)=(200+130+20)/3\approx 116.7（万元）$$
$$E(C)=(90+70+30)/3\approx 63.3（万元）$$

故选择 B 方案。

（三）风险型决策

风险型决策所面临的自然状态是一种随机事件，是决策者无法控制的。但各种自然状态出现的概率可事先估计或根据历史资料预测得到，即决策的结果只能按客观概率来确定，决策存在着较大程度的风险。风险型决策主要的方法有决策收益表法和决策树法。因决策树法是其中最常用的一种决策方法，尤其是特别适合于分析复杂的多级决策问题，故这里只介绍这种方法。

所谓决策树法，就是将决策问题面临的各种可行方案，按照逻辑关系绘制成树形图的形式，从右到左逐步计算各结点的期望损益值，并根据期望值准则选优决策的方法。显然，决策树法的核心就是决策树。如何绘制决策树，成为我们关心的问题。

决策树是以方框和圆圈为结点，并由直线连接而成的一种像树枝形状的结构。决策树的主要构成要素包括：决策点、方案分枝、自然状态点、概率分枝、结果结点。决策点用□表示，是方案选择的始点；方案分枝是从决策点引出的若干条直线，每条线代表一个方案；自然状态点，又可简称为"状态点"，是方案实施时可能出现的自然状态，用○表示；概率分枝是从状态点引出的若干条直线，每条线表示一种可能性；结果结点，又可简称为"结点"，位于概率分枝的末梢，表示不同方案在各自然状态下所可能取得的结果，用△表示，其后紧接对应的损益值。

【例 5-6】某企业计划生产某新产品，有两种备选方案：一是新建一条生产线，需投资 100 万元，投产后若销路好，年利润 40 万元；若销路不好，损失 10 万元；二是改造现有设备，需投资 30 万元，投产后销路好年利润为 30 万元，销路不好为 20 万元。根据市场预测，在今后 5 年内产品销路好的概率是 0.7，销路差的概率是 0.3。请利用决策树法

进行决策。

解:(1)根据决策问题绘制决策树,如图5-4所示。

(2)计算各结点的期望损益值。

$E(2) = [40 \times 0.7 + (-10) \times 0.3] \times 5 - 100$
$= 25$(万元)

$E(3) = (30 \times 0.7 + 20 \times 0.3) \times 5 - 30$
$= 105$(万元)

(3)剪枝决策。因为25万元<105万元,所以,应选择"改造老设备"方案,同时将新建生产线的方案枝减去,用"//"表示,如图5-4所示。

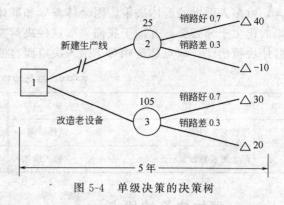

图5-4 单级决策的决策树

上述的例子是一个单级决策问题。现在我们再来看一个典型的多级决策问题。

【例5-7】 为生产一种新产品A,有两种建厂方案可供选择。方案一是建大厂,需投资300万元,建成后如果销路好,每年可获利100万元,如果销路差,每年会亏损20万元;方案二是建小厂,需投资180万元,小厂建成后如若销路好,每年可获利40万元,若销路差每年可获利30万元。若产品销路好,3年后再扩建,扩建需投资100万元,扩建后若产品销路好则每年的盈利可增至95万元。方案的适用期均为10年。根据市场预测,产品销路好的概率是0.7,销路差的概率是0.3。应选择哪个方案为好?

解:(1)根据决策问题绘制决策树,如图5-5所示。

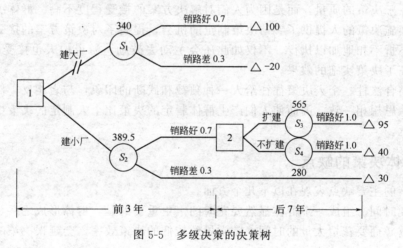

图5-5 多级决策的决策树

(2)计算各结点的期望损益值。

$E(S_2) = [(95 \times 7 - 100) \times 0.7 + 0.7 \times 40 \times 3] + (30 \times 0.3 \times 10) - 180 = 389.5$(万元)

$E(S_1) = 10 \times [100 \times 0.7 + (-20) \times 0.3] - 300 = 340$(万元)

因此,应选择"先建小厂,若销路好后再扩建"。

第五节 群体决策

群体决策是指决策的主体是两人或两人以上。组织中许多重要的决策都是由决策群体制定的,属于群体决策,这种决策方式已成为现代决策的一种主要方式。相比较个人决策而言，由多人做出的群体决策，因个体差异和群体关系的存在而更为复杂。因此，讨论群体决策的优劣十分必要，有助于我们采取这种决策方式时做到扬长避短，提高决策的效果。以下群体决策的优、缺点都是相对于个人决策而言的，见表5-9。

表5-9 群体决策优缺点汇总表

项目	优 点	缺 点	项目	优 点	缺 点
1	提供完整的信息	消耗时间	3	增加对某个解决方案的接受性	屈从压力
2	产生更多的方案	少数人统治	4	提高合法性	责任不清

一、群体决策的优点

概括起来，群体决策的优点有以下几个方面。

（1）提供更完整的信息。"两人智慧胜一人"是英语中一句常用的格言，也就是我们平常所说的"三个臭皮匠，顶个诸葛亮"。一个群体将会带来多种经验知识、更完整的决策信息和不同的决策观点。

（2）产生更多的方案。因为群体拥有更多数量和种类的信息，他们能比个人制定出更多的方案，尤其是当群体成员来自于不同专业领域时这一点就表现得更为明显，大大拓展了决策的空间。

（3）提高对某个解决方案的接受程度。许多决策在作出最终选择后却以失败而告终，主要的原因不在于决策的质量，而是因为人们对解决方案的接受程度不高。群体决策为受到决策的影响或实施决策的人提供了参与决策制定的机会，提高了对决策方案的接受程度，在实施中也就会不折不扣地加以执行，不仅如此还会主动去鼓励、游说他人也接受决策的方案，从而大大提高了决策实施的效果。

（4）提高合法性。个人决策往往给人一种独裁和武断的印象，与之相反，群体决策制定过程是与民主思想相一致，因而使人们产生群体制定的决策比个人制定的决策更合法、更有据可依的感觉。

二、群体决策的缺点

群体决策的主要缺点表现在以下几个方面。

（1）消耗时间。组成一个群体显然要花时间。更重要的是，群体形成之后，成员之间相互影响和反复磋商要花费大量的时间，常常导致较低的决策效率，会延误决策的实施，影响实施的效果。

（2）少数人统治。在一个群体内部，成员要达到完全平等是不可能的。他们可能会因组织职位、对有关问题的知识、经验、易受他人影响的程度、语言能力、自信心等因素的不同，在群体中处于不同的地位。这就势必为单个或少数成员创造了机会，使其占据优势地位，支配或驾驭群体中其他人，从而对最终的决策产生过大的影响。

（3）屈从压力。在群体中，成员都有屈从社会压力的一种趋向，导致所谓的群体思维。这种群体思维的出现，是以牺牲不同观点、少数派和标新立异为代价而换来的表面一致，较大程度上削弱了群体中的批判精神，扼杀了潜藏于群体中丰富的想象力和创造力，导致最后决策质量的下降。

（4）责任不清。个人决策因为决策是一个人做出的，责任非常明确具体。而在群体决策中，成员在协商讨论之后一起做出决策，实际上谁对最后的结果负责并不清楚，这就把其中每个成员的责任都冲淡了。尤其是如果决策失败了，群体成员就要负起责任，由于责任不明晰的缺陷，往往造成互相推诿、相互扯皮的局面。

三、对群体决策的评价

① 群体决策的质量和效果优于群体中平均的个人所作的决策，但一般不可能好于杰出的个人所作出的决策。

② 群体决策的效果受群体规模的影响。并非"人多力量大"，而是群体规模越大，异质性的可能性就越大，需要更多的协调和更多的时间促使所有的成员都作出贡献，造成时间、金钱和精力的浪费，也存在内耗。因此，群体规模不宜过大，一般5～15人为宜。研究表明，5～7个人的群体在一定程度上是最有效的。

③ 在决定是否采用群体决策时，主要考虑的方面应该是此种方式带来的效果的提高是否足以抵消其效率的损失。若能抵消，而且抵消的程度还比较大，则可以考虑采用群体决策方式；若不能抵消，采用此种决策方法就需慎重。

总之，不能简单地判定群体决策就一定比个人决策好，要根据具体的情况、场合以及这两种决策各自的特点，权衡选择。个人决策和群体决策在效率和效果方面的比较见表 5-10。

表 5-10 效果和效率的比较

项 目		个人决策	群体决策
效果	决策速度	快（更优）	慢
	创造性	低	高
	接受程度	低	高
	决策人数	小	异质性小
		多	异质性大
效率		高	低

在决定是否采用群体决策时，主要的考虑是效果的提高是否足以抵消效率的损失

四、改善群体决策的方法

1. 头脑风暴法（圆桌会议）

头脑风暴法（Brain Storming）是比较常用的一种群体决策方法，便于人们发表创造性的意见，因此主要用于收集新设想、新创见和新方案。通常是将对解决某一问题有兴趣的人集合在一起；在完全不受约束的条件下，敞开思路，畅所欲言。

头脑风暴法的目的在于创造一种畅所欲言、自由思考的氛围，诱发创造性思维的共振和连锁反应，产生更多的创造性思维。这种方法的时间安排应在1～2小时以内，参加者以5～6人为宜，而且开会的地点也应安排在一个僻静、舒适、不受外界打扰的场所，如会议室、假山旁等。

特点：能够减少遵从压力的弊端，产生创造性方案。

操作：鼓励参与人员"自由"地提出尽可能多的任何种类的方案设计思想；禁止对方案的批评；所有方案当场记录，留待稍后讨论和分析。

局限：仅是一个产生思想的过程。要想取得期望决策，请看下面两种方法。

2. 名义群体法

名义群体法，即在决策制定过程中限制讨论的一种群体决策的方法。这种名义上的小组

比真正意义上的小组往往更能有效地激发个人的创造力和想象力。那么，在什么情况下使用这一方法呢？主要是在群体决策中，如对问题的性质不完全了解且意见分歧严重，则可采用名义小组技术。

名义群体法的决策程序如下。

① 管理者召集成员集合成一个群体，把要解决问题的关键内容告诉他们，请他们独立思考，成员不进行任何讨论，每个成员独立地写下自己对问题的看法。

② 成员提交想法给群体。成员逐个地向大家说明自己的想法，直到每个人的想法都表述完并记录下来为止。

③ 群体开始讨论和评价。以便把每个想法搞清楚。

④ 成员独立地把各种想法排出次序。最后的决策就是综合排序最高的想法。

优点：群体正式会议＋个人独立思考，而传统的会议方式往往做不到这点。

3. 德尔菲法

德尔菲法是一种更复杂、更耗时的方法。它类似于名义群体法（不需要群体成员列席）。此法是由兰德公司首创的一种专家决策法，就某一问题或事项运用函询的方法来征求专家的意见，目前已成为企业评估和选择方案的一种十分普遍的方法。它采用定性和定量相结合的方法进行决策，专家可以是来自第一线的管理人员，也可以是高级经理；既可以来自组织内部，也可以是组织外部的相关人员。

基本决策过程如下。

① 邀请有关专家并设法取得他们的合作，注意专家不在一起讨论，以免自己的意见受到他人的影响而不能充分的提出。

② 把要解决的关键问题分别告诉专家，请他们单独发表自己的意见并对方案实施的结果作出预测。

③ 管理者收集并综合各位专家的意见，再把综合后的意见结果反馈给各位专家，再次征求他们的意见。

如此反复循环多次，使用逐次逼近法来汇集解决问题的方法，形成代表专家组意见的方案，管理者据此做出自己的决策。

德尔菲法的最大优势在于能够充分发挥专家的作用，并且由于匿名性和回避性，避免了从众行为。此法也存在明显的缺点，表现在：易造成时间的浪费，不适用于需要快速作出决策的问题，而且邀请到合适的专家也不容易。

4. 电子会议

最新的群体决策方法是将名义小组技术与尖端的计算机技术相结合的电子会议法。电子会议法对技术的要求很高，必须拥有成熟的现代通信技术和网络技术，此法才可实施。具体情形是：多达50人围坐在一张马蹄形的桌子旁，这张桌子上除了每个人面前有一个计算机终端以外别无他物。管理者将问题显示给决策参与者，参与者把自己的回答打在计算机屏幕上。个人评论和标数统计都投影在会议室内的屏幕上。

电子会议的主要优点是匿名、诚实和快速。决策参与者能不透露姓名地打出自己所要表达的任何信息，一敲键盘即可显示在屏幕上，使所有人都能看到。它还使人们充分地表达自己的想法而不会受到惩罚；消除了闲聊和讨论偏题，不必担心打断别人的"讲话"。

虽然电子会议法拥有以上诸多优点，但它也存在自身的缺点，如那些打字快的人使得那些口才虽好但打字慢的人相形见绌，这一过程缺乏面对面的口头交流所传递的丰富信息。目前，此种决策方法仍处于起步阶段，随着它的不断完善和现代科技的发展，将来它的应用范围会越来越大。

【案例三】 企业经营决策训练——沙盘模拟

沙盘教学是近几年兴起的一种先进的教学模式，清华大学、北京大学等一流院校已经在MBA、EMBA的教学中广泛应用。有不少院校将其列入正式课程体系。

如何让学生在2~3天时间内充分体验一个制造型企业各部门的运作流程？
如何科学、形象、直观地理解企业整体的经营决策流程？
如何让学生在学院内体验到在实际实习过程中无法感受的体会？
为什么企业信息化建设对于提升企业的核心竞争能力有巨大的作用？
如何感受企业的信息流、资金流和物流系统的协调运作？
如何理解量化的数据分析对企业改进经营过程的作用？
如何将课堂上讲解的各门知识与具体实物相结合？
作为一个管理者，您一定一直在思索！

沙盘模拟训练，是一种源起于西方军事决策的战争管理艺术，在近几个世纪大大小小的战争中得以广泛应用。伟大的普鲁士军事理论家卡尔·冯·克劳塞维茨在他的巨著《战争论》中总结到："军事是政治关系的延续"。政治在军事上得以延续，战场在商场上得以延续，而商场则在沙盘模拟训练中得以升华。哈佛商学院——全球最知名的商学院，在20世纪70年代借鉴沙盘推演的理念，逐渐完善了其享誉世界的"哈佛情景教学"模式，沙盘模拟训练的雏形应运而生。随着这种体验式培训教学方式的不断发展，角色扮演、情景模拟、工具软件和点评内涵等的不断完善，沙盘模拟训练在二十世纪八九十年代，风靡欧美和日本的企业管理培训界和高等教育界，并已成为世界500强中80%的企业中高层管理人员首选的企业经营管理培训课程。

在沙盘模拟训练中，受训学员被分成若干个团队，每个团队数人，各代表着CEO、财务总监、市场经理、生产经理和采购经理等管理角色。每个团队经营一个拥有销售良好、资金充裕的虚拟公司，连续从事数个会计年度的经营活动。通过直观的企业沙盘，模拟企业实际运行状况，内容涉及企业整体战略、产品研发、生产、市场、销售、财务管理、团队协作、绩效考核等多个方面，让学员在游戏般的训练中体验完整的企业经营过程，感悟正确的经营思路和管理理念。在短短几天的经营决策中，学员们将遇到企业经营中常出现的各种典型问题，选手们必须一同发现机遇，分析问题，制定决策，虚拟公司才能保持成功及不断的成长。

因此，沙盘训练模式的建立，能为院校提供现代化教学环境，为学生建立一个将管理理论和企业实际紧密结合的训练平台，为教师提供一个展现"综合知识与学问"的舞台。

【案例分析】 安娜该如何决策[1]

安娜从一所不太著名的大学计算机学院毕业后，10年来一直在某发展中的大城市里的一家中等规模的电脑公司当程序设计员。现在她的年薪为50 000美元。她工作的这家公司，每年要增加4~6个部门，这样扩大下去，公司的前景还是很好的，也增加了很多新的管理职位。其中有些职位，包括优厚的年终分红在内，公司每年要付给90 000美元。有时，还提升程序员为分公司的经理。虽然，过去没有让妇女担任过这样的管理职位，但安娜小姐相信，凭她的工作资历和这一行业女性的不断增加，在不久的将来她会得到这样的机会。

---

[1] 黄雁芳，宋克勤. 管理学教程案例集. 上海：上海财经大学出版社，2001.

安娜的父亲雷森先生自己开了一家电脑维修公司，主要是维修计算机硬件，并为一些大的电脑公司作售后服务，同时也销售一些计算机配件。最近由于健康和年龄的原因，雷森先生不得不退休。他雇了一位刚从大学毕业的大学生来临时经营电脑维修公司，店里的其他部门继续由安娜的母亲经营。雷森想让女儿安娜回来经营电脑维修公司。而且，由于近年来购买电脑的个人不断增加，电脑维修行业的前景十分看好。雷森先生在前几年的经营过程中，建立了良好的信誉，不断有大的电脑公司委托其做该城市的售后维修中心。因此，维修公司发展和扩大的可能性是很大的。

安娜和双亲讨论时，得知维修公司现在一年的营业额大约为 400 000 美元，而毛利润差不多是 170 000 美元。由于雷森先生的退休，他和他的太太要提支工资 80 000 美元，加上每年 60 000 美元的经营费用，交税前的净利润为每年 30 000 美元。自雷森先生退休以来，从维修公司得到的利润基本上和从前相同。目前，他付给他新雇佣的大学毕业生薪金为每年 35 000 美元，雷森先生自己不再从维修公司支取薪金了。

如果安娜决定担任起维修公司的管理工作，雷森先生打算也按他退休前的工资数付给她 50 000 美元的年薪。他还打算，开始时，把维修公司经营所的利润的 25% 作为安娜的分红；两年后增加到 50%。因为雷森夫人将不在该公司任职，就必须再雇一个非全日制的办事员帮助安娜经营维修公司，他估计这笔费用大约需要 16 000 美元。

雷森先生已知有人试图出 600 000 美元买他的维修公司。这笔款项的大部分，安娜在不久的将来是要继承的。对雷森夫妇来说，他们的经济状况并不需要过多地去用这笔资金来养老送终。

思考

1. 对安娜来说，有什么行动方案可供选择？
2. 你建议采取哪种方案？并说出理由。
3. 安娜的个人价值观会对她做出决策起何作用？

练习题

1. 某公司生产的洗衣机每台售价 1500 元，单位变动成本 900 元，年固定成本 1200 万元，预定目标利润 1000 万元，求目标成本。

2. 假设某电子器件厂的主要产品生产能力为 10 万件，产销固定成本为 250 万元，单位变动成本为 60 元。根据全国订货会上的产销合同，国内订货 8 万件，单价 100 元。最近又有一外商要求订货，但他出价仅为 75 元，需要 2 万件，现该厂要做出是否接受外商订货的决策。

3. 某企业为了增加某种产品的生产能力，提出甲、乙、丙三个方案。甲方案是从国外引进一条生产线，需投资 800 万元；乙方案是改造原有生产车间，需投资 250 万元；丙方案是通过次要零件扩散给其他企业生产，实现横向联合，不需要投资。

根据市场调查与预测，该产品的生产有效期是 6 年，在 6 年内销路好的概率为 0.7，销路不好的概率为 0.3。在销路好的情况下，甲方案每年可以盈利 430 万元，乙方案每年可盈利 210 万元，丙方案每年可盈利 105 万元；在销路不好的情况下，甲方案每年将亏损 60 万元，乙方案每年可盈利 35 万元，丙方案每年可盈利 25 万元。

试用决策树法选择决策方案。

4. 某企业开发新产品，经过预测市场需求为高、中、低三种自然状态，概率很难预知。目前共有三种方案可供选择：A 方案技术改造、B 方案购置新设备、C 方案为重点购置其余自己制造。新产品生产五年，所获收益如表 5-11。试用悲观法、乐观法、后悔值法分别选择最优方案。

表 5-11　A、B、C 三个方案的市场需求情况　　　　　　　　单位：万元

收益值 方案	自然状态	需求量高	需求量一般	需求量低
B方案		105	70	-5
C方案		80	55	5
A方案		90	52	15

实训题

1. 头脑风暴：订书钉的用途

形式：4～6人一组为最佳

类型：讨论类

时间：10分钟

材料：订书钉、可移动的桌椅

场地：教室

活动目的：给学员练习创造性解决问题的机会

操作程序：调查研究表明，创造性可以通过简单实际的练习培养出来。然而，大多数时候，革新想法往往被一些诸如"这个我们去年就已经试过了"或"我们一直就是这么做的"的话所扼杀。为了给参与者发挥先天的创造性大开绿灯，我们可以进行头脑风暴的演练。头脑风暴的基本准则应当是：

① 不允许有任何批评意见；

② 欢迎异想天开（想法越离奇越好）；

③ 我们所要求的是数量而不是质量；

④ 我们寻求各种想法的组合和改进。

有了这些基本概念后，将全体人员分成每组4～6人的若干小组。他们的任务是在60秒内尽可能多地想出订书钉的用途（也可以采用其他任何物品或题目）。每组指定一人负责记录想法的数量，而不是想法本身。在一分钟之后，请各组汇报他们所想到的主意的数量，然后举出其中"疯狂的"或"激进的"主意。有时，一些"傻"念头往往会被证实为很有意义的。

有关讨论：

① 当你在进行头脑风暴时还存在一些什么样的顾虑？

② 你认为头脑风暴最适合于解决哪些问题？

③ 你现在能想到的在工作中可以利用头脑风暴的地方有几个？

2. 群体决策实训——月球求生记

背景资料：假设你现在是一名太空飞行船的队员，任务是与母船相约在月球上光亮一片的地方集合，但因机件故障，你的宇宙飞船在距离约定地方200千米之外堕落了，除了15件器材外，其余的器材都在堕落时坏掉了，你们能否生存下去取决于你们能否到达母船，所以你和你的同伴要决定那15个仪器对你们的生存至为重要。

指引：下列的就是那15件未坏掉的器材，你需要将它们按"协助生存的重要性"来编排次序，在你觉得最重要的东西旁写1，其次的写2，依此类推直至15个次序都排好为止。

❖ 一盒火柴　　　　　　　　　　　　　　❖ 浓缩食物

- ❖ 五十尺尼龙绳
- ❖ 降落伞的丝质布料
- ❖ 可携式发热器
- ❖ 两支点四五口径手枪
- ❖ 一盒脱脂奶粉
- ❖ 二百磅氧气桶
- ❖ 星际地图
- ❖ 救生艇
- ❖ 磁力指南针
- ❖ 五加仑水
- ❖ 信号火箭
- ❖ 急救箱连注射用针筒
- ❖ 太阳能 FM 无线电收发器

教师指导如下。

1. 决策制定过程

识别问题——确定决策标准——给标准分配权重——拟定方案——分析方案——选择方案——实施方案——评价决策效果——识别问题（循环过程）

2. 以下是在寻求共识的过程中要注意的事项

① 不要和别人争执你所排的次序才是最好。应向队员清晰及有逻辑地讲解你的排序理由，同时认真地留意其他人对该重点的反应及陈述的意见。

② 讨论期间应避免使用"赢、输"等字眼。抛开必须有人赢或有人输的观念，一旦出现僵局，应寻求另一个双方都能接受的方法。

③ 不要因为避免和别人争执或只为了维持团体的和谐而同意别人的意见。应据理力争并排除那些没有目的及逻辑的建议，切不可全面投降。

④ 不要使用那些纯粹为了避免争执的方法来做一个全体决定，如少数服从多数，取平均数，讨价还价等决定方式。应视不同的意见为尚有人隐藏着心里的意见并未和各人分享，并和各团员继续讨论直至各人均取得共识为止。

⑤ 应视各种意见为中性及有建设性的，而不要视为一种作决定的绊脚石。

⑥ 应对初步的共识存怀疑态度，然后寻求各人同意该项建议的背后原因，在正式讨论该建议前必须确定各人都因为差不多的原因而同意取得共识。

⑦ 避免一些交换式或妥协式的团体决定方式。例如，一位持异见的团员在此项目上最终妥协后，并不表示在下一个项目上各团员需因此而依他的意见行事。

⑧ 请相信你的团员有能力做到大家决定要做的项目，不要作负面的想法及说一些使人绝望的话语。

3. 程序

① 发放表格，请见表 5-12。

② 先个人独立决策（20分钟），然后集体决策（20分钟），40分钟后收集决策表。

③ 进行个人、小组决策打分，分步骤进行。同时进行个人决策的差分或 A.D. 计算。

④ 对小组决策的结果进行评价（如差分计算、A.D. 计算）。

⑤ 进行比较，发现问题。

4. 评分规则

A.D 小者为好或位序差分小者为好。

5. 月球求生记（答案略）

6. 改变群体决策的方法

① 头脑风暴法：鼓励提出任何种类的方案设计思想，同时禁止对各种方案的任何批评。

② 名义群体法：在决策制定过程中限制讨论。

③ 德尔菲法：类似于名义群体法，但不需要群体成员列席。

④ 电子会议：将名义群体法与尖端的计算机技术相结合。

表 5-12 决策表

项目	你的排序	群体排序	实际顺序	你的偏差	群体偏差

测试题 你的直觉能力如何？

对下面的每一个问题，诚实地选出你第一意向的答案。

1. 当你从事一个项目时，你希望
A. 知道问题是什么，但由你自由地决定如何解决它。
B. 在你动手前，得到如何解决问题的明确指示。

2. 当你从事一个项目时，你愿意和你一起工作的同事是
A. 讲求实际的。　　　　　　　　　　　　B. 富于想象的。

3. 你最欣赏的人是
A. 有创造精神的。　　　　　　　　　　　B. 细心的。

4. 你选择的朋友会是
A. 认真的和勤奋工作的。　　　　　　　　B. 激动的和容易动感情的。

5. 当你向你的同事征求问题的建议时，你会：
A. 如果他对你的基本假设提出怀疑，你极少或决不会感到恼火。
B. 如果他对你的基本假设提出怀疑，你常会感到恼火。

6. 一天工作开始时，你
A. 很少制订或遵循具体的计划。　　　　　B. 首先制定一个要遵循的计划。

7. 当和数字打交道时，你发现你
A. 很少或从不会发生实质性差错。   B. 经常发生实质性差错。
8. 你觉得你：
A. 一天中很少做白日梦，即使做了，你也确实不喜欢这样。
B. 一天中常做白日梦，并以此为乐。
9. 当你处理问题时，
A. 你宁愿遵照指示或规则，如果有的话。
B. 如果有的话，你常爱避开指示和规则。
10. 当你试图将一些事物组合在一起时，你宁愿
A. 一步一步写出如何组合它们的说明。
B. 组合它们时先设想一下事物组合好以后的样子。
11. 你发现最使你恼火的人看上去是
A. 没有条理的。   B. 有条理的。
12. 当你必须处理一个意想不到的危机时，
A. 你对形势感到焦虑。   B. 你对形势的挑战感到兴奋。

思考题

1. 什么是决策？西蒙认为"管理就是决策"应如何理解？
2. 试评论"决策是管理者经营管理活动的首要任务"。
3. 程序化决策与非程序化决策有何不同？
4. 你认为决策一般要经历哪几个步骤？是否每一项决策都要经过这些步骤？
5. 为什么说经验是一种有用的决策基础，又是一种危险的决策基础？一个管理者如何才能最好地利用经验？
6. 为什么我们很难选择到最优的方案？是否最优的方案对企业来说就是最优的？
7. 影响决策过程的因素有哪些？
8. 个人因素在决策中为什么很重要？
9. 群体参与决策有何优缺点？您认为个体决策与群体决策相比，哪个更有效？
10. 你是否能够为你的未来行动作出决策？

第三单元 计划，管理的职能之一

  计划工作是一座桥梁，它把我们所处的此岸和我们要去的彼岸连接起来，以克服这一天堑。

——哈罗德·孔茨

  故经之以五事，校之以计，而索其情：一曰道，二曰天，三曰地，四曰将，五曰法。

——《孙子兵法·计篇》

  故上兵伐谋，其次伐交，其次伐兵，其下攻城。攻城之法为不得已。

——《孙子兵法·谋攻篇》

第六章 计划的基础

内容提要
- 计划的定义
- 计划目的
- 计划和绩效
- 计划的误解
- 计划类型
- 计划的权变因素

第三单元 计划，管理的职能之一

第一节 计划的概念

一、计划的定义

名词含义：计划是指用文字和指标等形式所表述的，反映组织以及组织内不同部门和不同成员，在未来一定时期内，关于行动方向、内容和方式安排的管理文件。

动词含义：计划是指为了实现决策所确定的目标，预先进行的行动安排。通常也称为计划工作。包括定义组织目标、制定全局战略以实现这些目标、开发一个全面的分层计划体系以综合和协调各种活动。

无论是名词还是动词的计划，其内容都包括"5W1H"，即 What——做什么？目标与内容；Why——为什么做？原因；Who——谁去做？人员；Where——何地做？地点；When——何时做？时间；How——怎样做？方式和手段。

此外，计划可以分为正式计划和非正式计划，但我们通常所讲的主要是正式计划。

二、计划的作用

在管理实践中，计划是其他管理职能的前提和基础，并且还渗透到其他管理职能之中，列宁指出过："任何计划都是尺度、准则、灯塔、路标。"它是管理过程的中心环节，因此，计划在管理活动中具有特别重要的地位和作用。

1. 为组织发展指明方向

计划的实质是确定目标以及规定达到目标的途径和方法。因此，如何朝着既定的目标步步逼近，最终实现组织目标，计划无疑是管理活动中人们一切行为的准则。它指导不同空间、不同时间、不同岗位上的人们，围绕一个总目标，秩序井然地去实现各自的分目标。

2. 减少变化的冲击

行为如果没有计划指导，被管理者必然表现为无目的的盲动，管理者则表现为决策朝令夕改，随心所欲，自相矛盾。结果必然是组织秩序的混乱，事倍功半，劳民伤财。在现代社会里，可以这样说，几乎每项事业、每个组织，乃至每个人的活动都不能没有计划蓝图。

3. 使浪费和冗余减至最少

计划不仅要确保组织目标的实现，而且要从众多的方案中选择最优的方案，以求得合理利用资源和提高效率。因此，计划要追求效率。计划的效率，可以用计划对组织目标的贡献来衡量。贡献是指实现的组织目标及所得到的利益，扣除制定和实施这个计划所需要的费用和其他因素后，能得到的剩余。在计划所要完成的目标确定的情况下，同样可以用制定和实施计划的成本及其他连带成本（如计划实施带来的损失、计划执行的风险等）来衡量效率。如果计划能得到最大的剩余，或者如果计划按合理的代价实现目标，这样的计划是有效率的。

4. 设立标准以利于控制

计划不仅是组织、指挥、协调的前提和准则，而且与管理控制活动紧密相联。计划为各种复杂的管理活动确定了数据、尺度和标准，它不仅为控制指明了方向，而且还为控制活动提供了依据。经验告诉我们，未经计划的活动是无法控制的，也无所谓控制。因为控制本身是通过纠正偏离计划的偏差，使管理活动保持与目标的要求一致。如果没有计划作为参数，管理者就没有了"罗盘"，没有了"尺度"，也就无所谓管理活动的偏差，那又何来控制活动呢？

三、计划的性质

计划的根本目的，在于保证管理目标的实现。从事计划工作并使之有效地发挥作用，就必须把握计划的性质。计划的性质主要表现在以下三个方面。

1. 计划的普遍性

计划的普遍性有两层含义。一是指社会各部门、各环节、各单位、各岗位，为有效实现管理目标，都必须具有相应的计划。上至国家，下至一个班组，甚至个人，无不如此。二是指所有管理者，从最高管理人员到第一线的基层管理人员都必须从事计划工作。计划是任何管理人员的一个基本职能。也许他们各自计划工作的范围不同、特点不同，但凡是管理者都要做计划工作，都必须在上级规定的政策许可的范围内做好自己的计划工作。如果管理人员没有计划任务，那倒值得怀疑了，他还算不算是一个管理者。在管理科学研究中，人们发现基层管理者责任感的最重要因素，就是他们从事计划工作的能力。

2. 计划的首位性

把计划放在管理职能的首位，不仅因为从管理过程的角度看，计划先行于其他管理职能，而且因为在某些场合，计划是付诸实施的唯一管理职能。计划的结果可能得出一个决策，即无需进行随后的组织、领导、协调及控制工作等。例如，对于一个是否要建立新工厂的计划研究工作来说，如果得出的结论是新工厂在经济上是不合算的，那也就没有筹建、组织、领导和控制一个新工厂的问题了。计划具有首位性的原因，还表现在计划影响和贯穿于组织、领导、协调和控制等各项管理职能当中。

3. 计划的科学性

无论做什么计划都必须遵循客观要求，符合事物本身发展的规律，不能脱离了现实条件任意杜撰，随意想象。从事计划工作，就是通过管理者的精心规划和主观能动作用的发挥，使那些本来不可能发生的事成为可能，使那些可能发生的事成为现实。因此，从事计划工作，一是必须要有求实的科学态度，一切从实际出发，量力而行；二是必须有可靠的科学依据，包括准确的信息、完整的数据资料等；三是必须有正确的科学方法，如科学预测、系统分析、综合平衡、方案优化等。这样才能使整体计划建立在科学的基础上，既富有创造性，又具有可行性。

四、计划和绩效的关系

一般地说，正式计划通常与更高的利润、更高的资产报酬率及其他积极的财务成果相联系的；高质量的计划过程和适当的实施过程比泛泛的计划更可以导致较高的绩效。

凡是正式计划未能导致高绩效的情况，一般都是因为环境的原因（如政府法规、工会权力和类似的环境力量等）。

五、关于计划的误解

1. 不正确的计划是在浪费管理当局的时间

最终结果仅仅是计划的目的之一，过程本身就很有价值，即使最终结果没有完全达到预期的目标。计划迫使管理当局认真思考要干什么和怎么干，搞清这两个问题本身就具有价值。凡是认真进行计划的管理当局将会有明确的方向和目的，将会使偏离方向的损失减至最小，这就是计划过程本身的价值。

2. 计划可以消除变化

计划不能够消除变化，无论管理当局如何计划，变化总会发生。管理当局制定计划的目的就是预测变化和制定最有效的应变措施。

3. 计划降低灵活性

计划意味着承诺，它之所以成为一种约束，仅仅是因为管理当局在制定出计划后就不再修正，计划应当是一种持续进行的活动。事实上，由于正式计划是被推敲过的和清楚地衔接在一起的，它比只存在于高级经理脑子里的一套模糊的假设更容易修改。不仅如此，有些计划可以制定得更加灵活。

第二节 计划的类型

一、计划的一般类型

计划是将决策实施所需要完成的活动进行时间和空间上的分解，以便将其落实到组织中去。因此，计划的分类可以依据时间和空间标准。除了这两个标准外，我们还可以根据计划的明确程度和计划的程序化程度进行分类，计划的广度分类标准实际上是一个综合性的标准，它综合了时间和空间这两类的标准。具体分类情况如表6-1所示。

表6-1 计划的不同分类

分类标准	类型	特点	时间
广度	战略性计划	应用于整体组织，为组织设立总体目标和寻求组织在环境中的地位的计划	包含持久的时间间隔，通常在5年以上
	作业性计划	规定总体目标如何实现的细节的计划	覆盖较短的时间间隔

续表

分类标准	类型	特　点	时　间
时间框架	短期计划	时间短,具体	1年以内的计划
	中期计划	时间较长,承上启下	1~5年的计划
	长期计划	时间长,方向性	5年以上的计划
明确性	具体性计划	具有明确规定的目标,没有容易引起误解的问题。如未来的6个月内将利润提高20%	
	指导性计划	只规定一般的方针,指出重点但不把管理者限定在具体的目标或特定的行动方案上	比较灵活
职能空间	业务计划	反映组织业务活动的计划,如生产、销售等	
	财务计划	反映组织财务活动的计划,如投资计划	
	人事计划	反映组织人事活动的计划,如培训计划	
程序化程度	程序化计划	有执行计划的相应程序	
	非程序化计划	无执行计划的相应程序	

二、哈罗德·孔茨和海因·韦里克从抽象到具体的计划层次体系

哈罗德·孔茨和海因·韦里克从抽象到具体把计划分为一个层次体系：目的或使命；目标；战略；政策；程序；规则；方案；预算❶。如图6-1所示。

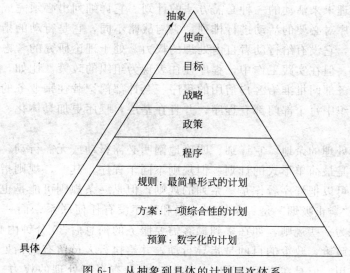

图6-1　从抽象到具体的计划层次体系

1. 目的或使命

它指明一定的组织机构在社会上应起的作用和所处的地位。它决定组织的性质,决定此组织区别于彼组织的标志。各种有组织的活动,如果要使它有意义的话,至少应该有自己的目的或使命。比如,大学的使命是教书育人和科学研究；研究院所的使命是科学研究；医院

---

❶ ［美］哈罗德·孔茨等. 管理学. 张晓君等译. 第10版. 北京：经济科学出版社,2003.

的使命是治病救人；法院的使命是解释和执行法律；企业的目的是生产和分配商品和服务。

2. 目标

组织的目的或使命往往太抽象，太原则化，它需要进一步具体为组织一定时期的目标和各部门的目标。组织的使命支配着组织各个时期的目标和各个部门的目标。而且组织各个时期的目标和各部门的目标是围绕组织存在的使命所制定的，并为完成组织使命而努力。虽然教书育人和科学研究是一所大学的使命，但一所大学在完成自己的使命时会进一步具体化为不同时期的目标和各院系的目标，比如最近3年培养多少人才，发表多少论文等。

3. 战略

战略是为了达到组织总目标而采取的行动和利用资源的总计划，其目的是通过一系列的主要目标和政策去决定和传达一个组织期望自己成为什么样的组织。战略并不打算确切地概述组织怎样去完成它的目标，这是无数主要的和次要的支持性计划的任务。

4. 政策

政策是指导或沟通决策思想的全面的陈述书或理解书。但不是所有政策都是陈述书，政策也常常会从主管人员的行动中含蓄地反映出来。比如，主管人员处理某问题的习惯方式往往会被下属作为处理该类问题的模式，这也许是一种含蓄的、潜在的政策。政策能帮助事先决定问题处理方法，一方面减少对某些例行问题在时间上处理的成本，另一方面把其他计划统一起来了。政策支持了分权，同时也支持了上级主管对该项分权的控制。政策允许对某些事情处理的自由，一方面我们切不可把政策当作规则，另一方面我们又必须把这种自由限制在一定的范围内。自由处理的权限大小一方面取决于政策本身，另一方面取决于主管人员的管理艺术。

5. 程序

程序是制定处理未来活动的一种必需方法的计划。它详细列出必须完成某类活动的切实方式，并按时间顺序对必要的活动进行排列。它与战略不同，它是行动的指南，而非思想指南。它与政策不同，它没有给行动者自由处理的权力。处于理论研究的考虑，我们可以把政策与程序区分开来，但在实践工作中，程序往往表现为组织的政策。比如，一家制造企业的处理订单程序、财务部门批准给客户信用的程序、会计部门记载往来业务的程序等，都表现为企业的政策。组织中每个部门都有程序，并且在基层，程序更加具体化、数量更多。

6. 规则

规则没有酌情处理的余地。它详细、明确地阐明必需行动或无需行动，其本质是一种管理决策。规则通常是最简单形式的计划。但规则不同于程序。其一，规则指导行动但不说明时间顺序；其二，可以把程序看作是一系列的规则，但是一条规则可能是也可能不是程序的组成部分。比如，"禁止吸烟"是一条规则，但和程序没有任何联系；而一个规定为顾客服务的程序可能表现为一些规则，如在接到顾客需要服务的信息后30分钟内必须给予答复。

规则也不等于政策。政策的目的是指导行动，并给执行人员留有酌情处理的余地；而规则虽然也起指导作用，但是在运用规则时，执行人员没有自行处理的权力。必须注意的是，就其性质而言，规则和程序均旨在约束思想；因此只有在不需要组织成员使用自行处理权时，才使用规则和程序。

7. 方案

方案是一个综合的计划，它包括目标、政策、程序、规则、任务分配、要采取的步骤、要使用的资源以及为完成既定行动方针所需要的其他因素。一项方案可能很大，也可能很小。通常情况下，一个主要方案（规划）可能需要很多支持计划。在主要计划进行之前，必须要把这些支持计划制定出来，并付诸实施。所有这些计划都必须加以协调和安排时间。

8. 预算

预算是一份用数字表示预期结果的报表。预算通常是为规划服务的，其本身可能也是一项规划。

第三节 计划的编制程序

任何计划工作都要遵循一定的程序或步骤。虽然小型计划比较简单，大型计划复杂些，但是，管理人员在编制计划时，其工作步骤都是相似的，依次包括以下内容。

一、认识机会

认识机会先于实际的计划工作开始以前，严格来讲，它不是计划的一个组成部分，但却是计划工作的一个真正起点。因为它预测到了未来可能出现的变化，清晰而完整地认识到组织发展的机会，搞清了组织的优势、弱点及所处的地位，认识到组织利用机会的能力，意识到不确定因素对组织可能发生的影响程度等。

认识机会，对做好计划工作十分关键。一位经营专家说过："认识机会是战胜风险求得生存与发展的诀窍。"诸葛亮"草船借箭"的故事流传百世，其高明之处就在于他看到了三天后江上会起雾，而曹军有不习水性不敢迎战的机会，神奇般地实现了自己的战略目标。

二、确定目标

制定计划的第二个步骤是在认识机会的基础上，为整个组织及其所属的下级单位确定目标。目标是指期望达到的成果，它为组织整体、各部门和各成员指明了方向，描绘了组织未来的状况，并且作为标准可用来衡量实际的绩效。计划的主要任务，就是将组织目标进行层层分解，以便落实到各个部门、各个活动环节，形成组织的目标结构，包括目标的时间结构和空间结构。

三、确定前提条件

计划工作的前提条件是计划工作的假设条件，简言之，即计划实施时的预期环境。负责计划工作的人员对计划的前提了解得越细越透彻，并能始终如一地运用它，则计划工作也将做得越协调。

按照组织的内外环境，可以将计划工作的前提条件分为外部前提条件和内部前提条件；还可以按可控程度，将计划工作的前提条件分为不可控的、部分可控的和可控的三种前提条件。外部前提条件大多为不可控的和部分可控的，而内部前提条件大多数是可控的。不可控的前提条件越多，不肯定性越大，就越需要通过预测工作确定其发生的概率和影响程度的大小。

四、拟定可供选择的可行方案

编制计划的第四个步骤是，寻求、拟定、选择可行的行动方案。"条条道路通罗马"，描述了实现某一目标的方案途径是多条的。通常，最显眼的方案不一定就是最好的方案，对过去方案稍加修改和略加推演也不会得到最好的方案，一个不引人注目的方案或通常人提不出的方案，效果却往往是最佳的，这里体现了方案创新性的重要。此外，方案也不是越多越好。编制计划时没有可供选择的合理方案的情况是不多见的，更加常见的不是寻找更多的可供选择的方案,而是减少可供选择方案的数量,以便可以分析最有希望的方案。即使用数学方法和计算机,我们还是要对可供选择方案的数量加以限制,以便把主要精力集中在对少数最有希望的方案的分析方面。

五、评价可供选择的方案

在找出了各种可供选择的方案和检查了它们的优缺点后,下一步就是根据前提条件和目标,权衡它们的轻重优劣,对可供选择的方案进行评估。评估实质上是一种价值判断,它一方面取决于评价者所采用的评价标准;另一方面取决于评价者对各个标准所赋予的权重。一个方案看起来可能是最有利可图的,但是需要投入大量现金,而回收资金很慢;另一方案看起来可能获利较少,但是风险较小;第三个方案眼前看没有多大的利益,但可能更适合公司的长远目标。应该用运筹学中较为成熟的矩阵评价法、层次分析法、多目标评价法,进行评价和比较。

如果唯一的目标是要在某项业务里取得最大限度的当前利润,如果将来不是不确定的,如果无需为现金和资本可用性焦虑,如果大多数因素可以分解成确定数据,这样条件下的评估将是相对容易的。但是,由于计划工作者通常都面对很多不确定因素,资本短缺问题以及各种各样无形因素,评估工作通常很困难,甚至比较简单的问题也是这样。一家公司主要为了声誉,而想生产一种新产品;而预测结果表明,这样做可能造成财务损失,但声誉的收获是否能抵消这种损失,仍然是一个没有解决的问题。因为在多数情况下,存在很多可供选择的方案,而且有很多应考虑的可变因素和限制条件,评估会极其困难。

评估可供选择的方案,要注意考虑以下几点:第一,认真考察每一个计划的制约因素和隐患;第二,要用总体的效益观点来衡量计划;第三,既要考虑到每一个计划的有形的可以用数量表示出来的因素,又要考虑无形的、不能用数量表示出来的因素;第四,要动态地考察计划的效果,不仅要考虑计划执行所带来的利益,还要考虑计划执行所带来的损失,特别注意那些潜在的、间接的损失。

六、选择方案

计划工作的第六步是选定方案。这是在前五步工作的基础上,作出的关键一步,也是决策的实质性阶段——抉择阶段。可能遇到的情况是,有时会发现同时有两个以上的可取方案。在这种情况下,必须确定出首先采取哪个方案,而将其他方案也进行细化和完善,以作为后备方案。

七、制订派生计划

基本计划还需要派生计划的支持。比如,一家公司年初制订了"当年销售额比上年增长15％"的销售计划,与这一计划相连的有许多计划,如生产计划、促销计划等。再如当一家公司决定开拓一项新的业务时,这个决策需要制订很多派生计划作为支撑,比如雇佣和培训各种人员的计划、筹集资金计划、广告计划等。

八、编制预算

在做出决策和确定计划后,计划工作的最后一步就是把计划转变成预算,使计划数字化。编制预算,一方面是为了计划的指标体系更加明确;另一方面是使企业更易于对计划执行进行控制。定性的计划往往可比性、可控性和进行奖惩方面比较困难,而定量的计划具有较硬的约束。

第四节 计划的权变因素

环境的多变性及组织活动的动态性，常常使计划不能预期完成和实现目标，为保证计划工作的有效性，要考虑计划工作对环境的应变，即原计划突然失效或不再适合时就要采取能够付诸实施的新的行动计划——权变计划（又叫应急计划或应急预案）。利用权变因素来进行权变计划时应注意。

一、组织的层次

管理者在组织中的不同层次影响到计划的编制与执行。高层管理部门以战略性计划为主，计划更具有指导性；中层管理部门以战术性计划为主，计划具有指令性；基层（一线）管理人员以作业计划为主，计划更具有执行性。它们的关系见图 6-2。

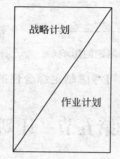
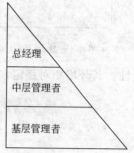

图 6-2 组织等级结构中的计划

二、组织的生命周期

组织生命周期（Organizational Life Cycles），说明组织的产生、成长和最终衰落的过程。组织结构、领导体制及管理制度形成一个在生命周期各阶段上具有相当可预测的形态，各阶段实际上是一个连续的自然的过程。组织的发展可分为四个主要阶段，即形成期、成长期、成熟期和衰退期。这四个阶段各自有着不同的特点，组织每次进入生命周期的一个新阶段，也就进入了与一套新的管理制度和规章相适应的全新阶段，这些规章制度是阐述组织内部功能如何发挥及如何与外部环境相联系的。下面介绍四个阶段的计划特点，见图 6-3。

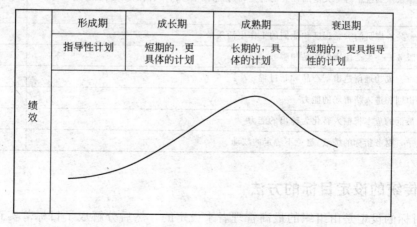

图 6-3 组织生命周期的计划特点

形成期——导向性计划更适用，应特别重视战略计划的制定。
成长期——在战略计划指导下，应以短期计划为主，增加具体性。

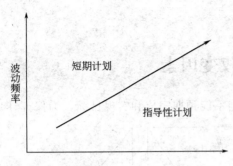

图 6-4　环境对计划制定的影响

成熟期——组织相对稳定，计划跨度要延长，具体计划最适用。

衰退期——要重新考虑企业目标、宗旨，计划转向指导性，重新制定新的战略计划。

三、环境的不确定性程度

环境的变动和不确定性越大，组织的计划就更应当是指导性的，计划期限也应更短。而且，变化越大，计划就越不需要精确，管理就越应当具有灵活性。若环境相对稳定，可考虑制定综合性的长期计划。环境对计划制定的影响情况见图 6-4。

第五节　计划的基础——目标

目标，是指期望的成果，这些成果可能是个人的、小组的或整个组织努力的结果。目标为所有的管理决策指明了方向，并且作为标准可用来衡量实际的绩效。正是由于这些原因，目标成为计划的基础。

一、目标的多重性

组织的存在绝对不是以追求单一目标而存在的，组织的目标具有多重性的特点。表 6-2 是一些大型公司宣称的目标，从中我们可以看出组织目标的多样性和复杂性。

表 6-2　一些大型公司宣称目标的调查结果

目　　标	承认目标的程度/%
利润率——利润的绝对额或投资报酬率	89
增长——销售额、雇员数量方面的增长	82
市场份额——本企业销售额与行业全部销售额的比重	66
社会责任——认识到组织对更大范围社会的责任,包括帮助治理污染、消除歧视、缓解城市化压力及类似的问题	65
雇员福利——关心雇员的满意程度和他们的工作生活质量	62
产品质量和服务——生产优质的产品和服务	60
研究与开发——成功地创造出新产品和新过程	54
多元化——识别和进入新市场的能力	51
效率——以最低的成本将输入转化为输出的能力	50
财务稳定性——财务指标的绩效、避免不稳定的波动	49

二、传统的设定目标的方法

传统目标的设定是由组织的最高管理者来设定的，然后分解成子目标落实到组织的各个层次上。这是一种单向的目标制定方法，即由上级给下级规定目标。这种传统的方式是假定最高领导最了解应当设立什么目标，只有他自己能纵观组织的全貌。传统设定目标的方法，在很大程度上是非操作性的。

最高的领导采用泛泛的语言定义组织的目标，如"要获取足够的利润"或者"取得市领导地位",模糊性的目标在转化为具体的目标的过程中,要经过组织的层层过滤。在每一层上,领导都要加上一些可操作性的含义,明确性的获得是凭每一级领导用自己的理解,甚至是偏见对目标进行解释。结果可能使目标在自上而下的分解过程中,失去了它的清晰性和一致性。举例说明,见图6-5。

三、现代的设定目标的方法——目标管理

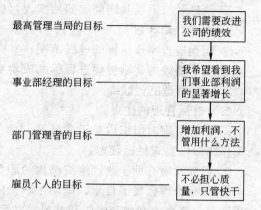

图 6-5 传统目标的设定方法

目标管理(Management By Objectives, MBO),是通过一种专门设计的过程使目标具有可操作性,这种过程一级接一级地将目标分解到组织的各个单位。这套系统是由下级与上级共同决定具体的绩效目标,并且定期检查完成目标的进展情况,而奖励则是根据目标的完成情况来确定。MBO不仅是一种管理方法,更是一种激励方法。目标的层级结构,如图6-6所示。

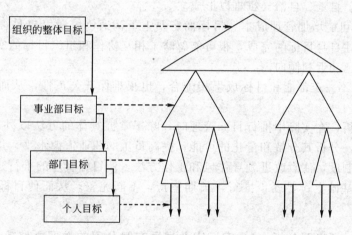

图 6-6 MBO下的目标层级结构

1. MBO 的共同要素

① 明确目标。MBO要求目标应当简明扼要,这些期望必须转换成定量的目标从而进行度量和评价。

② 参与决策。MBO用参与的方式决定目标,上级和下级共同参与目标的选择和对如何实现目标达成一致意见。

③ 规定期限。MBO要求每一个目标的完成都有一个简单明确的时间期限。

④ 反馈绩效。MBO将实现目标的进展情况反馈给个人,以便他们能够调整自己的行动。

2. MBO 计划的典型步骤

① 制定组织的整体目标和战略。

② 在经营单位和部门之间分配主要的目标。

③ 各单位的管理者和他们的上级一起设定本部门的具体目标。

④ 部门的所有成员参与设定自己的具体目标。

⑤ 管理者与下级共同商定如何实现目标的行动计划。
⑥ 实施行动计划。
⑦ 定期检查实现目标的进展情况,并向有关单位和个人反馈。
⑧ 基于绩效的奖励将促进目标的成功实现。

3. 目标管理的优缺点

(1) 目标管理的优点。

① 目标管理对组织内易于度量和分解的目标会带来良好的绩效。对于技术不可分的团队工作则难以实施目标管理。

② 目标管理有助于改进组织结构的职责分工。

③ 目标管理启发了自觉,调动了职工的主动性、积极性、创造性。由于强调自我控制、自我调节,将个人利益和组织利益紧密联系起来,因而提高了士气。

④ 目标管理促进了意见交流和相互了解,改善了人际关系。

(2) 目标管理的缺点。

① 目标难以制定。

② 目标管理的哲学假设不一定都存在。Y 理论对于人类的动机作了过分乐观的假设,实际中的人是有"机会主义本性"的,尤其在监督不力的情况下。因此许多情况下,目标管理所要求的承诺、自觉、自治气氛难以形成。

③ 目标商定可能增加管理成本。目标商定要上下沟通、统一思想是很费时间的;每个单位、个人都关注自身目标的完成,很可能忽略了相互协作和组织目标的实现,滋生本位主义、临时观点和急功近利倾向。

④ 有时奖惩不一定都能和目标成果相配合,也很难保证公正性,从而削弱了目标管理的效果。

鉴于上述分析,在实际中推行目标管理时,除了掌握具体的方法以外,还要特别注意:把握工作的性质,分析其分解和量化的可能;提高员工的职业道德水平,培养合作精神;建立健全各项规章制度,注意改进领导作风和工作方法,使目标管理的推行建立在一定的思想基础和科学管理基础上;要逐步推行,长期坚持,不断完善,从而使目标管理发挥预期的作用。

【案例分析一】 宏远实业发展有限公司的发展之路❶

进入 12 月份以后,宏远实业发展有限公司(以下简称宏远公司)的总经理顾军一直在想着两件事:一是年终已到,应抽个时间开个会议,好好总结一下一年来的工作。今年外部环境发生了很大的变化,尽管公司想方设法拓展市场,但困难重重,好在公司经营比较灵活,苦苦挣扎,这一年总算摇摇晃晃走过来了,现在是该好好总结一下,看看问题到底在哪儿。二是该好好谋划一下明年怎么办?更远的该想想以后 5 年怎么干,乃至于以后 10 年怎么干?上个月顾总从事务堆里抽出身来,到淮海大学去听了两次关于现代企业管理的讲座,教授的精彩演讲对他触动很大。公司成立至今,转眼已有 10 多个年头了。10 多年来,公司取得过很大的成就,靠运气、靠机遇,当然也靠大家的努力。细细想来,公司的管理全靠经验,特别是靠顾总自己的经验,遇事都由顾总拍板,从来没有公司通盘的目标与计划,因而常常是干到哪儿是哪儿。可现在公司已发展到有几千万资产,三百来号人,再这样下去可不行了。顾总每想到这些,晚上都睡不着觉,到底该怎样制定公司的目标与计划呢?这正是最

---

❶ http://www.100guanli.com/detail.aspx?id=302622.

近顾总一直在苦苦思考的问题。

宏远公司是一家民营企业，是改革开放的春风为宏远公司的建立和发展创造了条件。因此顾总常对职工讲，公司之所以有今天，一靠他们三兄弟拼命苦干，但更主要的是靠改革开放带来的机遇。15年前，顾氏三兄弟只身来到了省里的工业重镇A市，当时他们口袋里只有父母给的全家的积蓄800元人民币，但顾氏三兄弟决心用这800元钱创一番事业，摆脱祖祖辈辈日出而作、日落而归的脸朝黄土、背朝天的农民生活。到了A市，顾氏三兄弟借了一处棚户房落脚，每天分头出去找营生，在一年时间里他们收过破烂，贩过水果，打过短工，但他们感到这都不是他们要干的。老大顾军经过观察和向人请教，发现A市的建筑业发展很快，城市要建设，老百姓要造房子，所以建筑公司任务不少，但当时由于种种原因，建筑材料却常常短缺，因而建筑公司也失去了很多工程。顾军得知，建筑材料中水泥、黄沙都很缺。他想到，在老家镇边上，他表舅开了家小水泥厂，生产出的水泥在当地还销不完，因而不得不减少生产。他与老二、老三一商量决定做水泥生意。他们在A市找需要水泥的建筑队，讲好价，然后到老家租船借车把水泥运出来，去掉成本每袋水泥能净得几块钱。利虽然不厚，但积少成多，一年下来他们挣了几万元。当时的中国，"万元户"可是个令人羡慕的名称。当然这一年中，顾氏三兄弟也吃尽了苦，顾军一年里住了两次医院，一次是劳累过度晕在路边被人送进医院，一次是肝炎住院，医生的诊断是营养严重不良引起抵抗力差而得了肝炎。虽然如此，看到一年下来的收获，顾氏三兄弟感到第一步走对了，决心继续走下去。他们又干了两年贩运水泥的活，那时他们已有一定的经济实力了，同时又认识了很多人，有了一张不错的关系网。顾军在贩运水泥中，看到改革开放后，A市每个角落都在大兴土木，建筑队的活忙得干不过来，他想，家乡也有木工、泥瓦匠，何不把他们组织起来，建个工程队，到城里来闯天下呢？三兄弟一商量说干就干，没几个月一个工程队开进了城，当然水泥照样贩，这也算是两条腿走路了。

一晃15年过去了，当初贩运水泥起家的顾氏三兄弟，今天已是拥有几千万资产的宏远公司的老板了。公司现有一家贸易分公司、建筑装饰公司和一家房地产公司，有员工近300人。老大顾军当公司总经理，老二、老三做副总经理，并分兼下属公司的经理。顾军老婆的叔叔任财务主管，他们表舅的大儿子任公司销售主管。总之，公司的主要职位都是家族里面的人担任，顾军具有绝对权威。

公司总经理顾军是顾氏兄弟中的老大，当初到A市时只有24岁，他在老家读完了小学，接着断断续续地花了6年时间才读完了初中，原因是家里穷，又遇上了水灾，两度休学，但他读书的决心很大，一旦条件许可，他就去上学，而且边读书边干农活。15年前，是他带着两个弟弟离开农村进城闯天下的。他为人真诚，好交朋友，又能吃苦耐劳，因此深得两位弟弟的敬重，只要他讲如何做，他们都会去拼命干。正是在他的带领下，宏远公司从无到有，从小到大。现在在A市顾氏三兄弟的宏远公司已是大名鼎鼎了，特别是去年，顾军代表宏远公司一下子拿出50万元捐给省里的贫困县建希望小学后，民营企业家顾军的名声更是非同凡响了。但顾军心里明白，公司这几年日子也不太好过，特别是今年。建筑公司任务还可以，但由于成本上升创利已不能与前几年同日而语了，只能是维持，略有盈余。况且建筑市场竞争日益加剧，公司的前景难以预料。贸易公司能勉强维持已是上上大吉了，今年做了两笔大生意，挣了点钱，其余的生意均没成功，况且仓库里还积压了不少货无法出手，贸易公司日子不好过。房地产公司更是一年不如一年，当初刚开办房地产公司时，由于时机抓准了，两个楼盘，着实赚了一大笔，这为公司的发展立了大功。可是好景不长，房地产市场疲软，生意越来越难做。好在顾总当机立断，微利或持平把积压的房屋作为动迁房基本脱手了，要不后果真不堪设想，就是这样，现在还留着的几十套房子把公司压得喘不过气来。

面对这些困难，顾总一直在想如何摆脱现在这种状况，如何发展。发展的机会也不是没有。上个月在淮海大学听讲座时，顾军认识了A市的一家国有大公司的老总，交谈中顾总得知，这家公司正在寻找在非洲销售他们公司的当家产品——小型柴油机的代理商，据说这种产品在非洲很有市场。这家公司的老总很想与宏远公司合作，利用民营企业的优势，去抢占非洲市场。顾军深感这是个机会，但该如何把握呢？10月1日顾总与市建委的一位处长在一起吃饭，这位老乡告诉他，市里规划从明年开始江海路拓宽工程，江海路在A市就像上海的南京路，两边均是商店。借着这一机会，好多大商店都想扩建商厦，但却苦于资金不够。这位老乡见顾军，有没有兴趣进军江海路。如想的话，他可牵线搭桥。宏远公司的贸易公司早想进驻江海路了，但苦于没机会，现在机会来了，机会很诱人，但投入也不少，该怎么办呢？随着改革开放的深入，住房分配制度将有一个根本的变化，随着福利分房的结束，顾军想到房地产市场一定会逐步转暖。宏远公司的房地产公司已有一段时间没正常运作了，现在是不是该动了？

总之，摆在宏远公司老板顾军面前的困难很多，但机会也不少，新的一年到底该干些什么？怎么干？以后的5年、10年又该如何干呢？这些问题一直盘旋在顾总的脑海中。

思考
1. 你对宏远公司如何评价？又如何评价顾总？
2. 宏远公司是否应制定短期、中期和长期计划？为什么？
3. 如果你是顾总，你该如何编制贵公司的发展计划？

【案例分析二】 目标管理

某机床厂从2001年开始推行目标管理：为了充分发挥各职能部门的作用，充分调动一千多名职能部门人员的积极性，该厂首先对厂部和科室实施了目标管理。经过一段时间的试点后，逐步推广到全厂各车间、工段和班组。多年的实践表明，目标管理改善了企业经营管理，挖掘了企业内部潜力，增强了企业的应变能力，提高了企业素质，取得了较好的经济效益。按照目标管理的原则，该厂把目标管理分为三个阶段进行。

第一阶段：目标制定阶段

1. 总目标的制定

该厂通过对国内外市场机床需求的调查，结合长远规划的要求，并根据企业的具体生产能力，提出了2008年"三提高""三突破"的总方针。所谓"三提高"，就是提高经济效益、提高管理水平和提高竞争能力；"三突破"是指在新产品数目、创汇和增收节支方面要有较大的突破。在此基础上，该厂把总方针具体化、数量化，初步制定出总目标方案，并发动全厂员工反复讨论、不断补充，送职工代表大会研究通过，正式制定出全厂2008年的总目标。

2. 部门目标的制定

企业总目标由厂长向全厂宣布后，全厂就对总目标进行层层分解，层层落实。各部门的分目标由各部门和厂企业管理委员会共同商定，先确定项目，再制定各项目的指标标准：其制定依据是厂总目标和有关部门负责拟定、经厂部批准下达的各项计划任务，原则是各部门的工作目标值只能高于总目标中的定量目标值，同时，为了集中精力抓好目标的完成，目标的数量不可太多。为此，各部门的目标分为必考目标和参考目标两种。必考目标包括厂部明确下达的目标和部门主要的经济技术指标；参考目标包括部门的日常工作目标或主要协作项目；其中必考目标一般控制在2～4项，参考目标项目可以多一些。目标完成标准由各部门以目标卡片的形式填报厂部，通过协调和讨论最后由厂部批准。

3. 目标的进一步分解和落实

部门的目标确定了以后,接下来的工作就是目标的进一步分解和层层落实到每个人。

① 部门内部小组(个人)目标管理,其形式和要求与部门目标制定相类似、拟定目标也采用目标卡片,由部门自行负责实施和考核。要求各个小组(个人)努力完成各自的目标值,保证部门目标的如期完成。

② 该厂部门目标的分解是采用流程图方式进行的。具体方法是:先把部门目标分解落实到职能组,任务级再分解落实到工段,工段再下达给个人。通过层层分解,全厂的总目标就落实到了每一个人身上。

第二阶段:目标实施阶段

该厂在目标实施过程中,主要抓了以下三项工作。

1. 自我检查、自我控制和自我管理

目标卡片经主管副厂长批准后,一份存企业管理委员会,一份由制定单位自存。由于每一个部门、每一个人都有了具体的、定量的明确目标,所以在目标实施过程中,人们会自觉地、努力地实现这些目标,并对照目标进行自我检查、自我控制和自我管理。这种"自我管理",能充分调动各部门及每一个人的主观能动性和工作热情,充分挖掘自己的潜力,因此,完全改变了过去那种上级只管下达任务、下级只管汇报完成的情况,并由上级不断检查、监督的传统管理办法。

2. 加强经济考核

虽然该厂目标管理的循环周期为一年。但为了进一步落实经济责任制,及时纠正目标实施过程中与原目标之间的偏差,该厂打破了目标管理的一个循环周期只能考核一次、评定一次的束缚、坚持每一季度考核一次和年终总评定。这种加强经济考核的做法进一步调动了广大职工的积极性,有力地促进了经济责任制的落实。

3. 重视信息反馈工作

为了随时了解目标实施过程中的动态情况,以便采取措施、及时协调,使目标能顺利实现,该厂十分重视目标实施过程中的信息反馈工作,并采用了两种信息反馈方法。

① 建立"工作质量联系单"来及时反映工作质量和服务协作方面的情况。尤其当两个部门发生工作纠纷时,厂管理部门就能从"工作质量联系单"中及时了解情况,经过深入调查,尽快加以解决,这样就大大提高了工作效率,减少了部门之间的不协调现象。

② 通过"修正目标方案"来调整目标。内容包括目标项目、原定目标、修正目标以及修正原因等,并规定在工作条件发生重大变化需修改目标时,责任部门必须填写"拟修正目标方案"提交企业管理委员会,由该委员会提出意见交主管副厂长批准后方能修正目标。

该厂长在实施过程中由于狠抓了以上三项工作,因此,不仅大大加强了对目标实施动态的了解,更重要的是加强了各部门的责任心和主动性,从而使全厂各部门从过去等待问题找上门的被动局面,转变为积极寻找和解决问题的主动局面。

第三阶段:目标成果评定阶段

目标管理实际上就是根据成果来进行管理的,故成果评定阶段显得十分重要,该厂采用了"自我评价"和上级主观部门评价相结合的做法,即在下一个季度第一个月的10日之前,每一部门必须把一份季度工作目标完成情况表报送企业管理委员会(在这份报表上,要求每一部门自己对上一阶段的工作做一恰如其分的评价);企业管理委员会核实后，也给予恰当的评分；如必考目标为30分，一般目标为15分。每一项目标超过指标3%加1分，以后每增加3%再加1分。一般目标有一项未完成而不影响其他部门目标完成的，扣一般项目中的3分，影响其他部门目标完成的则扣分增加到5分。加1分相当于增加该部门基本奖金的1%，减1分则扣该部门奖金的1%。如果有一项必考目标未完成则扣至少10%的奖金。

该厂在目标成果评定工作中深深体会到：目标管理的基础是经济责任制，目标管理只有同明确的责任划分结合起来，才能深入持久，才能具有生命力，达到最终的成功。

思考

1. 在目标管理过程中，应注意一些什么问题？
2. 目标管理有什么优缺点？
3. 增加和减少员工奖金的发放额是实行奖惩的最佳方法吗？除此之外，你认为还有什么激励和约束措施？
4. 你认为实行目标管理时培养完整严肃的管理环境和制定自我管理的组织机制哪个更重要？

实训题

【模拟企业综合案例分析二】企业计划制订

要求：

结合计划的类别，选择制订一个公司的计划。要求计划层次不能低于部门层计划（注意目标的设定和计划内容的具体性）。

思考题

1. 计划的种类有哪些？
2. 论述计划的作用？
3. 战略计划是如何编制的？
4. 影响计划制定的因素？
5. 为什么说目标是计划的基础？
6. 为什么说计划与决策既是相互区别，又是相互联系的？
7. 简述目标管理含义、特点与应用。

第七章　计划的工具和技术

内容提要
- 评价环境的技术
- 预算
- 计划工具
- 时间管理：个人计划的指南

第一节　评价环境的技术

一、环境扫描

1. 定义

环境扫描是指浏览大量的信息以觉察正在出现的趋势和形成一套设想。内容包括：阅读报纸、杂志、书籍和贸易期刊；阅读竞争者的广告、促销材料和印刷品；参加贸易展览会；征求销售人员的意见；拆开竞争对手的产品仔细研究。

2. 发展

环境扫描增长最快的领域之一是竞争者情报，它寻求竞争者的基本信息：谁是竞争者？他们正在做什么？他们正在做的事情对我们有什么影响？竞争方面的准确情报，使得管理者能够预见竞争对手的行动而不仅仅是对其作出反应。一个组织制定关键战略所需的95％的有关竞争者的信息，都可以从公开出版物中得到。

二、预测

预测是指在掌握现有信息的基础上，依照一定的方法与规律对未来的事情进行测算，以预先了解事情发展的结果。预测为制定一个切实可行的计划提供科学依据事实；预测是避免决策片面性和决策失误的重要手段；预测是提高管理预见性的一种手段；预测既是计划的前提条件，又是计划工作的重要组成部分。

1. 预测的类型

（1）按期限分类。

① 长期预测。长期预测的时间跨度通常为 3 年及 3 年以上。它用于规划新产品、资本支出、生产设备安装等。

② 中期预测。中期预测的时间跨度通常是从 3 个月到 3 年。它用于销售计划、生产计划和预算、现金预算和分析不同作业方案。

③ 短期预测。短期预测时间跨度最多为 1 年，通常少于 3 个月。它用于购货、工作安排、所需员工、工作指定和生产水平的计划工作。

（2）按方法分类。

① 定性预测。在缺乏足够的统计数据或原始资料的条件下以及对某些影响因素难以量化的情况下，依靠预测者的知识、经验等作出的预测。

② 定量预测。通过对数据的分析而进行的预测。

（3）按预测范围分类。

① 宏观预测。涉及全局或整体。

② 微观预测。指继承组织内的预测。

（4）按预测的内容分类。按预测的内容进行分类涉及的内容较多，通常只要纳入预测范围的内容都可以在此进行分类研究，对于企业组织而言，它们会涉及市场容量及变化的预测、市场价格的变化预测、供应量及其变化的预测、收入的预测、成本及费用的预测、技术的预测等。

2. 预测程序

① 确定预测目标。根据社会要求，过去和现在的情报资料，以及现实所需要解决的具体问题，提出预测的课题、明确预测的目标。根据预测课题的性质和预测目标的不同特性，提出预测的目的与要求。

② 制定预测计划。预测计划是预测目的和要求的具体化，主要确定预测的范围、期限、基本假设、需要收集的资料、可供选择的预测方法以及组织工作。

③ 收集预测资料。

④ 选择预测方法。

⑤ 建立预测模型。

⑥ 计算预测数据。

⑦ 检验和修正预测结果。

3. 预测技术

① 定量预测。将一组数学规则应用于过去的数据序列以预言未来的结果。

② 定性预测。则是运用个人的知识和经验进行判断。

表 7-1 列出了定量和定性预测的常用方法。

三、面向 TQM 的基准化

所谓基准化就是竞争者和非竞争者中获取优异绩效的最佳方式。其基本思想是：管理当局能够通过分析各个领域的领先者的方法，然后模仿他们的做法来改进自己的质量。

基准化一般遵循下述 4 个步骤。

① 管理当局成立一个基准化计划团队，团队最初的任务是确定什么应当基准化，确认竞争对手，决定收集数据的方法。

② 团队从内部收集作业数据和从外部收集其他组织的数据。

③ 通过分析数据，找出绩效的差距并确定是什么原因造成了这些差距。

④ 制定和实施行动计划，最终达到或超过其他组织的标准。

表 7-1 定量和定性预测方法

	技　术	描　述	应　用
定量预测技术	时间序列分析	用数学方法拟合趋势曲线,并依据方程预测未来	根据前 4 年的数据预测下一个季度的销售额
	回归模型	根据已知的或假设的变量预测某个变量	鉴别出那些能够预言某种销售水平的因素(如价格、广告支出等)
	计量经济学模型	采用一组回归方程模拟经济的某些环节	预测作为税法修改结果的轿车销售量的变化
	经济指标	利用一个或多个经济指标预测经济的未来状态	利用 GNP 的变化预测可支配收入
	替代效应模型	利用数学公式预测何时和在什么情况下一种新产品或新技术将怎么取代现有的产品和技术	预测微波炉对传统烤箱销售量的影响
定性预测技术	专家组的意见	对专家们的意见进行综合和平均化	征求公司人事经理的意见,预测明年大学毕业生招聘要求
	销售人员的估计	综合各个领域销售人员对顾客的预期购买量的估计	预测下年度工业激光器的销售额
	顾客评价	综合顾客对预期购买量的估计	调查主要的轿车经销商以决定所希望的产品型号和数量

施乐公司早在 1979 年就率先在美国企业界推行基准化,它被公认为是美国第一家推行基准化的公司。那个时候,日本企业已经颇富进取性地周游世界,考察其他国家成功企业是怎么做的,然后将其模仿过来,用于改进他们自己的产品和生产过程。实际上,日本公司的大多数的信息都是从施乐公司与富士公司的合资企业中得到的。但日本公司在效率方面遥遥领先于施乐公司。将各种效率指标基准化标志着施乐公司开始恢复它在复印机领域中的地位。后来,像 AT&T、杜邦公司、福特汽车公司等许多公司,都用基准化作为寻求质量改进的标准工具。

第二节　预　算

一、预算

预算是一种将资源分配给特定活动的数字性计划。
① 收入预算——是收入预测的一种特定类型。
② 费用预算——列出组织单位实现目标的主要活动,并且将费用额度分配给每种活动。
③ 利润预算——是将收入和费用预算合二为一,它常用于拥有多个工厂和事业部的大型组织。
④ 现金预算——预测组织还有多少库存现金,以及需要多少现金支付费用开支。
⑤ 资本支出预算——用于财产、建筑物和主要设备的投资称为资本支出。
⑥ 可变预算——许多成本(如人工成本、材料成本和一些管理费用)是随着业务量变化的,可变预算就是专为处理这类成本而设计的。

预算包含的内容不仅仅是预测,它还涉及有计划地巧妙处理所有的变量,这些变量决定着组织未来努力达到某一有利地位的绩效。如果每个系统的要求都要根据组织的目标进行平衡，则必须采用一种协调的方式制定一个一致同意的计划。在预算计划阶段，每一个管理者都应当考虑其责任中心（部门或子系统）与其他部门以及作为一个整体的组织之间的关系。这种做法将趋于减少部门之间的偏见，减少部门王国的出现，以及减少组织机构中相互隔离的缺点和突出的沟通问题。更进一步的是，它通过依靠例外原则的管理鼓舞了权威的代表。

计划制定以后，就为评价以后的绩效提供了一个参考框架。毫无疑问，预算的绩效是一个比过去的绩效更好的基准。这是因为受通常隐藏在过去绩效中的低效率及不断变化的条件的影响。

有两种基本的预算形式——长期预算和短期预算。时间的长短将两者明显区分开来，这里提出了一个问题，即预算使用者要受到常规会计年度的适当影响，对每一组织最具意义的预算期应被采纳。例如，某种产品的生命周期从其引入期到淘汰期，从很多方面来说，与其说是日历期间不如说是自然预算期，因为它在统一的基础上将销售、生产和财务计划联系在一起。实际的预算期选择在很大程度上取决于组织准确预测的能力。典型的预算是以年度为基础来编制的，然而，往往由于报告、时间安排和控制的原因，这一时间跨度又被分解为更小的时间间隔（例如在生产和销售活动中，按照半年、季度、月份甚至是星期来作预算）。

二、预算方法

1. 定期预算

在这一预算中，为下一财政年度制定一个随时期推移而改动最少的计划。一般来说，每年度的预期总费用是按月、按要素成本的活动优势分摊在全年中的。这样月工资作为预期成本的 1/12 简单分摊在各个月份中，而销售的季节性波动，要求多一点关注营销和生产成本以及在波动的过程中成本的变化。

2. 连续（滚动）预算

在这一预算中，准备一个试验性的年度计划，其中第一个季度按月份详细准备，第二、第三季度的计划准备相对较为简略，而第四季度的计划只有一个大概轮廓，每月（或者也许是每季度）该预算都要通过增添下个月（或季度）所要求的详细情况来加以修订，并且加上一个新的月份（季度），以这种方式使计划向前延伸至一年，这种编制预算的程序图顺应环境的变化和一些不确定性因素的影响，是非常理想的。因为它迫使管理人员不论处在当前财政年度的哪一阶段，都要不断为新的一年考虑具体的条件。

定期预算对于处在稳定行业的公司来说常常是令人满意的，因为这些公司可以对计划期间作出相对精确的预测。相反，在更为常见的由消费者需求不确定带来的某些不规则周期活动的情况下，滚动预算具有更大的价值。

关于预算的更多内容，如弹性预算法、增量预算法和零基预算法将在第十七章控制技术与方法中再谈，此处省略。

第三节 计划工具

一、进度计划

进度计划是反应计划中活动的先后次序，谁来从事这些活动，以及何时完成这些活动等的工作。

1. 甘特图

甘特图（Gantt chart）是在 20 世纪初由亨利·甘特开发的。它基本上是一种线条图，横轴表示时间，纵轴表示要安排的活动，线条表示在整个期间上计划的和实际的活动完成情况。甘特图直观地表明任务计划在什么时候进行，以及实际进展与计划要求的对比。

甘特图是对简单项目进行计划与排序的一种常用工具。用于解决负荷和排序问题时较为直观，它能使管理者先为项目各项活动做好进度安排，然后再随着时间的推移，对比计划进度与实际进度，进行监控工作。调整注意力到最需要加快速度的地方，使整个项目按期完成。

下面我们来举一个图书出版的例子来说明甘特图的编制。如图 7-1 所示，时间以月为单位表示在图的下方，主要活动从上到下列在图的左边。计划需要确定书的出版包括哪些活动，这些活动的顺序，以及每项活动持续的时间。时间框里的线条表示计划的活动顺序，空白的现况表示活动的实际进度。甘特图作为一种控制工具，帮助管理者发现实际进度偏离计划的情况。在本例中，除了打印长条校样以外，其他活动都是按计划完成的。

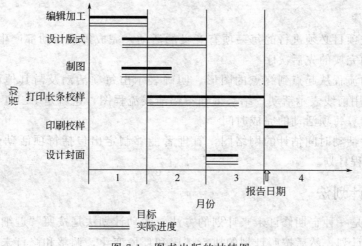

图 7-1 图书出版的甘特图

2. 负荷图

负荷图是一种修改了的甘特图，它不是在纵轴上列出活动，而是列出或者整个部门或者某些特定的资源，它是工作中心的能力计划。

通过检查负荷图中的负荷情况，可以使管理者明了哪些资源是满负荷的，哪些资源未得到充分使用，还可以加载工作量。负荷图可以使管理者计划和控制生产能力的利用情况。

以下的例子是某出版公司 6 个责任编辑的负荷图，如图 7-2 所示。每个责任编辑负责一定数量书籍的编辑和设计。通过检查他们的负荷情况，管理 6 个责任编辑的执行编辑可以看出，谁有空闲的时间可以编辑其他的书目。

只要活动或项目的数量较少且相互独立，则甘特图和负荷图是很有效的。但是，如果管理者要计划大型项目时，就要用到 PERT 网络分析工具了。

3. PERT 网络分析（又叫做计划评审技术，Program Evaluation and Review Technique）

（1）几个基本概念

① 事件——表示主要活动结束的那一点。

② 活动——表示从一个事件到另一个事件之间的过程，它要花费时间和资源。

③ 关键线路——是 PERT 网络中花费时间最长的事件和活动的序列。

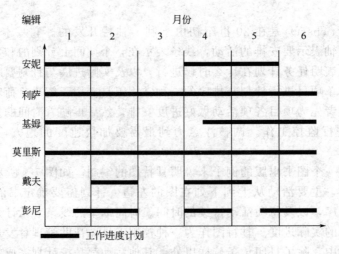

图 7-2 出版公司的负荷图

(2) 分析步骤

① 确定完成项目必须进行的每一项有意义的活动，完成每项活动都产生事件或结果。

② 确定活动完成的先后次序。

③ 绘制活动流程从起点到终点的图形，明确表示出每项活动及与其他活动的关系，用圆圈表示事件，用箭线表示活动，结果得到一幅箭线流程图，这就是 PERT 网络。

④ 估计和计算每项活动的完成时间。

⑤ 借助包含活动时间估计的网络图，管理者能够制定出包括每项活动开始和结束日期的全部项目的日程计划。

二、滚动计划法

滚动计划法是一种定期修订未来计划的方法。滚动计划法是按照"近细远粗"的原则制定一定时期内的计划，然后按照计划的执行情况和环境变化，调整和修订未来的计划，并逐期向后移动，把短期计划和中期计划结合起来的一种计划方法。

滚动计划（也称滑动计划）是一种动态编制计划的方法。它不像静态分析那样，等一项计划全部执行完了之后再重新编制下一时期的计划，而是在每次编制或调整计划时，均将计划按时间顺序向前推进一个计划期，即向前滚动一次，按照制定的项目计划进行施工，对保证项目的顺利完成具有十分重要的意义。但是由于各种原因，在项目进行过程中经常出现偏离计划的情况，因此要跟踪计划的执行过程，以发现存在的问题。

编制方法：在已编制出的计划的基础上，每经过一段固定的时期（例如一年或一个季度，这段固定的时期被称为滚动期）便根据变化了的环境条件和计划的实际执行情况，从确保实现计划目标出发对原计划进行调整。每次调整时，保持原计划期限不变，而将计划期顺序向前推进一个滚动期。

其主要形式主要有以下几个。

① 五年一滚动。即在制定长期计划（10～20 年）时，将长期计划的任务按 5 年分解。第一个五年计划定得详细一些，第二个五年计划稍细一些，依次渐粗。当第一个五年计划执行到第三年时，就将下一个五年计划具体化，并根据第一个五年计划的执行情况，对下一个五年计划作出必要的修正，同时，将原来的长期计划再延伸一个 5 年。

② 一年一滚动。即在制定中期计划时，将中期计划任务按年度分解。第一个年度计划

定得详细一些，依次渐粗。当第一个年度计划执行过半时，将下一个年度计划具体化，并作必要的修正，同时，再制定一个以第一个年度计划执行结果为基础的中期计划，使原来的中期计划起始年份和结束年份均向前推移一年，依此类推。

滚动计划法虽然使得计划编辑工作的任务量加大，但在计算机已被广泛应用的今天，其优点十分明显。

① 把计划期内各阶段以及下一个时期的预先安排有机地衔接起来，而且定期调整补充，从而从方法上解决了各阶段计划的衔接和符合实际的问题。

② 较好地解决了计划的相对稳定性和实际情况的多变性这一矛盾，使计划更好地发挥其指导生产实际的作用。

③ 采用滚动计划法，使组织的生产活动能够灵活地适应市场需求，把供产销密切结合起来，从而有利于实现组织预期的目标。

需要指出的是，滚动间隔期的选择，要适应组织的具体情况，如果滚动间隔期偏短，则计划调整较频繁，好处是有利于计划符合实际，缺点是降低了计划的严肃性。一般情况是，生产比较稳定的大量大批企业宜采用较长的滚动间隔期，生产不太稳定的单件小批生产企业则可考虑采用较短的间隔期。

下面举例说明滚动计划法的编制过程，见图 7-3。

图 7-3　五年计划的滚动计划法

三、运筹学方法

运筹学是计划工作的最全面的分析方法之一，它是"管理科学"理论的基础。就内容讲，运筹学又是一种分析的、实验的和定量的科学方法，用于研究在物质条件（人、财、物）已定的情况下，为了达到一定的目的，如何统筹兼顾整个活动所有各个环节之间的关系，为选择一个最好的方案提供数量上的依据，以便能为最经济、最有效地使用人、财、物做出综合性的合理安排，取得最好的效果。

运筹学实际上起源于 20 世纪初叶的科学管理运动。像 F.W·泰勒和 F.B·吉尔布雷斯夫妇等人首创的时间和动作研究，H·甘特发明的"甘特图"，及丹麦数学家厄兰（A. K. Erlang）1917 年对丹麦首都哥本哈根市电话系统问题的研究等，应当看作是最早的"运筹学"。第二次世界大战中，为适应战争的需要，发展出了现代运筹学的一个最成熟的分支——线性规划。随后随着计算机技术的进步和计算机的普及，像非线性规划、动态规划、整数规划、图论、排队论、对策论、库存论、模拟等一系列重要分支也逐步发展和完善起来。

在计划工作中应用运筹学的一般程序，包括以下主要步骤。

① 界定问题的性质和范围。

② 建立问题的数学模型。

③ 规定一个目标函数，作为对各种可能的行动方案进行比较的尺度。

④ 确定模型中各参量的具体数值。

⑤ 求解模型，找出使目标函数达到最大值（或最小值）的最优解。

20世纪50年代和60年代是运筹学研究和应用的鼎盛时期，但也有一些管理学家对运筹学的作用提出怀疑。他们对运筹学的批评大多集中在两个根本的焦点上。

① 任何模型的应用都必须满足一定的条件，在究竟是让模型适合问题还是让问题适合模型这一点上，许多运筹学家实际上是在让管理问题"削足适履"。他们将原始问题加以抽象，直到数学难点或计算难点都被舍去为止从而使问题的解答失去实际应用价值。

② 运筹学最终要得到问题的最优解而从管理实践的角度来看，由于决策目标通常有多个，且各个目标间又存在冲突，因此，最终的解决方案只能是一种折中。只要能给出一个近似的、不用数学方法而单靠经验和直觉所得出的足够好的结果来就满不错了。管理者实际需要的是这种"满意解"，而不是附加了各种假定条件的"最优解"。

目前，批评者的观点正促使运筹学家们改进运筹学的方法。计算机模拟技术的发展和应用就是向着更加实用方向的一种巨大进步。不过，对于计划工作人员有一点需要提醒注意的是，认为某个问题在本质上就是定性的，在未定量分析的尝试之前就武断地认为不可能用数学模型来描述，同样是有的，甚至是更有害的。

四、投入产出法（Input-output Method）

投入产出法，就是把一系列内部部门在一定时期内投入（购买）来源与产出（销售）去向排成一张纵横交叉的投入产出表格，根据此表建立数学模型，计算消耗系数，并据以进行经济分析和预测的方法。这是由美国的 Wassily W. Leontief 教授创立的。严格地讲，投入产出法是一种特殊的经济计量模型，它广泛应用于研究国民经济两大部类间、积累与消费间的比例关系，预测各部门的投入量和产出量。从应用范围上看，可分为中国性、地方性、专业性、大型企业、一般企业等形式。当预测中分析研究国民经济各部门之间、各部门内部或企业内部组织之间生产和消费相互依存关系，根据投入产出综合平衡关系，来推测预测目标的变动方向和程度，常用投入产出关系建立的数学模型。

其基本特点有以下几个。

① 它从国民经济是一个有机整体的观点出发，综合研究各个具体部门之间的数量关系（技术经济联系）。整体性是投入产出法最重要的特点。既有综合指标又有按产品部门的分解指标，二者有机结合。因此，利用它可以较好地了解国民经济的全局和局部的关系，做到在国民经济综合平衡的基础上，确定每个具体部门产品的生产和分配，从而成为计划和预测的一种重要工具。

② 投入产出表从生产消耗和分配使用两个方面同时反映产品在部门之间的运动过程，也就是同时反映产品的价值形成过程和使用价值的运动过程。投入产出表采取棋盘式，纵横互相交叉。从而使它能从生产消耗和分配使用两个方面来反映产品在部门之间的运动过程，也就是同时反映产品的价值形成过程和使用价值运动过程。因为每个部门同时具有生产者和消费者的双重身份，它既产出产品，按社会需要分配，供其他部门和领域消费，又要消费其他部门的产品，通过本身的生产消费过程才能把产品生产出来。这样，国民经济中各种产品

的生产和分配相互交织，就形成所有部门间相互消耗和相互提供产品的内在联系。

③ 从方法的角度，它通过各系数，一方面反映在一定技术和生产组织条件下，国民经济各部门的技术经济联系；另一方面用以测定和体现社会总产品与中间产品、社会总产品与最终产品之间的数量联系。通过各种系数投入产出表一方面反映在一定技术水平和生产组织条件下国民经济各部门间的技术经济联系；另一方面用以测定和体现社会总产品与中间产品、社会总产品与最终产品之间的数量联系。既反映部门之间的直接联系，又反映部门之间的全部间接联系。投入产出表所提供的各种系数，是人们对国民经济进行数量分析、平衡核算和计划计算的依据。

④ 数学方法和电子计算技术的结合。投入产出表的本身，就是一个经济矩阵，就是一个部门联系平衡模型，可运用现代数学方法和电子计算机进行运算，这不仅可以保证计划计算的及时性和准确性，而且可以进一步扩展，与数学规划和其他数量经济方法相结合，发展成经济预测和计划择优的经济数学模型。因此，与现代数学方法和电子计算技术的结合，可说是投入产出法的重要特点之一。

第四节　时　间　管　理

一、时间管理的重要性

时间是一种稀缺资源，因此，管理者需要对时间进行有效的管理，这就是时间管理。时间管理（Time Management）就是用技巧、技术和工具帮助人们完成工作，实现目标。时间管理并不是要把所有事情做完，而是更有效的运用时间。一项国际调查表明：一个效率糟糕的人与一个高效的人工作效率相差可达 10 倍以上。时间管理的目的除了要决定你该做些什么事情之外，另一个很重要的目的也是决定什么事情不应该做；时间管理不是完全的掌控，而是降低变动性。时间管理最重要的功能是通过事先的规划，作为一种提醒与指引，因此，时间管理是个人计划的行动指南。

请问，如果每天都有 86400 元进入你的银行户头，而你必须当天用光，你会如何运用这笔钱呢？

是的，你真的有这样一个户头，那就是"时间"。每天每一个人都会有新的 86400 秒进账。那么面对这样一笔财富，你打算怎样利用它们呢？

首先，让我们来做一个关于时间管理的测试。

下面的每个问题，请你根据自己的实际情况，如实地给自己评分。计分方式为：选择"从不"为 0 分；选择"有时"记 1 分；选择"经常"记 2 分；选择"总是"记 3 分。

① 我在每个工作日之前，都能为计划中的工作做些准备。
② 凡是可交派下属（别人）去做的，我都交派下去。
③ 我利用工作进度表来书面规定工作任务与目标。
④ 我尽量一次性处理完毕每份文件。
⑤ 我每天列出一个应办事项清单，按重要顺序来排列，依次办理这些事情。
⑥ 我尽量回避干扰电话、不速之客的来访，以及突然的约会。
⑦ 我试着按照生理节奏变动规律曲线来安排我的工作。
⑧ 我的日程表留有回旋余地，以便应对突发事件。
⑨ 当其他人想占用我的时间，而我又必须处理更重要的事情时，我会说"不"。

结论：0～12 分——你自己没有时间规划，总是让别人牵着鼻子走；13～17 分——你试图掌握自己的时间,却不能持之以恒;18~22分——你的时间管理状况良好;23~27分——你是值得学习的时间管理典范。

知道了你自己的时间管理方面的总体水平,接下来,让我们分析一下时间是如何被浪费掉的。浪费时间的原因有主观和客观两大方面。这里,我们来分析一下浪费时间的主观原因,因为,这是一切的根源。

① 做事目标不明确。
② 作风拖拉。
③ 缺乏优先顺序,抓不住重点。
④ 过于注重细节。
⑤ 做事有头无尾。
⑥ 没有条理,不简洁,简单的事情复杂化。
⑦ 事必躬亲,不懂得授权。
⑧ 不会拒绝别人的请求。
⑨ 消极思考。

二、时间管理理论

有关时间管理的研究已有相当历史。犹如人类社会从农业革命演进到工业革命,再到资讯革命,时间管理理论也可分为四代。

第一代的理论着重利用便条与备忘录,在忙碌中调配时间与精力。

第二代强调行事历与日程表,反映出时间管理已注意到规划未来的重要性。

第三代是目前正流行、讲求优先顺序的观念。也就是依据轻重缓急设定短、中、长期目标,再逐日订定实现目标的计划,将有限的时间、精力加以分配,争取最高的效率。这种做法有它可取的地方。但也有人发现,过分强调效率,把时间安排的死死的,反而会产生反效果,使人失去增进感情、满足个人需要以及享受意外之喜的机会。于是许多人放弃这种过于死板拘束的时间管理法,回复到前两代的做法,以维护生活的品质。

第四代的理论与以往截然不同之处在于,它根本否定"时间管理"这个名词,主张关键不在于时间管理,而在于个人管理。与其着重于时间与事务的安排,不如把重心放在维持产出与产能的平衡上。

三、专注于可支配的时间

时间被分为两类。

① 被动时间。管理者的主要时间是花在应付下属的请求,顾客的需求和种种由于别人引发的问题上的时间。

② 可支配时间。管理者能够控制的时间,大多数有关改进时间管理的建议实际上只适用于可支配时间,因为被动的时间很难节约下来。

绝大多数管理者,特别是基层和中层管理者,其可支配时间仅占他们工作时间的25%左右。不仅如此,可支配时间还趋向于是一些零碎时间。所以,凡是善于识别和组织其零散的可支配时间的管理者,往往更有成效,而他们用可支配时间完成的事情往往是更重要的事情。

四、你会怎么利用时间?

对你每天的工作进行重要性和紧急性的分析,这将会有助于你高效率地使用时间这个有限资源。表7-2将能够帮助你规划好自己的工作。

表 7-2 活动的重要性和紧急性分析

每种活动的等级
重要性 A. 非常重要：必须做 B. 重要：应当做 C. 不太重要：可能有用，但不是非做不可 D. 不重要：没有任何效果
紧急性 A. 非常紧急：必须马上做 B. 紧急：应当赶紧做 C. 不紧急：推迟一段时间再做也行 D. 时间不作为考虑的因素

五、有效的时间管理步骤

① 列出你的目标。
② 按照重要性排出目标的次序。
③ 列出实现你的目标所必须进行的活动。
④ 对于每一个目标，给实现目标所需进行的各种活动分派优先级。
⑤ 按照你分派的优先级安排活动的日程。
⑥ 制定日计划。每天早晨或是前一天下班以前，列出 5 件你认为是最重要的必须在当日做的事情。如果列出的事情超过了 10 件，那该日的工作就会十分累赘和缺乏效率。然后，按重要性和紧急性确定列出的各项活动的优先次序。

六、一些值得注意的要点

① 遵循 10/90 法则——大多数管理者 90％的决定是在他们 10％的时间里做出的。管理者们很容易陷在日常事务中，那些有效地利用他们时间的管理者总是确保最关键的 10％的活动具有最高的优先级。

② 了解你的生产率周期。每个人都有日生产率周期，凡是了解自己生产率周期并能合理安排工作日程的管理者，可以显著地提高管理效率。他们在生产率周期效率最高的时候处理最重要的事情，而把例行的和不重要的事情挪到效率低的时候处理。

③ 记住帕金森定律。帕金森定律指出，工作会自动地膨胀占满所有可用的时间。时间管理隐含着你可以为一项任务安排过多的时间，如果你给自己安排了充裕的时间从事一项活动，你会放慢你的节奏以便用掉所有分配的时间。

④ 把不太重要的事集中起来办。每天留出一些固定的时间打电话，处理未办完的事情，以及其他零碎的事情。理想的情况是这段时间安排在效率周期的低谷阶段。

⑤ 避免将整块时间拆掉。只要可能，就应留出一天中工作效率最高的一部分时间作为整块的可支配时间，然后，尽量将自己与外界隔离。你能够在多大程度上将自己隔离开，取决于你的组织文化，你的上司和下属对你的信任程度，而最重要的是你在组织中的位置。

⑥ 当心糟糕的会议所浪费的时间。如果由你来主持会议，你应当在会议开始时就宣布会议的时间，你应当准备一份书面的会议日程并贴出来。

【案例分析】 滚动计划让 H 公司插上成功的翅膀

每逢岁末年初，各企业的领导者都会暂时放下手中的其他工作，与自己的核心团队一同踏踏实实地坐下来，专门花些时间制订来年的工作计划，以求为下一年插上希望和成功的翅膀，让企业各项事业在当年业绩的基础上更上一层楼。但外部环境千变万化，内部条件变数难料，怎样"高明"的计划才能让企业来年12个月的"漫长"计划科学合理、高效务实，所有的工作都能按部就班、一帆风顺呢？

H公司是中国东部地区一家知名企业，原有的计划管理水平低下，粗放管理特征显著，计划管理与公司实际运营情况长期脱节。为实现企业计划制订与计划执行的良性互动，在管理咨询公司顾问的参与下，H公司逐步开始推行全面滚动计划管理。

首先，H公司以全面协同量化指标为基础，将各年度分解为4个独立的、相对完整的季度计划，并将其与年度紧密衔接。在企业计划偏离和调整工作中，H公司充分运用了动态管理的方法。

所谓动态管理，就是H公司年度计划执行过程中要对计划本身进行3次定期调整：第一季度的计划执行完毕后，就立即对该季度的计划执行情况与原计划进行比较分析，同时研究、判断企业近期内外环境的变化情况。根据统一得出的结论对后3个季度计划和全年计划进行相应调整。第二季度的计划执行完毕后，使用同样的方法对后两个季度的计划和全年计划执行相应调整。第三季度的计划执行完毕后，仍然采取同样方法对最后一个季度的计划和全年计划进行调整。

H公司各季度计划的制订是根据近细远粗、依次滚动的原则开展的。这就是说，每年年初都要制定一套繁简不一的四季度计划：第一季度的计划率先做到完全量化，计划的执行者只要拿到计划文本就可以——遵照执行，毫无困难或异议；第二季度的计划要至少做到50%的内容实现量化；第三季度的计划也要至少使20%的内容实现量化；第四季度的计划只要做到定性即可。同时，在计划的具体执行过程中对各季度计划进行定期滚动管理——第一季度的计划执行完毕后，将第二季度的计划滚动到原第一计划的位置，按原第一季度计划的标准细化到完全量化的水平；第三季度的计划则滚动到原第二季度计划的位置并细化到至少量化50%内容的水平，依此类推。第二季度或第三季度计划执行完毕时，按照相同原则将后续季度计划向前滚动一个阶段并予以相应细化。本年度4个季度计划全部都执行完毕后，下年度计划的周期即时开始，如此周而复始，循环往复。

其次，H公司以全面协同量化指标为基础建立了三年期的跨年度计划管理模式，并将其与年度计划紧密对接。

跨年度计划的执行和季度滚动计划的思路一致。H公司每年都要对计划本身进行一次"定期调整"。第一年度的计划执行完毕后，就立即对该年度的计划执行情况与原计划进行比较分析。同时研究、判断企业近期内外环境的变化情况，根据统一得出的结论对后三年的计划和整个跨年度计划进行相应调整；当第二年的计划执行完毕后，使用同样的方法对后三年的计划和整个跨年度计划进行相应调整，依此类推。

H公司立足于企业长期、稳定、健康地发展，将季度计划—年度计划—跨年度计划环环相扣，前后呼应，形成了独具特色的企业计划管理体系，极大地促进了企业计划制定和计划执行相辅相成的功效，明显提升了企业计划管理、分析预测和管理咨询的水平，为企业整体效益的提高奠定了坚实的基础。

思考

1. H公司滚动计划是如何制定的？有何特点？
2. 滚动计划制定过程中的难点有哪些？如何克服？

实训题 达成目标的12个步骤

1. 你的生活宗旨是什么？

2. 目标

第一步：目标必须是你热切的愿望。

热切的愿望，是你完成伟大事情的起始点。

你必须面对自己完全诚实，这个目标是否真的是你想要的，想做的，想拥有的？ _____

_____

第二步：目标必须是可以被相信的，可以达到的。

这个目标必须是可以被相信的，也就是你必须相信这个目标是可以达成的。这个目标是否有 50% 的成功机会？ _____

假如答案是否定的，重新设定这个目标，使它变成有 50% 成功机会的目标。

（记着，每一个目标都应该建立在通往成功的下一步上。）

第三步：将目标写下来。请评估你的目标。

它是否具体？ _____

它是否清楚？ _____

它是否明确？ _____

它是否以生动的文辞、积极的语言描述出来？ _____

现在，请以个人语气，积极的言词，将你的目标清楚地陈述出来。

_____

第四步：你为什么要这么做？你能获得些什么利益？你为什么要达成这个目标？将理由依序写在下面，你的理由写得越多，你就越能完成这个目标。

[1] _____
[2] _____
[3] _____
[4] _____
[5] _____

第五步：分析你所在的位置。

你现在整装待发的起始点在哪里？请明确注明。

_____

第六步：设定一个期限

在哪一天以前，你会达成这个目标？

_____

除了在总目标设定一个期限外，再设定一些小目标。

_____

第七步：确认你要克服的障碍

在你追求完成目标的过程中，你预期会遇到一些什么障碍？

[1] _____
[2] _____
[3] _____
[4] _____

请将以上各项障碍，以其重要的优先顺序予以编号。

第八步：确认你所需要额外的知识。

你需要去学习什么知识以完成此目标？

你如何能获取你所需要的知识?
[1] _____
[2] _____
[3] _____

第九步：确认你需要哪些人的帮助？

确认有哪些人，哪些团体，哪些机构，你将会需要他们的协助来完成你的目标。

[1] _____
[2] _____
[3] _____
[4] _____
[5] _____
[6] _____

记住：你的生活中的回报，永远会相等于你对他人所提供服务的价值。

第十步：制定一个计划

列出了要达成的目标，所以你必须要做的事情。

接着针对每一件事，每一项活动，设定优先顺序，以及你需要花费多少时间完成哪一件事情，借此你可设定"迷你（mini）期限"，来协助你完成总目标。

优先顺序	活动事件	需要时间
[1] _____	_____	
[2] _____	_____	
[3] _____	_____	
[4] _____	_____	
[5] _____	_____	
[6] _____	_____	
[7] _____	_____	
[8] _____	_____	
[9] _____	_____	
[10] _____	_____	

第十一步：视觉化与情感化。

以生动的字眼来描述，当你达成目标时，你将经历到的感觉，你将看见的具体的成果。

_____

_____

第十二步：以坚定的决心支持着你的计划。

事先就下定决心，你"决不，绝对不放弃"，坚定的决心就是行动中的自我操练。坚定的决心对个人特质的重要，就好像"碳"元素对钢铁的重要。

测试题 你是一个称职的计划人员吗？

对下列的每个问题只需要回答是或否。

问　　题	答案
1. 我的个人目标能以文字形式清楚说明	
2. 多数情况下我整天都是乱哄哄的和杂乱无章的	
3. 我很少仓促地做决策，总是仔细地研究问题以后再行动	
4. 我一直用台历或约会簿作为辅助	
5. 我利用"速办"和"缓办"卷宗对要办的事情进行分类	
6. 我习惯于对所有的计划设定开始日期和结束日期	
7. 我经常征求别人的意见和建议	
8. 我相信所有的问题都应当立刻得到解决	

思考题

1. 评价环境的技术有哪些？
2. 预测的内容有哪些？
3. 网络计划技术的基本原理是什么？
4. 滚动方式的计划有何特点？
5. 现代计划的方法有哪些？
6. 结合个人实际，谈谈如何做好时间管理？
7. 请大家从计划工作内容的角度分析实训题：达成目标的12个步骤设计的合理性？

第八章 战略管理与企业家精神

> 内容提要
> - 战略与战略管理
> - 区分公司层、事业层和职能层的战略
> - 概述战略管理过程的步骤
> - 说明 SWOT 分析
> - 描述 BCG 矩阵中的 4 种业务水平组合，确定和对比适合 4 种业务水平的战略
> - 战略武器 TQM
> - 企业家精神：战略计划的一个特殊方面

第一节 战略管理的概念

一、战略与战略管理

战略（Strategy）一词最早是军事方面的概念。战略的特征是发现智谋的纲领。在西方，"Strategy"一词源于希腊语"strategos"，意为军事将领、地方行政长官。后来演变成军事术语，指军事将领指挥军队作战的谋略。在中国，战略一词历史久远，"战"指战争，略指"谋略"。春秋时期孙武的《孙子兵法》被认为是中国最早对战略进行全局筹划的著作。在现代"战略"一词被引申至政治和经济领域，其含义演变为泛指统领性的、全局性的、左右胜败的谋略、方案和对策。

对于战略，不同身份、不同知识背景的学者、管理人员对其理解也大有不同。切斯特·巴纳德为了说明企业组织的决策机制，他开始运用战略思想对企业诸因素及它们相互之间的影响进行分析；阿尔弗雷德·钱德勒认为战略是长期目的或企业目标的决策，行动过程中的选择，实现目标所需要的资源分析；安德鲁斯认为战略是目标、意图和目的，以及为达到这些目的而制定的主要方针和计划的一种模式；而迈克尔·波特在《什么是战略》一书中提出，战略的实质存在于运营活动中——选择不同于竞争对手的运营活动，或者不同于竞争对手的活动实施方式；战略就是创造一种独特、有利的定位，涉及各种不同的运营活动；战略配置可以建立一个环环相扣、紧密联接的链，将模仿者拒之门外。

综合各位学者的见解，本书对战略的定义为：战略是组织根据其外部环境及组织内部资源和能力状况，为求得组织生存和长期稳定的发展，为不断地获得新的竞争优势，对组织发展目标、达成目标的途径和手段的总体谋划。

"战略管理"一词最初是由美国学者安索夫在其1976年出版的《从战略规划到战略管理》一书中提出的。他认为企业的战略管理是指将企业的日常业务决策同长期计划决策相结合而形成的一系列经营管理业务。而斯坦纳在他1982年出版的《企业政策与战略》一书中则认为：企业战略管理是确定企业使命，根据企业外部环境和内部经营要素确定企业目标，保证目标的正确落实并使企业使命最终得以实现的一个动态过程。

综上所述，可以将战略管理定义为：战略管理是指组织为了实现长期目标和使命而开展的，在组织自身能力与环境互动中所进行的战略分析、战略识别、战略选择、战略实施、战略评价与战略创新等一系列的活动及其过程。

战略管理中的关键术语有以下几个。

（1）竞争优势。所谓竞争优势，当一家公司能做到其竞争对手所做不到的事情，或者拥有竞争对手希望拥有的东西。

（2）战略家。是对组织的兴衰成败负主要责任的人员。

（3）远景与使命陈述。使命陈述是"一个企业区别于类似企业的持久性目的陈述，使命陈述界定了一个企业经营的产品与市场范围"。例如，微软公司的使命是：致力于提供使工作、学习、生活更加方便、丰富的个人电脑软件。先前，我们努力让每个家庭、每一张办公桌都拥有一台电脑。今天，我们将为每一台电脑增添互联网技术支持，以增加PC机用户，提高用户使用PC机的功效。

（4）外部机会与威胁。是指能够为公司未来巨大收益或造成巨大损失的经济、社会、人口、环境、政治、文化、法律、政府、技术以及竞争等的发展趋势和重要事件。

（5）内部优势与劣势。是指在企业经营过程中发挥积极或消极作用的可控因素。

（6）目标。是企业在完成基本使命过程中取得的具体结果。分为长期目标和短期目标。

（7）政策。是指公司实现短期目标的手段。政策包括为确保既定目标的实现而制定的指导方针、规则和程序。

二、战略管理理论的演变

企业战略理论研究时间并不长，自20世纪60年代到现在仅有半个世纪。从时间跨度来看，主要经历了以下几个发展阶段。

1. 20世纪六七十年代的战略管理理论

20世纪60年代初美国著名管理学家钱德勒《战略与结构：工业企业史的考证》一书的出版，首开企业战略问题研究之先河。钱德勒在这本著作中，分析了环境、战略和组织之间的相互关系，提出了"结构追随战略"的论点。他认为，企业经营战略应当适应环境、满足市场需求，而组织结构又必须适应企业战略，随着战略的变化而变化。

在此基础上，关于战略构造问题的研究，形成了两个相近的学派："设计学派"和"计划学派"。设计学派认为，首先，在制定战略的过程中要分析企业的优势与劣势、环境所带来的机会与造成的威胁。其次，高层经理人应是战略制定的设计师，并且还必须督导战略的实施。再者，战略构造模式应是简单而又非正式的，关键在于指导原则，优良的战略应该具有创造性和灵活性。"设计学派"以哈佛商学院的安德鲁斯教授为代表。

几乎与"设计学派"同时产生的另一个学派是"计划学派"。计划学派主张，战略构造应是一个有控制、有意识的正式计划过程；企业的高层管理者负责计划的全过程，而具体制定和实施计划的人员必须对高层负责;通过目标、项目和预算的分解来实施所制定的战略计划等。计划学派以安索夫为杰出代表。安索夫在1965年出版的《公司战略》一书中首次提出了"企业战略"这一概念,并将战略定义为"一个组织打算如何去实现其目标和使命,包括各种方案的拟定和评价,以及最终将要实施的方案"。"战略"一词随后成为管理学中的一个重要术语,在理论和实践中得到了广泛的运用。

不难看出,尽管这一时期学者们的研究方法和具体主张不尽相同,但从根本上来说,其核心思想是一致的,主要体现在三个方面。第一,企业战略的出发点是适应环境。环境是企业无法控制的,只有适应环境变化,企业才能生存和发展。第二,企业的战略目标是为了提高市场占有率。企业战略要适应环境变化,旨在满足市场需求,获得足够的市场占有率,这样才有利于企业生存与发展。第三,企业战略的实施要求组织结构变化及与之相适应。经典的企业战略实质是一个组织对其环境的适应过程以及由此带来的组织内部结构变化的过程。因而,在战略实施上,势必要求企业组织结构要与企业战略相适应。

2. 20世纪80年代的战略管理理论

20世纪80年代初,以哈佛大学商学院的迈克尔·波特为代表的竞争战略理论取得了战略管理理论的主流地位。波特认为,企业战略的核心是获取竞争优势,而影响竞争优势的因素有两个:一是企业所处产业的赢利能力,即产业的吸引力;二是企业在产业中的相对竞争地位。因此,竞争战略的选择应基于以下两点考虑。一是,选择有吸引力的、高潜在利润的产业。不同产业所具有的吸引力以及带来的持续赢利机会是不同的,企业选择一个朝阳产业,要比选择夕阳产业更有利于提高自己的获利能力。二是,在已选择的产业中确定自己的优势竞争地位。在一个产业中,不管它的吸引力以及提供的盈利机会如何,处于竞争优势地位的企业要比劣势企业具有较大的赢利可能性。而要正确选择有吸引力的产业以及给自己的竞争优势定位,必须对将要进入的一个或几个产业结构状况和竞争环境进行分析。

概括起来,波特的竞争战略理论的基本逻辑是:第一,产业结构是决定企业赢利能力的关键因素;第二,企业可以通过选择和执行一种基本战略影响产业中的五种作用力量(即产业结构),以改善和加强企业的相对竞争地位,获取市场竞争优势(低成本或差异化);第三,价值链活动是竞争优势的来源,企业可以通过价值链活动和价值链关系(包括一条价值链内的活动之间及两条或多条价值链之间的关系)的调整来实施其基本战略。

3. 20世纪90年代早期的战略管理理论

20世纪90年代,随着信息技术迅猛发展,导致竞争环境日趋复杂,企业不得不把眼光从外部市场环境转向内部环境,注重对自身独特的资源和知识(技术)的积累,以形成企业独特的竞争力(核心竞争力)。1990年,普拉哈拉德和哈默又在《哈佛商业评论》发表了《企业核心能力》。从此,关于核心能力的研究热潮开始兴起,并且形成了战略理论中的"核心能力学派"。

该理论的理论假设是:假定企业具有不同的资源(包括知识、技术等),形成了独特的能力,资源不能在企业间自由流动,对于某企业独有的资源,其他企业无法得到或复制,企业利用这些资源的独特方式是企业形成竞争优势的基础。

该理论强调的是企业内部条件对于保持竞争优势以及获取超额利润的决定性作用。这表现在战略管理实践上,要求企业从自身资源和能力出发,在自己拥有一定优势的产业及其相关产业进行经营活动,从而避免受产业吸引力诱导而盲目进入不相关产业进行多元化经营。

但是,核心能力理论在弥补了注重企业外部分析的波特结构理论的缺陷之同时,本身也存在其固有的缺陷。由于过分关注企业的内部,致使企业内外部分析失衡。为了解决这一问题,1995年,David J. Collins 和 Cynthia A. Motgomery 在《哈佛商业评论》上发表了《资源竞争：90年代的战略》一文。该论文对企业的资源和能力的认识更深了一层，提出了企业的资源观（Resourses-based View of the Firm）。他们认为，价值的评估不能局限于企业内部，而且要将企业置身于其所在的产业环境，通过与其竞争对手的资源比较，从而发现企业拥有的有价值的资源。只有公司拥有了预期业务和战略最相匹配的资源，该资源才最具价值。公司的竞争优势取决于其拥有的有价值的资源。

4. 20世纪90年代后期战略管理理论的新发展

20世纪90年代以前的企业战略管理理论，大多建立在对抗竞争的基础上，都比较侧重于讨论竞争和竞争优势。时至20世纪90年代，战略联盟理论的出现，使人们将关注的焦点转向了企业间各种形式的联合。这一理论强调竞争合作，认为竞争优势是构建在自身优势与他人竞争优势结合的基础上的。但是，联盟本身固有的缺陷，以及基于竞争基础上的合作，使得这种理论还存在许多有待完善之处，企业还在寻求一种更能体现众多优越之处的合理安排形式。进入20世纪90年代中期，随着产业环境的日益动态化，技术创新的加快，竞争的全球化和顾客需求的日益多样化，企业逐渐认识到，如果想要发展，无论是增强自己的能力，还是拓展新的市场，都得与其他公司共同创造消费者感兴趣的新价值。企业必须培养以发展为导向的协作性经济群体。在此背景下，通过创新和创造来超越竞争开始成为企业战略管理研究的一个新焦点。

美国学者James F. Moore于1996年出版的《竞争的衰亡》标志着战略理论的指导思想发生了重大突破。作者以生物学中的生态系统这一独特的视角来描述当今市场中的企业活动，但又不同于将生物学的原理运用于商业研究的狭隘观念。后者认为，在市场经济中，达尔文的自然选择似乎仅仅表现为最合适的公司或产品才能生存，经济运行的过程就是驱逐弱者。而穆尔提出了"商业生态系统"这一全新的概念，打破了传统的以行业划分为前提的战略理论的限制，力求"共同进化"。穆尔站在企业生态系统均衡演化的层面上，把商业活动分为开拓、扩展、领导和更新四个阶段。商业生态系统在作者理论中的组成部分是非常丰富的，他建议高层经理人员经常从顾客、市场、产品、过程、组织、风险承担者、政府与社会七个方面来考虑商业生态系统和自身所处的位置；系统内的公司通过竞争可以将毫不相关的贡献者联系起来，创造一种崭新的商业模式。在这种全新的模式下，作者认为制定战略应着眼于创造新的微观经济和财富，即以发展新的循环以代替狭隘的以行业为基础的战略设计。

5. 战略管理理论的发展趋势

回顾企业战略管理理论的演变，总体来说，遵循着以下规律：从战略理论的关注点来看，存在如此的发展轨迹，即关注企业内部（强调战略是一个计划、分析的过程）——关注企业外部（强调产业结构的分析）——关注企业内部（强调核心能力的构建、维护与产业环境的分析相结合）——关注企业外部（强调企业间的合作，创建优势互补的企业有机群体）。从竞争的性质来看，竞争的程度遵循着由弱到强，直至对抗，然后到合作乃至共生的发展脉络。从竞争的持续性来看，从追求有形（产品）、外在、短期的竞争优势逐渐朝着对无形（未来）、内在、持久的竞争优势的追求。从战略管理的范式来看，战略管理的均衡与可预测范式开始被非均衡与不确定性所取代。从与竞争环境的关系来看，从环境决定企业转变为企业要适应环境，进一步发展为企业选择环境，再到企业要主动改造环境。

面对日益复杂的环境，结合战略管理理论的演进规律，未来战略管理理论将体现出以下一些发展趋势。

（1）战略管理理论的动态化趋势。战略管理研究具有显著的环境依赖性。随着信息技术的广泛应用、市场瞬息万变且变化速度加快、全球化以及竞争的日益激烈，使得柔性战略、战略变革、学习型组织理论受到人们的重视，企业的学习功能会得到进一步加强，体现在企业战略管理上将更多地研究适应全球经济动态变化的战略管理理论，由此会引起企业的组织、人事、制度结构以及生产流程等环节朝着动态战略或合作战略的框架下的新型战略组织演化。

（2）研究的理论基础进一步拓宽。战略管理研究涉及众多学科。斯达巴克认为所有与组织有关的文献都对战略管理研究有所贡献，明兹伯格甚至把这一范围拓展到所有学科领域。而随着环境不确定性影响的加强，产业经济学，尤其是建立在博弈论之上的产业经济学，可能是今后战略管理研究主要的理论基础；进化经济学估计也将产生较大影响。此外，社会关系学、伦理学、心理学、生态学等学科正在逐步渗透到战略管理领域。为增强战略柔性以实现对组织的快速调整和变革，战略整合就应放到一个动态的相关环境中进行考虑。这种突变的、不可逆的、非线性的变化是复杂性的显著特征，使复杂性理论在战略制定和实施过程中运用受到重视。

（3）研究的内容进一步完善和各学派的不断融合。在战略管理内容上，不仅关注企业能力与资源的积累、核心竞争力的塑造、合作与竞争的并重、战略架构的预见构造等，还将不断深化探讨公司愿景、组织学习、知识管理、文化管理、创新管理等对企业战略管理的影响与挑战。同时随着研究理论基础的拓宽，虽然在今后的一定时间内各个学派仍然并存，但在初显轮廓的新的战略管理主流范式中，各种理论学派将进一步呈现整合趋势。

（4）战略研究方法趋向多种方法的整合。企业战略理论是实践导向的学问。它的发展，一方面源于企业所处环境的变化以及面临的挑战和问题；另一方面源于研究方法的创新和丰富。企业战略理论广泛借鉴其他学科尤其是"近邻"经济学的研究方法，形成具有自身特色的方法论体系，这些方法包括产业组织经济学方法、企业文化学方法、博弈论方法、企业经济学方法、系统论方法和经验主义方法等。未来的战略管理必须面向不确定性环境，适应环境的变化，注重理论与实践的适应性与发展性，并提出各种状态下进行博弈的对策或规则。要达到这个目的，必须寻求方法上的突破，这种突破来自以博弈论为主要分析工具，并把其他相关的学科或理论加以有效整合，从而把宏观分析与微观分析、理性分析与非理性分析、动态分析与静态分析、定量分析与定性分析有机结合起来。

第二节　战略的层次和类型

一、战略管理三层次

1. 公司层战略

公司战略，又称总体战略，是企业最高层次的战略。它需要根据企业的目标，选择企业可以竞争的经营领域，合理配置企业经营所必需的资源，使各项经营业务相互支持、相互协调。如在海外建厂、在劳动成本低的国家建立海外制造业务的决策。

如果一个组织拥有一种以上的事业，那么它将需要一种公司层战略。这种战略一般需要寻求并回答这样的问题：我们应当拥有什么样的事业组合？公司战略应当决定每一种事业在组织中的地位等。

2. 业务层战略

业务层战略涉及各业务单位的主管及辅助人员。这些经理人员的主要任务是将公司战略所包括的组织目标、发展方向和措施具体化，形成本业务单位具体的竞争与经营战略。如推出新产品或服务、建立研究与开发设施等。

业务层战略立足于组织的各个业务层面。业务层战略寻求并回答这样的问题：在每一项业务领域里应当如何进行竞争？拥有多种事业的组织，每一个经营部门都会有自己的战略，这种战略规定该经营单位提供的产品或服务，以及向哪些顾客提供产品或服务等。

3. 职能层战略

职能层战略主要涉及企业内部各职能部门，如研究与开发、制造、市场营销、人力资源和财务部门等，职能部门应当与事业层战略保持一致。职能层战略寻求并回答这样的问题：我们应该怎样支撑事业层战略？如何更好地为各级战略服务，从而提高组织效率。由于这一方面的战略个性化很强，并没有一个固定的战略类型，企业应根据具体的情况和战略意图的要求，制定相应的职能层战略。

关于对三个层次战略管理的比较，如表8-1所示。

表8-1 战略管理的层次性

战略层次	主要责任人	关注重点
公司层战略	CEO，其他公司高级经理（所作决策通常由董事会批准）	建立和管理高效的业务组合 建立事业部之间的协同，并将其转化为竞争优势 确定投资优化顺序，将资源导向最有吸引力的事业部 评价/改进/统一事业部总经理所建议的经营方式和行动方案
业务层战略	事业部总经理（所作决策通常由公司高级经理/董事会评审/批准）	设计恰当的经营方式和行动方案，以获取竞争优势，取得竞争成功 对外界环境变化作出反应 协调职能部门所采取的战略行动 采用恰当的措施解决本事业部门的特有问题
职能层战略	职能部门经理（所作决策通常由事业部经理评审/批准）	制定恰当的行动方案和经营策略，以支持业务战略，完成职能/部门业绩目标 评价/改进/统一低层管理者所提出的与战略相关的行动方案和经营策略

二、公司层战略类型

1. 稳定型战略

稳定性战略（Stability Strategy）的特征就是很少发生重大的变化，这种战略包括持续地向同类型的顾客提供同样的产品和服务，维持市场份额，并保持组织一贯的投资报酬率记录。

判定一个组织是否应实行稳定性战略并不是一件容易的事。一般来说，稳定型战略适用于当组织的绩效令人满意而环境看上去将保持稳定的时候。

2. 增长型战略

增长战略（Growth Strategy）意味着提高组织经营的层次，它包括一些通行的衡量标准，如更高的销售额，更多的雇员和更大的市场份额。

增长型战略的方式包括直接扩张、合并同类型企业或多元化经营等。例如沃尔玛公司和麦当劳公司是以直接扩张的方式追求增长，当然另外有些公司采用合并的方式增长。

3. 收缩型战略

收缩战略（Retrenchment Strategy）意味着减小经营规模或是多元化经营的范围。如有不少企业实行收缩战略，其中包括一些美国著名的大公司——通用动力公司、美孚石油公司（Mobil Oil）、伊斯特曼柯达公司、大通曼哈顿银行，以及联合碳化公司（Union Carbide）等。

4. 组合型战略

组合战略（Combination Strategy）是同时实行两种或多种前面提到的战略。例如，公司的某种事业可能实行增长战略而另一种事业可能实行转包战略。1992年春季，通用汽车公司迅速扩展它的电子数据系统分公司（Electronic Data Systems），而大幅度削减它的美国国内汽车制造业务。

三、业务层战略类型

1. 适应战略

适应战略是美国雷蒙德·迈尔斯和查尔斯·斯诺在研究经营战略的过程中提出的。首先，区分出四种战略类型：防御者、探索者、分析者和反应者。然后，认证了采用前三种战略中的任何一种都能取得成功，只要所采取的战略与经营单位所处的环境内部结构和管理过程相吻合。但是，反应者战略常常导致失败。

① 防御者战略——寻求向整体市场中的一个狭窄的细分市场稳定地提供有限的一组产品。如麦当劳公司在快餐业中奉行的就是防御者战略的典型的成功的案例。

② 探索者战略——追求创新，其实力在于发现和发掘新产品和新市场机会。如联邦捷运公司采用的就是探索者战略发展出它的隔夜包裹递送业务。

③ 分析者战略——靠模仿生存，即复制探索者的成功思想。

④ 反应者战略——这是当其他三种战略实施不当时所采取的一种不一致和不稳定的战略模式。

2. 竞争战略

战略计划方面最重要的思想是哈佛大学工商管理学院的迈克尔·波特提出的。他的竞争战略框架表明，管理者能够从三种一般战略中进行选择，成功取决于他即所选择的战略类型，应与组织和产业的形势相适应。

（1）产业分析。在任何产业中，都有5种竞争力量控制着产业的竞争规则。迈克尔·波特指出控制产业竞争规则的五种竞争力量分别是新进入者的威胁、替代品或服务的威胁、购买者（买方）议价能力、供应商（卖方）议价能力以及同业竞争者之间的竞争。有关波特的五种力量模型的具体分析在本章第四节战略管理的分析方法中再详细介绍。

（2）选择竞争优势。按照波特的观点，没有一家企业能够成功地通过为所有的人做所有的事达到超过平均水平的绩效。他认为，管理当局必须选择一种能给他的组织带来竞争优势的战略。

① 成本领先战略。成本领先典型的方式包括高效率的运作、规模经济、技术创新、低人工成本或优惠地取得原材料。成功地运用成本领先战略的公司如沃尔玛、西南航空公司等。

② 别具一格战略。别具一格战略强调高超的质量、非凡的服务、创新的设计、技术性专长或不同凡响的商标形象等。如英特尔公司的技术。

③ 专一化战略。专一化战略则是集中在狭窄的细分市场中寻求成本领先优势（成本专一化）或别具一格优势（差别专一化）。

（3）保持竞争优势。不管采取三种基本战略中的哪一种战略，要想获得长期的成功还必须能够保持住竞争优势，即必须阻挡住来自竞争对手的侵蚀，或是跟上产业演变的趋势。技术变革、顾客需求变化，特别是某些竞争对手优势可能被竞争对手所模仿，使得保持竞争优势绝非易事。管理当局需要建立某些障碍使仿制难以得手，或是减少竞争对手的可乘之机。下面几种方式是你可以考虑的选择。

① 可以利用专利和版权减少仿制的机会。

② 当存在规模经济性时，通过降低价格以扩大销量和提高占有率是一种有用的策略。

③ 与供应商签订专供合同限制其向竞争对手的供应能力。

④ 鼓励政府对进口商品征税以限制来自国外的竞争等。

第三节 战略管理过程

一、日益重要的战略计划

计划是管理工作的基础，但是，旧规则的废弃、日新月异的技术革新、日益加剧的全球竞争以及其他方面的环境冲击，使这种传统的计划方法失去了作用。实践中，人们发现许多企业7～8年就倒闭了，许多产业都成了短命产业。

这种市场游戏规则的迅速变化迫使管理者们开发一种系统性的战略管理方法，以分析环境，评价组织的优势和劣势，以及识别有可能建立竞争优势的机会来获得生存和发展。

战略是目标和策略的组合，是企业远景、使命、命题等的全局规划和方针及定位。战略的核心问题是方向的确定和策略的选择。

所谓战略计划是指组织根据外部市场环境和内部资源条件而制定的涉及组织管理各方面（包括生产管理、市场营销管理、财务管理、人力资源管理等）的带有全局性的重大计划。

战略计划一般要定出5～10年甚至更长的发展方向，但也不是一次完成后就固定不变，它是随着组织内部和外部环境的变化而不断修正的一种管理过程。它强调组织的整体性，而不限于组织的某一个方面。

二、战略管理过程

战略管理，主要是指战略制定和战略实施的过程。一般说来，战略管理包含四个关键要素。

战略分析——了解组织所处的环境和相对竞争地位。

战略选择——战略制定、评价和选择。

战略实施——采取措施发挥战略作用。

战略评价和调整——检验战略的有效性。

具体来说，战略管理的过程包括以下几个阶段，如图8-1所示。

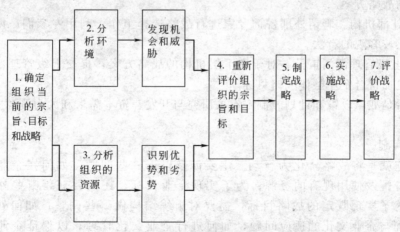

图8-1 战略管理的过程

1. 战略分析

战略分析的主要目的是评价影响企业目前和今后发展的关键因素，并确定在战略选择步骤中的具体影响因素。战略分析包括三个主要方面。

① 确定企业的使命和目标。它们是企业战略制定和评估的依据。

② 外部环境分析。战略分析要了解企业所处的环境（包括宏观、微观环境）正在发生哪些变化，这些变化给企业将带来更多的机会还是更多的威胁。具体来说，外部环境可以分为一般环境（也就是宏观环境）和行业环境（微观环境），其中行业环境我们可以通过"五力模型"来分析，分别是买方、供应方、替代品、潜在进入者和现有企业之间的竞争。

③ 内部条件分析。战略分析还要了解企业自身所处的相对地位，具有哪些资源以及战略能力，识别组织的优势和劣势；还需要了解与企业有关的利益和相关者的利益期望，在战略制定、评价和实施过程中，这些利益相关者会有哪些反应，这些反应又会对组织行为产生怎样的影响和制约。

2. 战略选择

战略分析阶段明确了"企业目前状况"，战略选择阶段所要回答的问题是"企业走向何处"。

（1）战略选择之前需要重新评价组织的宗旨和目标。针对上述对组织内外环境的分析，重新评价组织的宗旨和目标，作出及时的修改或调整。

（2）制定战略选择方案。在制定战略过程中，当然是可供选择的方案越多越好。企业可以从对企业整体目标的保障、对中下层管理人员积极性的发挥以及企业各部门战略方案的协调等多个角度考虑，选择自上而下的方法、自下而上的方法或上下结合的方法来制定战略方案。

（3）评估战略备选方案。评估备选方案通常使用两个标准：一是考虑选择的战略是否发挥了企业的优势，克服劣势，是否利用了机会，将威胁削弱到最低程度；二是考虑选择的战略能否被企业利益相关者所接受。需要指出的是，实际上并不存在最佳的选择标准，管理层和利益相关团体的价值观和期望在很大程度上影响着战略的选择。此外，对战略的评估最终还要落实到战略收益、风险和可行性分析的财务指标上。

（4）选择战略。即最终的战略决策，确定准备实施的战略。如果由于用多个指标对多个战略方案的评价产生不一致时，最终的战略选择可以考虑以下几种方法。

① 根据企业目标选择战略。企业目标是企业使命的具体体现，因而，选择对实现企业目标最有利的战略方案。

② 聘请外部机构。聘请外部咨询专家进行战略选择工作，利用专家们广博和丰富的经验，能够提供较客观的看法。

③ 提交上级管理部门审批。对于中下层机构的战略方案，提交上级管理部门能够使最终选择方案更加符合企业整体战略目标。

（5）最后是战略政策和计划。制定有关研究与开发、资本需求和人力资源方面的政策和计划。

3. 战略实施

战略实施就是将战略转化为行动。主要涉及以下一些问题：如何在企业内部各部门和各层次间分配及使用现有的资源；为了实现企业目标，还需要获得哪些外部资源以及如何使用；为了实现既定的战略目标，需要对组织结构做哪些调整；如何处理可能出现的利益再分配与企业文化的适应问题，如何进行企业文化管理，以保证企业战略的成功实施等。

4. 战略评价和调整

战略评价就是通过评价企业的经营业绩，审视战略的科学性和有效性。

战略调整就是根据企业情况的发展变化，即参照实际的经营事实、变化的经营环境、新的思维和新的机会，及时对所制定的战略进行调整，以保证战略对企业经营管理进行指导的有效性。包括调整公司的战略展望、公司的长期发展方向、公司的目标体系、公司的战略以及公司战略的执行等内容。

企业战略管理的实践表明，战略制定固然重要，战略实施同样重要。一个良好的战略仅仅是战略成功的前提，有效的企业战略实施才是企业战略目标顺利实现的保证。另一方面，如果企业没有能完善地制定出合适的战略，但是在战略实施中，能够克服原有战略的不足之处，那也有可能最终导致战略的完善与成功。当然，如果对于一个不完善的战略选择，在实施中又不能将其扭转到正确的轨道上，就只有失败的结果。

第四节　战略管理的分析方法

战略选择不是一种精密和纯粹的科学，它需要以往的经验、判断和感觉，在具有很大不确定性或所做的事情没有先例的情况下，直觉对于决策尤为重要。然而，在很多情况下，大多数组织并不是依靠决策者天才的直觉才得以生存和发展的，而是将直觉和分析结合起来进行战略选择。下面就来介绍几种战略管理常用的分析方法。

一、SWOT 分析

SWOT 分析法又称为态势分析法，它是由旧金山大学的管理学教授于 20 世纪 80 年代初提出来的，SWOT 四个英文字母分别代表：优势（Strength）、劣势（Weakness）、机会（Opportunity）、威胁（Threat）。

优势，是组织机构的内部因素，具体包括：有利的竞争态势；充足的财政来源；良好的企业形象；技术力量；规模经济；产品质量；市场份额；成本优势；广告攻势等。

劣势，也是组织机构的内部因素，具体包括：设备老化；管理混乱；缺少关键技术；研究开发落后；资金短缺；经营不善；产品积压；竞争力差等。

机会，是组织机构的外部因素，具体包括：新产品；新市场；新需求；外国市场壁垒解除；竞争对手失误等。

威胁，也是组织机构的外部因素，具体包括：新的竞争对手；替代产品增多；市场紧缩；行业政策变化；经济衰退；客户偏好改变；突发事件等。

SWOT 方法的优点在于考虑问题全面，是一种系统思维，而且可以把对问题的"诊断"和"开处方"紧密结合在一起，条理清楚，便于检验。运用这种方法，可以对研究对象所处的情景进行全面、系统、准确的研究，从而根据研究结果制定相应的发展战略、计划以及对策等。SWOT 分析法常常被用于制定集团发展战略和分析竞争对手情况，在战略分析中，它是最常用的方法之一。

SWOT 战略分析如表 8-2 所示。

表 8-2　SWOT 战略分析

内部因素 外部因素	优势(S)	劣势(W)
机会(O)	SO 战略(发展型战略)充分利用优势,抓住机会	WO 战略(扭转型战略)抓住机会,克服劣势
威胁(T)	ST 战略(多种经营战略)利用优势,避免威胁	WT 战略(防御型战略)缩小劣势,避免威胁

二、BCG 分析法

制定公司层战略最流行的方法之一是公司业务组合矩阵。该分析法是由美国波士顿（BCG）咨询集团于20世纪70年代初期开发的，所以又称为BCG分析法。它将组织的每一战略事业单位标在一种两维的矩阵图上，从而显示出哪个事业单位能够提供高额的潜在收益，哪个事业单位是组织资源的漏斗。高市场增长率定义为销售额至少达到10%的年增长率（扣除通货膨胀因素）。BCG矩阵区分出4种业务组合，见图8-2。

图 8-2　BCG 分析图

（1）问号（Question Marks）。亦称为问题产品（Problem Child）或野猫（Wild Cat），这里属于高度成长、低占有率的产品。管理当局应该仔细考虑，是否要花费更多的资金来提高市场占有率，以开创更美好的明天，或是缩小经营规模，甚至完全退出市场。

（2）明星产品（Stars）。这是属于高度成长、高占有率的产品。由于成长快速，因此，通常厂商不但不能从中获取大量的现金，反而还需要投入资金，以扩大市场，强化与推广，使自己能够更上一层楼，并在未来获取更多、更长远的利益。

（3）金牛产品（Cash Cows）。这是属于低度成长、高占有率的产品。由于竞争已经趋于稳定，因此，它可以产生大量的现金，以供厂商发展新产品，并培养逐渐生成的明日之星，可说是厂商的"金库"。

（4）瘦狗产品（Dogs）。又称为现金陷阱。这里属于低度成长、低占有率的产品，它或许还能自给自足，甚至对利润仍有贡献，但行销人员必须认清真相，不要因为感情因素，而将资金继续浪费在没有明天的产品上，除非产品本身仍有可为，否则，壮士断腕才是上策。

研究表明，牺牲短期利润以获取市场份额的组织，将产生最高的长期利润。因此，管理当局应当从现金牛身上挤出尽可能多的"奶"来，把现金牛业务的新投资限制在最必要的水平上，而利用现金牛产生的大量现金投资于明星业务，对明星业务的大量投资将获得高额红利。当然，当明星业务的市场饱和及增长率下降时，它们最终会转变为现金牛。最难作出的是关于问号业务的决策，其中一些应当出售，另一些有可能转成明星业务。但是问号是有风险的，管理当局应当限制投机性业务的数量。对于瘦狗不存在战略问题——这些业务所得的现金可以用来收购或资助某些问号业务。

三、波特的五种力量模型

五力模型是由波特提出的，它认为行业中存在着决定竞争规模和程度的五种力量，这五种力量综合起来影响着产业的吸引力。它是用来分析企业所在行业竞争特征的一种有效的工具。在该模型中涉及的五种力量包括：新的竞争对手入侵、替代品的威胁、买方议价能力、卖方议价能力以及现存竞争者之间的竞争。决定企业盈利能力首要的和根本的因素是产业的吸引力。图8-3反映了这五种力量的关系。

1. 新的竞争对手入侵

新进入者在给行业带来新生产能力、新资源的同时，将希望在已被现有企业瓜分完毕的市场中赢得一席之地，这就有可能会与现有企业发生原材料与市场份额的竞争，最终导致行业中现有企业盈利水平降低，严重的话还有可能危及这些企业的生存。竞争性进入威胁的严

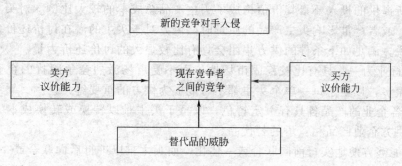

图 8-3 波特的五种力量模型

重程度取决于两方面的因素,这就是进入新领域的障碍大小与预期现有企业对于进入者的反应情况。

进入障碍主要包括规模经济、产品差异、资本需要、转换成本、销售渠道开拓、政府行为与政策(如国家综合平衡统一建设的石化企业)、不受规模支配的成本劣势(如商业秘密、产供销关系、学习与经验曲线效应等)、自然资源(如冶金业对矿产的拥有)、地理环境(如造船厂只能建在海滨城市)等方面,这其中有些障碍是很难借助复制或仿造的方式来突破的。

预期现有企业对进入者的反应情况,主要是采取报复行动的可能性大小,取决于有关厂商的财力情况、报复记录、固定资产规模、行业增长速度等。总之,新企业进入一个行业的可能性大小,取决于进入者主观估计进入所能带来的潜在利益、所需花费的代价与所要承担的风险这三者的相对大小情况。

2. 替代品的威胁

两个处于同行业或不同行业中的企业,可能会由于所生产的产品是互为替代品,从而在它们之间产生相互竞争行为,这种源自于替代品的竞争会以各种形式影响行业中现有企业的竞争战略。首先,现有企业产品售价以及获利潜力的提高,将由于存在着能被用户方便接受的替代品而受到限制;第二,由于替代品生产者的侵入,使得现有企业必须提高产品质量、或者通过降低成本来降低售价、或者使其产品具有特色,否则其销量与利润增长的目标就有可能受挫;第三,源自替代品生产者的竞争强度,受产品买主转换成本高低的影响。总之,替代品价格越低、质量越好、用户转换成本越低,其所能产生的竞争压力就强。而这种来自替代品生产者的竞争压力的强度,可以具体通过考察替代品销售增长率、替代品厂家生产能力与盈利扩张情况来加以描述。

3. 买方议价能力

购买者主要通过其压价与要求提供较高的产品或服务质量的能力,来影响行业中现有企业的盈利能力。增强购买者议价能力的原因有以下几个可能。

① 购买者的总数较少,而每个购买者的购买量较大,占了卖方销售量的很大比例。
② 卖方行业由大量相对来说规模较小的企业所组成。
③ 购买者所购买的基本上是一种标准化产品,同时向多个卖主购买产品在经济上也完全可行。
④ 购买者有能力实现后向一体化,而卖主不可能前向一体化。

4. 卖方议价能力

供方主要通过其提高投入要素价格与降低单位价值质量的能力,来影响行业中现有企业的盈利能力与产品竞争力。供方力量的强弱主要取决于他们所提供给买主的是什么投入要素，当供方所提供的投入要素其价值构成了买主产品总成本的较大比例、对买主产品生产过程非常重要、或者严重影响买主产品的质量时，供方对于买主的潜在讨价还价力量就大大增强。一般来说，满足如下条件的供方集团会具有比较强大的讨价还价力量。

① 供方行业为一些具有比较稳固市场地位而不受市场激烈竞争困扰的企业所控制，其产品的买主很多，以至于每一单个买主都不可能成为供方的重要客户。

② 供方各企业的产品各具有一定特色，以至于买主难以转换或转换成本太高，或者很难找到可与供方企业产品相竞争的替代品。

③ 供方能够方便地实行前向联合或一体化，而买主难以进行后向联合或一体化。

5. 现存竞争者之间的竞争

大部分行业中的企业，相互之间的利益都是紧密联系在一起的，作为企业整体战略一部分的各企业竞争战略，其目标都在于使得自己的企业获得相对于竞争对手的优势，所以，在实施中就必然会产生冲突与对抗现象，这些冲突与对抗就构成了现有企业之间的竞争。现有企业之间的竞争常常表现在价格、广告、产品介绍、售后服务等方面，其竞争强度与许多因素有关。

一般来说，出现下述情况将意味着行业中现有企业之间竞争的加剧，这就是：行业进入障碍较低，势均力敌竞争对手较多，竞争参与者范围广泛；市场趋于成熟，产品需求增长缓慢；竞争者企图采用降价等手段促销；竞争者提供几乎相同的产品或服务，用户转换成本很低；一个战略行动如果取得成功，其收入相当可观；行业外部实力强大的公司在接收了行业中实力薄弱企业后，发起进攻性行动，结果使得刚被接收的企业成为市场的主要竞争者；退出障碍较高，即退出竞争要比继续参与竞争代价更高。在这里，退出障碍主要受经济、战略、感情以及社会政治关系等方面考虑的影响，具体包括：资产的专用性、退出的固定费用、战略上的相互牵制、情绪上的难以接受、政府和社会的各种限制等。

行业中的每一个企业或多或少都必须应付以上各种力量构成的威胁，而且客户必须面对行业中的每一个竞争者的举动。除非认为正面交锋有必要而且有益处，否则客户可以通过设置进入壁垒，包括差异化和转换成本来保护自己。当一个客户确定了其优势和劣势时（参见SWOT分析），客户必须进行定位，以便因势利导，而不是被预料到的环境因素变化所损害，如产品生命周期、行业增长速度等，然后保护自己并做好准备，以有效地对其他企业的举动做出反应。

根据上面对于五种竞争力量的讨论，企业可以采取尽可能地将自身的经营与竞争力量隔绝开来、努力从自身利益需要出发影响行业竞争规则、先占领有利的市场地位再发起进攻性竞争行动等手段来对付这五种竞争力量，以增强自己的市场地位与竞争实力。

四、作为一种战略武器的 TQM

质量是产品的灵魂、企业的生命。美国著名质量管理学家约瑟夫·朱兰博士指出："20世纪是生产率的世纪，21世纪是质量的世纪，质量是和平占领市场最有效的武器。"现在，越来越多的组织正在运用全面质量管理（TQM）作为建立竞争优势的途径。

TQM专注于质量和持续的改进活动。持续的改进产品（服务）的质量和可靠性，可以使组织的竞争优势令竞争对手难以模仿。

一个组织满足顾客对质量的需求能够达到什么程度，它的与众不同就达到什么程度，同时顾客的忠诚就能保持到什么程度。因此，TQM从某种意义上来说就是公司的一种管理战略和实施过程。

第五节 企业家精神

一、企业家含义

企业家"Entrepreneur"一词是从法语中借来的,其原意是指"冒险事业的经营者或组织者"。在现代企业中企业家大体分为两类,一类是企业所有者企业家,作为所有者他们仍从事企业的经营管理工作;另一类是受雇于所有者的职业企业家,也称为内企业家。内企业家不可能像企业家那样自主决策和承担风险,这是因为内企业家发生在大型组织内部,所有的财务风险都由企业来承担,内企业家的行动受到企业的规则、政策和其他因素的限制,内企业家要向老板或上司报告,而成功的报偿不是真正的利润而是职业生涯的提升。更多的情况下,企业家只指第一种类型,而把第二种类型称作职业经理人。对企业家一词没有也不可能有一个权威的、统一的定义,不同的专家学者会给出不同的定义。

法国早期经济学家萨伊认为,企业家是冒险家,是把土地、劳动、资本这三个生产要素结合在一起进行活动的第四个生产要素,他承担着可能破产的风险。

英国经济学家马歇尔认为,企业家是以自己的创新力、洞察力和统帅力,发现和消除市场的不平衡性,创造交易机会和效用,给生产过程提出方向,使生产要素组织化的人。

美国经济学家熊彼特认为,企业家是不断在经济结构内部进行"革命突变",对旧的生产方式进行"创造性破坏",实现生产要素重新组合的人。

美国经济学家德鲁克也认为,企业家是革新者,是勇于承担风险、有目的地寻找革新源泉、善于捕捉变化并把变化作为可供开发利用机会的人。

由上表述可看出企业家的一些本质特征:冒险家、创新者。因此,我们不妨将企业家定义为:企业家是担负着对土地、资本、劳动力等生产要素进行有效组织和管理、富有冒险和创新精神的高级管理人才。企业家与一般厂长、经理等经营者的不同点,主要表现就在于企业家敢于冒险,善于创新。企业家是经济学上的概念,企业家代表一种素质,而不是一种职务。直接解释:企业家是为个人追求机会,通过创新满足需要,而不顾手中现有资源的活动过程。一般地讲,企业家的基本素质包括三个方面:第一个是有眼光;第二个是有胆量;第三个是有组织能力。

我国市场经济体制的确立要求建立现代企业制度,现代企业制度的建设则要求培养和造就现代企业家队伍并使企业家职业化。企业家职业化,是指企业领导者由过去计划体制下具有一定行政级别、享受相应政治待遇的行政官员转变为市场经济条件下接受资产所有者委托、领导企业自主经营的专职企业家。同时,企业家职业化还要求建立与之相适应的企业家市场。

二、企业家的特征

对企业家研究的最多的内容之一就是试图确定企业家共同的心理特征。迄今为止研究者已提出了许多特征,包括勤奋工作、自信、乐观、果断以及精力充沛等。而有三种要素经常处于企业家个性一览表的顶端,它们是:对成就的高度欲望、对把握自己命运的强烈的自信、对冒风险的适度的节制。

研究的结果使我们得出对企业家的一般性认识:他们拥有经济学家的头脑和战略家的眼光;趋向于独自担当解决问题、设定目标和依靠自己的努力实现目标的责任;崇尚独立和特别不喜欢被别人控制;虽然他们不怕承担风险,但他们决不盲目地冒险,他们更愿意冒那些他们认为能够控制结局的风险。

三、企业家的原动力

① 企业家的成长环境。企业家在成长的内部环境中离不开父母的支持与教育，父母对后代的企业家倾向有重要的影响作用；企业家在崇尚创新和创业的外部环境中更容易繁盛。

② 梦想和追求是企业家成长的内在心理动力。企业家成长离不开属于他们的梦想和追求。因为，这是他们最好的原始驱动力。

③ 偶像和榜样是企业家成长的内在行为模式，企业家们通常都有自己崇拜和试图仿效的偶像。当你看到有的人做某件前所未有的事情并且取得了成功，它会使创新和成功对你来说不再是难以企及的。因此，许多企业家都有一位自由职业或企业家的父亲。

④ 先前的创业经历是企业家行为特征的延续，因为过去的行为是未来行为最好的预报器。由于开办第2家或第3家新企业要比开办第1家新企业容易得多，因此，创办第1家企业的人趋向于将这种创业活动不断地继续下去。

四、企业家精神

1. 创新是企业家精神的灵魂

企业在市场竞争中输赢的关键在于其核心竞争力的强弱，而实现核心竞争力更新的唯一途径就是创新。一项权威的调查显示：与缺乏创新的企业相比，成功创新的企业能获得20%甚至更高的成长率；如果企业80%的收入来自新产品开发并坚持下去，五年内市值就能增加一倍；全球83%的高级经理人深信，自己企业今后的发展将更依赖创新。

熊彼特关于企业家是从事"创造性破坏（Creative Destruction）"的创新者观点，凸显了企业家精神的实质和特征。一个企业最大的隐患，就是创新精神的消亡。一个企业，要么增值，要么就是在人力资源上报废，创新必须成为企业家的本能。但创新不是"天才的闪烁"，而是企业家艰苦工作的结果。创新是企业家活动的典型特征，从产品创新到技术创新、市场创新、组织形式创新等。创新精神的实质是"做不同的事，而不是将已经做过的事做得更好一些"。所以，具有创新精神的企业家更像一名充满激情的艺术家。

2. 冒险是企业家精神的天性

坎迪隆（Richard Cantillion）和奈特（Frank Rnight）两位经济学家，将企业家精神与风险（Risk）或不确定性（Uncertainty）联系在一起。没有甘冒风险和承担风险的魄力，就不可能成为企业家。企业创新风险是二进制的，要么成功，要么失败，只能对冲不能交易，企业家没别的第三条道路。在美国3M公司有一个很有价值的口号："为了发现王子，你必须和无数个青蛙接吻"。"接吻青蛙"常常意味着冒险与失败，但是"如果你不想犯错误，那么什么也别干"。同样，对1939年在美国硅谷成立的惠普、1946年在日本东京成立的索尼、1976年在中国台湾成立的Acer、1984年分别在中国北京、青岛成立的联想和海尔等众多企业而言，虽然这些企业创始人的生长环境、成长背景和创业机缘各不相同，但无一例外都是在条件极不成熟和外部环境极不明晰的情况下，他们敢为人先，第一个跳出来吃螃蟹。

3. 合作是企业家精神的精华

正如艾伯特·赫希曼所言：企业家在重大决策中实行集体行为而非个人行为。尽管伟大的企业家表面上常常是一个人的表演（One-Man Show），但真正的企业家其实是擅长合作的，而且这种合作精神需要扩展到企业的每个员工。企业家既不可能也没有必要成为一个超人,但企业家应努力成为蜘蛛人,要有非常强的"结网"的能力和意识。西门子是一个例证,这家公司秉承员工为"企业内部的企业家"的理念,开发员工的潜质。在这个过程中,经理人充当教练角色,让员工进行合作,并为其合理的目标定位实施引导,同时给予足够的施展空间,并及时予以鼓励。西门子公司因此获得令人羡慕的产品创新纪录和成长记录。

4. 敬业是企业家精神的动力

马克斯·韦伯在《新教伦理与资本主义精神》中写到:"这种需要人们不停地工作的事业,成为他们生活中不可或缺的组成部分。事实上,这是唯一可能的动机。但与此同时,从个人幸福的观点来看,它表述了这类生活是如此的不合理:在生活中,一个人为了他的事业才生存,而不是为了他的生存才经营事业。"货币只是成功的标志之一,对事业的忠诚和责任,才是企业家的"顶峰体验"和不竭动力。

5. 学习是企业家精神的关键

荀子曰:"学不可以已。"彼得·圣吉在其名著《第五项修炼》说道:"真正的学习,涉及人之所以为人此一意义的核心。"学习与智商相辅相成,以系统思考的角度来看,从企业家到整个企业必须是持续学习、全员学习、团队学习和终生学习。日本企业的学习精神尤为可贵,他们向爱德华兹·戴明学习质量和品牌管理;向约琴夫·M·朱兰学习组织生产;向彼得·德鲁克学习市场营销及管理。同样,美国企业也在进行虚心学习、企业流程再造和扁平化组织,正是学习日本的团队精神结出的硕果。

6. 执著是企业家精神的本色

英特尔总裁葛洛夫有句名言:"只有偏执狂才能生存"。这意味着在遵循摩尔定律的信息时代,只有坚持不懈持续不断地创新,以夸父追日般的执著,咬定青山不放松,才可能稳操胜券。在发生经济危机时,资本家可以用脚投票,变卖股票退出企业,劳动者亦可以退出企业,然而企业家却是唯一不能退出企业的人。正所谓"锲而不舍,金石可镂;锲而舍之,朽木不折"。在20世纪80年代诺基亚人涉足移动通信,但到20世纪90年代初芬兰出现严重经济危机,诺基亚未能幸免遭到重创,公司股票市值缩水了50%。在此生死存亡关头,公司非但没有退却,反而毅然决定变卖其他产业,集中公司全部的资源专攻移动通信。坚韧执着的诺基亚成功了,如今诺基亚手机在世界市场占有率已达到35%。

7. 诚信是企业家精神的基石

诚信是企业家的立身之本,企业家在修炼领导艺术的所有原则中,诚信是绝对不能妥协的原则。市场经济是法制经济,更是信用经济、诚信经济。没有诚信的商业社会,将充满极大的道德风险,显著抬高交易成本,造成社会资源的巨大浪费。其实,凡勃伦在其名著《企业论》中早就指出:有远见的企业家非常重视包括诚信在内的商誉。诺贝尔经济学奖得主弗利曼更是明确指出:"企业家只有一个责任,就是在符合游戏规则下,运用生产资源从事利润的活动。亦即须从事公开和自由的竞争,不能有欺瞒和诈欺。"

传统管理者与企业家的比较,如表8-3所示。

表8-3 传统管理者与企业家的比较

项　　目	传统管理者	企　业　家
主要动机	晋升及其他传统的公司奖赏,如拥有办公室和权力	独立性、创新机会、财务权益
时间导向	实现短期目标	实现5~10年的企业成长
活动	授权和监督	直接参与

续表

项　　目	传统管理者	企　业　家
风险倾向	低	适度
对失败和错误的观点	避免	接受
对战略问题的思考次序	我控制的资源有哪些？什么结构决定了我们的组织与市场的关系？在力所能及范围内，我怎么使各种因素的冲击最小化？什么机会是适当的？	机会在哪里？ 我怎么向这个机会投资？ 我需要什么资源？ 我怎么样取得这种资源的控制？ 什么结构是最好的？

【案例分析】　海尔集团战略

从 1984 年创业至今，海尔经历了五个发展战略阶段，名牌战略、多元化战略、国际化战略、全球化品牌战略、2012 年进入网络化战略阶段。创业 30 多年来，海尔致力于成为"时代的企业"，每个阶段的战略主题都是随着时代变化而不断变化的，但贯穿海尔发展历程的，都离不开管理创新，重点关注的就是"人"的价值实现，使员工在为用户创造价值的同时实现自身的价值。海尔从 2005 年提出"人单合一"至今已经十多年，现在人单合一双赢模式因破解了互联网时代的管理难题而吸引了世界著名商学院、管理专家争相跟踪研究。

名牌战略：名牌战略阶段，海尔抓住改革开放的机遇，改变员工的质量观念，提高员工的质管素质，以过硬的质量创出冰箱行业第一个中国名牌。

1985 年还处在中国经济的短缺时代，电冰箱市场"爆炸式增长"，但仍然供不应求，很多厂家没有动力提高品质，大上产量但不注重质量。别的企业年产量都已经百万台了，海尔才不到十万台。海尔的观念是如果员工素质不能支持，盲目扩大规模只能丢掉用户。海尔大胆提出"要么不干要干就要争第一"的理念，以为用户提供高质量产品为目标。这时，海尔发生了"砸冰箱"事件，连海尔的上级主管部门都点名批评海尔，但正因为这一事件，唤醒了海尔人"零缺陷"的质量意识。后来，著名导演吴天明拍摄了电影《首席执行官》再现了"砸冰箱"的场景。1989 年市场疲软，很多冰箱厂家降价销售，但海尔提价 12% 仍然受到用户抢购，当时一张海尔冰箱票的价格甚至被炒到上千元。海尔创业仅用四年时间，拿到了中国冰箱行业的第一枚质量金牌；1990 年，获得国家质量管理奖和中国企业管理金马奖；1991 年又获得全国十大驰名商标。

多元化战略：1991 年开始，海尔进入多元化战略阶段。借着邓小平同志南巡讲话的机遇，海尔兼并了 18 家亏损企业，从只干冰箱一种产品发展到多元化，包括洗衣机、空调、热水器等。那时，舆论称"海尔走上了不规则之路"，行业也认为企业要做专业化，而不是"百货商场"，而海尔则认为"东方亮了再亮西方"，海尔冰箱已做到第一，在管理、企业文化方面有了可移植的模式。另外，不管是专业化还是多元化，本质在于有没有高质量的产品和服务体系。事实证明，开始坚持做专业化的企业后来也开始做多元化了，海尔起步比他们早了至少十年。

海尔的兼并与众不同，并不去投入资金和技术，而是输入管理理念和企业文化，用无形资产盘活有形资产，以海尔文化激活"休克鱼"。海尔文化激活"休克鱼"这个案例在 1998 年被写入哈佛案例库，张瑞敏也成为第一个登上哈佛讲坛的中国企业家。这样，海尔在中国家电行业奠定了领导地位。

国际化战略：20 世纪 90 年代末，海尔进入国际化战略阶段。此时正值中国加入 WTO，很多企业响应中央号召走出去，但出去之后非常困难，又退回来继续做定牌。海尔认为"国门之内无名牌""不是出口创汇,而是出口创牌",并且提出"下棋找高手""先难后易",首先进入发达国家创名牌,再以高屋建瓴之势进入发展中国家。

1999年,海尔在美国建立第一个海外工业园时,受到很多质疑,当时很多媒体说,美国的工厂都到中国来设厂,海尔反其道而行地跑到美国去设厂,最后肯定以失败告终。媒体有一篇文章题目就是5个字"提醒张瑞敏",还有媒体说:"别的企业到美国投资都不成功,海尔也很难成功""海尔是不在国内吃肉,却到国外啃骨头、喝汤。"

只看当时,海尔到美国去设厂肯定没有成本优势,但从今天来看,这无疑是个高度前瞻的、正确的决定,今天海尔满足美国当地消费者需求正是依托于美国南卡的海尔工厂。2001年,美国当地政府为感谢海尔为当地所做的贡献,无偿命名工厂附近一条道路为海尔路,这是美国唯一一条以中国品牌命名的道路。

海尔打造国际化品牌就是按照"走出去、走进去、走上去"的"三步走"思路。"走出去"阶段,海尔以缝隙产品进入国外主流市场;"走进去"阶段,海尔以主流产品进入当地主流渠道;"走上去"阶段,海尔以高端产品成为当地主流品牌。

这样,海尔逐渐在国际上树立品牌,成为中国品牌走向全球的代表者。

全球化品牌战略:从2005年开始,海尔进入全球化品牌战略阶段,全球化和国际化的不同在于其核心是本土化,这和国内企业OEM不同,也和日韩企业派驻本国员工到全球各地不同,海尔是创立自主品牌,在海外建立本土化设计、本土化制造、本土化营销的"三位一体"中心,员工都是当地人,更了解当地用户的个性化需求。

现在海尔已经在全球建立十大研发中心,21个工业园,66个营销中心,全球员工总数达到7.3万人。

其实,海外创牌之路很难,一般在国外培育一个品牌的赔付期是8到9年,所以,作为一个创自主品牌的企业,需要付出,需要有耐力。从目前中国品牌海外市场的占比来看,中国家电海外销售额中品牌家电仅占4%,而海尔在其中占了82%,也就是说,每十台中国品牌的家电,有8台是海尔品牌。

在这个阶段的标志事件是:2012年,海尔收购三洋电机在日本、东南亚的洗衣机、冰箱等多项业务,成功实现了跨文化融合;之后,海尔还成功并购新西兰高端家电品牌斐雪派克(Fisher&Paykel);2016年1月15日,海尔全球化进程又开启了历史性的一页——海尔与GE签署战略合作备忘录,整合通用电气家电业务,不仅树立了中美大企业合作的新典范,而且形成大企业之间超越价格交易的新联盟模式,《华尔街日报》形容海尔创造了"中国惊喜"。海尔在国际市场真正"走上去",成为全球大型家用电器的第一品牌。

网络化战略:网络化战略阶段,海尔从传统制造家电产品的企业转型为面向全社会孵化创客的平台,致力于成为互联网企业,颠覆传统企业自成体系的封闭系统,变成网络互联中的节点,互联互通各种资源,打造共创共赢新平台,实现攸关各方的共赢增值。

为此,海尔在战略、组织、员工、用户、薪酬和管理六个方面进行了颠覆性探索,打造出一个动态循环体系,加速推进互联网转型。在战略上,建立以用户为中心的共创共赢生态圈,实现生态圈中各攸关方的共赢增值;在组织上,变传统的自我封闭到开放的互联网节点,颠覆科层制为网状组织。在这一过程中,员工从雇佣者、执行者转变为创业者、动态合伙人,目的是要构建社群最佳体验生态圈,满足用户的个性化需求。在薪酬机制上,将"企业付薪"变为"用户付薪",驱动员工转型为真正的创业者,在为用户创造价值的同时实现自身价值;在管理创新上,通过对非线性管理的探索,最终实现引领目标的自演进。

2016年海尔的战略方向是以诚信为核心竞争力,以社群为基本单元,建立后电商时代的共创共赢新平台。海尔将重点聚焦把"一薪一表一架构"融入转型的六个要素中。"一薪"

即用户付薪,是互联网转型的驱动力;"一表"为共赢增值表,目的是促进边际效应递增;"一架构"是小微对赌契约,它可以引领目标的自演进。三者相互关联,形成闭合链条,共同推进互联网转型。

思考

结合战略的权变因素分析海尔集团战略转型的必要性。

测试题 你是企业家吗?

说明:这个小测验是看你是否具有与成功企业家有关的性格,就每一种特征从-2～2选择适当的标度对自己进行平定,每种标度的含义如下:

-2我肯定不具有这种特征、-1我基本不具有这种特征、0不能肯定或不知道、1我有一些这种特征、2我有很强的这种特征。

特 征

自信 有干劲、勤奋 冒险适度的能力 创造性 灵活性 积极响应挑战 推动能力、领导能力 与人们和睦相处的能力 对建议的敏感性 对批评的敏感性 市场知识 坚定、决心 随机应变 对成就的需要 首创精神 独立性 远见 利润导向 洞察力 乐观 多样化 产品和技术知识

思考题

1. 战略管理的本质是什么?包括哪几个阶段?
2. 成长战略与竞争战略有何区别?
3. 如何应用 SWOT 分析和 BCG 分析来制定企业战略?
4. 企业制定战略时为什么要进行行业分析,行业分析的基本要素有哪些?
5. 企业可采用的三种基本竞争战略是什么?使用的条件是什么?

管理学

第四单元 组织，管理的职能之二

为了使人们能为实现目标而有效地工作，就必须设计和维持一种职务结构，这就是组织管理职能的目的。

——哈罗德·孔茨

第九章 组织的基础

内容提要
- 组织概述
- 组织结构
- 组织设计
- 组织设计的权变因素

第四单元 组织，管理的职能之二

第一节 组织概述

一、组织的含义与类型

组织是指为了实现既定的目标，按一定规则和程序而设置的多层次岗位及其有相应人员隶属关系的权责角色结构。定义包含以下特点。

① 有明确的目标。
② 是实现特定目标的工具。
③ 有不同层次的分工合作。
④ 是一个有机的系统整体。

我们按组织产生的依据可将组织分为正式组织与非正式组织两种类型。

正式组织是指由许多要素按照一定的联结形式组合而成的具有一定结构、同一目标和特定功能的行为系统。它有明确的目标、任务、结构和相应的机构、职能和成员的权责关系以及成员活动的规范。作为正式组织，不论其规模大小和从事的是什么样的活动，其组建、运行都需要有三个基本要素：意愿协作、共同目标和信息沟通。

非正式组织是"正式组织"的对称，最早由美国管理学家梅奥等通过"霍桑实验"提出。人们在正式组织所安排的共同工作和相互接触中，必然会以感情、性格、爱好相投为基础形成若干人群，这些群体不受正式组织的行政部门和管理层次等的限制，也没有明确规定的正式结构，但在其内部也会形成一些特定的关系结构，自然涌现出自己的"头头"，形成一些不成文的行为准则和规范。这种人们在共同的工作过程中自然形成的以感情、喜好等情绪为基础的一种松散的、没有正式规定的群体就称为非正式组织。两者的区别如表 9-1 所示。

表 9-1 正式组织与非正式组织的区别

比较项目	正式组织	非正式组织
存在形态	正式（官方）	非正式（民间）
形成机制	自觉组建	自发形成
运作基础	制度与规范	共同兴趣与情感上的一致
领导权力来源	由管理当局授予	由群体授予
组织结构	相对稳定	不稳定
目标	利润或服务社会	成员满意
影响力的基础	职位	个性
控制机制	解雇或降级的威胁	物质或社会方面的制裁
沟通	正式渠道	小道消息

当然，关于组织的划分通常还有规模上的一些标准，根据规模的不同可划分为大中小三种类型，关于企业组织的规模标准参见给出的案例。

【案例】 统计上大中小型企业划分办法（暂行）

《统计上大中小型企业划分办法（暂行）》以三个指标作为划分标志，即企业的"从业人员数"、"销售额"和"资产总额"。其主要原因是：第一，"从业人员数"作为企业的划分指标，具有简单、明了的特点，也与世界主要国家的通行做法一致，具有国际可比性；第二，"销售额"可以客观反映企业的经营规模和市场竞争能力，也是我国现行统计指标中数据比较完整的指标，容易操作；第三，"资产总额"可以从资源占用和生产要素的层面上反映企业规模。因此，采用这三个指标进行划分具有一定的科学性和可操作性。标准将企业的类型划分为大中小三个类型，各行业企业的具体划分标准如表 9-2 所示。

表 9-2 各行业企业的具体划分标准

行业名称	指标名称	计算单位	大型	中型	小型
工业企业	从业人员数	人	2000 及以上	300～2000 以下	300 以下
	销售额	万元	30000 及以上	3000～30000 以下	3000 以下
	资产总额	万元	40000 及以上	4000～40000 以下	4000 以下
建筑企业	从业人员数	人	3000 及以上	600～3000 以下	600 以下
	销售额	万元	30000 及以上	3000～30000 以下	3000 以下
	资产总额	万元	40000 及以上	4000～40000 以下	4000 以下
批发企业	从业人员数	人	200 及以上	100～200 以下	100 以下
	销售额	万元	30000 及以上	3000～30000 以下	3000 以下
零售企业	从业人员数	人	500 及以上	100～500 以下	100 以下
	销售额	万元	15000 及以上	1000～15000 以下	1000 以下
交通运输业企业	从业人员数	人	3000 及以上	500～3000 以下	500 以下
	销售额	万元	30000 及以上	3000～30000 以下	3000 以下
邮政企业	从业人员数	人	1000 及以上	400～3000 以下	400 以下
	销售额	万元	30000 及以上	3000～30000 以下	3000 以下

二、组织结构

1. 组织结构

组织结构指的是组织内部各要素之间相互联系、相互作用的形式和方式。它描述的是一个组织的整体框架。组织结构是组织的全体成员为实现组织目标，在管理工作中进行分工协作，在职务范围、责任、权利方面所形成的结构体系。

组织结构可以被分解为三种成分：复杂性、规范性和集权与分权性。

复杂性——指的是组织分化的程度。一个组织愈是进行细致的劳动分工，就具有愈多的纵向等级层次，组织单位的地理分布愈是广泛，则协调人员及其活动就愈是困难。

规范性——组织依靠规则和程序引导员工行为（该做什么、不该做什么）的程度。

集权与分权性——指的是组织决策制定权力的分布。

2. 组织的四大结构

组织结构一般可分为职能结构、层次结构、部门结构、职权结构四个方面。

（1）职能结构。是指实现组织目标所需的各项业务工作以及比例和关系。其考量维度包括职能交叉（重叠）、职能冗余、职能缺失、职能割裂（或衔接不足）、职能分散、职能分工过细、职能错位、职能弱化等方面。

（2）层次结构。是指管理层次的构成及管理者所管理的人数（纵向结构）。其考量维度包括管理人员分管职能的相似性、管理幅度、授权范围、决策复杂性、指导与控制的工作量、下属专业分工的相近性等。

（3）部门结构。是指各管理部门的构成（横向结构）。其考量维度主要是一些关键部门是否缺失或优化。从组织总体型态，各部门一、二级结构进行分析。

（4）职权结构。是指各层次、各部门在权力和责任方面的分工及相互关系。主要考量部门、岗位之间权责关系是否对等。

第二节 组织设计

一、组织设计概念

组织设计（Organizational Design），是指管理者将组织内各要素进行合理组合，建立和实施一种特定组织结构的过程。组织设计是有效管理的必备手段之一。

组织设计可能有三种情况：新建的企业需要进行组织结构设计；原有组织结构出现较大的问题或企业的目标发生变化时，原有组织结构需要进行重新评价和设计；组织结构需要进行局部的调整和完善。

组织设计的任务是设计清晰的组织结构，规划和设计组织中各部门的职能和职权，确定组织中职能职权、参谋职权、直线职权的活动范围并编制职务说明书。

尽管组织结构日益复杂、类型演化越来越多，但任何一个组织结构都存在三个相互联系的问题，即职权如何划分；部门如何确立；管理层次如何划分。这就是组织设计的内容。组织结构设计的最后成果表现为组织结构图、职位说明书和组织手册。

（1）组织图。也称组织树，用图形表示组织的整体结构、职权关系及主要职能。组织图一般描述下列几种组织结构及管理关系方面的信息：权力结构、沟通关系、管理范围及分工情况、角色结构和组织资源流向等。

（2）职位说明书。是说明组织内部的某一特定职位的责任、义务、权利及其工作关系的书面文件。包括：职位名称及素质能力要求、工作内容和工作关系等。

(3) 组织手册。是职位说明书与组织图的综合，用以说明组织内部各部门的职权、职责及每一个职位的主要职能、职责、职权及相互关系。

二、组织设计的步骤

(1) 确立组织目标。通过收集及分析资料，进行设计前的评估，以确定组织目标。

(2) 划分业务工作。一个组织是由若干部门组成的，根据组织的工作内容和性质，以及工作之间的联系，将组织活动组合成具体的管理单位，并确定其业务范围和工作量，进行部分的工作划分。

(3) 提出组织结构的基本框架。按组织设计要求，决定组织的层次及部门结构，形成层次化的组织管理系统。

(4) 确定职责和权限。明确规定各层次、各部门以及每一职位的权限和责任。一般用职位说明书或岗位职责等文件形式表达。

(5) 设计组织的运作方式。包括：联系方式的设计，即设计各部门之间的协调方式和控制手段；管理规范的设计，确定各项管理业务的工作程序、工作标准和管理人员应采用的管理方法等；各类运行制度的设计。

(6) 决定人员配备。按职务、岗位及技能要求，选择配备恰当的管理人员和员工。

(7) 形成组织结构。对组织设计进行审查、评价及修改，并确定正式组织结构及组织运作程序，颁布实施。

(8) 调整组织结构。根据组织运行情况及内外环境的变化，对组织结构进行调整，使之不断完善。

一个组织好比一座房子，组织结构好比房子的框架，部门就是各个不同的房间，岗位设置就是在各房间摆椅子，工作分析就是判断坐在椅子上的人应做哪些工作，应给什么回报以及坐在这把椅子上的人应具备哪些条件。

三、组织设计的原则

1. 目标统一性原则

组织结构要服从组织中每一项工作的任务和目标，尤其是价值链上的目标，体现一切设计为目标服务的宗旨。

2. 劳动分工原则

传统的观点，也就是亚当·斯密的劳动分工观点在 20 世纪早些时候无疑是正确的，是有利于生产率提高的。而现代的观点认为劳动分工应该有一个"度"的问题。如图 9-1 所示，在某一点上，由劳动分工产生的人员非经济性（表现为厌倦、疲劳、压力、低生产率、劣质品、常旷工和高离职流动率等）会超过专业化的经济优势。

3. 统一指挥原则

统一指挥原则最早由法约尔提出来。法约尔认为，无论什么工作，一个下级只能接受一个上级的指挥，如果两个或者两个以上领导人同时对一个下级或一件工作行使权力，这样的下属人员就可能要面对来自多个主管的冲突要求或优先处理要求，就会出现混乱局面。

后人对法约尔的提法加以发展：一个人只能接受同一的命令。数名领导需要协商后才能下达的命令，由领导协商一致后，再行下达。

统一指挥原则被破坏的原因有两点。

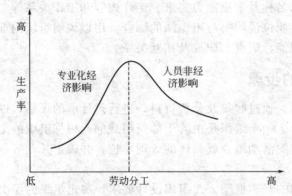

图 9-1 劳动分工对生产率的影响

① 心理学研究表明,许多领导人忽视该原则,是因为习惯于下命令,不习惯于磋商;习惯于直接指挥,不习惯于间接指挥。领导者不信任或者不完全信任下级,事必躬亲,造成不同层次的领导者同时指挥的现象。

② 派系和权力之争也会引起多头指挥。

现代的观点认为,当组织相对简单时,统一指挥概念是合乎逻辑的。但也有一些情况,例如在矩阵式组织结构中,当严格遵照统一指挥原则行事时,会造成某种程度的不适应性,妨碍组织取得良好的绩效。

4. 职权与职责原则

所谓职权(Authority)是指职位的权力,是管理职位所固有的发布命令和希望命令得到执行的权力。职权与组织内的一定职位相关。

职责(Responsibility),即职位的责任。一个人得到了某种"权力",他也就要承担相应的"责任"。即责权要对等、要一致。授权不授责只会给滥用职权之人造成机会,同样也没有人应当对他不拥有权力的事负责任。

注意:职权可以下授——授权。职责分为执行职责和最终职责——执行职责可以下授,但最终职责不可以下授。

授权的成功与否,从大的方面来讲,决定着企业的兴衰成败;从小的方面来讲,影响工作的顺利开展。因此,授权必不可少,授权势在必行。知名国际战略管理顾问林正大说:"通俗地说,授权就像放风筝,部属能力弱线就要收一收,部属能力强线就要放一放。"

管理的研究者和实践者们发现,你不必成为一个管理者就可以拥有某种权力,权力也未必与一个人在组织中所处的地位完全相关。

职权和权力两个词很容易混淆。职权是掌握职权的人在组织中所居职位的合法的、正式的权力,职权与职务是相伴随的。而权力则是指一个人影响决策的权力。这就需要了解权力的五种来源。

(1) 强制权力。一种依赖于惧怕的力量。如停职、裁员、降级等。

(2) 奖赏权力。一种能给他人认为有价值的奖赏的权力。如金钱、良好的工作评价、晋升、安排有趣的工作任务等。

(3) 合法权力。一个人在正式层级中占据某一职位所相应得到的权力。合法的权力包括强制权力和奖赏权力。

(4) 专家权力。一种来自于专长、特殊技能或知识的影响力。

(5) 感召权力。感召权力的权力基础是对一个人所拥有的独特智谋或个人特质的一种确认。如具有领袖魅力的人、歌星、球星等。

思考：请你结合图 9-2（权力的分布），思考为什么高层经理人员的秘书，尽管只有很小的职权，却通常有相当大的权力？

5. 管理跨度原则

一位管理者能够有效地指挥多少个下属呢？这就需要你掌握管理跨度的概念。所谓管理跨度是指一位管理者能够有效地指挥下属的数量。管理跨度与管理层次成反比关系。管理跨度大，管理层次就少；反之，管理跨度小，管理层次就大。

管理跨度的概念为什么重要？因为它在很大程度上决定了组织的层次和管理人员的数目。

假设有两个组织，它们的作业人员为 4096 人。如图 9-3 所示，如果一个组织的管理跨度为 4；另一个组织的跨度为 8。结果显示跨度大的组织可减少两个层次，可精减 780 名管理人员。假如管理人员的平均年薪为 5 万元，则加宽管理的跨度后将使组织在管理人员工资上每年节省 3900 万元！从成本角度看，宽跨度明显的是更有效率的。但在某一点上，宽跨度会导致效率降低。

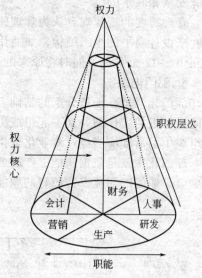

图 9-2 权力的分布

跨度为 4 人

1	1	1
4	2	8
16	3	64
64	4	512
256	5	4096
1024	6	
4096	7	
4096	作业人员	4096
1365	管理人员	585

跨度为 8 人

图 9-3 管理跨度对比图

当你在决定管理跨度时，你需要考虑以下权变因素。

① 主管人员的能力。能力强，精力充沛，经验丰富，管理跨度就可以大一些，反之，就应小一些。

② 下级人员的能力和成熟度。下级能力强且训练有素，心理成熟度也较高，则管理跨度可以大些，反之，应小一些。

③ 沟通程度。有关命令、政策、方针和指示容易传达，管理跨度可以大一些，反之，应该小一些。

④ 层次高低。管理者位于组织中的层次高，用来制定计划处理例外活动就多，管理跨度就应该小一些；反之，应该大一些。

此外，其他对合适的跨度范围起决定作用的权变因素还有：下属工作的任务的相似性，任务的复杂性，下属工作地点的相近性，使用标准程序的程度，组织管理信息系统的先进性程度，组织文化的凝聚力，以及管理者的管理风格等。

一般来讲，上层管理跨度以 4~8 人为宜；下层管理跨度以 8~15 人为宜。古典学者们都主张窄小的跨度（通常不超过 6 人）以便对下属保持紧密控制，当然这是与当时的环境和情境变量相联系的。

管理跨度的现代观点认为管理跨度日益根据权变因素变化的情况向上调整，即以宽管理跨度来设计扁平的组织结构。如通用电气等公司，它们的管理者的跨度于韦尔奇上任后已拓宽到 10～12 个下属，同时将原来的 12 个层次减少到了 5 个层次。

6. 部门化原则

部门化就是在任务分工的基础上，自上而下地对各种任务加以归类，根据不同的标准将相同或相近的工作归并到一起组成工作单位，形成一个个专业化的工作部门。传统的观点认为组织中的活动应当经过专业化分工而组合到部门中去。

部门化主要是依据职能、产品或服务、顾客、地区、过程等标准加以分类。

(1) 职能部门化。按履行的职能组合工作活动，称之为职能部门化。见图 9-4。

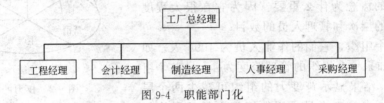

图 9-4　职能部门化

(2) 产品部门化。组织的制造及其他重要活动都按产品作了分割，以便给予产品经理足够的自治和控制权。见图 9-5。

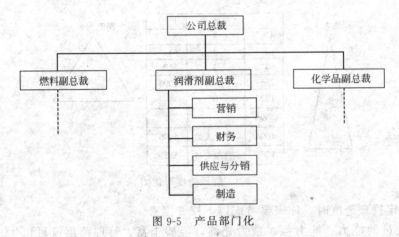

图 9-5　产品部门化

(3) 顾客部门化。组织力求争取的顾客的特定类型也可以用来组合工作人员，形成顾客部门化设计。见图 9-6。

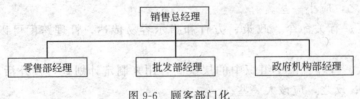

图 9-6　顾客部门化

(4) 地区部门化。地区部门化是按地理区域进行的设计的。见图 9-7。

(5) 过程部门化。过程部门化既可以在制造产品，也可以在提供服务中加以应用。见图 9-8。

古典学者所建议的划分部门的方式大部分或全部继续在许多组织中得到使用。然而，有

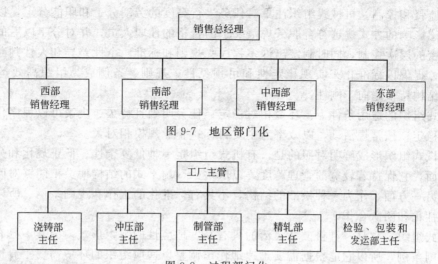

图 9-7 地区部门化

图 9-8 过程部门化

两种趋势值得我们在这里提及。

① 以顾客为导向的顾客部门化愈来愈受到高度的重视。这是以市场为导向的组织必然要求。

② 跨越传统部门界限的团队和工作小组的广泛采用，正使得原来僵硬的部门划分得到补充，使组织变得有机和富有弹性。

7. 因事设职与因人设职相结合的原则

组织设计的根本目的是为了保证组织目标的实现，是使目标活动的每项内容都落实到具体的岗位和部门。首先考虑工作的特点和需要，要求因事设职，因职用人，同时必须重视人的因素，重视人的特点和人的能力。

8. 精简高效原则

所谓精简，是指组织的结构在满足经营管理需要，保证组织目标实现的前提下，把组织中的机构和人员的数量减少到最低限度，使组织结构的规模与所承担的任务相适应，以此来进一步降低生产成本、管理成本和协作成本，增加组织的效率。

9. 执行与监督分立原则

组织是以规范化运行的，在运行过程中，要求将执行部门和监督部门分设，以保障组织的公平与公正。例如财务部负责日常的财务管理和成本核算，审计部门对其进行审计与监督。

四、组织设计的权变因素

1. 机械式和有机式

机械式和有机式是组织设计的两种一般模式，它们的特点如图 9-9 所示。

机械式组织（Mechanistic Organization）又称官僚行政组织。它是一种稳定的、僵硬的结构形式，是综合使用传统设计原则的产物，它具有严格的结构层次和固定的职责，强调高度的正规化，有正式的沟通渠道，决策常采用集权形式，它追求的主要目标是稳定运行中的效率。机械式组织是在坚持统一指挥的结果下产生的一条正式的职权等级链，每个人只受一

机械式组织	有机式组织
·严格的层级关系	·合作（纵向的和横向的）
·固定的职责	·不断调整的职责
·高度的正规化	·低度的正规化
·正式的沟通渠道	·非正式的沟通渠道
·集权的决策	·分权的决策

图 9-9 机械式和有机式比较

个上级的监督和控制。机械式组织注重对任务进行高度的劳动分工和职能分工，以客观的不受个人情感影响的方式挑选符合职务规范要求的合格的任职人员，并对分工以后的专业化工作进行严密的层次控制，同时制定出许多程序、规则和标准。个性差异和人性判断被减少到最低限度，提倡以标准化来实现稳定性和可预见性，规则、条例成为组织高效运行的润滑剂，组织结构特征趋向于刚性。

机械式组织的适用条件为：环境相对稳定；任务明确且持久、决策可以程序化；技术相对统一而稳定；按常规活动，以效率为主要目标；企业规模相对大。

与机械式组织形成鲜明对照的是，有机式组织是一种低复杂性、低正规化和分权化的组织。一方面，它保持着较宽的管理跨度，以层次少、扁平式的结构使员工能够对问题做出迅速反应；另一方面，作为一种松散的结构，不具有标准化的工作和规则条例。所以，它所关注的是人性化和团队合作。

有机式组织，它是一种松散、灵活的具有高度适应性的组织形式。因其不具有标准化的工作和规则条例，所以它能根据需要迅速地作出调整以适应组织的环境需要。有机式组织也进行劳动分工，但人们所做的工作并不是标准化的。员工的教育已经将职业行为的标准灌输到他们体内，依靠职业标准来指导他们的行为，所以不需要多少正式的规则和直接监督。有机式组织保持低程度的集权化，就是为了使职业人员能对问题作出迅速反应。

有机式组织适用如下一些条件：环境相对不稳定和不确定，企业必须充分对外开放；任务多样化且不断变化，使用探索式决策过程；技术复杂而多变；有许多非常规活动，需要较强的创造和革新能力；企业规模相对较小。

2. 组织设计的权变因素

（1）战略。整体来看，组织的结构应当服从组织的战略，如果管理层对组织的战略作了重大调整，那么就需要修改结构以适应和支持这一调整的变革。在此我们引用艾尔弗雷德·钱德勒（Alfred Chandler）的观点："公司战略的变化先行于并且导致了组织结构的变化"。

（2）规模。足够的历史证据说明，组织的规模对其结构具有明显的影响作用。通常，大型组织（在西方国家雇用人员通常在2000人以上）倾向于比小型组织具有更高程度的专业化和横向及纵向的分化，规则条例也更多。但是，这种关系并不是线性的，而是随着规模的扩大，规模对结构的边际影响是逐渐递减的。大型组织并不注定是低效率的。许多大公司，如通用电气公司、沃尔玛公司、惠普公司和微软公司通过将组织划分为若干较小的、更为灵活的单位，已将大规模和灵活性有机协调起来。

（3）技术。任何组织都需要采取某种技术，将投入转为产出，为达到这一目的，组织要使用设备、材料、知识和丰富经验的员工，并将这些组合到一定类型和形式的活动之中。如果要使技术与结构关系的思想适用于所有的企业组织，我们有必要以一种更一般的方式对技术作可操作性的分析。在此我们引用查尔斯·佩罗（Charles Perrow）的一种研究方法。佩罗从以下两个方面对技术进行考察：成员在工作中遇到的例外的数目；为寻找妥当解决例外问题的有效方法所采用的探索过程的类型。他将第一个因素称作任务多变性；第二个因素称作问题可分析性。

佩罗使用任务的多变性和问题的可分析性这两个变量，构建了一个 2×2 矩阵（如图 9-10 所示）。该矩阵的 4 个象限代表 4 类技术：常规的、工程的、手艺的和非常规的。常规技术（象限Ⅰ）只有少量的例外，问题易于分析。用来生产钢铁和汽车或者提炼石油的大量生产过程，就属于这一类。工程技术（象限Ⅱ）有大量的例外，但可以以一种理性的、系统的分析进行处理。桥梁建造属于这一类。手工技术（象限Ⅲ）处理的是相对复杂，但少量例外的问题。制鞋和家具修补属于这一类。最后，非常规技术（象限Ⅳ）以诸多例外和问题难

图9-10 佩罗的技术分类

以分析为特征。这类技术的代表是航天业务，比如航天飞机的开发就采用了这类技术。

因此，控制和协调方法必须因技术类型而异。越是常规的技术，越需要组织结构的高度标准化。反之，越是非常规的技术，则要求更大的组织结构灵活性，结构就越应该是有机式的。通常的做法是将一种机械式结构与常规技术相配合。

（4）环境。环境也是组织结构的一个主要影响力量。如果一个组织的结构能够对其所处的环境做出适应性调整，那么，它就能获得巨大而持久的成长。反之，它将会走向衰退，甚至消亡。同时，几乎没有哪个企业能够改变自己生存的环境，因而只能去适应它。从本质上说，机械式组织在稳定的环境中运作最为有效；有机式组织则与动态的、不确定的环境最匹配。21世纪知识经济的总体特征要求我们的组织应该有一个更加松散、扁平的组织结构。

环境与战略之间不是相互独立的关系，而是相关关系。同样，一个企业技术的进步不仅影响着该企业组织的结构，它还影响着该企业的生存环境，而环境反过来又影响着该企业的组织结构，因此技术和环境之间也是相互关联的。由于各因素之间不是相互独立的，而是相互相关的，如果我们把企业的组织结构看成是由环境、战略、规模、技术等变量构成的一个效用函数，那么，组织结构的总效用绝不是单个权变因素的效用相加。换句话说就是，单个权变因素对企业组织结构的影响不仅仅取决于它自身，而且取决于各个因素相互影响的综合。

【案例分析一】 教授的建议[1]

H市宇宙冰箱厂近几年来有了很大的发展，该厂厂长周冰是个思路敏捷、有战略眼光的人，早在前几年"冰箱热"的风潮中，他已预见到今后几年中冰箱热会渐渐降温，变畅销为滞销，于是命该厂新产品开发部着手研制新产品，以保证企业能够长盛不衰，果然，不久冰箱市场急转直下，各大商场冰箱都存在着不同程度的积压。好在宇宙厂早已有所准备，立即将新研制生产出的小型冰柜投入市场，这种冰柜物美价廉且很实用，一问世便立即受到广大消费者的欢迎，宇宙厂不仅保住了原有的市场，而且又开拓了一些新市场。但是，近几个月来，该厂产品销售出现了一些问题，用户接二连三地退货，要求赔偿，影响了该厂产品的声誉。究其原因，原来问题主要出在生产上，主管生产的副厂长李英是半年前从H市二轻局调来的。她今年42岁，是个工作勤恳、兢兢业业的女同志，工作认真负责，口才好，有一定的社交能力，但对冰箱生产技术不太了解，组织生产能力欠缺，该厂生产常因所需零部件供应不上而停产，加之质量检验没有严格把关，尤其是外协件的质量常常不能保证，故产品接连出现问题，影响了宇宙厂的销售收入，原来较好的产品形象也有一定程度的破坏，这种状况如不及时改变，该厂几年来的努力也许会付诸东流。周厂长为此很伤脑筋，有心要把李

---

[1] http://wenku.www.baidu.com/view/d9fcd706eff9aef8941e06ce.html

英撤换下去，但又为难，因为李英是市二轻局派来的干部，和上面联系密切，并且她也没犯什么错误，如硬要撤，搞得不好，也许会弄僵上下级之间的关系（因为该厂隶属于市二轻局主管）。不撤换吧，厂里的生产又抓不上去，长此以往，企业很可能会出现亏损局面。周厂长想来想去不知如何是好，于是就去找该厂的咨询顾问某大学王教授商量，王教授听罢周厂长的诉说，思索一阵，对周厂长说："你何不如此如此呢……"周厂长听完，喜上眉梢，连声说："好办法、好办法"，于是便按王教授的意图回去组织实施。果然，不出二个月，宇宙厂又恢复了生机。王教授到底如何给周厂长出谋划策的呢？原来他建议该厂再设一生产指挥部，把李英升为副指挥长，另任命一懂生产有能力的赵翔为生产指挥长主管生产，而让李英负责抓零部件、外协件的生产和供应，这样既没有得罪二轻局，又使企业的生产指挥的强化得到了保证，同时又充分利用了李、赵两位同志的特长，调动了二人的积极性，解决了一个两难的难题。

小刘是该厂新分来的大学生，他看到厂里近来一系列的变化，很是不解，于是就去问周厂长："厂长，咱们厂已经有了生产科和技术科，为什么还要设置一个生产指挥部呢？这不是机构重复设置吗？我在学校里学过有关组织设置方面的知识，从理论上讲组织设置应该是因事设人，咱们厂怎么是因人设事，这是违背组织设置原则的呀！"周厂长听完小刘一连串的提问，拍拍他的肩膀关照说："小伙子，这你就不懂了，理论是理论，实践中并不见得都有效。"小刘听了，仍不明白，难道是书上讲错了吗？

思考

1. 在企业中如何设置组织机构？到底应该"因事设人"还是应该"因人设事"？
2. 你认为王教授的建议是否合适？
3. 你认为应该如何看待小刘的提问？
4. 如果你是厂长，你将如何处理这个难题？

【案例分析二】 海尔组织创新的启示

海尔正在推行的小微企业和创客生态圈引起了世界著名管理学者加里·哈默（Gary Hamel）的注意。在这位以研究企业战略见长的教授看来，海尔以如此体量的公司进行这场大规模的变革，在全世界都很少见。这一做法是把客户至上转化为与客户共创，同时打破传统的组织边界，把员工转化成为创客……海尔走上的是一条没有既定路线图的发展之路。

2016年2月17日，哈默教授第二次来到海尔，深入各个部门进行访谈。他这次来发现了三个重要变化：一是公司将重点放在每位员工要能够直接接触用户，及时做出反应；二是赋予小微组织自由度，可以直接从外部吸引风险投资；三是与用户和创客合作的平台正在吸引全球资源共同协作。这些变化的一个基本原则就是分权，也让海尔在过去几年中的市场占有率不断增加。

2015年，海尔集团利润同比增长20%，有超过100个小微年营收超过亿元，22个小微引入风投，12个小微估值过亿。这样也让海尔的变革成为一个现象级的案例。由海尔的组织创新，哈默教授提出了发人深省的问题：如何成为一家互联网公司？怎样才能重塑管理？由这些问题，哈默教授引证了一些企业的案例，以期从中找出变革的成功方法。

如何成为一家互联网公司

首先，成为一家互联网公司需要有野心，把现有行业的优势扩大。哈默教授在长期研究中发现，创造力的基础是资源和目标之间的差距。差距越大创造力越大。当资源变大，而目标不随着资源扩大而扩大时，目标就不够大。

十几年前，索尼随身听只能装十几首歌曲时，乔布斯考虑的是，为什么不能把一千首歌放进一台小机器？这就是野心。

其次，注重精益，思考加速。那些著名的网站起先并没有资源优势，而当时的在位者却拥有庞大的资源。这样的事实告诉人们，真正重要的并不是手上的资源，而是有没有足够的智慧，用足够的灵活和速度去了解现在的环境和市场。

可能10年前，一家公司需要500万元的风险投资才可以进行运作，而5年前只需要50万元，今天这个数字的要求更少。

海尔在思考这些变化，互联网改变了消费者和生产者的关系，是新产业秩序的基础。重塑客户体验是个很大的挑战。

思考

在调研中，哈默教授指出，尽管海尔很多人都提到平台建设，但平台类型多种多样，海尔需要思考的是，到底怎样的平台可以给业务带来全新的价值？请谈谈你的看法。

今天，海尔所面临的问题不仅仅是创造平台，还要考虑有怎样的战略资产使得人们愿意使用这样的平台。借鉴苹果的例子，在苹果的平台上有几大支柱，IOS系统像个磁铁吸引超过7亿用户，苹果商店是个分销平台，还有开发者平台。海尔建成平台后可以想一下，为什么别人愿意和海尔成为合作伙伴，海尔有哪些核心能力帮助合作伙伴成功。所以建立平台和帮助合作伙伴成功都是需要的。

如何重塑管理

回看过去120年全球工业的发展，为什么有些公司能够长期获得成功？为什么GE能够成为全球最大最成功的工业企业？哈默教授建议，在看成功模式的同时也要看持续失败的原因是什么？GE的成功并不是因为产品开发方面的技术，而是在于创新管理，即怎样管理产品的研发。

丰田20世纪60年代提出改善（Kaizen）的概念，教员工什么是流程管理，什么是工业研发，这在当时闻所未闻。甚至当雇员发现问题，企业愿意为他的建议暂停自己几百万的流水线，这些做法在当时都是非常有创新性的。

在调研中，哈默教授与海尔集团董事局主席、首席执行官张瑞敏形成的一个共识是，大多数的公司还是采用树型图管理，这个结构有系统性缺陷，即缺乏创新力，导致很多人对自己的工作没有激情。创新是有机会的，但不管怎样，总有一种力量拽着人们回到树型图上去。

为什么说传统的分级式的管理树型图是危险的？因为这种树型图默认最上层领导者的智慧高于下面的中层领导人以及雇员。所以微软在过去20年，很多大的研发都晚于别人一步。在搜索功能、移动终端、软件服务、云上都晚，原因便是所有决定都要由上层来做，受限于上层的智慧。

现在是一个创造性经济的时代，马斯洛金字塔式的需求理论应该被工作能力释放度的金字塔所取代。最底端是顺从，遵守企业规范很重要。第二层是勤奋。第三层是智慧，能够解决问题。这是最基础的三个能力，在今天付钱就可以获得。但是光有这三种能力还不够，第四层是自动自发。员工具有自主性，看到机遇自己冲上去，把创造力带入工作，挑战传统思维。第五层是想象力，最顶层是激情。当海尔的员工在这个平台上说要改变世界时，有这样的激情创造力的员工才是企业的核心竞争力。哈默教授说道，

"最顶层的三项能力金钱买不到,这是员工给企业的礼物。"

如果要持续成为全世界最有创新力的企业,重要一点是不能接受妥协。企业规模和灵活度不是非黑即白,而是可以兼得的。

思考

海尔现在有几百个不同的小微,有很多在不断试验全新的管理方法。但就像网络一样,需要的是加快改革的进程和速度。

要预测海尔这样的组织变革是不是适应未来,哈默教授认为适应的可能性很大,那么您的看法呢?请说明理由。

实训题 模拟企业综合案例分析三:企业组织设计

要求:

结合组织的类别、设计原则和权变因素,设计制定贵公司的组织形式。要求画出组织结构图,分配管理团队成员的管理职位(中层以上),明确工作职责与权力关系。

思考题

1. 组织设计的任务是什么?设计时要考虑哪些因素的影响?依据哪些基本原则?
2. 职能部门化、产品部门化、区域部门化有哪些优势和局限性?
3. 什么是管理幅度,如何确定有效的管理幅度?
4. 组织中的权力有几种来源?什么是集权与分权?授权的原则是什么?
5. 如何理解"直线有大权,参谋有特权"这句话?
6. 组织结构有哪些基本类型?每种类型各有哪些优缺点?
7. 组织结构的发展趋势如何?

第十章 组织与职务设计

内容提要
- 机械式组织结构设计
- 有机式组织结构设计
- 职务设计
- 全面质量管理与组织结构设计

第一节 机械式组织结构设计

一、直线制组织结构

直线制是一种最早也是最简单的组织形式。它的特点是组织各级行政单位从上到下实行垂直领导，下属部门只接受一个上级的指令，各级主管负责人对所属单位的一切问题负责。总部不另设职能机构（可设职能人员协助主管人工作），一切管理职能基本上都由行政主管自己执行。如图 10-1 所示。

直线制组织结构的优点是：结构比较简单，责任分明，命令统一。缺点是：它要求行政负责人通晓多种知识和技能，亲自处理各种业务。这在业务比较复杂、组织规模比较大的情况下，把所有管理职能都集中到最高主管一人身上，显然是难以胜任的。因此，直线制只适用于规模较小，生产技术比较简单的组织，对生产技术和经营管理比较复杂的组织并不适宜。

图 10-1 直线制组织结构示例

二、职能型组织结构

"听着，你们是怎么设计的，产品根本就不受欢迎。"销售经理说道。"你错了，"研究开发部门的经理打断说："我们设计的不错，可生产部门无法生产。""你们说些什么呀？"生产经理反问道："公司不给我资金，生产设备上不去，我又有什么办法？"最后，会计部经理气愤地反驳道："你们生产、设计和推销都需要资金，我上哪去弄那么多的钱呢！"这段对话说明了职能型结构的不良后果。

职能型结构只不过将这种职能导向加以扩展，使之成为整个组织的主导形式。职能型结构（Functional Structures）是围绕关键任务以及组织执行的职能活动进行组织的，它将相似或相关职业的专家们组合在一起来组建结构，这就是职能型结构。如图10-2所示。职能型结构一般适用与产品、服务、数量和贸易区域有限的企业。

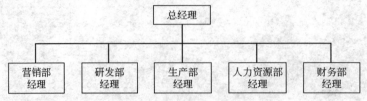

图10-2 某制造业组织的职能型结构

职能型组织结构的优点就是从专业化中取得的优越性，表现为以下两点：规模经济，将同类专家归在一起可以产生规模经济，减少人员和设备的重复配置；部门文化的作用，进行职能部门化设计，通过给员工们提供与同行们"说同一种语言"的机会而使他们感到舒适和满足。

职能型组织结构的缺点有以下两个。第一，尽管这种结构提供了非常明晰的命令链，鼓励各职能部门的技能专业化，但组织中常会因为追求职能目标而看不到全局的目标和最佳利益。因为没有一项职能对最终结果负全部责任，每一职能领域的成员们相互隔离，很少了解其他职能的人干什么。第二，不能对未来的高层经理提供训练的机会。

三、直线-职能制

直线-职能制，也叫直线参谋制。如图10-3所示。它是在直线制和职能制的基础上，取长补短，吸取这两种形式的优点而建立起来的。目前，我们绝大多数企业都采用这种组织结构形式。这种组织结构形式是把企业管理机构和人员分为两类，一类是直线领导机构和人员，按命令统一原则对各级组织行使指挥权；另一类是职能机构和人员，按专业化原则，从事组织的各项职能管理工作。直线领导机构和人员在自己的职责范围内有一定的决定权和对所属下级的指挥权，并对自己部门的工作负全部责任。而职能机构和人员，则是直线指挥人员的参谋，不能对直接部门发号施令，只能进行业务指导。

图10-3 直线-职能制示例

直线-职能制的优点是：既保证了组织管理体系的集中统一，又可以在各级行政负责人的领导下，充分发挥各专业管理机构的作用。其缺点是：职能部门之间的协作和配合性较差，职能部门的许多工作要直接向上层领导报告请示才能处理，这一方面加重了上层领导的工作负担；另一方面也造成办事效率低。为了克服这些缺点，可以设立各种综合委员会，或建立各种会议制度，以协调各方面的工作，起到沟通作用，帮助高层领导出谋划策。

四、事业部制

事业部制（美国通用汽车公司在20世纪20年代首创）是一种高度（层）集权下的分权管理体制。也叫"联邦分权化"，它适用于规模庞大，品种繁多，技术复杂的大型企业，是国外较大的联合公司所采用的一种组织形式。如图 10-4 所示。

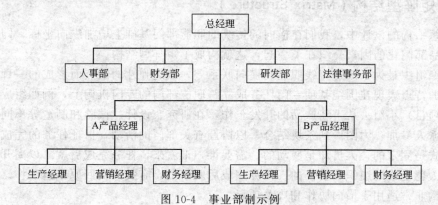

图 10-4 事业部制示例

事业部制是分级管理、分级核算、自负盈亏的一种形式。即一个公司按地区或按产品类别划分成若干个事业部，由分部经理对全面绩效负责，从产品的设计、原料采购、成本核算、产品制造、一直到产品销售，均由事业部及所属工厂负责，实行单独核算，独立经营。也有的事业部只负责指挥和组织生产，不负责采购和销售，实行生产和供销分立，但这种事业部正在被产品事业部所取代。还有的事业部则按区域来划分。公司总部只保留人事决策，预算控制和监督大权，并通过利润等指标对事业部进行控制。总部也作为一个外部监管理者，协调和控制各分部的活动。在分部型结构中，各分部是相对独立的一系列的"小公司"。

事业部制的优点有两个。一是强调结果。分部经理对一种产品或服务负完全责任。同时，分部型结构也使总部人员摆脱了关注日常运营具体事务的负担，使他们能专心致志于长远的战略规划。二是通过给分部经理的高度"自治"权，能够培养高级经理人员。

事业部制的缺点主要是成本高。因为活动和资源的重复配置导致了组织总成本的上升和效率的下降。

第二节 有机式组织结构设计

有机式组织（Organic Organization），也称为适应性组织。其特点是低复杂性、低正规化、低集权化，员工多是职业化的。有机式组织设计方案的选择，包括简单型、矩阵型、网络型、任务小组及委员会结构等。

一、简单结构（Simple Structure）

简单结构是一种低复杂性、低正规化和职权集中在一个人手中的组织结构。它是一种相对"扁平"的组织，组织通常只有两三个纵向层次，有一个松散的员工队伍，并且决策权集中于某一个人。

简单组织结构的优点：反应快速、灵活、运营成本低、责任明确。

简单组织结构的缺点：只适用于小型组织，当组织成长以后，它就变得日益不适合，因为这种低正规化和高集权度的结构会导致高层信息超载，随着规模的增大，决策制定变得缓慢；风险极大，所有事情取决于老板一个人，加大了决策的风险。

那么，现在我们要问：是否存在一种组织结构能将事业部制结构对结果的侧重和责任感与职能专业化的优势结合起来呢？有，这就是下面我们要讲的矩阵型组织结构。

二、矩阵型结构（Matrix Structure）

在组织结构的设计中，我们在横向的传统的职能部门基础上增加纵向坐标，即将职能部门化和产品部门化的因素交织在了一起，这就构成了矩阵型结构。

矩阵型组织是为了改进直线职能制横向联系差，缺乏弹性的缺点而形成的一种组织结构形式。它的特点表现在围绕某项专门任务成立跨职能部门的专门机构上，例如组成一个专门的产品（项目）小组去从事新产品的开发工作，在研究、设计、试验和制造等不同阶段，由有关部门派人参加，力图做到条块结合，以协调有关部门的活动，保证任务的完成。这种组织结构形式是固定的，人员却是变动的，需要谁，谁就来，任务完成后就可以离开。项目小组和负责人也是临时组织和委任的。任务完成后就解散，有关人员回原单位工作。因此，这种组织结构非常适用于横向协作和攻关项目。

矩阵结构中的员工有两个上司。在组织中一般是这样运作的：给项目经理分配对项目小组成员行使有关项目目标达成的权力，而将晋升、工薪建议和年度评价等决策的责权留给职能经理。要使矩阵结构有效地运作，项目经理和职能经理必须经常保持沟通，并协调他们对所属共同员工提出的要求。

矩阵结构的优点是：机动、灵活，能促进一系列复杂而独立的项目取得协调，同时又保留了将职能专家组合在一起所具有的经济性。由于这种结构是根据项目组织的，任务清楚、目的明确，各方面有专长的人都是有备而来。因此在新的工作小组里，成员之间能很好地沟通、融合，克服了直线职能结构中各部门互相脱节的现象，信任感、荣誉感和责任感强，能把自己的工作同整体工作联系在一起，促进了项目的实现。

矩阵结构的缺点是：由于项目组成人员来自组织的各个职能部门，当任务完成以后，仍要回原单位，因而容易产生临时观念，对工作有一定影响；其次可能会造成混乱，隐藏权力斗争的倾向。混乱存在于谁向谁汇报工作。当你放弃了统一指挥原则，你也就在相当程度上增加了组织的模糊性，这种混乱和模糊性反过来培植着权力斗争的种子。

矩阵结构的类型有两种。一种是临时性的矩阵结构，如图 10-5 所示。它所开展的项目是因时而异的，一个项目小组只在该项目的寿命周期内存在。另一种是永久性的矩阵结构，如图 10-6 所示。该结构中，产品小组相对说来会存在相当长的一段时间。

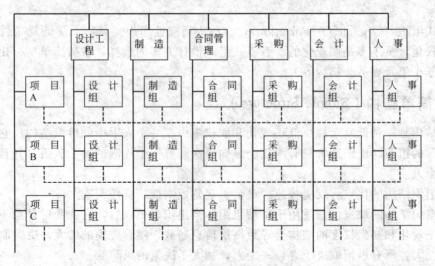

图 10-5 临时性的矩阵组织

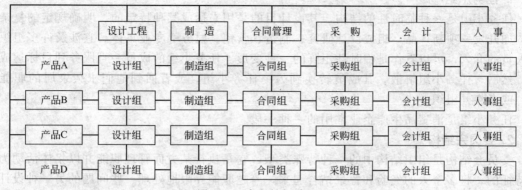

图 10-6　永久性矩阵组织

三、网络型结构（Network Structure）

网络型组织结构是目前正在流行的一种新形式的组织设计，它使管理当局对于新技术、时尚，或者来自海外的低成本竞争能具有更大的适应性和应变能力。如图 10-7 所示，网络结构它只有一种很小的中心组织，依靠其他组织以合同为基础进行制造、分销、营销或其他关键业务的经营活动的结构。网络结构的管理者会将他们的大部分时间花在协调和控制这些外部关系上。

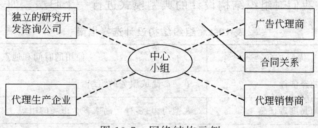

图 10-7　网络结构示例

网络型组织结构的优点：一是降低了管理成本，提高了管理效益；二是实现了企业全世界范围内供应链与销售环节的整合；三是简化了机构和管理层次，实现了企业充分授权式的管理；四是组织的大部分职能从组织外"购买"，这给管理当局提供了高度的灵活性，并使组织能集中精力做它们最擅长的事。

网络型组织结构的缺点：一是可控性太差，缺乏传统组织所具有的那种紧密的控制力，如供应品的质量难以预料、网络组织所取得的设计上的创新很容易被窃取等；二是外部合作组织都是临时的，如果某一合作单位因故退出且不可替代，组织将面临解体的危险；三是由于项目是临时的，员工随时都有被解雇的可能，因而员工对组织的忠诚度比较低。为此，网络组织需要建立较高的组织文化以保持组织的凝聚力。

网络结构比较适用于玩具和服装制造型企业，因为，这些企业需要相当大的灵活性以对时尚的变化作出迅速反应。它也适合于那些制造活动需要低廉劳动力的公司。

四、有机式的附加结构设计

有时管理当局可能要保持总体的机械式结构，同时还需要获得有机式结构的灵活性，一个可考虑的选择就是将一个有机式结构单位附加在机械式组织之上。比如任务小组和委员会结构就是这种附加设计的两例。

1. 任务小组

任务小组是一种临时性的结构，其设计目的是用来达成某种特定的、明确规定的复杂任务。如开发一项新产品，组成设计研究、制造、营销、财务等专业集体。它涉及许多组织单位人员的介入，可以看作是临时性矩阵的一种变形。任务小组的成员一直服务到目标达成为止。然后，任务小组解散，其成员转换到另一任务小组，或者回到他们永久隶属的职能部门，或者离开组织。

任务小组是消费品生产企业常用的一种手段。

2. 委员会结构

委员会结构是组织结构中的一种特殊类型，它是执行某方面管理职能并以集体活动为主要特征的，将多个人的经验和背景结合起来，跨越职能界限地处理一些问题的另一种设计选择。如高校的学位评审委员会、教学指导委员会、招生委员会；企业的审计委员会、高层管理委员会。

大公司的主要经营单位可以设立永久性的分委员会，如战略规划委员会等；也可以设立临时性的委员会，主要用于解决特定的问题，问题达到解决就自行解散。

实际中的委员会常与上述所述的组织结构相结合，可以起决策、咨询、合作和协调等作用。其优点是：可以集思广益；利于集体审议与判断；防止权力过分集中；利于沟通与协调；能够代表集体利益，容易获得群众信任；促进管理人员成长等。缺点是：责任分散；议而不决；决策成本高；少数人专制等。

综上所述，现在我们对组织结构设计的典型模式进行一个归纳，如表 10-1 所示。

表 10-1　组织结构设计选择指南

设计选择	优　点	使用的时间和地点
职能型	专业化的经济性	单一产品或服务的组织
事业部型	对结果的高度责任感	大型组织；多种产品或多个市场的组织
简单型	快速、灵活、经济	小型组织；发展初期；简单、动态的环境
矩阵型	专业化的经济性与对产品结果的责任感	有多个产品或规划；需要依靠职能专长的组织
网络型	快速、灵活、经济	工业企业；发展的初期；有许多可靠的供应商；需要海外低廉的劳动力
任务小组	灵活性	组织中有些重要任务具有特定的期限和工作绩效标准，或者任务是独特、不常见的，需要跨职能界限的专门技能
委员会	灵活性	需要跨职能界限的专门技能的组织

资料来源：斯蒂芬·P·罗宾斯．管理学．黄卫伟等译．第 4 版．北京：中国人民大学出版社，2003．

第三节　职务设计选择

所谓职务设计是指将职务任务组合起来构成一项完整职务的方式。职务设计是对现有职务的认定、修改或产生新的职务。职务因任务组合的方式不同而各异，而这些不同的组合则创造了多种职务设计选择。常见的职务设计的方法有：职务专业化、职务轮换、职务扩大化、职务丰富化等。

一、职务专业化

在 20 世纪 50 年代以前，受亚当·斯密和泰勒等人理论的影响，职务设计基本上是按职务专业化的模式进行的，即把职务简化为细小的、专业化的任务。职务专业化的基本工具就是时间-动作研究，即通过分析工人的手、臂和身体其他部位的动作，工具、身体和原材料之间的物理机械关系，寻找工人的身体活动、工具和任务之间的最佳组合，实现工作的简单化和标准化，以使所有工人都能够达到预定的生产水平。

按职务专业化思路设计出来的职务具有简单、可靠、安全、标准化和重复等特点。但由于它很少考虑工人的社会需要和个人成长需要，因而产生了很大的副作用，表现为专业化的非经济性影响。包括工作的单调乏味，工人对工作产生厌倦和不满情绪，离职率和缺勤率增高，怠工和工作质量下降等。

二、职务轮换

避免职务专业化缺陷的一种努力就是职务轮换，即通过让员工工作多样化，从而避免产生工作厌倦。

职务轮换有两种类型：纵向的和横向的。纵向轮换指的是升职或降职。但我们一般谈及职务轮换，都指的是横向轮换。横向轮换往往被视为培训的手段，并被组织有计划地进行。

职务轮换的优点是明显的。首先，它拓宽了员工的工作领域，给予他们更多的工作体会，减少工作厌倦和单调感。其次，更广泛的工作体会，可以使员工对企业中的多种活动有更多的了解，为其承担更大责任的职务奠定更好的准备。

职务轮换的不足之处在于：将一名员工从先前的职位上转换到一个新的职位，需要增加培训成本，还会导致生产效率的下降。此外，职务轮换可能使那些偏爱在所选定的专业领域中寻求更大发展的员工的积极性受到打击。企业的实际经验还表明，非自愿的职务轮换可能会导致旷工和事故的增加。

三、职务扩大化

避免职务专业化缺陷的另一种努力是职务扩大化，即通过增加一项职务所完成的不同任务的数目，它减少了职务循环重复的频率。职务扩大化通过增加员工执行任务的数目提高了工作的多样性。

但是，职务扩大化所增加的任务往往与员工以前承担的任务内容具有类似性，因此它只是工作内容水平方向的扩展，并不需要员工具备新的技能，所以它并不能改变员工工作的枯燥感觉，其结果也并不尽如人意。正如经历过职务扩大化设计的员工所说，"以前，我只有一份烦人的工作；现在，我有了三份烦人的工作！"职务扩大化试图避免职务专业化造成的缺乏多样性，但它并没有给员工的活动提供多少挑战性和兴趣。

四、职务丰富化

职务丰富化指赋予员工更多的责任、自主权和控制权，允许员工对他们的工作施加更大的控制从而增加其职务深度。根据赫兹伯格的保健激励理论，公司政策和薪酬等属于保健因素，如果这方面的因素达到了可以接受的水平，只能使员工没有不满，但产生不了激励作用。能够产生激励作用的因素是员工的责任感、成就感和个人成长，因此，给工作中增添激励因子，使工作更有趣、更有自主性和挑战性，就成为职务丰富化的基本思想。例如，在一般情况下，商店的营业员的职责主要是导购，如果还让他们负责处理退货和定货，就是将他们的职务丰富化了。

职务丰富化的途径有：实行任务合并，即让员工从头到尾完成一项完整的工作，而不是只让他承担其中的某一部分；建立客户关系，即让员工有和客户接触的机会，出现问题也由其负责处理；让员工规划和控制其工作，而不是由别人控制，员工可以自己安排时间进度，可以自己处理遇到的问题，并且自己决定上下班时间；建立畅通的反馈渠道，使任职者能够迅速地评价和改进自己的工作绩效。

职务丰富化作为现今职务设计的主流思想而倍受推崇，但职务丰富化也是有缺陷的：如果绩效低下不是由于激励不足导致的，而是由于员工技能不够、工作环境恶劣等问题所致，职务丰富化就没有多大意义了；职务丰富化必须在经济上、技术上是可行的；员工必须愿意接受具有挑战性的工作。

五、工作团队

当职务是围绕小组，而不是围绕个人来进行设计时，结果就形成了工作团队。

工作团队作为职务设计的一种方案正被越来越多的人接受。在工作团队中，每位员工都具有多方面的技能，他们不再从事某一特定的任务。当一系列任务被分派给团队后，由团队决定谁在什么时候做什么工作，并在需要时轮换工作。团队可以有管理者，也可以没有管理者。有管理者的团队，被称为综合性工作团队；没有管理者的团队，被称为自我管理式工作团队，在这类团队中，成员间的关系是协助式的，成员可以自主决定工作时间和合作伙伴，并让成员相互评价他们的工作绩效。

六、工作时间选择

1. 压缩工作周

压缩工作周就是将一周的工作时间进行必要的压缩，如由 4 个 10 小时的工作日所组成的工作周方案就是一个例子。

压缩工作周往往会具有不同的短期和长期效果。刚开始推行时，紧缩的工作周会取得其赞成者所宣传的许多有利结果，如更高的士气、更低的缺勤和离职流动率等。但是，时间一长，这些优点有很多就会逐渐消失，员工接着开始抱怨工作太疲劳，将工作与他们的个人生活协调起来太困难。管理者也会发觉有许多弊病，如要求更严格的工作进度安排，经常需要对工作日中 10 小时之外的工作时间支付加班费，以及在协调工作方面通常存在一定的困难。而且，管理者仍然需要规定员工的作息时间，规定他们应该几点上班，几点下班，因此紧缩工作周方案并没有给员工增加多少自由，尤其是在挑选他们适合的工作时间方面。

2. 弹性工作时间

每周 5 天，从早上 9 点到下午 5 点，每年 48～50 周，这个时刻表是美国几十年以来最典型的作息表。但是在 20 世纪 90 年代以后，员工发现这样的选择并不是最好的选择，为什么呢？尽管他们在工作中投入很多精力，但是一部分的工作是为了适应专业生活的需要而做出的努力，因此生活十分忙碌。这使员工发现生活不美好也无法达到平衡。他们要求一种新的工作时间安排，并且发现采取特殊的，更加弹性的工作时间是非常必要的。没有弹性的工作时间，在一些情况下，工作表现和家庭生活的质量都会下降。

如果你所从事的是一项传统的商业，看见员工在不同的时间到公司或者离开公司，你会觉得不开心。如果员工不在同一时间工作，就很难将人们协调起来安排任务和生产。那么为什么雇主还希望采用弹性工作制呢？主要的原因是为了带给公司核心员工方便，这些人的需要和传统的工作时间相冲突。如果能提供一个弹性工作制，工作的效率和满意度都会提高，缺勤减少而营业额增加。弹性工作制有利于创建一个更加愉快满意的工作环境。由于员工非常满意自己的老板给他们提供了一个可以在生活和工作相协调的工作时间，他们愿意更卖力地工作，他们会更努力的珍惜这样的弹性作息，使工作和生活重新达到平衡。

弹性工作制的效果：大多数的证据都支持其有利的一面，如减少缺勤率、提高士气、增进工人的生产率等。表10-2是弹性工作时间的一种选择方案。

表10-2 弹性工作时间表举例

弹性工作时间	共同工作时间	午餐时间	共同工作时间	弹性工作时间
7:00 9:00	12:00	13:00	15:00	18:00

3. 职务分担

职务分担方案是在工作时间安排上的一大创新，它允许两个或更多的员工分担原来一周40个小时的工作。这样的安排要求计划、任务、责任都要配合得非常好，从而保证最优化的产出量。

职务分担的优点在于职务分担能使组织可以在一个既定岗位上吸收更多人的才干，并招聘到不可能提供全日制服务的熟练人员。同时，职务分担还能促进生产率的提高，因为职务分担者通常比正常的全日制员工具有更好的出勤记录。

4. 应急工

应急工是面临动态环境的组织需要灵活地配备员工的一种方式。用应急工（临时工和零工）来补充组织的固定工队伍可增强组织的应变能力，这样在业务繁忙之时能满足增加生产的需要，在业务淡季时避免裁员这一棘手的问题，以及由此产生的不好的公众影响，同时又保持了其核心的固定工队伍的稳定性和精干。

5. 远程办公室

随着PDA、电脑、网络及私人电话的使用，员工可以不在一个地方办公，仍然能完成工作。这样的安排方式可以让员工既享受办公室的活力又享受家里的温馨和舒适。如果办公环境很小、非常拥挤和嘈杂，而工作又需要安静的环境，这种方式是非常好的一种选择。

如果你担心雇员利用你的好脾气而随便打发工作时间，下面的一些做法会有利于保证你公司的产出。

① 对员工的工作目标要制定得非常清楚。目标必须既具体又具有行为导向性，在工作结束的时候是可以测量的。

② 清楚定义员工在公司中的确切角色。每个人（包括管理人和员工）都要了解自己和其他人的预期和责任。同样要明白谁对谁负责，谁和谁在做什么。在员工出外工作而只能通过电话或邮件交流时，这一点更加重要。如果不明确身份，那么就会引起混乱、相互责备、产生纠纷和对抗，使公司生产力下降。

③ 在员工按照弹性工作制工作前，你必须确定交流的方式和频率。雇主对员工的控制程度和要求是不断改变的。一些老板要求员工每周都写工作报告，其他老板可以通过电话交流。还有一些人认为当面的交流是必不可少的。指出你认为哪种方式适合你的公司，制定出规则。

④ 对采用远程通信方式交流的员工，要规定固定的工作时间。员工出现在办公室的时间越少，那么就越需要和他交流。远程工作者必须列出他们在什么时间内可以一直保持电话和邮件联系，同时要确定去公司的固定时间。许多采取弹性工作制的公司都有核心工作时

间。在该时间内，所有的员工都要到公司内。例如，所有的员工都要在周二12点到2点之间开会，这样会减少弹性工作制带给公司的压力。

七、职务特征模型

作为管理者进行职务设计时，应根据哪些因素分析和采取合适的职务设计方式呢？职务特征模型提供了一种分析职务或指导管理者设计职务的框架。它确定了五种主要的职务特征，分析了它们之间的关系以及对员工生产率、工作动力和满足感的影响。如图10-8所示。

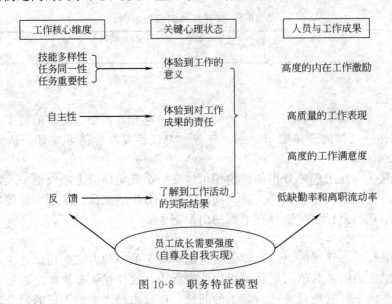

图 10-8 职务特征模型

资料来源：斯蒂芬·P·罗宾斯. 管理学. 黄卫伟译. 第4版. 北京：中国人民大学出版社，2003.

1. 核心维度

技能多样性——指一项职务要求员工使用各种技术和才能从事多种不同的活动的程度。

任务同一性——指一项职务要求完成一项完整的和具有同一性的任务的程度。

任务重要性——指一项职务对其他人的工作和生活具有实质性的影响程度。

自主性——指一项职务给予任职者在安排工作进度和决定从事工作所使用的方法方面提供的实质性自由、独立和自主的程度。

反馈——指一个人为从事职务所要求的工作活动所需获得的有关其绩效信息的直接和清晰程度。

2. 模型的寓意

$$激励潜力得分(MPS) = \frac{技能多样性 + 任务同一性 + 任务重要性}{3} \times 自主性 \times 反馈$$

模型解释：技能多样性、任务同一性和任务重要性是关于工作内容本身的激励因素，它们相对于自主性和反馈两个维度是外在激励变量，因此，在该模型中将它们同等权重看待，并进行加法运算。而将自主性和反馈这两个内在激励因素用乘积关系进行运算，以示其对员工更强的激励作用。显然通过该模型对激励潜力得分的计算和比较可发现职务安排的好坏。

3. 对管理者的指导

职务特征模型为管理者从事职务设计提供了具体的指导，从该模型中推导出的如下建议，说明了职务设计中的一些变化将可能导致五个核心维度特征的改善。

管理者应采取的职务设计方式有以下几个。

① 合并任务（多样性、完整性）。
② 形成自然的工作单位（完整性、重要性）。
③ 建立起客户联系（多样性、自主性、反馈）。
④ 纵向扩展职务（自主性）。
⑤ 开通反馈渠道（反馈）。

八、全面质量管理（TQM）与组织设计

全面质量管理（TQM）的一个共同特征，是通过拓宽管理跨度和实现组织扁平化，降低组织的纵向变异。管理当局得以减少管理费用开支，并增进组织纵向的交流。

TQM 的第二个共同特征，是减少了劳动分工。强调专业化的高度劳动分工，形成了一种"你我对立"的情绪，不利于组织中的合作与横向沟通。而 TQM 活动开展的结果，则促进了工作的丰富化和跨专业职能界限的工作团队的更多使用。

TQM 的第三个共同特征，强调分权化的决策。职权和职责尽可能地向下委让，并尽量接近于顾客。其理由自然是，TQM 的成功决定于对顾客需求的变化作出迅速而持续的反应。

【案例分析】 康益公司组织结构变革案例纪实❶

一、争吵

2002 年 10 月 25 日，康益公司营销会议现场。

"各位同仁，尽管你们现在可能没有拿到具体的统计数据，但我相信不用我说大家都知道，这一段时间我们的销量非常不理想，在素有'金九银十'之称的黄金销售季节 9、10 两个月，我们的销量与去年同期相比下降了 23.6%，今天我想大家一起来分析一下原因，找到原因我们再来想对策。"康益公司常务副总经理兼营销经理贾笛一脸严肃地说完后扫视了一下众人，发现大家都低着头，没有人吭声，于是继续说道："大家踊跃一点……还是没人愿意先说，那这样吧，一个个片区来讲，张经理你先来谈一下。"

主管象山、宁海、奉化的区域经理张云说道："从统计数据来看，我们区域的销量与去年同期相比下降了 31%，可是其中的一类终端——两个三江超市连锁店的销量下降了 60%，两个联华超市下降了 40%；医药渠道与去年持平，其他的副食渠道销量上升了 5%，在同等的市场状况下为什么会有这么大的差距呢？主要的原因就是我公司负责与三江超市沟通的人没有将我们的三江门店内场导购员批出来、负责与联华沟通的人没有将工作做好致使在销售最好的 10 月黄金周我公司主力产品断货，导致我们的销量大幅下降。"

听到这，主管市老三区（海曙区、江东区、江北区）的区域经理何露怒气冲冲说："三江超市你们门店的内场导购员没有批出来，这不能怪我的，我都将名单和要求上报了，三江总部不批我也没办法；可是联华的问题，你这么说就不对了，我在节日前就通知你们要你们多备货，说过节期间由于我们的经销商放假可能送货不像平时那么及时，你为什么不听？其他的区域为什么都没有出现这种情况？自己没做本事，不要怨别人！"

张云听到这涨红了脸，"噌"地跳了起来说道："你说谁没本事，就是因为你的工作没做好影响了我们，你还这么嚣张。"

"怎么了，你以为站起来你就了不起了！你以为你的其他副食品渠道的销量是真上涨了，还不是将货窜到我这边来了，我专门让人去统计了一下，从你那边经销商窜到我这边终端的

---

❶ http://wenku.baidu.com/view/b1c1f211f18583d0496459f3.html.

货物占到你整个区域销售量的10%，你以为我不知道呀！"何露也站了起来说道。

"你还说我，你还不是一样，你通过你的渠道商窜到我这边的货更多，更可恨的是你的渠道商窜到我这边市场的产品的价格竟然比公司规定的批发价低了3元，不但侵占了我的销量，而且还扰乱了我市场的价格体系，不信你自己到你的渠道商那里查一下发货清单。"

……

贾笛看到这看不下去了，"都坐下，你们这是怎么了？我们今天是来讨论问题的，不是让你们来吵架的！"两人都坐下了，贾笛看看气氛有些缓和，继续说道；"我们继续开会！"

可是没有多久，又吵了起来，无非就是你说我的不是，我说全是你的错。很快一个下午就过去了，贾笛看看今天不可能得到有用的结果，于是叹了口气无可奈何的宣布"散会"。

二、诉苦

"伍先生，你帮我分析一下，为什么会出现这种情况呢？各个区域为什么会相互窜货？区域经理们为什么会相互指责和推诿责任？明明是一个团队，可是他们为什么不相互支持工作呢？难道是他们的素质太差了，可是他们都为公司的发展立下了汗马功劳，而且公司现有的局面也确实都是他们打下来的呀，况且公司现在规模并不大，而且在本区域内我们的业务近三年并没有扩大，按道理说对人才的要求还没有达到从量变到质变的临界点呀？这些问题两年前甚至是一年前都没有现在这么尖锐，可问题到底出在哪呢？"贾笛一脸困惑的向"伍成全——一个有着多年咨询工作经验并且对企业管理有着深入研究的人"求救地问道。

"也有人曾经对我说，主要是我们的工作流程不清楚，当时我听了觉得非常有道理，后来我就专门和我的团队一起就相互之间如何协调工作制定了详细的工作流程，可执行后的结果依然是现在这个样子，我真的不明白，这是为什么？"贾笛苦笑着继续说道，"不怕您笑话，我也曾尝试着去引进一些新的人才，给企业补充一点新鲜的血液，最后发现没有什么合用的人才真正的留了下来，一部分是能力不行的；一部分我觉得能力强的、比较看好的，可没有多久就都离去了，我真的有些困惑和黔驴技穷了。"

"我需要先对贵公司内部情况和外部环境进行调研，才能解答您的问题。"伍成全应声回答道。

三、诊断

经过艰苦的访谈、仔细的调研与反复的论证，伍成全终于找到了原因，于是召开这次分析报告会。

伍成全打开了笔记本，首先向贾笛出示图10-9，并说道："在贵公司的营销组织结构中，将宁波地区分为以下四个区域：宁波市老三区（海曙区、江东区、江北区）、慈余片区（慈溪市、余姚市）、镇北鄞片区（镇海区、北仑区、鄞州区）、象宁奉片区（象山县、宁海县、奉化市），各片区各设区域经理一名。总体说来整个组织分为两个团队——公司决策层和公司决策执行层，两者相互关联。决策层由营销经理、企划经理以及各个片区的负责人构成。执行层由各个片区经理与下属的业务人员构成。决策层每个月开两次例会，一次为月末，一次为月中。月末的例会总结本月的计划完成情况与讨论安排下月的计划，如果本月为季末或年末，那么此次会议同时要讨论下个季度或年度的计划；月中的例会为总结本月计划到目前为止的完成情况以及完成计划碰到哪些问题，需要兄弟部门怎样的支持，也即是一次调整、协调会。在此组织构架中，区域经理的职责与权利相对比较大，包括以下职权：本区域的广告促销计划、本区域的渠道发展计划、本区域的终端拓展计划、本区域的人员管理等。对区域经理的考核主要以销量、投入产出比作为考核指标。"

伍成全说到这稍加停顿了一下，然后继续说道，"表面看起来，这种组织构架似乎完美无缺，但实质上问题就出在这个地方。"

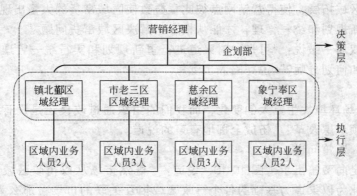

图 10-9 现行公司营销组织结构

"怎么会呢？我们实行这种组织构架都已经有 5 年的历史了，而出现我前面所讲的问题也就是这两年的事情，怎么会是组织构架的问题呢？前几年我们不是运作得非常好吗？"贾笛不解的反问道。

"首先我们来探讨一下，为什么当年这种组织构架是有效的，"伍成全微笑着说道，"前几年，一方面由于渠道商的实力都比较小，基本都是以各自所在的行政区域为自己的网络版图，实质上，此时此刻很多的渠道商甚至还是坐商，典型的有慈溪食品城的批发商们。各渠道商之间的营销网络冲突极少。另一方面此时的连锁超市还没有大范围兴起，没有跨区域的连锁超市，因此各个片区的市场相对独立，可以说此时的市场是以行政区域为单位相对独立的各个区域市场的总和，各区域市场之间的联系相对较小，所以这样的营销组织使各区域的员工能够集中自己的精力做自己的区域市场，这时的组织结构是高效的。"

"但现在，渠道商们由于营销网络发展而相互渗透，使得在现行的组织结构下一个终端可以从多个渠道商处获取公司产品，增加了终端的砍价能力，使得渠道商为了抢占市场份额相互压价，扰乱了产品的价格体系，给公司发展带来极大的危害；与此同时，连锁业态的高速发展，直接导致各个行政区域市场相互高度关联。总之，市场的变化使得各个区域市场再也不是相互独立的，而是紧密相关的、相互依存的。因此，各区域人员要想将自己的区域市场做好，离不开其他相关区域人员的大力配合。而在以行政区域为管辖基础的组织结构下，各区域人员要相互大力配合，必然产生大量的协调性工作。然而，由于各个区域在组织构架上是相互独立的、各个区域经理是平级的、彼此没有管辖权，他们的协调工作只可能用以下两种方式来完成：其一，自发的私下协商——非正式的协调渠道；其二，通过上级领导的协调——正式的协调渠道。第一种方式显然不可能是高效的，第二种方式则会导致领导的工作过于细化，并且由于各个领导人的精力是有限的，所以也不可能是高效的。尽管公司采用一些方式，如对员工的责权利重新分割、扩大各级员工的相对授权以及理顺一些工作流程来杜绝这类问题的发生、漫延，但由于这种模式在现行的条件下存在先天不足，这样做也只不过是减少了这类事情的发生，并且同时还留下了其他的后遗症，如对流程规定过死、过细，就会打击员工的积极性、压制了员工的创造力；更重要的是，在这种组织结构下，由于各个区域经理对自己的区域其实并没有掌控权，很多的工作需要其他的区域经理支持，而这一部分支持工作的好坏对其业绩有着直接的影响，也就是说区域经理实际上不可能对自己负责的市场真正负全责，因此，在这种组织结构下，在现时的市场状态下，其实根本就无法将各个区域经理的责权利真正明确、造成的结果是权利明确了，责任却明确不了，这就为他们相互指责、相互推诿埋下了伏笔。"

"没错，您说的非常有道理，"贾笛点点头称赞道，"正是由于各片区的渠道商的营销网络都纷纷向其他区域拓展，使得营销网点彼此重叠致使区域窜货的大量出现，看样子我们必须对渠道进行重新规划和统一管理，才能从根本上解决区域窜货问题。"

忽然，贾笛双眉一皱说："可是，对渠道进行重新规划和实行统一管理后，我们的区域经理的职权又该如何划分呢？"说完陷入了沉思。

四、提案

"当外部的市场环境发生重大的变化，而我们的组织通过改良还是没有办法适应市场的变化时，我们必须考虑改革"。伍成全掷地有声的说道。

"如何改呢？"贾笛问道。

接着，伍成全向贾笛出示了图10-10，说道："既然市场从以行政区域为基础的相互独立的市场发展变化为以渠道为基础的各个行政区域相互关联的市场，那么为适应这种改变，根据组织结构设置的原则：信息流通尽量短捷、高效等原则，应该改变原有的划分市场的思维，变行政导向为市场导向，也就是说，我们的组织构架就应当从以行政区域为基础的划分方式变革为以渠道为基础的变革方式。"

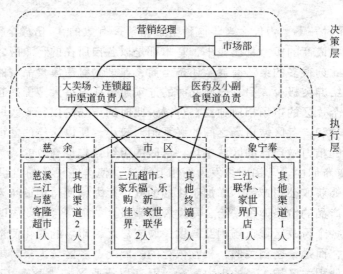

图 10-10 新型的组织结构图

"首先，我来解释一下此组织结构。"伍成全继续说道。

（一）基础

第一，此方案是按渠道特性来划分市场，而不是按行政区域来划分市场的，尽管仍然是将整个宁波市场一分为二，只不过，由于划分方法的不同导致结果与现在是不一样的。第二，鉴于市区老三区与镇北鄞三区的渠道联系非常紧密，交通半径也很小，因此，将这两个区域合并管理。第三，撤销区域经理，增设渠道经理，然后将不同的区域业务人员按不同的渠道进行划分管辖权，业务人员直接由渠道经理管辖。

（二）优点

两种组织结构的信息传播途径参见图10-11与图10-12，显然，在组织结构2下由于减少了至少一个信息传播环节，使得信息的传播速度、效率、真实度都比结构1要优良得多。

同时，由于几乎没有了平级之间的协调工作，各人员相互之间不存在相互扯皮的理由，使得每一个人员的权、责、利都非常明确。显然，在结构2中，渠道负责人的主要的责任是对所管辖的渠道负责，包括渠道销量、渠道畅通程度、渠道铺货率等。而具体的业务人员则

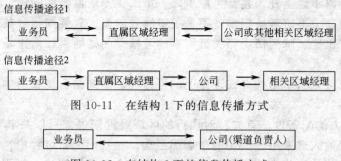

图 10-11 在结构 1 下的信息传播方式

图 10-12 在结构 2 下的信息传播方式

对其负责的区域的渠道终端负责，包括区域渠道终端的销量、铺货率、产品陈列等。总而言之，这种结构下各人员的责、权、利相当明确，因此也就便于考核和管理。

第一，由于将各区域的渠道进行了统一管理，使得渠道经理能够根据各渠道商的营销网点的覆盖情况和市场的需要重新规划渠道，选择合适的渠道商，从而杜绝了渠道商之间的相互窜货问题。

第二，由于这种方案是按照不同的渠道进行分类和管理的，而同一种渠道、终端的相似性大于同一区域下的不同渠道、终端之间的相似性，使得这种按渠道性质进行分类管理比按行政区域分类管理更为专业化，从而使得人员的工作更加专业化，使得公司具备了对市场进行精耕细作的组织基础。

第三，撤销原企划部，成立市场部。原企划部主要的职责是汇总统计各片区的市场信息和整合协调各区域经理提交促销方案并制作所需的促销材料。而结构 2 下的市场部将站在更高的高度，为企业的产品策略、价格策略、渠道策略和促销策略出谋划策，为企业实现整合营销传播提供了组织基础，使得企业资源的利用率和有效性会大幅度提高。

第四，在结构 2 下我们发现比结构 1 在执行层方面人员更加精练了，少用了 3 个人，节约了 21.43% 的人员。使得我们公司能够用同样的薪酬总额支付给员工更富竞争力的薪酬，从而为企业在社会上获取更具有竞争力的员工奠定了薪酬基础。

第五，在组织结构 1 下，区域经理要为所属区域制定和执行产品策略、价格策略、渠道策略和促销策略，因此需要具备全面的市场营销才能，然而在此结构下，由于各个区域经理的管辖范畴实质并不大，这样的工作机会、工作挑战性及薪酬并不足以吸引和留住这些具备全面营销才能的人才，这也解释了为什么您觉得现行的区域经理的素质好像不够，然而又无法通过补充新鲜的血液来改善的原因；而在组织结构 2 下，渠道经理只需要有效执行公司的各种市场策略，参与制定公司的产品策略、价格策略、渠道策略和促销策略，因此所需的技能更为简单，所以人才的层次反而要求更低，从而这就从根本上解决了人才危机问题。

（三）缺点

可能存在以下两个缺点：其一，由于每个业务人员的活动半径增加了，必然导致业务人员的差旅费用增加；其二，由于各个区域没有了区域经理，使各个区域的业务人员在区域内没有行政领导，无法对其日常上下班情况进行监督。如慈余市场的 3 名业务人员，在结构 1 下由于存在慈余区域经理，并且慈余区域经理在慈余分支机构对 3 名业务人员进行日常上下班情况的监督；而在组织结构 2 下，没有人对这 3 名业务人员的日常上下班情况进行监督，因为他们各自的渠道负责人，跟他们的上班地点并不一致——渠道负责人在总部上班，这 3 名业务人员由于交通半径的问题只能在慈余上班。

然而，对这种情况进行进一步的分析发现，这根本就不是问题，原因有两个。第一，费用增加的问题。由于交通半径的扩大有限，费用的增加额度有限；同时，随着专业化分工的效率的提升，费用率不会上升，甚至可能下降。第二，无法监督的问题。从影响业务人员的关键绩效因素来看，上下班考核根本就不是关键绩效因素，只要加强对其所负责的渠道终端的铺货率、投入产出比、陈列情况等关键因素的考核，同样能实现对市场的精耕细作。

（四）可行性

前文实质上已经分析了结构2在理论上的可行性，下文结合贵公司的实际情况探讨一下具体实施的可行性。

（1）人员能力的配备性。首先，对现行的区域经理来说，可以将其中在市场策划、市场营销能力最全面的人选来担任公司的市场部经理，在我们调研过程中，我们也惊喜地发现了贵公司还是有这样的一位人选，那就是现在负责慈余市场的刘战。对于即将成为渠道经理的其他现任区域经理来说，由于担任渠道经理的要求比现在区域经理更加简单一些，况且两名渠道经理还可以从现任的三名区域经理中优选，因此能力也不存问题。同样的道理，对于现任业务员来说，由于其负责的终端更加专一，工作的变化更加少，因此能力应该也不存在任何问题。

（2）人员的抵触性方面。在结构2下各个人员的相对地位并没有发生很大的变化，只是各个人的职责发生了改变；尽管需要裁减几名人员，但鉴于贵公司一直都有末位淘汰制，因此只要淘汰的过程公平合理，也不可能引起太大的恐慌，所以可以断定人员的抵触应是不大的。

（3）市场承受方面。在结构2下，只要担任渠道负责人的人员是现行的主要与此渠道打交道的区域经理，尽管此时的渠道经理的职责与此前的区域经理已经大不相同，但对渠道商而言由于人员没有变化并不能感受到贵公司发生什么变化，因此，渠道不存在太多的人员交接的问题，可以说市场是很容易接受的。

"综上所述，我们认为无论是从对市场的影响、贵公司的人员能力匹配程度还是内部人员的接受度来看，这都不存在太大的障碍。"伍成全肯定地说道。

"您说得非常有道理，"贾笛高度赞扬地说道，"伍先生，我在想，如果我实行这种改革的话，尤其应该注意哪些问题呢？或者说最大的风险在哪里？我应该如何规避呢？"

"您的问题问得非常好。"伍成全接着说道，"最大的难度和可怕之处在于人员可能由于个人惯性和组织由于体系惯性不能迅速地将新的原则、规章制度、方法用于实践，但这是任何一个变革必须面对的。主要通过以下两个方法将其克服：其一，通过制定新组织架构下各岗位具体职责、权利、利益及考核方法，明确每一个岗位和个人的责、权、利，并给予人员足够的培训，让所有的人员理解和明白新架构下各人员的工作应如何展开、自己的责、权、利是什么；其二，瞪大眼睛在组织内部寻找符合新架构下的行为并加以高度正强化，同时对不符合新架构下的行为予以适当的负强化。最后，顺利实现变革。"

五、尾声

一年后，在康益公司的年度庆功会上，贾笛特意邀请了伍成全出席。在觥筹交错间，贾笛谈笑风生。"伍先生，非常感谢您为我公司做的工作！按照您的建议，一年前我果断地推进了组织变革，现在我们公司员工之间的矛盾基本消失，对市场的反映更加敏捷了，公司也在统一指挥下变得更加高效了。"

思考

1. 组织变革的动因有哪些？康益公司为什么要进行组织结构变革？
2. 从上述案例中我们可以看出企业的营销部门组织结构的设计需要考虑哪些因素？

实训题

现实调查：高校班级管理的组织结构现状与问题，或者针对某一行业进行组织结构摸底，发现问题。

解决途径：重构问题的组织架构，以适应当前变化的环境，你能做到吗？说出你的设计思路。

思考题

1. 组织设计的主要工作是什么？组织设计受到哪些因素影响？
2. 部门化的形式有哪些？特点如何？
3. 何为管理跨度？如何确定合理的管理跨度？
4. 如何理解组织的集权与分权？
5. 如何通过职务设计工作调动员工的工作积极性？

第十一章 人力资源管理

内容提要
- 人力资源管理及过程
- 人力资源规划
- 招聘、甄选、定向与解聘
- 员工培训
- 绩效评估
- 职业发展

第一节 人力资源管理概述

日本经营之神松下幸之助曾经说过："企业最大的资产是人"；联想集团总裁柳传志有句众所周知的名言："办公司就是办人。人才是利润最高的商品，能够经营好人才的企业才是最终的赢家。"现代企业的竞争，归根结底是人才的竞争，从这个角度来说，人才是企业之本。组织人力资源管理的目的就是将合适的人请上车，将不合适的人请下车。

一、人力资源管理

人力资源是指能够推动整个经济和社会发展的具有智力劳动和体力劳动能力的人们的总和。

人力资源管理是指根据组织发展战略的要求，有计划地对人力资源进行合理配置，通过对组织中员工的招聘、培训、使用、考核、激励和调整等一系列过程，调动员工的积极性，发挥员工的潜能，为组织创造价值，确保组织战略目标的实现。是企业的一系列人力资源政策以及相应的管理活动。这些活动主要包括人力资源战略的制定，员工的招募与选拔，培训与开发，绩效管理，薪酬管理，员工流动管理，员工关系管理，员工安全与健康管理等。是组织运用现代管理方法，对人力资源的获取（选人）、开发（育人）、保持（留人）和利用（用人）等方面所进行的计划、组织、指挥、控制和协调等一系列活动，最终达到实现组织发展目标的一种管理行为。

二、发展历程

人力资源管理是一门新兴的学科，问世于20世纪70年代末。人力资源管理的历史虽然不长，但人事管理的思想却源远流长。从时间上看，从 18 世纪末开始的工业革命，一直到 20 世纪 70 年代，这一时期被称为传统的人事管理阶段。从 20 世纪 70 年代末以来，人事管理让位于人力资源管理。

1. 人事管理阶段

（1）科学管理阶段。20 世纪初，以弗里得里克·温斯洛·泰勒等为代表，开创了科学管理理论学派，并推动了科学管理实践在美国的大规模推广和开展。泰勒提出了"计件工资制"和"计时工资制"，提出了实行劳动定额管理。1911 年泰勒发表了《科学管理原理》一书，这本著作奠定了科学管理理论的基础，因而被西方管理学界称为"科学管理之父"。

（2）工业心理学阶段。以德国心理学家雨果·明斯特伯格等为代表的心理学家的研究结果，推动了人事管理工作的科学化进程。雨果·明斯特伯格于 1913 年出版的《心理学与工业效率》标志着工业心理学的诞生。

（3）人际关系管理阶段。1929 年美国哈佛大学教授梅奥率领一个研究小组到美国西屋电气公司的霍桑工厂进行了长达九年的霍桑实验，真正揭开了对组织中的人的行为研究的序幕。

2. 人力资源管理阶段

"人力资源"这一概念早在 1954 年就由彼德·德鲁克在其著作《管理的实践》提出并加以明确界定。20 世纪 80 年代以来，人力资源管理理论不断成熟，并在实践中得到进一步发展，为企业所广泛接受，并逐渐取代人事管理。进入 20 世纪 90 年代，人力资源管理理论不断发展，也不断成熟。人们更多的探讨人力资源管理如何为企业的战略服务，人力资源部门的角色如何向企业管理的战略合作伙伴关系转变。战略人力资源管理理论的提出和发展，标志着现代人力资源管理的新阶段。

三、人力资源管理和人事管理的区别

我们对人的管理方式都是建立在某种"人性"假设基础上的，这一点对人力资源管理来说尤其正确，对人的这些假设构成了人力资源管理哲学。"人事管理"（Personnel Management）和"人力资源管理"（Human Resource Management）的区别实际上只是一种哲学上的区别。

人事管理是基于"复杂人"的假设，假设人在不同的情境下有不同的需求，依据这些需求对其进行激励。人力资源管理是基于一种全新的"价值人"的假设，他突破了传统的马斯洛需求层次论，认为人人都有自我发展、自我实现、求上进、求发展的欲望与追求，即使其生理、安全、社交和尊重的需要还没有得到完全的满足，这在高等教育日趋普及、人口素质普遍提高的今天，特别是在那些高级人才云集的跨国公司是站得住脚的。当然这种实现自我价值的需要在外界物质条件相同的情况下也存在着较大的个体差异，但那些自我实现欲望强烈的人在公司的生存与发展中起决定性作用。这种假设使企业将人力资源管理的目标放在提高员工工作生活质量、满足他们成长和自我实现的需要上。

在人事管理中，企业对人的看法局限于人力是一种成本，在使用时以节约为目标。在他们看来，雇员的所得正是他们的所失，在他们眼里这仅仅是一个简单的零合游戏，所以劳资关系比较紧张，人事部门经常陷于劳资纠纷的陷阱之中，他们被迫通过服务、保障、职工参与等手段缓和劳资关系。而人力资源管理将人视为可开发并能带来收益的资源进行开发和控制，企业将主动建立互相信任、充分参与、合作的关系，是一种双赢游戏。成本是为实现目标而不得不作出的付出，而"资本是能带来剩余价值的价值"。这样，人力资源管理将工作重点放在以个人与组织的共同实现与发展为目标的人力资源开发上面。在人事管理中虽然有培训，这些培训也会给员工带来发展，但从企业的角度看来，这些培训只是为满足工作需要不得不作出的成本付出。而人力资源开发中的培训是以提高员工素质与能力、提高工作绩效为目标的主动培训。

在组织上，以前的人事部门仅仅是组织众多部门中的一个，其功能仅仅是整个人员管理的一部分，其他部门如行政、生产等部门都承担了相应的工作。人力资源管理中，人力资源管理作为一种思想贯穿于企业的各个层面，在组织内部建立整合式的功能。人力资源部在企业中的作用日趋重要。人事管理的主要对象是管理层，而企业中的操作层仍然被视为劳动力进行管理，这不仅伤害了他们的积极性，也很难融洽双方关系。在视员工为资源的人力资源管理中，对这种资源的开发就不仅限于管理层，以个人与企业的共同发展为目标的人力资源管理，将拓展到劳资关系的各个方面。人事管理中的绩效评价目的在于发现员工绩效的现状，并以此作为报酬、奖惩、提升的有力依据，因而员工有抵触心理，惧怕绩效评价。人力资源管理中的绩效评价目的在于获得员工绩效现状的信息，找到与目前及未来要求的差距，绩效优秀的员工将得到物质奖励、提升等鼓励，而绩效较差的员工将得到培训机会，为未来的职业生涯发展打下基础。所有员工将从中受益，绩效考评成为员工与企业之间主动交流的有力手段。

以往人事部门的工作是被动的、例行的，如考勤、工资发放等，遇到问题平息了事，而人力资源管理从资源开发、职工职业发展与企业发展角度，前瞻性地注意组织内外环境的变化，如技术更新、员工心态等，根据组织发展的需要进行挑战性的开拓，具有战略管理的地位。总之，从人事管理到人力资源管理是一次思想上的创新，它们的差别并非仅仅是形式上的，而是有本质的区别。

第二节　人力资源管理的过程

如图 11-1 所示，人力资源的管理过程包括九项活动或步骤，如果得到妥当实施，可以使组织配备到能干的高绩效的员工，这些人将在一段较长时期内保持良好的绩效水平。

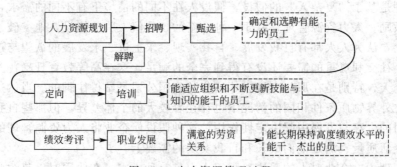

图 11-1　人力资源管理过程

这前四个步骤分别：人力资源规划、通过招聘增补员工、通过解聘减少员工以及进行人员甄选。经过这四个步骤，你就可以确定和选聘到有能力的员工。一旦你选聘了能胜任的员工，你还要帮助他们适应组织并确保他们的技能和知识不断得到更新。这些需要通过定向和培训来达到。人力资源管理过程的最后步骤用来识别绩效问题并予以改正，以及帮助员工在整个职业历程中保持较高的绩效水平。这所包括的活动就是评估和职业发展。另外，当员工参加工会时,还要考虑劳资关系。但是你还要注意到一点,就是人力资源管理还要受到外部环境因素的影响,这是做人力资源战略规划必须首先要考虑的。

一、重要的环境力量

目前,有若干种环境力量对组织的人力资源管理活动产生冲击。但影响最大的还是工会、政府法律法规条例等。所以,我们可以得出一个结论,即管理人员并不能完全自由地选择他们将雇用、提升或者解雇的人。法律条例在有力地促进组织减少歧视和不正当就业行为的同时,也降低了管理当局对人力资源决策的自由度。

二、人力资源规划

人力资源规划就是为适当的职位配备适当数量和类型的工作人员。通过规划,可以将组织的目标转换为需要哪些人员去实现这些目标。

人力资源规划过程可以归纳为三个步骤:评价现有的人力资源;预估将来需要的人力资源;制定满足未来人力资源需要的行动方案。

1. 当前评价

首先,要对现有人力资源的状况作以考察;其次,要进行职务分析,即对组织中的职务和职责进行分析;最后,由管理当局拟订职务说明书(对任职者需要做些什么、怎么做和为什么要做的书面说明,反映职务的内容、环境和从业条件)和职务规范(资格标准)。在实际工作中,企业往往以职务说明书把这两个方面的内容都包括在内了。

2. 未来评价

未来人力资源的需要是由组织的目标和战略决定的。不过大多数情况下是以组织总目标和基于此进行的营业规模预测作为主要依据来确定组织的人力资源需求状况的。

3. 制定面向未来的行动方案

对现有能力和未来需求作了全面评估以后,管理当局可以测算出人力资源的短缺程度(在数量和结构方面),并指出组织中将会出现超员配置的领域。然后,将这些预计与未来人力资源的供应推测结合起来,就可以拟订出行动方案了。

三、招聘与解聘

招聘工作主要包括招聘需求分析、工作分析和胜任能力分析、招聘程序和策略安排、招聘渠道分析与选择、招聘的实施、特殊政策与应变方案。职务潜在候选人的主要来源如表 11-1 所示。

表 11-1 职务潜在候选人的主要来源

来源渠道	优 点	缺 点
内部搜寻	花费少;有利于提高员工士气;候选人了解组织情况	供应有限
广告应征	辐射广;可以有目标地针对某一特定群体	有许多不合格的应聘者
员工推荐	基于推荐者的认真推举可能产生高素质的候选人	可能不会增加员工的类别和结构
公共就业机构	正常费用或免费	通常为非熟练或受过很少训练的候选人
私人就业机构	广泛接触;仔细甄别;通常给予短期的担保	花费大
学校分配	大量、集中的候选人	仅限于初入者级别的职位
临时性支援服务	仅满足临时的需要	成本高;通常限于常规或只需范围狭小的确定技能的工作

资料来源:斯蒂芬·P·罗宾斯. 管理学. 黄卫伟等译. 第 4 版. 北京:中国人民大学出版社,2003.

解聘工作主要包括调查工作业绩、用书面材料说明解雇员工的原因、制定终止雇佣关系的条件、离职面谈、解释有关解雇的财务安排、收回该员工使用的企业的财物。同时，管理者还要考虑降低员工流失的措施。关于解聘选择的方法如表11-2所示。

表11-2　解聘选择方法

方　案	说　明
解聘	永久性、非自愿地终止合同
暂时解雇	临时性、非自愿地终止合同；可能持续若干天时间，也可能延续到几年
自然减员	对自愿辞职或正常退休腾出的职位空缺不予以填补
调换岗位	横向或向下调换员工岗位；通常不会降低成本，但可减缓组织内的劳动力供求不平衡
缩短工作周	让员工每周少工作一些时间；或者进行工作分担；或以临时工身份做这些工作
提前退休	为年龄大、资历深的员工提供激励，使其在正常退休期限前提早退离岗位

资料来源：斯蒂芬·P·罗宾斯.管理学.黄卫伟等译.第4版.北京：中国人民大学出版社，2003.

四、人员甄选

招聘中的人员甄选是指综合利用心理学、管理学等学科的理论、方法和技术，对候选人的任职资格核对工作的胜任程度，即与职务匹配程度进行系统的、客观的测量和评价，从而做出录用决策。

1. 甄选内容

候选人的任职资格和对工作的胜任程度主要取决于他所掌握的与工作相关的知识、技能，个人的个性特点、行为特征和个人价值观取向等因素。因此，人员甄选就是对候选者的这几方面进行测量和评价的。

（1）知识。知识是系统化的信息，可分为普通知识和专业知识。普通知识也就是我们所说的常识，而专业知识是指特定职位所要求的特定的知识。在人员甄选过程中，专业知识通常占主要地位。应聘者所拥有的文凭和一些专业证书可以证明他掌握的专业知识的广度和深度。知识的掌握可分为记忆、理解和应用三个不同的层次，会应用所学知识才是企业真正需要的。所以，人员甄选时不能仅以文凭为依据判断候选者掌握知识的程度，还应通过笔试、测试等多种方式进行考察。

（2）能力。能力是引起个体绩效差异的持久性个人心理特征。通常我们将能力分为一般能力与特殊能力。一般能力是指在不同活动中表现出来的一些共同能力，如记忆力、想象力、观察力、注意力、思维能力、操作能力等。这些能力是我们完成任何一种工作不可缺少的能力。特殊能力是指在某些特殊活动中所表现出来的能力，如设计师需要具有良好的空间知觉能力；管理者就需要具有较强的人际能力、分析能力等，也就是我们常说的专业能力。

（3）个性。每个人为人处世总有自己独特的风格，这就是个性的体现。个性是指人的一组相对稳定的特征，这些特征决定着特定的个人在各种不同情况下的行为表现。个性与工作绩效密切相关。

（4）动力因素。员工要取得良好的工作绩效，不仅取决于他的知识、能力水平，还取决于他做好这项工作的意愿是否强烈，即是否有足够的动力促使员工努力工作。在动力因素中，最重要的是价值观，即人们关于目标和信仰的观念。具有不同价值观的员工对不同企业文化的相融程度不一样，企业的激励系统对他们的作用效果也不一样。所以，企业在招聘员工时有必要对应聘者的价值观等动力因素进行鉴别测试。动力因素通常采用问卷测量的方法进行。

2. 甄选决策的结果

甄选是一种预测行为，它设法预见聘用哪一位申请者会确保工作成功。这里的成功，是按照组织用以评价人员绩效的标准衡量，即能把工作做好。人员甄选决策的可能结果如图11-2所示。

	人员甄选决策	
	接受	拒绝
后来工作绩效 成功	正确的决策	错误的拒绝
后来工作绩效 不成功	错误的接受	正确的决策

图 11-2 人员甄选决策的可能结果

从以上人员甄选决策的四种结果，我们可以看出管理者甄选活动的主要着眼点应是，减少作出错误拒绝和错误接受的可能性，提高作出正确决策的概率。

3. 甄选的效度和信度

管理者在众多的甄选手段中进行选择时，必须要考虑甄选的效度和信度问题。在应用时我们应该采用效度和信度都比较高的甄选手段。

效度（Validity）即有效性，它是指测量工具或手段能够准确测出所需测量的事物的程度。它是指甄选手段和有关工作标准之间是否存在确实的相关关系。如果存在，那么甄选测试的得分与后来的工作绩效表现就应该具有明显的正相关的关系。

信度（Reliability）即可靠性，是指采用同一方法对同一对象进行调查时，问卷调查结果的稳定性和一致性，即测量工具（问卷或量表）能否稳定地测量所测的事物或变量。如果是，则测量手段的信度就高。

4. 甄选手段

（1）申请表分析法。此分析法是对申请者在申请表中所填的内容进行细致地、逻辑地分析，看是否符合组织招聘人员的基本要求，它是一种对申请者基本条件的考察，是人员甄选的第一个门槛。

（2）笔试法。即通过笔试对申请者的智商能力、空间想象能力、认知准确性、运动能力以及悟性和兴趣等方面进行测试。有充分的证据可以证明，对智商能力、空间和机械能力、认知准确性和运动能力的测试，对工业组织中许多半熟练和非熟练的操作工作具有中等程度的效度；智商测试是监督职位的一种相当有力的工作预测器。

（3）绩效模拟测试法。是基于职务分析资料作出的，绩效模拟测试所测验的是人的实际工作行为，而不是其替代物。最有名的绩效模拟测试方法有工作抽样（适用于常规的职务）和测评中心（适用于挑选从事管理工作的人员）两种。工作抽样法——是给申请者提供一项职务的缩样复制物，让他们完成该项职务的一种或多种核心任务，申请者通过实际执行这些任务，将展示出他们是否拥有必要的才能。测评中心——它是由直线主管人员、监督人员及受过训练的心理学家组成一个测评中心，模拟性地设计出实际工作中可能面对的一些现实问题，让应聘者经受一定量的测试练习，从中评价其管理能力。测试的活动是根据实际工作者会遇到的一系列可以描述的活动要素来设计的，如与人面谈、解决出现的问题、小组讨论和经营决策博弈等。

（4）面谈。面谈时如果没有加以良好的组织并按标准化的方式进行，面谈可能潜伏着各种潜在的偏见和障碍。那么管理者如何才能使面谈更有效度、更为可信呢？我们提出以下几个建议：对所有应聘者设计一些固定的问题；取得对应聘者面谈的工作有关的更详细的信息；尽量减少对应聘者履历、经验、兴趣、测试成绩或其他方面的先前知识；多提问那些要求应聘者对实际做法给予详尽描述的行为问题（比如，给我举个你需要惩戒一个员工的具体例子，告诉我你会采取什么行动，行动的结果会怎样）；采用标准的评价格式；面谈中要做笔记；避免短时间面谈造成过早形成决策等。

（5）履历调查。履历调查有两种基本的形式。一是申请资料核实，如与原来的雇主或毕业学校作以核对；二是参考查询。

（6）体格检查。即通过对申请者身体的检查，看是否符合职位的身体要求。

那么，这几种甄选手段何时最有效呢？表11-3给出了一般参考。

表11-3 甄选手段的适用性选择

职位 效度 手段	高层管理	中低层管理	复杂的非管理职务	常规的作业职务
申请表	2	2	2	2
笔试	1	1	2	3
工作样本	—	—	4	4
测试中心	5	5	—	—
面谈	4	3	—	2
申请资料核实	3	3	3	3
参考查询	1	1	1	2
体格检查	1	1	1	2

注：1. 本表来自管理学，中国人民大学出版社（2003）。
2. 效度在这里按从5（最高）至1（最低）的尺度衡量。

五、定向

某项职务的候选人被介绍到工作岗位和组织中，使之适应环境，这个过程称作定向。

定向的主要目的有两个：一是为了减少新员工刚开始工作时常会感觉到的最初的焦虑，让新员工熟悉工作岗位、工作单位和整个组织，并促进外来者向内部人员转换；二是为了修正新员工对职务所可能持有的不切实际的期望。

六、员工培训

1. 培训内容

人力资源开发与管理需要对招录的员工进行技能上的培训，使之不断地适应职务要求的改变。我们可以将员工的技能划分为三种类型：技术技能、人际关系技能和解决问题技能。绝大多数员工培训活动都着眼于改变其中一项或多项技能。

（1）技术技能。既包括最基本的技能，如阅读、写作和进行计算的能力，也包括与特定职务相关的能力，如工作上的技能要求。

（2）人际关系技能。主要包括学会如何做个好听众，如何更清晰地沟通自己的思想，以及如何减少摩擦冲突等。

（3）解决问题技能。具体方式包括：让员工参加一些活动，强化其逻辑、推理和确定问题的能力；对因果关系作出评价；制定解决问题的可行方案，并分析方案和选定最终的解决方法等。

2. 员工综合素质培训模型

如图 11-3 所示，综合素质的培训结构包含三大模块。

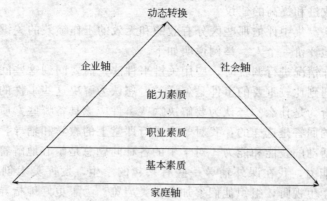

图 11-3　员工综合素质培训模型

素质模块一：基本素质。以传统的德、智、体、美、劳为主要研究内容（不同企业对其具体要求是有差异的），同时再增加一些变量元素，这些变量在数量上、内容上都是可变的，其影响因素主要有组织特点、时代性、环境以及个人角色等。具体来说主要包括思想德育素质、智育素质、文化素质、身心素质等，身心素质中的心理素质包含个性与特质、动机、态度、自我概念、价值观、情商、同理心等。

素质模块二：职业素质。主要包括：职业道德、职业知识和技能（职能修养）、组织文化认同与忠诚、岗位适应与拓展、职业动机、社交和商务礼仪等。

素质模块三：能力素质。能力素质在不同企业中均有要求，但具体内容和程度又是不同的。主要包括管理能力（如压力管理、时间管理、情报信息管理、个人质量管理等）、学习能力、创新和实践能力、人际交往能力、沟通能力、团队协作能力、执行能力等。

此模型是一种系统的、完整的研究素质结构的一级指标，以它为基础，管理者可以根据研究内容和具体环境设计、研究二级指标和具体的素质特征变量。

七、绩效评估

绩效评估是以员工的工作绩效进行评价，以便形成客观公正的人事决策的过程。绩效评估（Performance Appraisal），又称绩效考评、绩效评价、员工考核，是一种正式的员工评估制度，也是人力资源开发与管理中一项重要的基础性工作，旨在通过科学的方法、原理来评定和测量员工在职务上的工作行为和工作效果。绩效评估是一种正式的员工评估制度，它是通过系统的方法、原理来评定和测量员工在职务上的工作行为和工作成果。绩效评估是企业管理者与员工之间的一项管理沟通活动。绩效评估的结果可以直接影响到薪酬调整、奖金发放及职务升降等诸多员工的切身利益。绩效评估有时还用来开展人事研究——作为验证人员甄选手段和培训发展方案效度的一个标准。表 11-4 是关于绩效评估的一些使用目的。

表 11-4　绩效评估的使用目的

使用目的	比例/%	使用目的	比例/%
报酬	85.6	人事规划	43.1
绩效反馈	65.1	留住或解雇	30.3
培训	64.3	人事研究	17.2
提升	45.3		

注：1. 本表来自管理学，中国人民大学出版社（2003）。
　　2. 本表内容是基于作出回应的 600 个组织的调查。

我们常用的绩效评估的方法有以下几种。

（1）书面描述法。写一份记叙性材料，描述一个员工的所长、所短、过去的绩效和潜能等，然后提出予以改进和提高的建议。

（2）关键事件法。集中评估那些区分有效的和无效的工作绩效的关键行为。只述及具体的行为，而不笼统地评价一个人。举例说明如下。

在对员工的工作情况进行调查时，应用关键事件法，需要问到这些问题：在过去的一年中，您在工作中所遇到比较重要的事件是怎样的？您认为解决这些事件的最为正确的行为是什么？最不恰当的行为是什么？您认为要解决这些事件应该具备哪些素质？

某位美术老师的回答是这样的：我对学生进行课堂上的教学和辅导，培养他们的审美能力和进行美术创作活动的技能和能力，对学生的各种问题总是耐心地解答。为了帮助学生发展美术创作方面的能力，我在课外辅导一些有兴趣的学生，发挥美术创作方面的潜能。另外，为了能够拓展学生视野，组织他们参加艺术类展览。为了更好地指导学生，我会定期参加大学的进修，或者去别的中学旁听其他老师的课。

（3）评分表法。列出绩效因素，如工作的数量和质量、职务知识、协作、出勤，以及忠诚、诚实和首创精神等，然后，评估者对表中的每一项给出评分，便于做定量分析和比较。

（4）行为定位评分法。综合了关键事件法和评分法的主要要素，考评者按某一序数值尺度对各项指标打分。它侧重于具体可衡量的工作行为，它将职务的关键要素分解为若干绩效因素，然后为每一绩效因素确定有效果和无效果行为的一些具体示例。其结果可以形成诸如"预测"、"计划"、"实施"、"解决眼前问题"、"贯彻执行命令"以及"处理紧急情况"等的行为描述。

（5）多人比较法。这是将一个员工的工作绩效与一个或多个其他人作比较。

① 分组排序法。要求评价者按特定的分组将员工编入诸如"前1/5""次1/5"和"后1/5"之类的次序中。

② 个体排序法。要求评估者将员工按从高到低的顺序加以排列，因此只有1人可以是"最优的"。

③ 配对比较法。每一个员工都与比较组中的其他每一位员工结对进行比较，评出其中的"优者""劣者"。在所有的结对比较完成后，将每位员工得到的"优者"数累计起来，就得到一个总的顺序。

（6）目标管理法。该方法不仅在计划工作中可以得到采用，同时也是绩效评估的一种手段。

八、职业发展

一个组织为什么要关心员工的职业生涯呢？因为着眼于职业发展，将促使管理当局对组织的人力资源采取一种长远的战略眼光。在组织中关心员工的职业发展就是要做好员工的职业生涯管理。职业生涯管理是企业通过规划员工的职业生涯，引导员工把自身发展目标与企业发展目标充分结合，有效发挥自身优势，实现良好发展的人力资源管理措施。良好的职业生涯管理体系可以充分发挥员工的潜能，给优秀员工一个明确而具体的职业发展引导，从人力资本增值的角度达成企业价值最大化。图11-4很好地说明了一个人的职业发展的人生轨迹。

人们往往在开始工作之前就对他们的职业作出了关键的决策。亲人、老师、朋友以及社会的影响，使人们在生命的很早时期就逐渐缩小了自己职业选择的范围，并指导他们朝着一定的方向发展。对于绝大多数人而言，职业探索期会在他们20多岁从学校步入工作岗位时

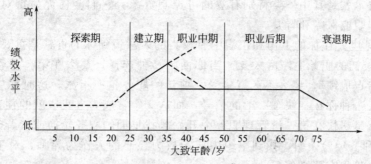

图 11-4 职业发展阶段

结束。组织与职业探索阶段也是有关系的，人们正是在这一阶段形成了对其职业生涯的一种预期。当然其中许多预期可能是很不现实的，这种预期可能在初期潜藏不露，后来突然暴露出来，使员工本人和雇主都遭受不应有的挫折和损失。建立期始于寻找工作和找到第一份工作。这一阶段的特征是，逐渐改进工作表现，不断发生错误，并不断从错误中汲取教训。在职业中期，一个人的绩效水平可能持续改进，也可能保持稳定，或者开始下降。这一阶段的重要特征是，职业中期的人已不再是一个"学习者"，错误容易使人付出巨大的代价。成功地经受住这一转换阶段挑战的人，可能获得更大的责任和奖赏。而其他的人可能要面临自身能力再评价和变换工作，以及重新安排优先考虑的事项或者寻求另一种生活方式（如重返学校念书、迁居到外埠等）。对于那些通过了职业中期阶段继续发展的人们来说，职业后期阶段通常是个令人愉快的时期。这时，他们可以有所放松，并且扮演一种元老的角色。他们以自己多年日积月累并经过多次经历验证的判断力，以及与其他人共享其知识和经验的能力，向组织证明其存在的价值。对于那些在前一阶段绩效水平已经停滞或有所下降的人，在职业后期阶段将会认识到这样的一个事实，即他们对于现实世界将不再拥有曾经想象的那样一种持久的影响或改变能力。正是在这一时期，人们会意识到需要减少工作的流动，从而可能安心于现有的工作。职业历程的最后阶段对每个人都是艰难的，但富有讽刺意味的是，对于那些在早期阶段持续获得成功的人来说，它可能更为艰难。伴随着几十年的成就和高绩效表现，现在猛然间就要退休，容易使人感到失去了一种重要的认同感。相反，对于早年绩效表现一般，或已经看到自己的绩效水平在不断下降的人来说，这或许是一个令人舒心的时期，因为，他们将远远地把工作中的烦恼抛在身后。

在实际的职业生涯管理中，你需要记住一些职业生涯成功的要领。

① 审慎选择第一项职务。经验证明，假如你拥有选择，你应当挑选一个有权力的部门作为你开始自己的管理职业生涯的起点。

② 做好本职工作。良好的工作绩效是职业生涯成功的一个必要条件但不是充分条件。工作绩效好并不是成功的担保，但缺少了这一条，职业生涯成功的可能性就会降低。

③ 展现正确的形象。使自己的形象与组织所寻找的形象保持吻合的能力自然就对职业成功有正相关的关系。

④ 了解权力结构。组织正式结构所确定的职权关系，只反映组织中影响类型的一种。同样重要或更为重要的是，熟悉并理解组织的权力结构。有效的管理者需要知道谁真正控制局面；谁对谁拥有资源；谁又对谁存在重要的依赖和负债等。所有这些均不会在组织结构图上表现出来的。但是，一旦你对这些有了更好的了解，你就可以更熟练、自如地在其中行进。

⑤ 获得对组织资源的控制。对组织中稀缺而又重要的资源加以控制，这是权力的一大

来源。知识和技术就是其中一类特别有效的可控制资源。它们会使你显得对组织更有价值，因而更可能得到职业保障和晋升。

⑥ 保持可见度。让你的上司和组织中有权力的人意识到你的贡献是重要的。

⑦ 不要在最初的职务上停留太久。当你面临一种选择，要么在第一份管理职务中一直干到"真正做出点成绩"，要么不久就接受一项新的职务轮换指派，这时你应该选择早期的轮换，你会给人一种你在"快车"上的信号，而这又经常成为自我成就的预言。这一信息对管理者的启示就是尽快在第一份管理职务中开始寻找早期的职务轮换或者晋升。

⑧ 找个导师。经验表明，找到组织中居于权力核心的人作为导师，对于有志要升到高层的管理者来说是很有意义的。

⑨ 支持你的上司。你应当努力帮助你的上司取得成功，在他们处于被动时给予支持，并找到你的上司用以评估你的工作绩效的主要标准。不要试图挖你的上司的墙脚，不要对其他人讲你的上司的坏话。

⑩ 保持流动性。一个管理者如果显示出他乐于转换到组织中的其他地方或职能领域工作，那他可能更为迅速地得到提升。愿意变换组织的人，其职业发展进程也可能得到更好的促进，尤其是受雇于成长缓慢、不景气或衰退之中的组织的时候。

⑪ 考虑横向发展。横向变换可以给人提供更广泛的工作经历，从而提高其长期的工作流动性。另外，这种变换还能帮助激发人的工作积极性，因为它使工作变得更为有趣，也更富有满意感。因此，假如你在组织中不能得到向上层的发展，那么不妨考虑内部横向的职务变换或者向其他组织流动。

【案例】 职业锚的自我评价

你到底属于哪一种职业锚，是管理型、技术或功能型、安全型、创造型还是自治与独立型。为了帮助你准确地确定自己的职业锚，可以找几张空白纸写下你对以下几个问题的答案。

1. 你在高中时期主要对哪些领域比较感兴趣（如果有的话）？为什么会对这些领域感兴趣？你对这些领域的感受是怎样的？

2. 在大学时期主要对哪些领域比较感兴趣？为什么会对这些领域感兴趣？你对这些领域的感受是怎样的？

3. 你毕业之后所从事的第一种工作是什么？你期望从这种工作中得到些什么？

4. 当你开始自己的职业生涯的时候，你的抱负或长期目标是什么？这种抱负或长期目标是否曾经出现过变化？如果有，那么是在什么时候？为什么会变化？

5. 你第一次换工作或换公司的情况是怎样的？你指望下一个工作能给你带来什么？

6. 你后来换工作或换公司的情况是怎样的？你怎么会做出变动决定？你所追求的是什么？

7. 当你回首自己的职业经历时，你觉得最令自己感到愉快的是哪些时候？你认为这些时候的什么东西最令你感到愉快？

8. 当你回首自己的职业经历时，你觉得最令自己感到不愉快的是哪些时候？你认为这些时候的什么东西最令你感到不愉快？

9. 你是否曾经拒绝过从事某种工作的机会或晋升机会吗？为什么？

10. 现在请你仔细检查自己的所有答案，并认真阅读关于 5 种职业锚的描述。根据你对上述这些问题的回答，分别将每一种职业锚赋予从 1 至 5 之间的某一分数，其中 1 代表重要性最低；5 代表重要性最高。

下面是施恩的职业锚理论中所提出的 5 种职业锚的描述。

1. 技术能力型职业锚。具有相当明确的职业工作追求、需要和价值观，表现出如下特征：强调实际技术或某项职能业务工作。技术职能能力锚的员工比较热爱自己的专业技术或岗位工作，注重个人专业技能发展，一般多从事工程技术、营销、财务分析、系统分析、企业计划等工作。

2. 管理能力型职业锚。愿意担负管理责任，且责任越大越好，这是管理能力型职业锚员工的追逐目标。他们与不喜欢、甚至惧怕全面管理的技术职业锚的人不同，倾心于全面管理，掌握更大权力，肩负起更大责任。具体的技术工作或职能工作仅仅被看作是通向更高、更全面管理层的必经之路；他们从事一个或几个技术职能区工作，只是为了更好地展现自己的能力，瞄准更高职位的管理权力。

3. 创造型职业锚。是一种定位很独特的职业锚，在某种程度上，创造型职业锚同其他类型职业锚有重叠。追求创造型的人要求有自主权、管理能力，能施展自己的才干。但是，这些不是他们的主要动机或价值观，创造性才是他们的主要动机和价值观。

4. 安全型职业锚。又称作稳定型职业锚，其特征如下：职业的稳定和安全，是这一类职业锚员工的追求、驱动力和价值观。他们的安全取向主要为两类：一种是追求职业安全，稳定源和安全源主要是一个给定组织中的稳定的成员资格，例如大公司组织安全性高，做其成员稳定系数高；另一种注重情感的安全稳定，包括一种定居，使家庭稳定和使自己融入团队的感情。

5. 自主型职业锚。又称作独立型职业锚，这种职业锚的特点是：最大限度地摆脱组织约束，追求能施展个人职业能力的工作环境。以自主、独立为锚位的人认为，组织活动是限制人的，具有非理性的成分。他们追求的是处于自由自在、不受约束或少受约束的工作生活环境。

第三节　国外人力资源管理现状

一、"抽屉式"管理

在现代管理中，它也叫做"职务分析"。当今一些经济发达国家的大中型企业，都非常重视"抽屉式"管理和职位分类，并且都在"抽屉式"管理的基础上，不同程度地建立了职位分类制度。据调查统计：泰国在 1981 年采用"抽屉式"管理的企业为 50％。在 1985 年为 75％，而在 1999 年为 95％以上。最近几年，香港的大中型企业也普遍实行"抽屉式"管理。

"抽屉式"管理是一种通俗形象的管理术语，它形容在每个管理人员办公桌的抽屉里，都有一个明确的职务工作规范，在管理工作中，既不能有职无权，也不能有责无权，更不能有权无责，必须职、责、权、利相互结合。

企业进行"抽屉式"管理有如下五个步骤。

第一步，建立一个由企业各个部门组成的职务分析小组。

第二步，正确处理企业内部集权与分权的关系。

第三步，围绕企业的总体目标，层层分解，逐级落实职责权限范围。

第四步，编写"职务说明"、"职务规格"，制定出对每个职务工作的要求准则。

第五步，必须考虑到考核制度与奖惩制度相结合。

二、"危机式"管理

在世界著名大企业中，随着世界经济竞争日趋激烈化，相当一部分进入维持和衰退阶段，柯达、可口可乐、杜邦、福特这样的大企业，也曾出现大量的经营亏损。为改变状况，美国企业较为重视推行"危机式"生产管理，掀起了一股"末日管理"的浪潮。

美国企业界认为，如果一位经营者不能很好地与员工沟通，不能向他的员工们表明危机确实存在，那么他很快就会失去信誉，因而也会失去效率和效益。美国技术公司总裁威廉·伟思看到，全世界已变成一个竞争的战场，全球电信业正在变革中发挥重要作用。因此，他启用两名大胆改革的高级管理人员为副董事长，免去5名倾向于循序渐进改革的高级人员职务，在职工中广泛宣传某些企业由于忽视产品质量、成本上升导致失去用户的危机，他要全体员工知道，如果技术公司不把产品质量、生产成本及用户时刻放在突出位置，公司的末日就会来临。

三、"一分钟"管理

西方许多企业纷纷采用"一分钟"管理法则，并取得了显著的成效。具体内容为：一分钟目标、一分钟赞美及一分钟惩罚。

所谓一分钟目标，就是企业中的每个人都将自己的主要目标和职责明确地记在一张纸上。每一个目标及其检验标准，应该在250个字内表达清楚，一个人在一分钟内能读完。这样，便于每个人明确认识自己为何而干，如何去干，并且据此定期检查自己的工作。

一分钟赞美，就是人力资源激励。具体做法是企业的经理经常花费不长的时间，在职员所做的事情中，挑出正确的部分加以赞美。这样可以促使每位职员明确自己所做的事情，更加努力地工作，使自己的行为不断向完美的方向发展。

一分钟惩罚，是指某件事应该做好，但却没有做好，对有关的人员首先进行及时批评，指出其错误，然后提醒他，你是如何器重他，不满的是他此时此地的工作表现。这样，可使做错事的人乐于接受批评，感到愧疚，并注意避免同样错误的发生。

"一分钟"管理法则妙就妙在它大大缩短了管理过程，有立竿见影的效果。一分钟目标，便于每个员工明确自己的工作职责，努力实现自己的工作目标；一分钟赞美可使每个职员更加努力地工作，使自己的行为趋向完善；一分钟惩罚可使做错事的人乐意接受批评，促使他今后工作更加认真。

四、"破格式"管理

在企业诸多管理中，最终都通过对人事的管理达到变革创新的目的。因此，世界发达企业都根据企业内部竞争形势的变化，积极实行人事管理制度变革，以激发员工的创造性。

在日本和韩国企业里，过去一直采用以工作年限作为晋升职员级别和提高工资标准的"年功制度"，这种制度适应了企业快速膨胀时期对用工用人的要求，提供了劳动力就业与发展的机会。进入20世纪80年代以来，这些发达企业进入低增长和相对稳定阶段，"年功制度"已不能满足职员的晋升欲望，使企业组织人事的活力下降。20世纪90年代初起，日本、韩国发达企业着手改革人事制度，大力推行根据工作能力和成果决定升降员工职务的"破格式"的新人事制度，收到了明显成效。世界大企业人事制度的变革，集中反映出对人的潜力的充分挖掘，以搞活人事制度来搞活企业组织结构，注意培养和形成企业内部的"强人"机制，形成竞争、奋发、进取、开拓的新气象。

五、"和拢式"管理

"和拢"表示管理必须强调个人和整体的配合，创造整体和个体的高度和谐。在管理中，欧美企业主要强调个人奋斗，促使不同的管理相互融洽借鉴。它的具体特点如下。

① 既有整体性，又有个体性。企业每个成员对公司产生使命感，"我就是公司"是"和拢式"管理中的一句响亮的口号。

② 自我组织性。放手让下属做决策，自己管理自己。

③ 波动性。现代管理必须实行灵活经营战略，在波动中产生进步和革新。

④ 相辅相成。要促使不同的看法、做法相互补充交流，使一种情况下的缺点变成另一种情况下的优点。

⑤ 个体分散与整体协调性。一个组织中单位、小组、个人都是整体中的个体，个体都有分散性、独创性，通过协调形成整体的形象。

⑥ 韵律性。企业与个人之间达成一种融洽和谐充满活力的气氛，激发人们的内驱力和自豪感。

六、"走动式"管理

"走动式"管理，这是世界上流行的一种创新管理方式，它主要是指企业主管体察民意，了解实情，与部属打成一片，共创业绩。这种管理风格的优越性有以下几个。

① 主管动，部属也跟着动。日本经济团体联合会名誉会长土光敏夫采用"身先士卒"的做法，一举成为日本享有盛名的企业家，在他接管日本东芝电器公司前，东芝已不再享有"电器业摇篮"的美称，生产每况愈下。土光敏夫上任后，每天巡视工厂，遍访了东芝设在日本的工厂和企业，与员工一起吃饭，闲话家常。清晨，他总比别人早到半个小时，站在厂门口，向工人问好，率先示范。员工受此气氛的感染，促进了相互间的沟通，士气大振。不久，东芝的生产恢复正常，并有很大发展。

② 投资小，收益大。走动管理并不需要太多的资金和技术，就可能提高企业的生产力。

③ 看得见的管理。就是说最高主管能够到达生产第一线，与工人见面、交谈，希望员工能够对他提意见，能够认识他，甚至与他争辩是非。

④ 现场管理。日本为何有世界上第一流的生产力呢？有人认为是建立在追根究底的现场管理上。主管每天马不停蹄地到现场走动，部属也只好舍命陪君子了！

⑤ "得人心者昌"。优秀的企业领导要常到职位比他低几层的员工中去体察民意，了解实情，多听一些"不对"，而不是只听"好"的。不仅要关心员工的工作，叫得出他们的名字，而且要关心他们的衣食住行。这样，员工觉得主管重视他们，工作自然十分卖力。一个企业有了员工的支持和努力，自然就会昌盛。

美国麦当劳快餐店创始人雷·克罗克，是美国最有影响的大企业家之一，他不喜欢整天坐在办公室里，大部分时间都用在"走动式"管理上，即到所属各公司、各部门走走、看看、听听、问问。公司曾有一段时间面临严重亏损的危机，克罗克发现其中一个重要原因是，公司各职能部门的经理官僚主义突出，习惯躺在舒适的椅背上指手画脚，把许多宝贵的时间耗费在抽烟和闲聊上。于是克罗克想出一个"奇招"，要求将所有经理的椅子靠背都锯掉，经理们只得照办。开始很多人骂克罗克是个疯子，不久大家悟出了他的一番"苦心"，纷纷走出办公室，开展"走动式"管理，及时了解情况，现场解决问题，终于使公司扭亏为盈，有力地促进了公司的生存和发展。

七、未来展望

① 人才的变化。未来的人才在学校里学到的不仅是专业知识，更多的应是学习的能力和研究方法，也就是说，他们能很快进入一个新的领域并适应这个新的领域。一个非所学专业的学生能很快进入新专业的角色。

② 终身学习的理念开始进入大学。毕业生在大学所学的东西并非仅仅就是专业知识，而是要广泛涉猎专业以外的知识，以至于他们在毕业后能较快从事其他专业领域的工作。

③ 未来的组织极其注重的已不再是工作人员重复原来工作，技能的发挥，而是创新能力。来自不同专业的人员特别是大学生、研究生具有广博的知识，多方面的知识是创新的前提条件。

由此看来，未来的人力资源管理范式关注的已不再是招聘到对组织来说是"成熟"的人，而是极具创新能力的人。也就是说，人的经验和专业要求已不是最重要的，最重要的是要有广博的知识和创新的意识。

在这种变化下，人力资源管理的范式也应有所变化，应由原来的侧重于招聘到什么样的人转向到如何对招聘到的人进行激励以发挥其创新的潜能。

【案例分析一】 王斌的职业生涯发展

王斌现在感到十分困惑。2007年从天津某名牌大学化学系毕业后，就在北京的一家上市公司取得了一个不错的职位，进入了公司的研发部门工作。

王斌开始了第一个他自以为十分喜欢，能够很快乐的工作的工作。这家公司以尊重人才，有员工凝聚力，像"大家庭"一样而著称。然而经过一段时间的工作后，王斌渐渐发现，这家公司并不像自己所想象的"大家庭"所应有的那种环境。公司的各层领导对员工并不在意，HRM部门主任更是反映得淋漓尽致，经常向员工传达着这样一种信息："如果你不愿意呆在这儿，那就请便吧。有的是人在外面排队等着呢！"

王斌在研发部门已经工作了一年多的时间，在此期间，他既没有得到任何有意义的科研任务，也没有接到任何有关下一步安排的通知。他现在开始考虑是到另外一家大公司工作呢，还是换一个小的企业，甚至回到高等院校进行更高层次的进修也未尝不可。然而，在2008年的下半年，他所面临的是一个严峻的金融危机大环境和竞争异常激励的劳动力市场，更何况，王斌现在几乎没有什么积蓄。他现在真的是感到自己的境遇很悲惨。

思考
1. 如果你是王斌，你会怎么做？
2. 该公司应如何改变才能避免类似事情发生？

【案例分析二】 日本某企业的职业生涯设计图

如果你到一家日本企业工作，那么你可能会得到一份"职业生涯设计图"。如图11-5所示。

这是一幅V形图。V形图的起点是23岁。从起点向上发展，表示大学毕业进公司后的不同发展路线。左侧是行政线，右侧是业务线。年龄标志是分别注明的。前些年的日本，职工的月收入是"几十岁几十万日元"。即30岁月薪30万日元，40岁月薪40万日元。你一进公司，公司便有人事主管找你谈话：是走业务线还是走行政线？走业务线你多大年岁可以获得怎样的专业技术职务、拿多少薪水；走行政线，又可以在怎样的年龄踏上何种职位，拿多少薪水。倘若你想先走业务线,到一定年龄(比如图中所示40岁)转入行政并获得比普通职员高一些的工资那也是可以的。办法有二:一是做出重大发明创造;二是表现优异。

这样一种"从进到出"的路线图人人见了都高兴。老百姓过去过年喜欢买一张"三年早知道",现如今有了一张"一辈子早知道",岂不更受欢迎?实际上,这是鼓励职工一辈子效忠公司的人才开发手段。

实际上,也有不少人"中途有变"。尽管如此,有这么一张"一辈子早知道",对于规划好自己的人生,是大有好处的。

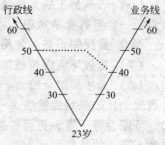

图 11-5 职业生涯设计图

思考

1. 这家日本企业的人力资源管理有何特点?
2. 结合案例,分析日本企业的员工为什么对企业的忠诚度较高?

【案例分析三】 松下幸之助的用人之道

松下电器公司把"集中智慧的全员经营"作为公司的经营方针。公司根据长期人才培养计划,开设各种综合性的系统人才培养机构。

松下的人才观

松下幸之助经营思想的精华——人才思想奠定了他事业成功的基础。松下先生说:"事业的成败取决于人","没有人就没有企业"。"松下电器公司是制造人才的地方,兼而制造电气器具。"松下的心愿是这样的:事业是人为的,而人才则可遇而不可求,培养人才就是当务之急。"别家公司输给松下电器公司,是输在人才运用。"

人才的标准:不念初衷而虚心好学的人,不墨守成规而常有新观念的人,爱护公司和公司成为一体的人,不自私而能为团体着想的人,有自主经营能力的人,随时随地都有热忱的人,能得体支持上司的人,能忠于职守的人,有气概担当公司重任的人。

松下的选才观

(1) 人才可遇不可求,人才的鉴别,不能单凭外表,人才效应不能急功近利,领导者不能操之过急。

(2) 吸收人们来求职的手段,不是靠高薪,而是靠企业所树立的经营形象。

(3) 争取人才最好不要去挖墙脚。

(4) 人员的雇用,以适用公司的程度为好,程度过高不见得好用。只要人品好、肯苦干,技术和经验是可以学到的,即所谓劳动成果= 能力×热忱(干劲)。

松下的人才培训观

松下的职工教育是从加入公司开始抓起的。凡新招收的职工,都要进行8个月的实习培训,才能分配到工作岗位上。

(1) 注重人格的培养。松下认为,造成社会混乱的原因,可能在于忽略了身为社会人所应有的人格锻炼。缺乏应有的人格锻炼,就会在商业道义上,产生不良的影响。

(2) 注重员工的精神教育。

(3) 要培养员工的专业知识和正确的价值判断。没有足够的专业知识,不能满足工作上的需要,但如果员工没有正确的判断事物的价值,也等于乌合之众,无法促进公司以至社会的繁荣。

(4) 训练员工的细心。

（5）培养员工的竞争意识。松下认为，无论政治或商业，都因比较而产生督促自己的力量，一定要有竞争意识，才能彻底地发挥潜力。

（6）重视知识与人才相结合。

（7）恶劣环境促使成功。

（8）人才要配合恰当。一加一等于二，这是人人都知道的算术，可是用在人与人的组合调配上，如果编组恰当，一加一可能会等于三，等于四，甚至等于五，万一调配不当，一加一可能会等于零，更可能是个负数。所以，经营用人，不仅是考虑他的才智和能力，更要注意人事上的编组和调配。

（9）任用就得信任。松下说：用他，就要信任他；不信任他，就不要用他，这样才能让下属全力以赴。

（10）任用强过自己的人。松下主张任用强过自己的人，认为员工某方面的能力强过自己，领导者才能有成功的希望。

（11）创造能让员工发挥所长的环境。

（12）不能忽视员工的升迁。

激励职工

在精神方面，提倡"全员经营"。"如果职工无拘无束地向科长提出各种建议，那就等于科长完成了自己工作的一半，或者是一大半，反之，如果造成唯命是从的局面，那只有使公司走向衰败的道路。"职工提出的合理化建议，按成效分成9等，有的表扬，有的奖励，贡献大的给予重奖。

在物质方面，推行周休二日制，采用按照工作能力确定报酬的新工资制度，不断提高职工的工资收入。规定"35岁能够有自己的房子"；赠给职工的私人财产1亿日元为基金的"松下董事长颂德福会"，实行"遗族育英制度"等。

思考

1. 分析松下公司人力资源管理的特点。
2. 你认为松下公司在人力资源管理方面有哪些值得学习、借鉴的地方？
3. 你对"松下电器公司是制造人才的地方，兼而制造电气器具"是怎样理解的？

思考题

1. 什么是人力资源规划？
2. 人员配备的原则有哪些？
3. 员工招聘应遵循哪些程序？
4. 为什么要进行绩效评估？
5. 举例说明主管人员选聘的依据？
6. 人员选聘的途径是什么，有何利弊？
7. 考评的要求和方式有哪些？
8. 不同的培训对象，培训内容有何异同？
9. 培训的方法有哪些？

管理学

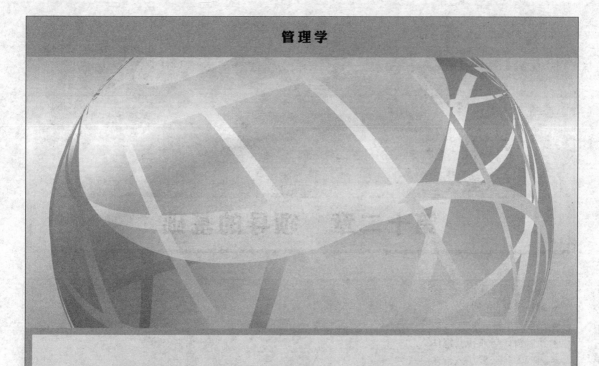

第五单元 领导，管理的职能之三

将者，智、信、仁、勇、严也。

——《孙子兵法·计篇》

视卒如婴儿，故可与之赴深溪；视卒如爱子，故可与之俱死。厚而不能使，爱而不能令，乱而不能治，譬若骄子，不可用也。

——《孙子兵法·地形篇》

第十二章 领导的基础

内容提要
- 解释和预测行为
- 态度、个性、知觉与学习
- 正式群体与非正式群体
- 人们为什么要加入群体
- 群体行为模型中的一些关键构成要素
- 描述有效团队的特点

第五单元 领导，管理的职能之三

第一节 行为的基础

一、解释和预测行为

组织行为学研究的目的有两个。一是在于解释和预测个体的行为。该领域主要是由心理学家所作出的贡献，包括人的个性、知觉、学习、态度、需要和动机等。二是关于群体的行为。如群体规范、角色、团队建设和冲突等内容。在组织管理中我们通常会涉及员工的生产率、缺勤率和流动率等。

作为组织的管理者，为什么需要这种技能呢？当然是为了管理的需要，为了管理员工的行为。因为管理者的成功依赖于让别人做事，为了实现这个目标，管理者必须能够解释员工为什么会表现出这样的行为而不是那样的行为，并能预测员工将对管理所采取的各种活动能作出什么样的反应。

美国学者斯蒂芬·P·罗宾斯在其著作《管理学》（第4版）中提出了组织的冰山模型（图12-1），它给出了我们研究组织行为的一种有效方法，由该模型出发，我们发现可见部分如战略、目标、政策和命令链等在解释和预测组织行为方面是容易做到的，而隐藏的部分如人的态度、知

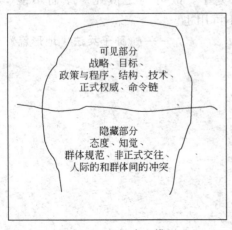

图12-1 组织冰山模型

觉、群体规范、非正式交往和冲突等则很难度量和准确表述，而且往往又较少与工作内容直接关联。只有当其主观能动性变化影响到工作时，其对工作的影响才会体现出来。考察这些方面的东西，每个管理者有自己独特的思维方式和理念，但往往因其偏好而有所局限。管理学界及心理学有着一些测量手段，但往往复杂不易采用或效果不够准确。

二、态度

态度是人们在自身道德观和价值观基础上对事物、人或事件的评价和行为倾向。无论你喜欢与否，它反映了一个人对于某件事的感受。态度包括三种成分或要素。

① 态度的认知成分——由一个人所持有的信念、观点、知识或信息组成。

② 态度的情感成分——是态度中的情绪或感受部分。

③ 态度的行为成分——是指以某种方式对某人或某事作出反应的意向。

激发态度中的任何一个表现要素，都会引发另外两个要素的相应反应，这也就是说认知、情感和行为意向这三个要素的协调一致性。

在组织工作中，管理者需要了解员工的三种最重要的态度。

① 工作满意度——是指员工对自己的工作的一般态度。

② 工作投入——是指员工认可自己的工作，主动参与工作，认为工作绩效对自己的个人价值很重要的程度。

③ 对组织的承诺——是指员工对组织的忠诚性、认可程度及参与程度。

研究表明，人们寻求态度的一致性、态度与行为的一致性。这说明，个体努力地协调不同的态度并使态度和行为保持一致，以便使自己看起来是理性的和始终如一的。

在满意度和生产率关系方面所进行的大量研究，无法证实二者的因果关系。相反，生产率导致了满意度。这就意味着那种为了提高生产率而以员工快乐为目标的做法很可能会误入歧途。但是，如果管理者把注意力主要放在帮助员工取得高生产率上，则效果会更佳。成功的工作绩效将会产生成就感，以及得到加薪、晋升和其他奖励，所有这些结果又会导致员工对工作的满足感。

三、个性

简单地说，个性就是一个人的整体精神面貌，即具有一定倾向性的心理特征的总和。个性是我们用以区分个体的心理特质的综合。

1. 个性的子系统

从构成方式上讲，个性由三个子系统组成。

① 个性倾向性。指人对社会环境的态度和行为的积极特征，它是推动人进行活动的动力系统，是个性结构中最活跃的因素。它决定着人对周围世界认识和态度的选择和趋向，决定人追求什么，包括需要、动机、兴趣、理想、信念、世界观等。个性倾向性中的各个成分并非孤立存在的，而是互相联系、互相影响和互相制约的。其中，需要又是个性倾向性乃至整个个性积极性的源泉，只有在需要的推动下，个性才能形成和发展。动机、兴趣和信念等都是需要的表现形式。而世界观属于最高指导地位，它指引着和制约着人的思想倾向和整个心理面貌，它是人的言行的总动力和总动机。

② 个性心理特征。就是个体在其心理活动中经常地、稳定地表现出来的特征，主要是指人的能力、气质和性格。其中能力是指人顺利完成某种活动的一种心理特征。能力总是和人完成一定的活动相联系在一起的，离开了具体活动既不能表现人的能力，也不能发展人的能力；气质，一部分取决于先天因素，大部分取决于一个人所处的环境及后天的教育；性格

指一个人对人对己对事物的基本态度及相适应的习惯化的行为方式中比较稳定的独特的心理特征的综合。气质无好坏、对错之分，但性格有。

③ 自我意识。指自己对所有属于自己身心状况的意识，包括自我认识、自我体验、自我调控等方面，如自尊心、自信心等。自我意识是个性系统的自动调节结构。

2. 个性的特质

个性特质有几十种之多，但为了了解组织中个性特质与行为的关系，人们对其中的六种给予了充分注意：控制点、权威主义、马基雅维里主义、自尊、自我监控和冒险倾向。

① 控制点。外控分高的员工相对内控分高的员工来说，对自己的工作更不满意，对工作环境更为疏远，对工作的投入程度更低。外控型人会因自己不良的工作绩效而责备上司、同事或者其他因素。

② 权威主义。指的是一种在组织中人们之间应具有地位和权力差异的信念。高权威主义个性表现为思想僵化、主观判断、对上司毕恭毕敬、对下级剥削利用、不信任他人和抵制变革。所以一般来说，这与高绩效之间成负相关关系。

③ 马基雅维里主义。高马基雅维里主义十分讲究实用，对人保持着情感的距离，相信结果能替手段辩护。对于需要谈判技能的工作及由于工作的成功能带来实质效益的工作，这种人会十分出色。

④ 自尊。即喜爱自己的程度。自尊与成功预期成正相关性，高自尊者相信自己拥有工作成功所必需的大多数能力，他们往往选择更冒险性的工作和非传统性的工作。低自尊者对外界影响更为敏感。高自尊者比低自尊者对他们的工作更为满意。

⑤ 自我监控。它指的是根据外部环境因素而调整自己行为的个体能力。高自我监控者具有相当的适应性，对环境线索十分敏感，能根据不同的情境采取不同的行为，并能够使公开的角色与私人的自我之间表现出极大差异；低自我监控者在各种情境下都能表现出自己真实的性情和态度，因而在他们是谁以及他们做什么之间存在着高度的行为一致性。

高自我监控者比低自我监控者倾向于更关注他人的活动，行为更符合习俗，在管理岗位上更为成功，因为其要求个体扮演多重甚至相互冲突的角色，他能够在不同的观众面前呈现出不同的"面孔"。

⑥ 冒险倾向。高冒险性的管理者比低冒险性的管理者决策更为迅速，在作出选择时使用的信息量也更少。

管理者理解个性差异的主要价值可能在于选拔过程，如果管理者能在个性类型与职业的匹配性方面给予考虑，将会拥有更高绩效和更满意的员工。心理学家约翰·霍兰德提出的个性——工作适应理论给出了个性与工作的匹配关系，如表 12-1 所示。

表 12-1 霍兰德的个性类型与职业范例

类 型	偏 好	个性特点	职业范例
现实型	偏好技能、力量、协调性的活动	害羞、真诚、持久、稳定、顺从、实际	机械师、钻井操作工、装配线工人、农场主
研究型	偏好思考、组织和理解的活动	分析、创造、好奇、独立	生物学家、经济学家、数学家、新闻记者
社会型	偏好帮助和提高别人的活动	社会、友好、合作、理解	社会工作者、教师、议员、临床心理学家
传统型	偏好规范、有序、清楚明确的活动	顺从、高效、实际、缺乏想象力、缺乏灵活性	会计、业务经理、银行出纳员、档案管理员
企业型	偏好影响他人和获得权力的活动	自信、进取、精力充沛、盛气凌人	法官、房地产经纪人、公共关系专家、小企业主
艺术型	偏好创造性、模糊、无规则的活动	富于想象力、无序、杂乱、理想、情绪化、不实际	画家、音乐家、作家、室内装饰家

四、知觉

知觉是个体为了对他们所在的环境赋予意义而组织和解释感觉印象的过程。知觉有这样几个特性：整体性、恒常性、意义性、选择性。

1. 影响知觉的因素

① 个人主观因素。如态度、性格、动机、兴趣、过去的经验和期望等。

② 被观察目标的特点。在周围环境中，那些刺激作用强烈而突出的事物，一开始特别容易引起人们的无意注意，成为知觉对象。在群体中，活跃的人比安静的人更容易引起注意；极具吸引力的人或极令人反感的人也是一样。

③ 目标与其背景的关系。人们并不是孤立地看待目标的，因为我们总愿意把关系密切和类似的事物组合在一起。

④ 知觉物体或事件的背景。在同一时间的知觉过程中，人们清晰感知的几个事物，成为知觉对象，而模糊感知到的其他较多的事物则成为对象的背景。对象与背景的差别越大，就越容易把对象从背景中分出；反之，这种分出就越困难。

2. 判断他人时常走的捷径

① 有选择地接受。个体不可能吸收他们所观察到的所有信息，只能依据自己的兴趣、背景、经验和态度进行主动的选择。

② 假设相似性。如果我们假定别人与我们类似则很容易判断别人，这样对他人的知觉更多地受到观察者自身特点的影响。

③ 刻板印象（Stereotype Threat）。指的是人们对某一类人或事物产生的比较固定、概括而笼统的看法，是我们在认识他人时经常出现的一种相当普遍的现象。刻板印象的形成，主要是由于我们在人际交往过程中，没有时间和精力去和某个群体中的每一成员都进行深入的交往，而只能与其中的一部分成员交往，因此，我们只能"由部分推知全部"，由我们所接触到的部分，去推知这个群体的"全体"。当我们以个体所在的团体知觉为基础判断某人时，常采用这一捷径。

④ 晕轮效应。又称"光环效应"，属于心理学范畴，晕轮效应指人们对他人的认知判断首先是根据个人的好恶得出的，然后再从这个判断推论出认知对象的其他品质的现象。实质上，晕轮效应是一种"以偏概全"的心理弊病，评估者在员工绩效评估过程中，把员工绩效中的某方面甚至与工作绩效无关的某一方面看得过重，用员工的某个特性去推断其他特性，造成"一好百好，一差百差"，以偏概全的评估偏误。当被考核者是那些对考核者表现特别友好或特别不友好的人时，晕轮效应是最容易发生的。

3. 对管理者的意义

管理者需要认识到，员工是根据知觉而不是客观现实作出反应的。因此，管理者不论对员工的评估是否在事实上客观公正，或者组织提供的薪金水平是否事实上是同行业中最高的，都比不上员工对这些方面的知觉。

因此，管理者应该明确这样一点，要密切注意员工对他们的工作和管理实践的知觉。记住，一个有价值的员工因不正确的知觉而离职，与其因正当理由而离职对组织造成的损失是同样巨大的。

五、学习

学习指通过有意识或无意识的信息处理过程而导致个体长期记忆和行为在内容或结构上的改变。信息处理过程是刺激被感知并被储存在头脑中的一系列活动，包括感觉、知觉、记忆、想象和思维等环节。学习可以理解为过去经验所导致的行为改变。

人们通过学习而获得绝大部分的态度、价值观、品味、行为偏好、象征意义和感受力。通过学校、家庭、工作单位等社会组织以及文化与社会阶层提供各种学习体验，这些体验极大地影响着人们的生活方式和行为。和管理有关的学习理论主要有以下这些。

1. 操作性条件反射

这类条件反射是指人通过自己的活动或操作形成的，所以称为操作性条件反射，也称为工具性条件反射。在操作性条件反射中，如果机体的行为得到强化，这一行为就会反复出现。反之，如果该行为产生不利的结果，这一行为重复出现的可能性就会减少。操作性条件反射认为行为是其结果的函数，人们学习趋近他们想要的东西而逃避他们不想要的东西。

行为主义的领袖斯金纳认为，人的行为在很大程度上是后天习得的。他指出：在具体的行为之后创造令人满意的结果，会增加这种行为的频率。如果人们的行为得到了积极强化，则最有可能从事这种令人满足的行为。比如，如果奖励紧跟在恰当的反应之后，则其最为有效。如果行为不被奖励或受到惩罚，则不太可能被重复。

2. 社会学习

个体不仅通过直接经验进行学习，还通过观察或听取发生在他人身上的事情而学习。这种学习方式称为社会学习。社会学习理论是操作性条件反射的扩展，它也认为行为是结果的函数。但它同时还承认了观察学习的存在以及在学习中知觉的重要性。人们根据自己如何感知和定义结果而作出反应，而不是根据客观结果本身作出反应。

榜样的影响是社会学习理论的核心内容。人们发现有四个过程或者方面反映了榜样对个体的影响。

① 注意过程。只有当人们认识到并注意到榜样的重要特点时，才会向榜样学习。

② 保持过程。榜样的影响取决于个体对榜样活动的记忆程度，即使当榜样不再真正出现时也会保持。

③ 动力复制过程。个体通过观察榜样而看到一种新行为之后，观察必须要转化成行为。

④ 强化过程。如果提供了积极的诱因或奖励，将会激发个体从事榜样的行为。被强化的行为将会给予更多的注意，学习得更好，表现得更频繁。

3. 行为塑造

学习不但发生于工作之前，还发生于工作之中，因而管理者应该注重如何教导员工，使他们的行为对组织最有利。管理者常常通过逐步指导个体学习的方式来塑造个体，这一过程称为行为塑造。

行为塑造通过系统地强化每一连续步骤而使个体越来越趋近于理想的反应。行为塑造有四种基本方法。

① 积极强化。当一种反应伴随着愉快的事件时，如管理者称赞员工工作干得好，给之以某种方式的强化时，我们称之为积极强化。

② 消极强化。当一种反应伴随着中止或逃离不愉快事件时，我们称之为消极强化。

③ 惩罚。指对令人不满的行为进行处罚。

④ 忽视。指消除任何维持行为的强化物的办法。即对某行为不给予任何的强化。

积极强化和消极强化都导致了学习，它们强化了反应，增加了其重复的可能性。惩罚和忽视也导致了学习，但它们是削弱了行为，并减少了其发生的概率。

4. 对管理者的意义

员工在组织中、在各自的工作中不断地进行着学习，因而对于管理者势必就存在这样的一些问题需要思考和解决：管理者是让员工的学习随机地发生，还是通过奖励的分配或榜样的设置而管理学习呢？如果员工因为某方面的行为获得了加薪或晋升的奖励，则他们有理由去改变自己的行为吗？如果管理者希望某种行为类型出现，却奖励了另外的行为类型，那么当他看到员工学会采取另一行为方式活动时，则完全不应该感到诧异。除此之外，管理者还应该知道员工也正在把他们视为学习的榜样。

第二节 理解群体与团队工作

《逆领导思考》一书的作者罗伯特·凯利说："说到追随与领导，大多数组织的成功，管理者的贡献平均不超过两成，任何组织和企业的成功，都是靠团队而不是靠个人。"

一、理解群体行为

所谓群体，是指两个或两个以上相互作用、相互依赖的个体，为了实现某一特定目标而组成的集合体。下面列出了四种群体及其特征，如表12-2所示。

表12-2 不同类型群体及其特征

类型	特征
命令群体	它由正式的权力关系所决定，并在组织章程中作了描述。典型的命令群体是一位管理者有一些直接向其汇报工作的下属组成
交叉群体	由来自不同领域的、有专门知识和技能的人员组成的群体，目的是共同解决工作中出现的某些问题
自我管理群体	相对独立的群体。它除了完成本职工作外，还承担着一些传统的管理职责，如雇用、计划与安排及绩效评估等工作
任务小组	为了完成某一特殊任务而临时组建的群体，一旦任务完成，这个小组织也就解散了

资料来源：斯蒂芬·P·罗宾斯. 管理学. 黄卫伟等译. 第4版. 北京：中国人民大学出版社，2003（略有删改）。

二、为什么人们会加入群体

（1）安全需要。人类通过与他人的交往和成为群体中的一员而得到了安全感。如会使自己感到更为强大，更为自信，减少不安全感。

（2）地位需要。如果你被他人所看重的群体所接纳，那么，群体中的成员就会有一种被承认、受重视和地位高之感。

（3）自尊需要。加入一个群体，除了提供不同于圈外个体的地位之外，还增强了个体的自尊。如果我们被一个受到高度好评的群体所接纳，则会极大地增强我们的自尊。

（4）归属需要。群体可以满足我们的某些社会需要。几乎对所有人来说，工作群体都相对有助于满足人们的友谊和社交需要。

（5）权力需要。群体的吸引力力还在于它象征着权力，个人力量难以达到的目标往往通过集体行动可以实现。

（6）实现目标。有些任务单靠个人的力量是难以完成的，如任务小组汇集了多方面的才干、知识和权力，很容易就能实现组织的目标。

三、群体发展阶段

群体的发展是一个动态的过程，标准的群体发展过程经历了5个阶段：形成、震荡、规范、执行及解体。

(1) 形成阶段。其特点是有关群体的目标、结构及领导关系等问题都尚处于不确定状态。群体的成员都在不断摸索以确定何种行为能够被接受。当成员开始感到自己是群体的一部分时，这一阶段就结束了。

(2) 震荡阶段。这是一个群体内激烈冲突的阶段。成员们接受了群体的存在，但抵制群体对他们施加的控制。在目标的确定以及谁控制该群体的问题上存在着冲突。第2阶段完成后，群体内部就会出现比较明确的领导等级。

(3) 规范阶段。此时，亲密的群体开始形成，同时群体开始表现出内聚力，成员有了一种强烈的群体身份感和认同感，彼此信任度也较高。当群体已固定化，并且对什么是正确的成员行为也已达成共识时，规范阶段就结束了。

(4) 执行阶段。也称为高效阶段。此时，群体的结构已完全功能化，并得到认可。群体内部致力于从相互了解和理解到共同完成当前工作等一系列问题上，执行效率达到最佳状态。

(5) 解体阶段。解体阶段存在于临时群体或受到外界环境的变化组织需要重新考虑任务安排时。解散阶段，人们不再关心工作业绩而是善后适宜。

四、理解工作群体行为

为什么有些群体要比另一些群体更容易取得成功？这个问题解释起来非常复杂。图12-2列出了决定群体绩效和满意度的主要因素。相信它会有助于我们找出那些主要变量和变量相互之间的关系。

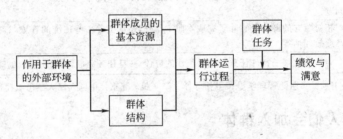

图 12-2 群体行为模型

资料来源：斯蒂芬·P·罗宾斯．管理学．黄卫伟等译．第4版．北京：中国人民大学出版社，2003．

一个群体的绩效高低取决于群体所处的外部环境、群体成员的资源情况、群体的结构、群体运行过程以及群体的任务特征。群体的外部环境主要包括组织的战略、权力结构、正式规则、组织整体资源的丰富程度、人事录用标准、组织的绩效评估和奖励系统、组织文化以及组织对群体工作空间的设计和位置等。群体成员的资源包括成员能力和个性特点等。群体运行过程是指用于群体内部成员之间交流信息、群体处理决策、领导行为、权力运作、处理冲突的沟通模式。群体任务特征包括任务的复杂程度和从事任务所需要的成员之间相互依赖的程度。以上诸因素的影响以及其相互作用的关系最终决定了群体的绩效和满意度。

五、使群体成为高效率的工作团队

群体是为共同的目标结合在一起做事的多个人的集合体。而工作团队，是一种为了实现某一目标而由相互协作的个体组成的正式群体。团队是由少量的人组成的，这些人往往具有互补的技能，对一个共同目的、绩效目标及方法做出承诺并彼此负责。那么，管理者为什么要采用团队形式呢？理由主要有以下几点。

(1) 创造团队精神。团队成员希望也要求相互之间的帮助和支持，以团队方式开展工作，促进了成员之间的合作并提高了员工的士气。高效的团队是管理者力求实现的工作模式，主要目的就是它能够创造一种团队精神。团队精神的基础是尊重个人的兴趣和成就；核心是协同合作；最高境界是全体成员的向心力、凝聚力；反映的是个体利益和整体利益的统一，并进而保证组织的高效率运转。

（2）使管理层有时间进行战略性的思考。采用团队形式，尤其是自我管理团队形式，使管理者得以脱身去作更多的战略规划等重大问题。

（3）提高决策速度。团队成员对与工作相关的问题常常要比管理者知道得更多，并且离这些问题也更接近。因此，相比以个体为基础的工作设计来说，采用团队形式，决策常常更迅速。

（4）促进员工队伍多元化。我们知道，系统的效率是由其结构决定的。因此，要提高工作绩效，就需要有一个好的团队结构，表现为大家的知识、技能尽量做到互补，这样可以促进员工队伍的多元化。此外，大家在一起共同工作，相互之间存在着学习、借鉴和提高，这也促进了队员能够掌握更多的技术和能力。

（5）提高绩效。与传统的以个体为中心的工作设计，工作团队方式可以减少浪费、减轻官僚主义作风、积极提高改进工作并提高工作产量。

那么，高绩效的团队有何特征表现呢？我们在管理工作中又如何去建设一支高水平的工作团队呢？图12-3列出了高绩效团队的特征，它有助于管理层评估自己的工作团队。

清晰的目标　一致的承诺　良好的沟通
相关的技能　相互的信任
谈判技能　恰当的领导
内部支持　外部支持

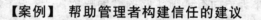

图12-3　高绩效团队的特征

（1）清晰的目标。高效的团队对所要达到的目标有清楚的了解，成员愿意为团队目标作出承诺，清楚地知道希望他们做什么工作，以及他们怎样共同工作以便最后完成任务。

（2）相关的技能。高效团队是由一群有能力的成员组成的。他们具备实现理想目标所必需的技术和能力，而且相互之间有能够良好合作的个性品质，从而出色完成任务。

（3）相互的信任。成员间相互信任是有效团队的显著特征，维持群体内的相互信任，还需要引起管理层足够的重视。

【案例】　帮助管理者构建信任的建议

① 沟通。向团队成员和其他下属解释有关决策和政策；能够及时提供反馈；坦率地承认自己的缺点和不足。

② 支持下属。对团队成员和蔼可亲，平易近人，鼓励和支持他们的意见和建议。

③ 尊重下属。真正授权给团队成员，认真听他们的想法。

④ 公正无偏。恪守信用，在绩效评估时能做到客观、公正，应予以表扬的尽量表扬。

⑤ 易于预测。处理日常事务应有一贯性，明确承诺并能及时兑现。

⑥ 展示能力。通过展示自己的工作技术、办事能力和良好的职业意识，培养下属对自己的钦佩与尊敬。

（4）一致的承诺。高效的团队成员对团队表现出高度的忠诚和承诺，为了能使群体获得成功，他们愿意去做任何事情。我们把这种忠诚和奉献称为一致的承诺。

（5）良好的沟通。这是高效团队的一个必不可少的特点。群体成员通过畅通的渠道交流各种言语和非言语信息。只有构筑了良好的沟通渠道，团队成员才能迅速而准确地了解彼此的想法和情感。

(6) 谈判技能。以个体为基础进行工作设计时,员工的角色由工作说明、工作纪律、工作程序及其他一些正式文件明确规定。但对于高效团队来说,其成员角色具有灵活多变性,这就需要成员具备充分的谈判技能。

(7) 恰当的领导。有效的领导者能够让团队跟随自己共同度过最艰难的时期,优秀的领导者不一定非得指示或控制,高效团队的领导者往往担任的是教练和后盾的角色,他们对团队提供指导和支持,但并不试图去控制它。

(8) 内部支持和外部支持。要成为高效团队,从内部条件来看,团队应拥有一个合理的基础结构,包括适当的培训、一套易于理解的用以评估员工总体绩效的测量系统以及一个起支持作用的人力资源系统。从外部条件来看,管理层应给团队提供完成工作所必需的各种资源。

六、团队与全面质量管理

全面质量管理的一个主要特征就是采用团队工作的形式。TQM 的精髓就在于工作程序的不断改进,而改进工作程序的关键则是员工的参与。换言之,TQM 要求管理层鼓励员工提出和实施他们的想法与建议,而解决问题团队的构建就能为员工提供这种途径。

【案例分析】 企业管理的懒蚂蚁效应

日本北海道大学进化生物研究小组对三个分别由 30 只蚂蚁组成的黑蚁群的活动进行了观察。结果发现。大部分蚂蚁都很勤快地寻找、搬运食物,少数蚂蚁却整日无所事事、东张西望,人们把这少数蚂蚁叫做"懒蚂蚁"。

有趣的是,当生物学家在这些"懒蚂蚁"身上做上标记,并且断绝蚁群的食物来源时,那些平时工作很勤快的蚂蚁表现得一筹莫展,而"懒蚂蚁"们则"挺身而出",带领众蚂蚁向它们早已侦察到的新的食物源转移。

原来"懒蚂蚁"们把大部分时间都花在了"侦察"和"研究"上了。它们能观察到组织的薄弱之处,同时保持对新的食物的探索状态,从而保证群体不断得到新的食物来源。这就是所谓的"懒蚂蚁效应"。

懒蚂蚁效应引申为——企业在用人时,既要选择脚踏实地、任劳任怨的"勤蚂蚁",也要任用运筹帷幄,对大事大方向有清晰头脑的"懒蚂蚁"。这些"懒蚂蚁"不被杂务缠身而长于辨别方向和指挥前进,能想大事、想全局、想未来,也可以理解为国内企业呼唤懒蚂蚁思维的企业家。比如,国内很多企业都勤于外联,疏于服务;勤于开发新客户,疏于维护老客户;勤于销售老产品,疏于策划新产品;勤于发展,疏于管理;勤于人际关系,疏于家庭和谐等,总之,如果每一个从业人员都能有些懒蚂蚁思维,那么就不会只耕地,不看前方——像一只牛,更像一只勤蚂蚁。

思考

1. 懒蚂蚁效应的含义?
2. 结合本案例,分析团队中人员结构的作用?
3. 谈谈团队管理的主要内容?

实训题 模拟企业演练

内容:选择模拟企业活动过程中的某一管理样本,细化内容,形成管理的具体执行方案,进行实战模拟。

时间:时间控制在 20 分钟以内。

要求：模拟内容具有可操作性，管理人员全面参与。
其他：场地布置、多媒体、道具准备等。
表现形式：排练，演"戏"。
活动评价：根据方案和实战表现进行评价。

思考题

1. 作为管理者应该如何解释和预测员工的行为？
2. 了解员工的个性对管理工作有何作用？
3. 群体与团队的区别？如何塑造一个高绩效的工作团队？
4. 团队的形成、发展过程及其特点？
5. 如何利用群体行为模型提高群体工作的成效？

第十三章 领导理论

内容提要
- 管理者与领导者之间的差异
- 特质理论
- 管理方格理论
- 菲德勒的权变模型
- 赫赛-布兰查德的情境理论
- 路径-目标模型
- 领导方式的连续统一体理论

第一节 管理者与领导者

一、管理者与领导者

管理者是指在组织中从事管理活动、担负管理职能的人,即负责对他人的工作进行计划、组织、领导和控制等工作,以期实现组织目标的人。

管理者是被任命的,他们拥有合法的权力进行奖励和处罚,其影响力来自于他们所处的职位和组织所赋予的正式权力,领导者则可以是任命的,也可以是从一个群体中产生出来的,领导者可以不运用正式权力而以自身影响力和魅力来影响他人的活动。

领导者指的是那些能够影响他人并拥有管理权力的人。可以是任命的,也可以是从一个群体中产生出来的。

二、管理者与领导者的联系

领导者和管理者都是在组织中拥有权力的个体,在组织中处于举足轻重的位置,他们工作的最终目标都是为了组织发展,他们的工作对组织的发展产生重大影响,二者之间没有根本的利益冲突,只有二者无间合作才能使组织更好的发展。在理想的情况下,所有的管理者都应是领导者,但并不是所有的领导者都在管理职位上。

三、管理者与领导者的区别

对于领导和管理的区别,领导力专家约翰·科特是这样说的:"领导是用来做什么的?

是用来构建一个远景和策略的，是用来协调、拟定策略和协调相关人士的，他要排除障碍，要提升员工的能力，以实现远景。什么是管理？管理不仅仅是上面的这些东西，管理是运用计划、预算、组织、人事、控制以及问题解决来维持既有的体系。"

领导者和管理者的区别如下。

1. 在工作范围上

领导者提供的是方向性的东西，需要从宏观上把握组织的发展方向，为组织制定长期发展规划，而且要时刻思考如何打破固有秩序，通过进行创新型活动来进行组织变革。领导者要解决的是组织发展的根本性问题，同时还要对组织的未来进行一定程度的预见。总的来说，其工作具有概括性、创新性、前瞻性。而管理者要做的是具体化的工作，需要在已有的规划指导下为组织日常工作做出贡献，管理者要研究的不是变革，而是如何维持目前良好状态并使之稳定保持。因此，有时管理者会进行一些重复性的工作。管理者对待问题不需要过分追本溯源，他们要做的是将已出现的问题很好的解决，总体来说，其工作具有具体性、重复性、现实性。

2. 在自身素质方面

在自身素质方面，不同的工作也对他们提出了不同的素质要求。领导者在活动中主要运用的是个人魅力，好的领导者用个人魅力影响其下属，使下属愿意听从领导者，愿意遵照领导者说的去做。而管理者似乎更倾向于运用组织上赋予的权力去做事，管理者用权力树立威严，让下级"惧怕"，不得不听从其指挥，按其指示去做事。领导者要求做正确的事情，有任务的愿望，习惯从外向内看事情，喜欢深入第一线，知道如何做，对生活充满热情，受目标驱动，关注对的事情。管理者要求正确地做事情，知道做什么，有对任务的看法，习惯从里向外看世界，喜欢高高在上，知道说什么，喜欢得过且过，行动保守，受约束驱动。领导者积极、大胆，具有拓展创新精神，喜欢讨论且性格随和，善于搞好人际关系、安抚员工，认为工作是一种乐趣，对待工作主观性较强，较为随意。管理者相对于领导者而言较为保守、冷静，喜欢墨守成规，独立自主性较强，管理层与员工泾渭分明，管理者把工作看作是完成任务的过程，为工作而工作，工作似乎成为一种负担，对待工作冷静、理智、客观，较少随意性。一个好的管理者是可以通过学习而培养出来的，而好的领导者更倾向于天赋性。

3. 在工作侧重点方面

领导者看重的是结果是否符合他的预计，不过多关注过程，而管理者强调的是完成目标的过程是否符合要求，有无偏差。虽然都对效率和效益有追求，但手段不同。领导者是通过人与文化的运作，因此是柔和而温暖的。而管理者则是以阶层和系统运作为主，所以是刚硬而冷酷的。领导者关注人，管理者关注生产；领导者提出问题，管理者解决问题。领导者强调有机的情感逻辑，管理者强调机械的效率逻辑。

4. 在工作方法方面

领导者工作较为随意，灵活性强，不按理出牌，工作与领导者个性有很大关系。而管理者以冷酷无情形象示人，把规章奉为信条，更具客观性，因此有时领导者在部属犯错时可以法外开恩，但管理者却遵章办事。领导者倾向于运用激励，通过调动组织成员积极性来达成目的。而管理者倾向于运用控制，按照给定条件和预定的目标对受控对象施加主动影响。

【案例一】 人物评价

泰德·特纳桌上有一句座右铭："要么领导；要么服从；别无他途。"特纳很显然选择了领导。他把一生的精力投入到了一次又一次的大胆冒险中——在所有"权威"都认为他必败无疑之时，却获得了一个又一个的成功。

泰德·特纳，媒体行业最后一位具有革命精神和创意的斗士，他创办的CNN，改变了世界，也改变了民众和政府的关系。毫无疑问，泰德·特纳是一位千年难遇的传媒大亨，他也是进行人类行为复杂性研究的一桩经典个案。

——诺尔曼·利尔（美国知名电视制作人）

特纳的聪明与明智让人佩服。在当今这个世界上，又有谁可能比泰德·特纳更让人着迷呢？——在电视新闻的变革当中，这位西部牛仔般的企业家奋勇战斗，彻底改变了人们进行信息交流的方式，从总统到下里巴人、从首席执行官到普通员工，任何人都无法逃脱他的影响，因此我们完全可以说是特纳改变了这个世界。

——利斯莱·斯泰尔（《60分钟》节目制作人）

泰德·特纳是传媒世界中最伟大的先知，肯·奥莱塔是传媒世界中最伟大的记述者，他们的合作简直就是最佳搭档、完美组合。凭借着让人难以置信的亲密接触和坦诚叙述，肯·奥莱塔向我们展示了这个问题的答案：特纳到底是真的糊涂，还是如同狐狸般狡猾。对于特纳而言，这种糊涂的表象其实正是他神奇的独门暗器。应该说，这本书是由一位杰出作者向读者讲述的一个引人入胜的故事。

——沃尔特·艾萨克森《本杰明·富兰克林传》作者

从表面上看，由于一贯的口无遮拦和不加掩饰的攻击性，泰德·特纳与我们印象当中的首席执行官可谓相去甚远，但其实，他却有非凡胆略和远见卓识。正是凭借着这样的才能，泰德·特纳才能够从一个毫不起眼的小公司起步，最终把它经营成为有线电视产业中一个奇迹般的传媒帝国。

为了为旗下的电视台提供丰富、稳定的节目来源，他不惜重金收购了职业体育运动队和电影资料馆。他曾经以公司的全部资产为赌注进行过两次孤注一掷的大胆行动：第一次是把全部家底都押上，创办了世界上第一个24小时播出的有线电视新闻频道CNN；第二次是不顾一切地高价收购米高梅公司的电影资料馆，以便开办新的有线电视节目频道。在此期间，他还曾经亲自担任船长，指挥"勇气号"帆船赢得了美洲杯帆船赛的冠军，"勇气号船长"诸多荒谬而夸张的行为都成为各大媒体的新闻标题。

20世纪90年代，他统治下的传媒帝国规模急速扩张，他甚至产生了要以此为资本收购CBS的雄心壮志。后来，时代华纳公司吸纳了特纳广播公司，但却排斥了特纳本人，因为特纳身上那种海盗式的冒险精神与一家规模巨大、风格严谨的公司格格不入。所有的人都为此而欢欣鼓舞。但事后的一切却证明，对于特纳而言，这场并购等于是一场灾难：他不但就此被剥夺了公司管理的实权，就连他一直引以为傲的伟大成就也陷入了内讧和相互指责的困境当中。现在特纳已经是虎落平阳、英雄迟暮，但他和他"负责直播一切"的CNN将继续作为传媒史上的传奇留在我们的记忆中。

请问：你怎样评价泰德·特纳这个人？

第二节 领导理论

一、特质理论

个人品质或特征是决定领导效果的关键因素。通过比较和分析，可以确定哪些品质或特征是一个好的领导者所必备的。

1. 区分领导者与非领导者的六项特质

领导特质理论是研究领导者的心理特质与其影响力及领导效能关系的理论。这种理论阐述的重点是领导者与非领导者的个人品质差异。长期以来，人们一直在就"伟人"理论进行争议。历史是否是由像恺撒大帝、拿破仑、丘吉尔这样的人创造的？这些人是否具有某些品质，足以对人类重大事件的进程产生影响？

这些问题诱发了学者们对领导心理特质的研究，它关注领导者的个人特性，并试图确定伟大的领导者所共有的特性。从1904年到1948年，研究人员做了100多种有关领导特性的研究，企图从成功的领导者身上分离出一个或多个非领导者所不具备的特性。研究表明，一个成功的领导者，特殊的性格特点不一定是必须的。这种研究的努力以失败告终。

虽然关于特质理论的研究热情减少了，但研究工作仍在继续。到20世纪70年代中期，出现了一种均衡的观点，虽然没有哪一种特性确保领导者的成功，但某些性格特点还是有潜在的作用的。领导者有6项特性不同于非领导者，即进取心、领导欲望、正直与诚实、自信、智慧和工作相关知识。

（1）进取心。领导者表现出高度的工作积极性，拥有较高的成就渴望。他们不断地努力提高，进取心强，精力充沛，对自己所从事的活动坚持不懈，并有高度的主动精神。

（2）领导欲望。领导者有强烈的权力欲望，喜欢领导别人，而不是被别人所领导。强烈的权力欲望驱使他们试图去影响别人，并在领导过程中获得满足和利益。

（3）正直与诚实。领导者言行一致，诚实可信。据此与下属建立起相互信任的关系。

（4）自信。领导者表现出高度的自信，自信能让领导者克服困难，在不确定的情况下惯于做出决策，并能逐渐将自信传给别人。

（5）智慧。领导者必须有足够的才智来搜集、整理和解释大量的信息，并能确立目标、解决问题和做出正确决策。在职业生涯中高学历是重要的，但最终还是有关组织的业务专长更重要。

（6）工作相关知识。有效的领导者对其组织、行业和技术事项拥有较高的知识水平，并有着清楚的了解，广博的知识能使他们做出富有远见的决策，并能理解这种决策的意义。

完全以特性为基础的解释忽略了情境因素。具备恰当的特性，只能使个体更有可能成为有效的领导者，但他还需要采取适合情境的正确的行动。而且，在一种情境下正确的活动，在另一种情境下未必正确。

2. 吉沙利的品质理论

究竟哪些品质是一个好的领导者所必须具有的呢？斯托格第认为，与领导才能有关的品质很多，包括5种身体特征（如精力、外貌、身高等）、4种智能特征、16种个性特征（如适应性、进取性、决断力等）、6种与工作有关的特征（如职业成就、创造性等）、9种社会特征（如合作性、人际关系等）。吉沙利也提出了自己的品质理论，并就每个品质测算出了相对重要性，详细内容见表13-1。

表13-1 吉沙利的品质理论

品质	重要性	品质	重要性	品质	重要性
监督能力	100	决断力	61	对权力的追求	10
职业成就	76	冒险	54	成熟	5
智力	64	人际关系	47	男性化或女性化	0
自立	63	创造性	34		
自信	62	不慕财富	20		

二、行为理论

1. 俄亥俄州立大学的研究

研究者希望确认领导者行为的独立维度，他们收集了大量的有关下属对领导行为的描述，最后归纳出两大类：定规维度与关怀维度。如图 13-1 所示。

（1）定规维度。为了达到组织目标，领导者界定和构造自己与下属的角色的倾向程度。它包括试图设立工作、工作关系和目标的行为。具有高定规特点的领导者会向小组成员分配具体工作，要求员工保持一定的绩效标准，并强调工作的最后期限。

（2）关怀维度。指一个人具有信任和尊重下属的看法与情感的这种工作关系的程度。高关怀的领导者帮助下属解决个人问题，他友善而平易近人，公平对待每一个下属，并对下属的生活、健康、地位和满意度等问题十分关心。

	低　　定规维度　　高	
高 关 怀 维 度 低	低定规高关怀	高定规高关怀
	低定规低关怀	高定规低关怀

图 13-1　定规维度与关怀维度

2. 密歇根大学的研究

密歇根大学的研究也将领导行为也划分为两个维度，即员工导向和生产导向维度。员工导向的领导者被描述为重视人际关系，他们总会考虑到下属的需要，并承认人与人之间的不同。相反，生产导向的领导者倾向于强调工作的技术或任务事项，主要关心的是群体任务的完成情况，并把群体成员视为达到目标的工具。

密歇根大学的研究结论对员工导向的领导者十分有利，他们与高群体生产率和高工作满意度成正相关。而生产导向型的领导者则与低群体生产率和低满意度联系在一起。

3. 管理方格论

布莱克和莫顿二人发展了领导风格的二维观点。在"关心人"和"关心生产"的基础上提出了管理方格论。如图 13-2 所示。

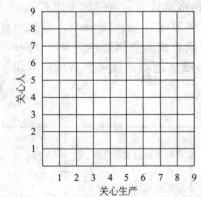

图 13-2　管理方格理论

尽管在管理方格中存在 81 种类型，布莱克和莫顿主要阐述了 5 种最具有代表性的类型。

（1，1）贫乏型：领导者付出最小的努力完成工作。

（9，1）任务型：领导者只重视任务效果而不重视下属的发展和下属的士气。

（1，9）乡村俱乐部型：领导者只注重支持和关怀下属而不关心任务效率。

（5，5）中庸之道型：领导者维持足够的任务效率和令人满意的士气。

（9，9）团队型：领导者通过协调和综合工作相关活动而提高任务效率与工作士气。

管理实践方面的一般结论是（9，9）风格的管理者工作最佳，但管理方格论并没有为提供如何培养管理者提供答案。

4. 行为理论总结

以上几种是从行为角度上对领导进行解释的最流行、最重要的尝试。但都存在同样的问题，即在确定领导行为类型与成功的绩效之间的一致性关系上很不成功。事实上，不同的环境导致了不同的结果，因此很难作出概括性的陈述，行为理论欠缺的是对影响成功与失败的情境因素的考虑。

三、权变理论

1. 菲德勒模型

菲德勒模型指出，有效的群体绩效取决于与下属相互作用的领导者的风格和情境对领导者的控制和影响程度之间的合理匹配。菲德勒开发了最难共事者问卷，用以测量个体是任务取向型还是关系取向型。另外，他还分离出3项情境因素-领导者-成员关系、任务结构、职位权力，他相信通过操作这3项因素能产生与领导者行为取向的恰当匹配。

① 领导者-成员关系。反映在领导者与下属信任、信赖和尊重的程度。
② 任务结构。表现为工作任务的程序化程度（结构化与非结构化）。
③ 职位权力。领导者所拥有的权力变量（如雇用、解雇、晋升和加薪）的影响程度。

按照菲德勒的观点，个体的领导风格是稳定不变的，因此提高领导者的有效性实际上只有两条途径。

① 你可以替换领导者以适应情境。比如，如果群体所处的情境被评估为十分不利，而目前又是一个关系取向的管理者进行领导，那么替换一个任务取向的管理者则能提高群体绩效。

② 改变情境以适应领导者。菲德勒提出了一些改善领导者-成员关系职位权力和任务结构的建议。领导者与下属之间的关系可以通过改组下属组成加以改善，使下属的经历、技术专长和文化水平更为合适；任务结构可以通过详细布置工作内容而使其更加定型化，也可以对工作只做一般性指示而使其非程序化，领导的职位权力可以通过变更职位充分授权，或明确宣布职权而增加其权威性。

菲德勒模型强调为了领导有效需要采取什么样的领导行为，而不是从领导者的素质出发强调应当具有什么样的行为，这为领导理论的研究开辟了新方向。菲德勒模型表明，并不存在着一种绝对的最好的领导形态，企业领导者必须具有适应力，自行适应变化的情境。同时也提示管理层必须根据实际情况选用合适的领导者。

2. 赫塞和布兰查德的情境理论

赫塞和布兰查德认为，依据下属的成熟度水平选择正确的领导风格会取得领导的成功。这一理论常被作为主要的培训手段而应用，如《幸福》杂志500家企业中的北美银行、IBM公司等都采用此理论模型。

该理论中的成熟度，是指个体对自己的直接行为负责任的能力和意愿，它包括两项因素：工作成熟度（一个人的知识和技能）与心理成熟度（一个人做某事的意愿和动机）。

（1）领导维度。和菲德勒情境领导模型一样该理论也使用相同的两个领导维度：任务行为和关系行为。

① 指示型（高任务-低关系）。领导者定义角色，告诉下属应该干什么、怎么干以及何时何地去干。
② 推销型（高任务-高关系）。领导者同时提供指导性的行为与支持性的行为。
③ 参与型（低任务-高关系）。领导者与下属共同决策，领导者的主要角色是提供便利条件与沟通。
④ 授权型（低任务-低关系）。领导者提供极少的指导或支持。

（2）成熟度的四个阶段。

①第一阶段。这些人对于执行某任务既无能力又不情愿。他们既不胜任工作又不能被信任。这类员工需要得到明确而具体的指导。

②第二阶段。这些人缺乏能力，但却愿意从事必要的工作任务。他们有积极性，但目前尚缺乏足够的技能。领导者需要采取高任务-高关系行为。

③第三阶段。这些人有能力却不愿意干领导者希望他们做的工作。领导者一般采用支持性、非指导性的参与风格。

④第四阶段。这些人既有能力又愿意干让他们做的工作。领导者不需要做太多的事，因为下属既愿意又有能力担负责任。

赫塞和布兰查德的情境理论如图13-3所示。

3. 路径-目标理论

路径-目标理论已经成为当今最受人们关注的领导观点之一，如图13-4所示。它是罗伯特·豪斯开发的一种领导权变模型。该理论认为，领导者的工作是帮助下属达到他们的目标，并提供必要的指导和支持以确保各自的目标与群体或组织的总体目标相一致。"路径-目标"的概念来自于这种信念，即有效领导者通过明确指明实现工作的目标的途径来帮助下属，并为下属清理各项障碍和危险，从而使下属的工作更为容易。领导者行为的激励作用在于：它使下属的需要-满足取决于有效的工作绩效；它提供了有效绩效所必需的辅导、指导、支持和奖励。

与菲德勒的领导行为相反，豪斯认为领导者是灵活的，同一领导者可以根据不同的情境表现出任何一种领导风格。路径-目标理论提出了两类情境或权变变量作为领导行为-结果关系的中间变量——他们是下属控制范围之外的环境（任务结构、正式权力系统，以及工作群体）以及下属个性特点中的一部分（控制点、经验和知觉能力）。如果要使下属的产出最大，环境因素决定了作为补充所要求的领导类型，而下属的个人特点决定了个体对环境和领导者的行为特点如何解释。这一理论指出，当环境结构与领导者行为相比重复多余或领导者行为与下属特点不一致时，效果均不佳。

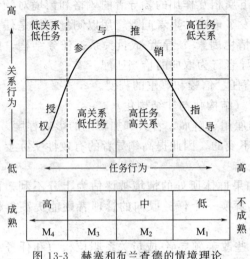

图13-3 赫塞和布兰查德的情境理论

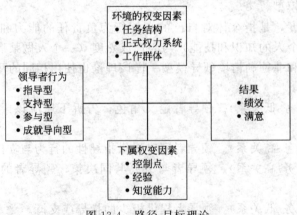

图13-4 路径-目标理论

4. 领导方式的连续统一体理论

美国著名企业管理学家坦南鲍姆（R. Tannenbaum）和施米特（W. H. Schmidt）于1958年提出了领导行为连续体理论。他们认为，经理们在决定何种行为（领导作风）最适合处理某一问题时常常产生困难。他们不知道是应该自己做出决定还是授权给下属做决策。为了使人们从决策的角度深刻认识领导作风的意义，他们提出了下面这个领导连续体模型，如图13-5所示。

领导风格与领导者运用权威的程度和下属在做决策时享有的自由度有关。在连续体的最左端，表示的领导行为是专制的领导；在连续体的最右端表示的是将决策权授予下属的民主型的领导。在管理工作中，领导者使用的权威和下属拥有的自由度之间是一方扩大另一方缩小的关系。在高度专制和高度民主的领导风格之间，坦南鲍姆和施米特划分出7种主要的领导模式。

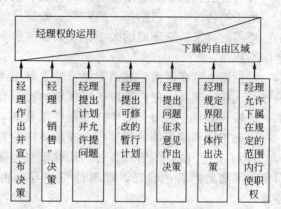

图13-5　领导方式的连续统一体

（1）领导做出决策并宣布实施。在这种模式中，领导者确定一个问题，并考虑各种可供选择的方案，从中选择一种，然后向下属宣布执行，不给下属直接参与决策的机会。

（2）领导者说服下属执行决策。在这种模式中，同前一种模式一样，领导者承担确认问题和做出决策的责任。但他不是简单地宣布实施这个决策，而是认识到下属中可能会存在反对意见，于是试图通过阐明这个决策可能给下属带来的利益来说服下属接受这个决策，消除下属的反对。

（3）领导者提出计划并征求下属的意见。在这种模式中，领导者提出了一个决策，并希望下属接受这个决策，他向下属提出一个有关自己的计划的详细说明，并允许下属提出问题。这样，下属就能更好地理解领导者的计划和意图，领导者和下属能够共同讨论决策的意义和作用。

（4）领导者提出可修改的计划。在这种模式中，下属可以对决策发挥某些影响作用，但确认和分析问题的主动权仍在领导者手中。领导者先对问题进行思考，提出一个暂时的可修改的计划，并把这个暂定的计划交给有关人员进行征求意见。

（5）领导者提出问题，征求意见做决策。在以上几种模式中，领导者在征求下属意见之前就提出了自己的解决方案，而在这个模式中，下属有机会在决策做出以前就提出自己的建议。领导者的主动作用体现在确定问题，下属的作用在于提出各种解决的方案，最后，领导者从他们自己和下属所提出的解决方案中选择一种他认为最好的解决方案。

（6）领导者界定问题范围，下属集体做出决策。在这种模式中，领导者已经将决策权交给了下属的群体。领导者的工作是弄清楚所要解决的问题，并为下属提出做决策的条件和要求，下属按照领导者界定的问题范围进行决策。

（7）领导者允许下属在上司规定的范围内发挥作用。这种模式表示了极度的团体自由。如果领导者参加了决策的过程，他应力图使自己与团队中的其他成员处于平等的地位，并事先声明遵守团体所做出的任何决策。

在上述各种模式中，坦南鲍姆和施米特认为，不能抽象地认为哪一种模式一定是好的，哪一种模式一定是差的。成功的领导者应该是在一定的具体条件下，善于考虑各种因素的影响，采取最恰当行动的人。当需要果断指挥时，他应善于指挥；当需要员工参与决策时，他能适当放权。领导者应根据具体的情况，如领导者自身的能力、下属及环境状况、工作性质、工作时间等，适当选择连续体中的某种领导风格，才能达到领导行为的有效性。通常，管理者在决定采用哪种领导模式时要考虑以下几个方面的因素。

管理者的特征——包括管理者的背景、教育、知识、经验、价值观、目标和期望等。

员工的特征——包括员工的背景、教育、知识、经验、价值观、目标和期望等。

环境的要求——环境的大小、复杂程度、目标、结构和组织氛围、技术、时间压力和工作的本质等。

根据以上这些因素，如果下属有独立做出决定并承担责任的愿望和要求，并且他们已经做好了这样的准备，他们能理解所规定的目标和任务，并有能力承担这些任务，领导者就应给下级较大的自主权力。如果这些条件不具备，领导者就不应把权力授予下级。

坦南鲍姆和施米特的领导行为连续体理论对管理工作有以下启示。

首先，一个成功的管理者必须能够敏锐地认识到在某一个特定时刻影响他们行动的各种因素，准确地理解他自己，理解他所领导的群体成员，理解他所处在的组织环境和社会环境。

其次，一个成功的领导者必须能够认识和确定自己的行为方式，即如果需要发号施令，他便能发号施令；如果需要员工参与和行使自主权，他就能为员工提供这样的机会。

这一理论的贡献在于不是将成功的领导者简单地归结为专制型、民主型或放任型的领导者，而是指出成功的领导者应该是在多数情况下能够评估各种影响环境的因素和条件，并根据这些条件和因素来确定自己的领导方式和采取相应的行动。但坦南鲍姆和施米特的理论也存在一定的不足，这就是他们将影响领导方式的因素即领导者、下属和环境看成是既定的和不变的，实际上这些因素是相互影响、相互作用的，他们对影响因素的动力特征没有进行足够的重视，同时在考虑环境因素时主要考虑的是组织内部的环境，而对组织外部的环境以及组织与社会环境的关系缺乏重视。

四、领导的最新观点

1. 领导的归因理论

领导归因理论（Attribution Theory of Leadership）是由米契尔（Terence R. Mitchell）于1979年首先提出的一种领导理论。这种理论指出，领导者对下级的判断会受到领导者对其下级行为归因的影响。但领导者对下级行为的归因可能有偏见，这将影响领导者对待下级的方式。同样，领导者对下级行为归因的公正和准确也将影响下级对领导者遵从、合作和执行领导者指示的意愿。领导者典型的归因偏见是把组织中的成功归因于自己，把失败归因于外部条件，把工作的失败归因于下级本身，把工作的成功归因于领导者。

因此，克服领导者的归因偏见是有效领导的重要条件之一。领导归因理论的主要贡献在于提醒领导者要对下级的行为作出准确"诊断"，并"对症下药"，才能达到有效管理的目的。

2. 领袖魅力的领导理论

瓦伦·本尼斯研究了90位美国最有效和最成功的领导者，发现他们有4种共同的能力。

① 有令人折服的远见和目标意识。

② 能清晰地表述这一目标，使下属明确理解。

③ 对这一目标的追求表现出一致性和全身心的投入。

④ 了解自己的实力并以此作为资本。

对领袖魅力最新最全面的分析是由麦吉尔大学的杰·康格和鲁宾德拉·卡农格进行的。他们的结论是：有领袖魅力的领导者都有一个他们希望达到的理想目标；为此目标能够全身心的投入和奉献；反传统；非常固执而自信；被认为是激进变革的代言人而不是传统现状的卫道士。他们认为有领袖魅力的领导者的关键特点有以下几个。

① 自信。有领袖魅力的领导者对他们自己的判断和能力有充分的信心。

② 远见。他们有理想的目标，认为未来定会比现状更美好。理想目标与现状相差越大，下属越有可能认为领导者有远见卓识。

③ 清楚表达目标的能力。他们能够清楚陈述目标，以使其他人都能明白。这种清晰的表达表明了对下属需要的了解，然后，它可以成为一种激励的力量。

④ 对目标的坚定信念。他们被认为具有强烈奉献精神，愿意从事高冒险性的工作，承受高代价。为了实现目标能够自我牺牲。

⑤ 不循规蹈矩的行为。他们的行为被认为是新颖的、反传统的、反规范的。当获得成功时这些行为令下属们惊诧而崇敬。

⑥ 作为变革的代言人出现。他们被认为是激进变革的代言人而不是传统现状的卫道士。

⑦ 环境敏感性。他们能够对需要进行变革的环境约束和资源进行切实可行的评估。

3. 事务型领导与变革型领导

事务型领导者是通过明确角色和任务要求而指导或激励下属向着既定的目标活动的。我们前面所介绍的大多数领导理论都指的是事务型领导者。

变革型领导者，鼓励下属为了组织的利益而超越自身利益，并能对下属产生深远而不同寻常的影响。特点为：他们关怀着每一个下属的日常生活和发展需要；他们帮助下属以新观念看待老问题从而改变了下属对问题的看法；他们能够激励、唤醒、鼓舞下属为达到群体目标而付出更大的努力。

变革型领导所导致的下属的努力和绩效水平比单纯事务型好得多。此外，变革型领导也更具有领袖魅力。总之，所有证据表明，变革型领导与事务型领导相比，在低离职率、高生产率和高员工满意度之间有着更强的相关性。

五、性别与领导

在管理实践中，男性与女性的领导方式有什么不同吗？我们只要看一看他们各自的领导特点就清楚了。

1. 女性领导的特点

女性相对于男性倾向于采用更为民主型或参与型的风格，而较少采用专制型或指导型的风格。女性更乐于鼓励参与，共享权力与信息，并努力提高下属的自我价值。她们通过包容而进行领导，并依赖她们的领袖魅力、专业知识、接触和人际交往技能来影响他们。女性倾向于运用变革型的领导方式，通过将员工的自身利益转化为组织目标而激励他人。

2. 男性领导的特点

男性领导则更乐于使用指导型、命令加控制型的风格。他们以自己岗位所赋予的正式权力作为影响基础。男性运用事务型领导方式，通过奖励优异工作和惩罚不良工作而进行领导。

【案例二】 职业经理人常犯的错误

1. 拒绝承担个人责任
2. 不去启发下属

3. 只强调结果，不强调思想
4. 采用一视同仁的管理方式
5. 忘了公司的命脉——利润
6. 只见问题，不看目标
7. 不当主管，只做哥们
8. 没有设定标准
9. 纵容能力不足的人
10. 眼中只有超级明星
11. 在公司内部形成对立

【案例三】 管理人员最不该说的话

不关我事。
为什么你们……
上面怎样骂我，我就怎样骂你们！
我也没办法……
我说不行就不行！
你说怎样就怎样！
我随时可以怎样！
你真的很笨！
不行啦，我能力有限，谁行谁来做。
"都很好"、"蛮不错"

以上这些话语你说过吗？千万别让它成为你的口头禅！否则，你做不了管理者。

【案例分析】 青岛双星汪海的领导方式[1]

青岛双星人至今仍记忆犹新的一段往事：几年前，一个对大陆企业抱有很深成见的老台商气冲冲地来找双星总经理汪海，他要看看汪海用了什么绝招，把一个和他做了20多年生意的美国大客户抢走了。他在双星一个车间一个车间地连转了三天，怒气慢慢变成了服气，最后，他抓住汪海的手，发自内心地说道："真没想到双星规模这么大，真没想到你领导双星那么好！"

不光老台商没想到，就是美国的大鞋商到双星看后也感到惊讶，但惊讶过后，则把他们在韩国、菲律宾的订货单拿到了双星。

纽约《世界鞋报》记者从美国鞋商口中知道了双星的情况，在双星举办的新闻发布会上，他问总经理汪海："请问您是怎样领导这样大规模企业的？采取了什么先进的管理办法？"

对美国人的疑问，汪海的回答简单明了："我们针对制鞋业劳动密集型、手工操作的特点，提出'人是兴厂之本，管理以人为主'，坚持管理以人为本，采取了'超微机的管理'，并且形成了一整套自己的管理理论和管理哲学，创造了具有鲜明特色的'双星九九管理法'。"

对管理，汪海曾在字面上做过这样的诠释："管"，就是对人和事、物的管；"理"，就是在管在基础上去建立新的章法、理顺各种关系。一句话，就是要人去管，要人去理。

---

[1] 周三多. 管理学——原理与方法. 第4版. 上海：复旦大学出版社, 2005.

双星公司总经理曾专门研究了日本松下公司的管理制度，他发现，松下公司取得成功，除了得力于组织机构、管理技巧、科学技术外，更重要的是得力于其经营理念，一种"繁荣、幸福、和平"的企业文化功能，它把人的历史传统、价值标准、道德规范、生活观念等统一于企业内部共同目标之下，使企业如大家庭一般忠诚和谐。他更发现松下的这套管理理念不过是脉承中国的"诚意正心、修身齐家、治国平天下"的儒家思想。

汪海开始琢磨：徒尚如此，况师乎？社会主义市场经济，必然要受传统文化的影响，而传统文化又必然要接受现代市场经济意识的洗礼。

经过认真思考和分析，汪海紧紧抓了"人"这个决定因素，以对人的九项管理为纵轴，以对生产经营的九项管理为横轴，为双星的管理勾画了一个直角坐标，提炼出物质文明与精神文化互相促进的"双星九九管理法"。

在人的管理上，双星人要达到三环、三轮原则。

他们继承传统的、借鉴国外的、以创造自己的，以此三环来刻意求新；他们把思想教育当前轮，经济手段、行政手段做后轮，同步运行，共同提高效能。

在生产经营上，双星人要实三分、三联、三开发。

他们分级管理、分层承包、分开算账，以此增加了企业的活力；他们搞加工联产、销售联营、股份联合，进一步扩大了企业的实力；他们进行人才、技术产品和市场的全方位开发，使双星在市场上提高了竞争力。

汪海在实施九九管理法的纵横交叉中，终于找取了把人与物管理相结合的最佳组合点。

现在，双星公司总经理汪海又在积极探索新的领导方式，力争把双星公司带入国际大公司行列，实现"世界的鞋业在中国，中国的鞋业在双星"的宏伟战略目标。

思考

1. 分析双星公司总经理汪海领导方式有何特点。
2. 根据布莱克和穆顿的管理方格理论，分析汪海的领导方式属于哪种类型。

测试题　领导方式测验

请你回答如下各题：只能用"是"或"不是"回答。

1. 你喜欢经营咖啡馆、餐厅之类的生意吗？
2. 平时把决定或政策付诸实施之前，你认为有说明其理由的价值吗？
3. 在领导下属时，你认为与其跟他们一起工作来监督他们，不如从事计划、草拟细节等管理工作。
4. 在你管辖的部门有一位陌生人，你知道那是你的下属最近录用的人，你不介绍自己而先问他的姓名。
5. 流行风气接近你部门时，你会让下属追求。
6. 让下属工作之前，你一定会把目标及方法提示给他们。
7. 与部门成员过分亲近会失去下属的尊敬，所以还是远离他们比较好，你认为对吗？
8. 郊游之日到了，你知道大部分人都希望星期三去，但是从多方面来判断，你认为还是星期四去比较好，你认为不要自己作主，还是让大家投票决定好了。
9. 当你想要你的部门做一件事时，即使是一件按铃召人即可的事，你也一定要以身作则，以便他们跟随你做。
10. 你认为要撤一个人的职并不困难吗？
11. 越能够亲近下属，越能够好好领导他们，你认为对吗？
12. 你花了不少时间拟定了解决某个问题的方案，然后交给一个下属，可是他一开始就挑该方案的毛病，你对此并不生气，但是对于问题依然没解决而觉得坐立不安。

13. 充分处罚犯规者是防止犯规的最佳方法，你赞成吗？
14. 假定你对某一情况的处理方式受到批评，你认为与其宣布自己的意见是决定性的，不如说服下属相信你。
15. 你是否让下属为了他们的私事而自由地与外界的人们交往？
16. 你认为你的每个下属都应对你抱忠诚之心吗？
17. 与其亲自解决问题，不如组织一个解决问题的委员会，对吗？
18. 不少专家认为在一个群体中发生不同意见的争论是正常的，也有人认为意见不同是群体的弱点，会影响团结。你赞成第一种看法吗？

根据你对上述问题的回答，可以判断你的领导方式类型：专制型、民主型、放任型。

思考题

1. 什么是领导？领导的职位权力和个人权力的内涵是什么？领导的作用是什么？
2. 领导和管理的关系是什么？
3. 什么是激励？简述管理工作中常用的激励方法及其特点。
4. 什么是领导者的素质？广义的领导者素质其内含包括哪些？
5. 什么是领导的特质理论？
6. 什么是领导的行为理论？
7. 什么是领导的权变理论？
8. 领导者是否应具备某些个人特点？请举例说明。
9. 你如何评价领袖魅力理论？你认为什么样的企业管理者才有"领袖魅力"？
10. 请用菲德勒的权变模型分析一个具体的例子。

第十四章 激 励

内容提要
- 动机与激励
- 早期激励理论
- 当代激励理论

法国企业界有一句名言:"爱你的员工吧,他会百倍地爱你的企业。"这一管理学的新观念,已经越来越深入人心,而且被越来越多的企业管理者所接受。实践使他们懂得,没有什么比关心员工、热爱员工更能调动他们的积极性、提高工作效率了。

第一节 激励概述

一、动机

所谓动机,是个体通过高水平的努力而实现组织目标的愿望,而这种努力又能满足个体的某些需要。包括三个要素:努力、组织目标和需要。驱使有机体产生一定行为的外部因素称为诱因。引起动机的内在条件是需要,引起动机的外在条件是诱因。

动机可以看作是需要获得满足的过程。我们所说的满足指的是一种内部状态,它使某种结果具有吸引力。当需要未被满足时就会产生紧张,进而激发了个体的内驱力,这种内驱力将导致寻求特定目标的行为。如果最终目标实现,则需要得以满足,紧张得以解除。动机的过程参见图14-1。

未满足的需要——→紧张——→驱力——→寻求行为——→需要满足——→紧张消除

图14-1 动机过程

被激励的员工处于紧张状态之中。为了缓解这种紧张,他们努力去工作,紧张程度越大,员工的努力程度越高。如果这种努力能够成功地导致个体需要的满足,它将解除紧张状态。当然,我们感兴趣的是员工的工作行为,因此,这种解除紧张的努力也必须是指向组织目标的。所以,在动机的定义中包括了个体的需要必须与组织目标相一致的含义,如果两者不一致,个体可能会产生与组织利益背道而驰的努力行为。

动机具有以下两个功能。

① 动机是在目标或对象的引导下，激发和维持个体活动的内在心理过程或内部动力。动机是一种内部心理过程，不能直接观察，但是可以通过任务选择、努力程度、活动的坚持性和言语表示等行为进行推断。动机必须有目标，目标引导个体行为的方向，并且提供原动力。动机要求活动，活动促使个体达到他们的目标。

② 动机具有激活、指向、维持和调整功能。动机是个体能动性的一个主要方面，它具有发动行为的作用，能推动个体产生某种活动，使个体从静止状态转向活动状态。同时它还能将行为指向一定的对象或目标。当个体活动由于动机激发而产生后，能否坚持活动同样受到动机的调节和支配。

二、激励

所谓激励就是利用某种外部诱因调动人的积极性和创造性，使人有一股内在的动力，朝向所期望的目标前进的心理过程。

激励有激发和鼓励的意思，是管理过程中不可或缺的环节和活动。有效的激励可以成为组织发展的动力保证，实现组织目标。它有自己的特性，它以组织成员的需要为基点，以需求理论为指导；激励有物质激励和精神激励、外在激励和内在激励等不同类型。

1. 激励的基本原则

（1）目标结合原则。在激励机制中，设置目标是一个关键环节。目标设置必须同时体现组织目标和员工需要的要求。

（2）物质激励和精神激励相结合的原则。物质激励是基础，精神激励是根本。在两者结合的基础上，逐步过渡到以精神激励为主。

（3）引导性原则。外在激励措施只有转化为被激励者的自觉意愿，才能取得激励效果。因此，引导性原则是激励过程的内在要求。

（4）合理性原则。激励的合理性原则包括两层含义。其一，激励的措施要适度，要根据所实现目标本身的价值大小确定适当的激励量。其二，奖惩要公平。

（5）明确性原则。激励的明确性原则包括三层含义。其一，明确。激励的目的是需要做什么和必须怎么做。其二，公开。特别是针对大量员工关注的问题时，更为重要。其三，直观。直观性与激励影响的心理效应成正比。实施物质奖励和精神奖励时都需要直观地表达它们的指标。

（6）时效性原则。要把握激励的时机，"雪中送炭"和"雨后送伞"的效果是不一样的。激励越及时，越有利于将人们的激情推向高潮，使其创造力连续有效地发挥出来。

（7）正激励与负激励相结合的原则。正激励就是对员工的符合组织目标的期望行为进行奖励。负激励就是对员工违背组织目的的非期望行为进行惩罚。正负激励都是必要而有效的，不仅作用于当事人，而且会间接地影响到周围的其他人。

（8）按需激励原则。激励的起点是满足员工的需要，但员工的需要因人而异、因时而异，并且只有满足最迫切需要的措施，其效价才高，其激励强度才大。因此，领导者必须深入地进行调查研究，不断了解员工需要层次和需要结构的变化趋势，有针对性地采取激励措施，才能收到实效。

2. 激励的作用

（1）吸引优秀的人才。在发达国家的许多企业中，特别是那些竞争力强、实力雄厚的企业，通过各种优惠政策、丰厚的福利待遇、快捷的晋升途径来吸引企业需要的人才。

（2）开发员工潜力，促进员工发挥其才能和智慧。美国哈佛大学的威廉·詹姆斯（W·James）教授在对员工激励的研究中发现，按时计酬的分配制度仅能让员工发挥20%~30%

的能力,如果受到充分激励的话,员工的能力可以发挥出80%～90%,两种情况之间60%的差距就是有效激励的结果。管理学家的研究表明,员工的工作绩效是员工能力和受激励程度的函数,即绩效=F(能力,激励)。如果把激励制度对员工创造性、革新精神和主动提高自身素质的意愿的影响考虑进去的话,激励对工作绩效的影响就更大了。

(3) 留住优秀人才。德鲁克(P. Druker)认为,每一个组织都需要三个方面的绩效:直接的成果、价值的实现和未来的人力发展。缺少任何一方面的绩效,组织非垮不可。在这三个方面的贡献中,对"未来的人力发展"的贡献就是来自激励工作。

(4) 造就良性的竞争环境。科学的激励制度内含一种竞争精神,它的运行能够创造出一种良性的竞争环境,进而形成良性的竞争机制。在具有竞争性的环境中,组织成员会受到环境的压力,这种压力将转变为员工努力工作的动力。正如麦格雷戈(Douglas M·McGregor)所说:"个人与个人之间的竞争,才是激励的主要来源之一。"在这里,员工工作的动力和积极性成了激励工作的间接结果。

第二节 早期激励理论

一、马斯洛的需要层次论

需要层次论是研究人的需要结构的一种理论,是美国心理学家马斯洛(Abraham H. Maslow, 1908—1970)首创的一种理论。他在1943年发表的《人类动机的理论》(A Theory of Human Motivation Psychological Review)一书中提出了需要层次论。这种理论的构成根据3个基本假设。第一,人要生存,他的需要能够影响他的行为。只有未满足的需要能够影响行为,满足了的需要不能充当激励工具。第二,人的需要按重要性和层次性排成一定的次序,从基本的(如食物和住房)到复杂的(如自我实现)。第三,当人的某一级的需要得到最低限度满足后,才会追求高一级的需要,如此逐级上升,成为推动继续努力的内在动力。马斯洛提出需要的5个层次如下。

① 生理需要。是个人生存的基本需要。如吃、喝、住处。

② 安全需要。包括心理上与物质上的安全保障,如不受盗窃和威胁,预防危险事故,职业有保障,有社会保险和退休基金等。

③ 社交需要。人是社会的一员,需要友谊和群体的归属感,人际交往需要彼此同情、互助和赞许。

④ 尊重需要。包括要求受到别人的尊重和自己具有内在的自尊心。

⑤ 自我实现需要。指通过自己的努力,实现自己对生活的期望,从而对生活和工作真正感到很有意义。

图14-2归纳了马斯洛的需要层次论的基本内容。马斯洛的需要层次论认为:需要是人类内在的、天生的、下意识存在的,而且是按先后顺序发展的,当较低层次的需要得到某种程度的满足,较高层次的需要才会出现并要求得到满足;需要存在优势需要、劣势需要。人的需要取决于已经有了什么,只有未被满足的需要才影响人的行为,满足了的需要不再是激励因素等。所以已经满足的需要,不再是优势需要,亦不再是行为的决定性力量。低层次需要,其优势的出现一般较早,但越是高层次的需要,其满足越具有长远的价值与意义。即高层次需要的满足能引起更深刻的幸福感、宁静感以及内心生活的丰富感。

几乎所有的介绍马斯洛的书籍都这样介绍他的需要层次论,但是,这实际上存在一定的

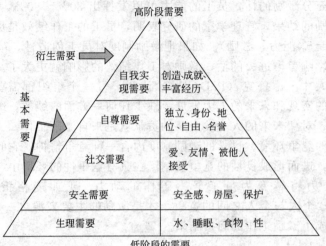

图 14-2 马斯洛的需要层次论

不完整性。马斯洛本人的著作中对需要层次论作了更多的探讨。首先，除了广为人知的以上五种需要外，马斯洛还详细说明了认知和理解的欲望、审美需要在人身上的客观存在，但是他也说明，这些需要不能放在基本需要层次之中。

对马斯洛的观点存在着许多争论。许多人从不同的角度批评马斯洛的观点或者提出自己的需要层次学说，但到目前为止，马斯洛的观点仍然是最被广泛传播的一种。比如，美国耶鲁大学的奥尔德弗（C. P. Alderfer）于1969年在《人类需要新理论的经验测试》一文中修正了马斯洛的论点，认为人的需要不是分为5种而是分为3种：生存的需要，包括心理与安全的需要；相互关系和谐的需要，包括有意义的社会人际关系；成长的需要，包括人类潜能的发展、自尊和自我实现。奥尔德弗需要论，简称为 ERG 需要理论，与马斯洛需要层次论的不同点是：奥尔德弗经过大量调查证明，这些需要不完全是天生的。需要层次论建立在满足-上升的基础上，ERG 理论不仅体现满足-上升的理论，而且也提到了挫折-倒退这一方面。挫折-倒退说明，较高的需要得不到满足时，人们就会把欲望放在较低的需要上。ERG 理论认为需要次序并不一定如此严格，而是可以越级的，有时还可以有一个以上的需要。

二、麦格雷戈的 X 理论和 Y 理论

道格拉斯·麦格雷戈（Douglas M·McGregor，1906—1964）是美国著名的行为科学家，他在1924年还是一个服务站的服务员，后在韦恩大学取得文学学士学位；1935年，他取得哈佛大学哲学博士学位，随后留校任教；1937～1964年期间在麻省理工学院任教，但其中有6年（1948～1954年）在安第奥克学院任院长。任院长期间，他对当时流行的传统的管理观点和对人的特性的看法提出了疑问。其后，他在1957年11月号的美国管理评论杂志上发表了《企业的人性方面》一文，提出了有名的"X 理论-Y 理论"，该文1960年以书的形式出版。

麦格雷戈认为，有关人的性质和人的行为的假设对于决定管理人员的工作方式来讲是极为重要的。各种管理人员以他们对人的性质的假设为依据，可用不同的方式来组织、控制和激励人们。基于这种思想，他提出了 X 理论-Y 理论。

麦格雷戈把传统的管理观点叫做 X 理论，其主要内容有如下几点。

① 大多数人是懒惰的，他们尽可能地逃避工作。

② 大多数人都没有什么雄心壮志，也不喜欢负什么责任，而宁可让别人领导。

③ 大多数人的个人目标与组织目标都是自相矛盾的，为了达到组织目标必须靠外力严加管制。

④ 大多数人都是缺乏理智的，不能克制自己，很容易受别人影响。

⑤ 大多数人都是为了满足基本的生理需要和安全需要，所以他们将选择那些在经济上获利最大的事去做。

⑥ 人群大致分为两类，多数人符合上述假设，少数人能克制自己，这部分人应当负起管理的责任。

根据 X 理论的假设，管理人员的职责和相应的管理方式有以下几个方面。

① 管理人员关心的是如何提高劳动生产率、完成任务，他的主要职能是计划、组织、经营、指引、监督。

② 管理人员主要是应用职权，发号施令，使对方服从，让人适应工作和组织的要求，而不考虑在情感上和道义上如何给人以尊重。

③ 强调严密的组织和制定具体的规范和工作制度，如工时定额、技术规程等。

④ 应以金钱报酬来收买员工的效力和服从。

由此可见，此种管理方式是胡萝卜加大棒的方法，一方面靠金钱的收买与刺激，另一方面靠严密的控制、监督和惩罚迫使其为组织目标努力。麦格雷戈发现当时企业中对人的管理工作以及传统的组织结构、管理政策、实践和规划都是以 X 理论为依据的。

然而麦格雷戈认为，虽然当时工业组织中人的行为表现同 X 理论所提出的各种情况大致相似，但是人的这些行为表现并不是固有的天性所引起的，而是现有工业组织的性质、管理思想、政策和实践所造成的。他确信 X 理论所用的传统的研究方法建立在错误的因果观念的基础上。通过对人的行为动机和马斯洛的需要层次论的研究，他指出，在人们的生活还不够富裕的情况下，胡萝卜加大棒的管理方法是有效的；但是，当人们达到了富裕的生活水平时，这种管理方法就失效了。因为，那时人们行动的动机主要是追求更高级的需要，而不是"胡萝卜"（生理需要、安全需要）了。

麦格雷戈认为，由于上述的以及其他许多原因，需要有一个关于人员管理工作的新理论，把它建立在对人的特性和人的行为动机的更为恰当的认识基础上，于是他提出了 Y 理论，其主要内容如下。

① 一般人并不是天性就不喜欢工作的，工作中体力和脑力的消耗就像游戏和休息一样自然。工作可能是一种满足，因而自愿去执行；也可能是一种处罚，因而只要可能就想逃避。到底怎样，要看环境而定。

② 外来的控制和惩罚，并不是促使人们为实现组织的目标而努力的唯一方法。它甚至对人是一种威胁和阻碍，并放慢了人成熟的脚步。人们愿意实行自我管理和自我控制来完成应当完成的目标。

③ 人的自我实现的要求和组织要求的行为是没有矛盾的。如果给人提供适当的机会，就能将个人目标和组织目标统一起来。

④ 一般人在适当的条件下，不仅学会了接受职责，而且还学会了谋求职责。逃避责任、缺乏抱负以及强调安全感，通常是经验的结果，而不是人的本性。

⑤ 大多数人，而不是少数人，在解决组织的困难问题时，都能发挥较高的想象力、聪明才智和创造性。

⑥ 在现代工业生活的条件下，一般人的智慧潜能只是部分地得到了发挥。

根据以上假设，相应的管理措施有以下几个。

① 管理职能的重点。在 Y 理论的假设下，管理者的重要任务是创造一个使人得以发挥才能的工作环境，发挥出职工的潜力，并使职工在为实现组织的目标贡献力量时，也能达到自己的目标。此时的管理者已不是指挥者、调节者或监督者，而是起辅助者的作用，从旁给职工以支持和帮助。

② 激励方式。根据 Y 理论，对人的激励主要是给予来自工作本身的内在激励，让他担当具有挑战性的工作，担负更多的责任，促使其工作做出成绩，满足其自我实现的需要。

③ 在管理制度上给予工人更多的自主权，实行自我控制，让工人参与管理和决策，并共同分享权力。

X 理论的假设是静止地看人，现在已经过时了；Y 理论则是以动态的观点来看人，但这一理论也有很大的局限性。有些行为科学家批评了 Y 理论的一些缺陷。他们指出，Y 理论对人的特性的假设有其积极的一面，它为管理人员提供了一种对于人的乐观主义的看法，而这种乐观主义的看法对争取职工的协作和热情支持是必需的。但是，麦格雷戈只看到了问题的一面。固然不能说所有的人天生就是懒惰而不愿负责任的，但在现实生活中有些人确实是这样的，而且坚决不愿改变。对于这些人，应用 Y 理论进行管理，难免会失败。而且，要发展和实现人的智慧潜能，就必须有合适的工作环境，但这种合适的工作环境并不是经常有的，要创造出这样一种环境来，成本也往往太高。所以，Y 理论也并不是普遍适用的。

三、赫茨伯格的双因素激励理论

激励因素-保健因素理论是美国的行为科学家弗雷德里克·赫茨伯格（Fredrick Herzberg）提出来的，又称双因素理论。他的主要著作有《工作的激励因素》（1959，与伯纳德·莫斯纳、巴巴拉·斯奈德曼合著）、《工作与人性》（1966）、《管理的选择：是更有效还是更有人性》（1976）。双因素理论是他最主要的成就，在工作丰富化方面，他也进行了开创性的研究。

20 世纪 50 年代末期，赫茨伯格和他的助手们在美国匹兹堡地区对 200 名工程师、会计师进行了调查访问。访问主要围绕两个问题：在工作中，哪些事项是让他们感到满意的，并估计这种积极情绪持续多长时间；又有哪些事项是让他们感到不满意的，并估计这种消极情绪持续多长时间。赫茨伯格以对这些问题的回答为材料，着手去研究哪些事情使人们在工作中快乐和满足，哪些事情造成不愉快和不满足。结果他发现，使职工感到满意的都是属于工作本身或工作内容方面的；使职工感到不满的，都是属于工作环境或工作关系方面的。他把前者叫做激励因素，后者叫做保健因素。如图 14-3 所示。

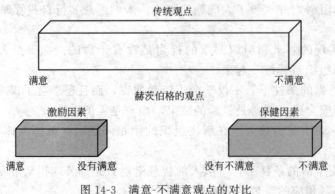

图 14-3 满意-不满意观点的对比

保健因素的满足对职工产生的效果类似于卫生保健对身体健康所起的作用。保健从人的环境中消除有害于健康的事物，它不能直接提高健康水平，但有预防疾病的效果，它不是治疗性的，而是预防性的。保健因素包括公司政策、管理措施、监督、人际关系、物质工作条件、工资、福利等。当这些因素恶化到人们认为可以接受的水平以下时，就会产生对工作的不满意。但是，当人们认为这些因素很好时，它只是消除了不满意，并不会导致积极的态度，这就形成了某种既不是满意，又不是不满意的中性状态。

那些能带来积极态度、满意和激励作用的因素就叫做"激励因素"，就是那些能满足个人自我实现需要的因素，包括：成就、赏识、挑战性的工作、增加的工作责任，以及成长和发展的机会。如果这些因素具备了，就能对人们产生更大的激励。从这个意义出发，赫茨伯格认为传统的激励假设，如工资刺激、人际关系的改善、提供良好的工作条件等，都不会产生更大的激励；它们能消除不满意，防止产生问题，但这些传统的"激励因素"即使达到最佳程度，也不会产生积极的激励。按照赫茨伯格的意见，管理当局应该认识到保健因素是必需的，不过它一旦使不满意中和以后，就不能产生更积极的效果。只有"激励因素"才能使人们有更好的工作成绩。

赫茨伯格及其同事以后又对各种专业性和非专业性的工业组织进行了多次调查，他们发现，由于调查对象和条件的不同，各种因素的归属有些差别，但总的来看，激励因素基本上都是属于工作本身或工作内容的，保健因素基本都是属于工作环境和工作关系的。但是，赫茨伯格注意到，激励因素和保健因素都有若干重叠现象，如赏识属于激励因素，基本上起积极作用；但当没有受到赏识时，又可能起消极作用，这时又表现为保健因素。工资是保健因素，但有时也能产生使职工满意的结果。

赫茨伯格的双因素理论同马斯洛的需要层次论有相似之处。他提出的保健因素相当于马斯洛提出的生理需要、安全需要、感情需要等较低级的需要；激励因素则相当于受人尊敬的需要、自我实现的需要等较高级的需要。当然，他们的具体分析和解释是不同的。但是，这两种理论都没有把"个人需要的满足"同"组织目标的达到"这两点联系起来。

有些西方行为科学家对赫茨伯格的双因素理论的正确性表示怀疑。有人做了许多试验，也未能证实这个理论。赫茨伯格及其同事所做的试验，被有的行为科学家批评为是他们所采用方法本身的产物：人们总是把好的结果归结于自己的努力而把不好的结果归罪于客观条件或他人身上，问卷没有考虑这种一般的心理状态。另外，被调查对象的代表性也不够，事实上，不同职业和不同阶层的人，对激励因素和保健因素的反应是各不相同的。实践还证明，高度的工作满足不一定就产生高度的激励。许多行为科学家认为，不论是有关工作环境的因素还是工作内容的因素，都可能产生激励作用，而不仅是使职工感到满足，这取决于环境和职工心理方面的许多条件。

但是，双因素理论促使企业管理人员注意工作内容方面因素的重要性，特别是它们同工作丰富化和工作满足的关系，因此是有积极意义的。赫茨伯格告诉我们，满足各种需要所引起的激励深度和效果是不一样的。物质需求的满足是必要的，没有它会导致不满，但是即使获得满足，它的作用往往是很有限的、不能持久的。要调动人的积极性，不仅要注意物质利益和工作条件等外部因素，更重要的是要注意工作的安排，量才录用，各得其所，注意对人进行精神鼓励，给予表扬和认可，注意给人以成长、发展、晋升的机会。随着温饱问题的解决，这种内在激励的重要性越来越明显。

第三节　当代激励理论

一、麦克利兰的成就需要（动机）理论

美国哈佛大学教授戴维·麦克利兰（David C. McClelland）是当代研究动机的权威心理学家。他从二十世纪四五十年代开始对人的需要和动机进行研究，提出了著名的"三种需要理论"，并得出了一系列重要的研究结论。如图 14-4 所示。

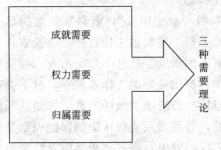

图 14-4　麦克利兰的成就需要（动机）理论

麦克利兰认为个体在工作情境中有三种重要的动机或需要。

① 成就需要（Need for Achievement）：争取成功希望做得最好的需要。他们追求的是在争取成功的过程中克服困难、解决难题、努力奋斗的乐趣，以及成功之后个人的成就感。

② 权力需要（Need for Power）：影响或控制他人且不受他人控制的需要。权力需要较高的人喜欢支配、影响他人，喜欢对别人"发号施令"，注重争取地位和影响力。

③ 亲和需要（Need for Affiliation）：建立友好亲密的人际关系的需要。高亲和需要者渴望友谊，喜欢合作而不是竞争的工作环境，希望彼此之间的沟通与理解，他们对环境中的人际关系更为敏感。

麦克利兰认为，具有强烈的成就需要的人渴望将事情做得更为完美，提高工作效率，获得更大的成功，他们追求的是在争取成功的过程中克服困难、解决难题、努力奋斗的乐趣，以及成功之后的个人的成就感，他们并不看重成功所带来的物质奖励。个体的成就需要与他们所处的经济、文化、社会等影响因素有关。麦克利兰发现高成就需要者的特点是：他们寻求那种能发挥其独立处理问题能力的工作环境；他们希望得到有关工作绩效的及时明确的反馈信息，从而了解自己是否有所进步；他们喜欢设立具有适度挑战性的目标，不喜欢凭运气获得的成功，不喜欢接受那些在他们看来特别容易或特别困难的工作任务。高成就需要者事业心强，有进取心，敢冒一定的风险，比较实际，大多是进取的现实主义者。

高成就需要者对于自己感到成败机会各半的工作，表现得最为出色。他们不喜欢成功的可能性非常低的工作，这种工作碰运气的成分非常大，那种带有偶然性的成功机会无法满足他们的成就需要；同样，他们也不喜欢成功的可能性很高的工作，因为这种轻而易举就取得的成功对于他们的自身能力不具有挑战性。他们喜欢设定通过自身的努力才能达到的奋斗目标。对他们而言，当成败可能性均等时，才是一种能从自身的奋斗中体验成功的喜悦与满足的最佳机会。

权力需要是指影响和控制别人的一种愿望或驱动力。不同的人对权力的渴望程度也有所不同。权力需要较高的人喜欢支配、影响他人，喜欢对别人"发号施令"，注重争取地位和影响力。他们喜欢具有竞争性和能体现较高地位的场合或情境，他们也会追求出色的成绩，但他们这样做并不像高成就需要的人那样是为了个人的成就感，而是为了获得地位和权力或与自己已具有的权力和地位相称。

亲和需要就是寻求被他人喜爱和接纳的一种愿望。高亲和动机的人更倾向于与他人进行交往，至少是为他人着想，这种交往会给他带来愉快。高亲和需要者渴望友谊，喜欢合作而

不是竞争的工作环境，希望彼此之间的沟通与理解，他们对环境中的人际关系更为敏感。有时，亲和需要也表现为对失去某些亲密关系的恐惧和对人际冲突的回避。亲和需要是保持社会交往和人际关系和谐的重要条件。

在大量的研究基础上，麦克利兰对成就需要与工作绩效的关系进行了十分有说服力的推断。首先，高成就需要者喜欢能独立负责、可以获得信息反馈和中度冒险的工作环境。他们会从这种环境中获得高度的激励。麦克利兰发现，在小企业的经理人员和在企业中独立负责一个部门的管理者中，高成就需要者往往会取得成功。其次，在大型企业或其他组织中，高成就需要者并不一定就是一个优秀的管理者，原因是高成就需要者往往只对自己的工作绩效感兴趣，并不关心如何影响别人去做好工作。再次，亲和需要与权力需要和管理的成功密切相关。麦克利兰发现，最优秀的管理者往往是权力需要很高而亲和需要很低的人。如果一个大企业的经理的权力需要与责任感和自我控制相结合，那么他就很有可能成功。最后，可以对员工进行训练来激发他们的成就需要。如果某项工作要求高成就需要者，那么，管理者可以通过直接选拔的方式找到一名高成就需要者，或者通过培训的方式培养自己原有的下属。

麦克利兰的动机理论在企业管理中很有应用价值。首先，在人员的选拔和安置上，通过测量和评价一个人动机体系的特征对于如何分派工作和安排职位有重要的意义。其次，由于具有不同需要的人需要不同的激励方式，了解员工的需要与动机有利于合理建立激励机制。再次，麦克利兰认为动机是可以训练和激发的，因此可以训练和提高员工的成就动机，以提高生产率。

二、目标设定理论

美国心理学家洛克（E. A. Locke）于 1967 年最先提出了"目标设定理论"（Goal Setting Theory），他认为目标本身就具有激励作用，目标能把人的需要转变为动机，使人们的行为朝着一定的方向努力，并将自己的行为结果与既定的目标相对照，及时进行调整和修正，从而实现目标。

目标设定理论提出，目标是一个人试图完成的行动的目的。目标是引起行为的最直接的动机，设置合适的目标会使人产生想达到该目标的成就需要，因而对人具有强烈的激励作用。重视并尽可能设置合适的目标是激发动机的重要过程。

目标设定理论的内容如下。

① 目标要有一定的难度，但又要在能力所及的范围之内。

② 目标要具体明确。例如，对于任务来说，完成 70% 要比仅仅试着做要好得多。

③ 必须全力以赴，努力达成目标。如果将你的目标告诉一两个亲近的朋友，那么，就会有助于你坚守诺言。

④ 短期或中期目标可能要比长期目标更有效。

⑤ 要有定期反馈，或者说，需要了解自己向着预定目标前进了多少。

⑥ 应当对目标达成给予奖励，用它作为将来设定更高目标的基础。

⑦ 在实现目标的过程中，对任何失败的原因都要抱现实的态度。人们有将失败归因于外部因素（如运气不好），而不是内部因素（如没有努力工作）的倾向。只有诚实的对待自己，将来成功的机会才能显著提高。

自从洛克 1967 年提出目标设定理论以来，四十多年来的研究有力地证明了从目标设定的观点来研究激励是有效的。在这个领域已经取得了很多有意义的成果，这些理论成果也已应用到实际管理工作中去，给实际工作带来了很大帮助。但是，在目标设定理论中还存在很多问题需要进一步的研究。

① 目标设定与内部动机之间的关系。一般认为，设定掌握目标（Mastery Goal）比绩效目标（Performance Goal）更能激起内部动机，但这个过程也受到很多其他中介因素的影响，如人员的成就动机的高低等。

② 目标设定与满意感的关系。如前所述，目标设定与满意感之间呈现一种复杂的关系。困难目标比容易目标激起更高的绩效，但它却可能导致更低的满意感。

③ 一般认为反馈可以促进绩效的提高，但不同的反馈方式对绩效的作用也不一样。因此需要研究清楚如何进行反馈是最有效的。

④ 还需要进一步研究的是：目标冲突对绩效效果的影响；当目标困难，任务复杂时，影响选择策略的因素。

三、斯金纳的强化理论

斯金纳（Burrhus Frederic Skinner）生于1904年，他于1931年获得哈佛大学的心理学博士学位，并于1943年回到哈佛大学任教，直到1975年退休。1968年曾获得美国全国科学奖章，是第二个获得这种奖章的心理学家。他在心理学的学术观点上属于极端的行为主义者，其目标在于预测和控制人的行为而不去推测人的内部心理过程和状态。他提出了一种"操作条件反射"理论，认为人或动物为了达到某种目的，会采取一定的行为作用于环境。当这种行为的后果对他有利时，这种行为就会在以后重复出现；不利时，这种行为就减弱或消失。人们可以用这种正强化或负强化的办法来影响行为的后果，从而修正其行为，这就是强化理论，也叫做行为修正理论。

斯金纳所倡导的强化理论是以学习的强化原则为基础的关于理解和修正人的行为的一种学说。所谓强化，从其最基本的形式来讲，指的是对一种行为的肯定或否定的后果（报酬或惩罚），它至少在一定程度上会决定这种行为在今后是否会重复发生。根据强化的性质和目的可以把强化分为正强化和负强化。在管理上，正强化就是奖励那些组织上需要的行为，从而加强这种行为；负强化就是惩罚那些与组织不相容的行为，从而削弱这种行为。正强化的方法包括奖金、对成绩的认可、表扬、改善工作条件和人际关系、提升、安排担任挑战性的工作、给予学习和成长的机会等。负强化的方法包括批评、处分、降级等，有时不给予奖励或少给奖励也是一种负强化。

斯金纳的强化理论和弗鲁姆的期望理论都强调行为同其后果之间关系的重要性，但弗鲁姆的期望理论较多地涉及主观判断等内部心理过程，而强化理论只讨论刺激和行为的关系。

强化理论具体应用的一些行为原则如下。

（1）经过强化的行为趋向于重复发生。所谓强化因素就是会使某种行为在将来重复发生的可能性增加的任何一种"后果"。例如，当某种行为的后果是受人称赞时，就增加了这种行为重复发生的可能性。

（2）要依照强化对象的不同采用不同的强化措施。人们的年龄、性别、职业、学历、经历不同，需要就不同，强化方式也应不一样。如有的人更重视物质奖励，有的人更重视精神奖励，就应区分情况，采用不同的强化措施。

（3）小步子前进，分阶段设立目标，并对目标予以明确规定和表述。对于人的激励，首先要设立一个明确的、鼓舞人心而又切实可行的目标，只有目标明确而具体时，才能进行衡量和采取适当的强化措施。同时，还要将目标进行分解，分成许多小目标，完成每个小目标都及时给予强化，这样不仅有利于目标的实现，而且通过不断地激励可以增强信心。如果目标一次定得太高，会使人感到不易达到或者说能够达到的希望很小，这就很难充分调动人们为达到目标而做出努力的积极性。

(4) 及时反馈。所谓及时反馈就是通过某种形式和途径，及时将工作结果告诉行动者。要取得最好的激励效果，就应该在行为发生以后尽快采取适当的强化方法。一个人在实施了某种行为以后，即使是领导者表示"已注意到这种行为"这样简单的反馈，也能起到正强化的作用。如果领导者对这种行为不予注意，这种行为重复发生的可能性就会减小以至消失。所以，必须利用及时反馈作为一种强化手段。

(5) 正强化比负强化更有效。因此，在强化手段的运用上，应以正强化为主；同时，必要时也要对坏的行为给以惩罚，做到奖惩结合。

强化理论只讨论外部因素或环境刺激对行为的影响，忽略人的内在因素和主观能动性对环境的反作用，具有机械论的色彩。但是，许多行为科学家认为，强化理论有助于对人们行为的理解和引导。因为，一种行为必然会有后果，而这些后果在一定程度上会决定这种行为在将来是否会重复发生。那么，与其对这种行为和后果的关系采取一种碰运气的态度，就不如加以分析和控制，使大家都知道应该有什么后果最好。这并不是对职工进行操纵，而是使职工有一个最好的机会在各种明确规定的备选方案中进行选择。因而，强化理论已被广泛地应用在激励和人的行为的改造上。

四、亚当斯的公平理论

公平理论又称社会比较理论，它是美国行为科学家亚当斯（J. S. Adams）提出来的一种激励理论。该理论侧重于研究工资报酬分配的合理性、公平性及其对职工生产积极性的影响。

公平理论的基本观点是：当一个人做出了成绩并取得了报酬以后，他不仅关心自己所得报酬的绝对量，而且关心自己所得报酬的相对量。因此，他要进行种种比较来确定自己所获报酬是否合理，比较的结果将直接影响今后工作的积极性。内容参见图14-6所示。

一种比较称为横向比较，即他要将自己获得的"报偿"（包括金钱、工作安排以及获得的赏识等）与自己的"投入"（包括教育程度、所作努力、用于工作的时间、精力和其他无形损耗等）的比值与组织内其他人作社会比较，只有相等时，他才认为公平。横向比较公式为

$$O_p/I_p = O_c/I_c$$

式中　O_p——自己对所获报酬的感觉；
　　　O_c——自己对他人所获报酬的感觉；
　　　I_p——自己对个人所作投入的感觉；
　　　I_c——自己对他人所作投入的感觉。

除了横向比较之外，人们也经常做纵向比较，即把自己目前投入的努力与目前所获得报偿的比值，同自己过去投入的努力与过去所获报偿的比值进行比较，只有相等时他才认为公平。纵向比较公式为

$$O_p/I_p = O_h/I_h$$

式中　O_p——自己对现在所获报酬的感觉；
　　　O_h——自己对过去所获报酬的感觉；
　　　I_p——自己对个人现在投入的感觉；
　　　I_h——自己对个人过去投入的感觉。

调查和试验的结果表明，不公平感的产生，绝大多数是由于经过比较认为自己目前的报酬过低而产生的；但在少数情况下，也会由于经过比较认为自己的报酬过高而产生。

我们看到，公平理论提出的基本观点是客观存在的，但公平本身却是一个相当复杂的问题，这主要是由于下面几个原因。

第一，它与个人的主观判断有关。上面公式中无论是自己的或他人的投入和报偿都是个人感觉，而一般人总是对自己的投入估计过高，对别人的投入估计过低。

第二，它与个人所持的公平标准有关。上面的公平标准是采取贡献率，也有采取需要率、平均率的。例如有人认为助学金应改为奖学金才合理，有人认为应平均分配才公平，也有人认为按经济困难程度分配才适当。

第三，它与绩效的评定有关。我们主张按绩效付报酬，并且各人之间应相对均衡。但如何评定绩效呢？是以工作成果的数量和质量，还是按工作中的努力程度和付出的劳动量呢？是按工作的复杂、困难程度，还是按工作能力、技能、资历和学历呢？不同的评定办法会得到不同的结果。最好是按工作成果的数量和质量，用明确、客观、易于核实的标准来度量，但这在实际工作中往往难以做到，有时不得不采用其他方法。

第四，它与评定人有关。绩效由谁来评定，是领导者评定还是群众评定或自我评定，不同的评定人会得出不同的结果。由于同一组织内往往不是由同一个人评定，因此会出现松紧不一、回避矛盾、姑息迁就、抱有成见等现象。

然而，公平理论对我们有着重要的启示：首先，影响激励效果的不仅有报酬的绝对值，还有报酬的相对值；其次，激励时应力求公平，使等式在客观上成立，尽管有主观判断的误差，也不致造成严重的不公平感；再次，在激励过程中应注意对被激励者公平心理的引导，使其树立正确的公平观，一是要认识到绝对的公平是不存在的，二是不要盲目攀比，三是不要按酬付劳，按酬付劳是在公平问题上造成恶性循环的主要杀手。

为了避免职工产生不公平的感觉，企业往往采取各种手段，在企业中造成一种公平合理的气氛，使职工产生一种主观上的公平感。如有的企业采用保密工资的办法，使职工相互不了解彼此的收入对比，以免职工互相比较而产生不公平感。

五、波特和劳勒的期望激励理论

波特-劳勒期望激励理论是美国行为科学家爱德华·劳勒和莱曼·波特在1968年的《管理态度和成绩》一书中提出的一种激励理论。这个模式的特点如下。

① "激励"导致一个人是否努力及其努力的程度。

② 工作的实际绩效取决于能力的大小、努力程度以及对所需完成任务理解的深度，具体地讲，"角色概念"就是一个人对自己扮演的角色认识是否明确，是否将自己的努力指向正确的方向，抓住了自己的主要职责或任务。

③ 奖励要以绩效为前提，不是先有奖励后有绩效，而是必须先完成组织任务才能导致精神的、物质的奖励。当职工看到他们的奖励与成绩关联性很差时，奖励将不能成为提高绩效的刺激物。

④ 奖惩措施是否会产生满意，取决于被激励者认为获得的报偿是否公正。如果他认为符合公平原则，当然会感到满意，否则就会感到不满。众所周知的事实是，满意将导致进一步的努力。

1967年，波特和劳勒还在他们合作的《成绩对工作满足的影响》一文中表示了成绩对满足影响的一种理论模式。这种模式的具体内容是，一个人在作出了成绩后，得到两类报酬。一是外在报酬，包括工资、地位、提升、安全感等。按照马斯洛的需要层次论，外在报酬往往满足的是一些低层次的需要。另一种报酬是内在报酬。即一个人由于工作成绩良好而给予自己的报酬，如感到对社会作出了贡献，对自我存在意义及能力的肯定等。它对应的是一些高层次的需要的满足，而且与工作成绩是直接相关的。那么，是不是"内在报酬"与"外在报酬"就可以决定是否"满足"呢？答案是否定的。我们注意到，在其间必然要经过"所理解的公正报酬"来调节。也就是说，一个人要把自己所得到的报酬同自己认为应该得到的报酬相比较。如果他认为相符合，他就会感到满足，并激励他以后更好地努力。如果他认为自己得到的报酬低于"所理解的公正报酬"，那么，即使事实上他得到的报酬量并不少，他也会感到不满足，甚至失落，从而影响他以后的努力。

波特-劳勒期望激励理论在20世纪六七十年代是非常有影响的激励理论，在今天看来仍有相当的现实意义。它告诉我们，不要以为设置了激励目标、采取了激励手段，就一定能获得所需的行动和努力，并使员工满意。要形成激励→努力→绩效→奖励→满足并从满足回馈努力这样的良性循环，取决于奖励内容、奖惩制度、组织分工、目标导向行动的设置、管理水平、考核的公正性、领导作风及个人心理期望着多种综合性因素。

六、弗鲁姆的期望理论

维克托·弗鲁姆（Victor H. Vroom），著名心理学家和行为科学家。早年于加拿大麦吉尔大学先后获得学士及硕士学位，后于美国密执安大学获博士学位。他曾在宾夕法尼亚大学和卡内基-梅隆大学执教，并长期担任耶鲁大学管理科学"约翰塞尔"讲座教授兼心理学教授。

弗鲁姆对管理思想发展的贡献主要在两个方面：一是深入研究组织中个人的激励和动机，率先提出了形态比较完备的期望理论模式；二是从分析领导者与下属分享决策权的角度出发，将决策方式或领导风格划分为三类五种，设计出了根据主客观条件特别是环境因素，按照一系列基本法则，经过7个层次来确定应当采用何种决策方式的树状结构判断选择模型。弗鲁姆最重要的两部著作《工作与激励》（1964）和《领导与决策》（1973）就分别阐述了期望理论模式和领导规范模型。本书只介绍弗鲁姆的期望理论。

期望理论的基础是：人之所以能够从事某项工作并达成组织目标，是因为这些工作和组织目标会帮助他们达成自己的目标，满足自己某方面的需要。弗鲁姆认为，某一活动对某人的激励力量取决于他所能得到的结果的全部预期价值乘以他认为达成该结果的期望概率。用公式可以表示如下。

$$M = VE$$

式中　M——激励力量，这是指调动一个人的积极性，激发出人的潜力的强度；

V——目标效价，指达成目标后对于满足个人需要其价值的大小；

E——期望值，这是指根据以往的经验进行的主观判断，达成目标并能导致某种结果的概率。

弗鲁姆的期望理论辩证地提出了在进行激励时要处理好三方面的关系，这些也是调动人们工作积极性的三个条件。第一，努力与绩效的关系。人们总是希望通过一定的努力达到预期的目标，如果个人主观认为达到目标的概率很高，就会有信心，并激发出很强的工作力量，反之如果他认为目标太高，通过努力也不会有很好的绩效时，就失去了内在的动力，导致工作消极。第二，绩效与奖励的关系。人总是希望取得成绩后能够得到奖励，当然这个奖励也是综合的，既包括物质上的，也包括精神上的。如果他认为取得绩效后能得到合理的奖励，就可能产生工作热情，否则就可能没有积极性。第三，奖励与满足个人需要的关系。人总是希望自己所获得的奖励能满足自己某方面的需要。然而由于人们在年龄、性别、资历、社会地位和经济条件等方面都存在着差异，他们对各种需求得到满足的程度就不同。因此，对于不同的人，采用同一种奖励办法能满足的需要程度不同，能激发出的工作动力也就不同。这三方面管理可以用图 14-5 表现出来。

$$个人努力 \xrightarrow{\text{关系}1} 取得绩效 \xrightarrow{\text{关系}2} 组织奖励 \xrightarrow{\text{关系}3} 满足个人需要程度$$

图 14-5　调动人们工作积极性的三个条件

对期望理论的应用主要体现在激励方面，这启示管理者不要泛泛地采用一般的激励措施，而应当采用多数组织成员认为效价最大的激励措施，而且在设置某一激励目标时应尽可能加大其效价的综合值，适当加大不同人实际所得效价的差值，加大组织期望行为与非期望行为之间的效价差值。在激励过程中，还要适当控制期望概率和实际概率，加强期望心理的疏导。期望概率过大，容易产生挫折，期望概率过小，又会减少激励力量，而实际概率应使大多数人受益，最好实际概率大于平均的个人期望概率，并与效价相适应。

当代激励理论的综合，见图 14-6。

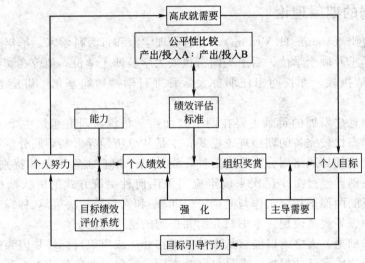

图 14-6　当代激励理论的综合

【案例一】　关于激励员工的建议

认清个体差异；
使人与职务相匹配；
运用目标；
确保个体认为目标是可达到的；
个别化奖励；
奖励与绩效挂钩；
检查公平性系统；
不要忽视钱的因素。

【案例二】　激发员工 24 策略——建立激励型组织的行动指南❶

1. 建立一个动机明确的团队（Build a motivated workforce）
2. 员工为他们自己工作（They do it for themselves）

---

❶ 安妮·布鲁斯. 激发员工 24 策略. 赵毅译. 北京：中信出版社，2003.

3. 明了是什么在驱动着员工（Know what drives people）
4. 让员工觉得自己是股东（Make employees feel like partners）
5. 让员工通晓公司的运作（Show employees how the business operates）
6. 正视面临的竞争（Know your competition）
7. 鼓励明智的冒险（Encourage intelligent risk taking）
8. 激发创新思维（Inspire creative and innovative thinking）
9. 强化动机与绩效间的关联（Affirm the link between motivation and performance）
10. 帮助员工取得更大的业绩（Help them achieve greater performance）
11. 让员工认同你的，也就是他们自己的观点（Get employees to buy into your ideas-and theirs）
12. 赞扬并奖励员工（Be clear about rewards and recognition）
13. 永远对员工抱有最高期望（Always expect the best from employees）
14. 激发最佳表现（Fire up successful performance）
15. 采取奖赏措施激励员工（Offer incentives and morale boosters）
16. 下放权力（Give your power away）
17. 激发责任感（Encourage accountability at all times）
18. 树立明天会更好的信心（Build trust for a better tomorrow）
19. 鼓舞士气（Boost morale）
20. 让工作充满乐趣，让工作充满活力（Make it fun to make it motivating）
21. 消除削弱动力的因素（Attack de-motivators head on）
22. 留住你的员工（Retain your employees）
23. 全身心投入到团队中去（Put heart and soul into your team）
24. 激发员工的潜能（Unleash the power of human potential）

【案例三】 企业加薪激励行为的系统分析

企业加薪激励行为的系统分析，如图14-7所示。

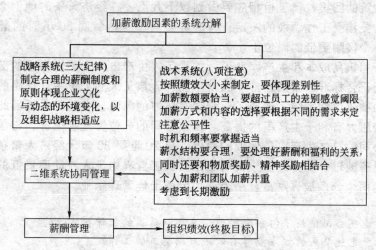

图14-7 企业加薪激励行为的系统分析❶

---

❶ 费湘军. 企业加薪激励的行为分析. 生产力研究，2008（23）：134.

【案例分析一】 两熊赛蜜

黑熊和棕熊喜食蜂蜜，都以养蜂为生。它们各有一个蜂箱，养着同样多的蜜蜂。有一天，它们决定比赛看谁的蜜蜂产的蜜多。

黑熊想，蜜的产量取决于蜜蜂每天对花的"访问量"。于是它买来了一套昂贵的测量蜜蜂访问量的绩效管理系统。在它看来，蜜蜂所接触的花的数量就是其工作量。每过完一个季度，黑熊就公布每只蜜蜂的工作量；同时，黑熊还设立了奖项，奖励访问量最高的蜜蜂。但它从不告诉蜜蜂们它是在与棕熊比赛，它只是让它的蜜蜂比赛访问量。

棕熊与黑熊想得不一样。它认为蜜蜂能产多少蜜，关键在于它们每天采回多少花蜜——花蜜越多，酿的蜂蜜也越多。于是它直截了当地告诉众蜜蜂：它在和黑熊比赛看谁产的蜜多。它花了不多的钱买了一套绩效管理系统，测量每只蜜蜂每天采回花蜜的数量和整个蜂箱每天酿出蜂蜜的数量，并把测量结果张榜公布。它也设立了一套奖励制度，重奖当月采花蜜最多的蜜蜂。如果一个月的蜜蜂总产量高于上个月，那么所有蜜蜂都受到不同程度的奖励。

一年过去了，两只熊查看比赛结果，黑熊的蜂蜜不及棕熊的一半。Why?

【案例分析二】 林肯电气公司的激励制度

林肯电气公司总部设在克利夫，年销售额为44亿美元，拥有2400名员工，并且形成了一套独特的激励员工的方法。该公司90%的销售额来自于生产弧焊设备和辅助材料。

林肯电气公司的生产工人按件计酬，他们没有最低小时工资。员工为公司工作两年后，便可以分享年终奖金。该公司的奖金制度有一整套计算公式，全面考虑了公司的毛利润及员工的生产率与业绩，可以说是美国制造业中对工人最有利的奖金制度。在过去的56年中，平均奖金额是基本工资的95.5%，该公司中相当一部分员工的年收入超过10万美元。近几年经济发展迅速，员工年均收入为44 000美元左右，远远超出制造业员工年收入17 000美元的平均水平，在不景气的年头里，如1982年的经济萧条时期，林肯电气公司员工收入降为27 000美元，这虽然相比其他公司还不算太坏，可与经济发展时期相比就差了一大截。

公司自1958年开始一直推行职业保障政策，从那时起，他们没有辞退过一名员工。当然，作为对此政策的回报，员工也相应要做到以下几点：在经济萧条时他们必须接受减少工作时间的决定；要接受工作调换的决定；有时甚至为了维持每周30小时的最低工作量，而不得不调整到一个报酬更低的岗位上。

林肯电气公司极具成本和生产率意识，如果工人生产出一个不合标准的部件，那么除非这个部件修改至符合标准，否则这件产品就不能计入该工人的工资中。严格的计件工资制度和高度竞争性的绩效评估系统，形成了一种很有压力的氛围，有些工人还因此产生了一定的焦虑感，但这种压力有利于生产率的提高。据该公司的一位管理者估计，与国内竞争对手相比，林肯电气公司的总体生产率是他们的两倍。自20世纪30年代经济大萧条以后，公司年年获利丰厚，没有缺过一次分红。该公司还是美国工业界中工人流动率最低的公司之一。前不久，该公司的两个分厂被《财富》杂志评为全美十佳管理企业。

思考
1. 请问林肯电气公司使用了何种激励理论来调动员工的工作积极性的？
2. 为什么林肯电气公司的方法能够有效地激励员工的工作？
3. 你认为这种激励制度可能会给公司管理当局带来什么问题？

测试题 哪种需要对你最为重要？

把你对下列问题的反应作个排列，将你认为最为重要或最为真的反应列为5；其次列为4；

由此类推，对你来说最不重要或最不真实的反应列为1。

例：我最爱从事的工作是：

A. 独自一人工作（4）。
B. 有时与其他人共同工作，有时独自一人工作（3）。
C. 作演讲（1）。
D. 与他人共同讨论（2）。
E. 从事室外工作（5）。

1. 总的来说，一项工作对我最为重要的是：

A. 工资是否足够满足我的需要。
B. 是否提供建立伙伴关系或良好人际关系的机会。
C. 是否有良好的福利待遇，且工作安全。
D. 是否给我足够的自由和展示自己的机会。
E. 是否根据我的业绩而有晋升的机会。

2. 如果我打算辞去一项工作，很可能是因为：

A. 这项工作很危险，比如没有足够的工作设备或安全设施极差。
B. 由于企业不景气或筹措资金困难，因而能否继续被聘用是个未知数。
C. 这是个被人瞧不起的职业。
D. 这工作只能独自一人来做，无法与他人进行讨论和沟通。
E. 对我来说这项工作缺乏个人意义。

3. 对我来说，工作中最为重要的奖赏是：

A. 来自于工作本身，即这是一项重要而具有挑战性的工作。
B. 满足人们从事工作的基本原因，如丰厚的工资、宽敞的居室及其他经济需求。
C. 提供了多种福利待遇，如医疗保险、旅游休养假期、退休保障等。
D. 体现了我的能力，比如我所做的工作得到了承认，我知道自己是本公司或本专业中最优秀的工作者之一。
E. 来自于工作中的人际因素，也就是说，有结交朋友的机会和成为群体中重要一员的机会。

4. 我的工作士气受到下面因素的极大干扰：

A. 前途不可预知。
B. 工作成绩相同，但其他人得到了承认，我却没有。
C. 我的同事对我不友好或怀有敌意。
D. 我感到压抑，无法发展自己。
E. 工作环境很差，没有空调、停车不方便、空间和照明不充足、卫生设施太差。

5. 决定是否接受一项提升时，我最为关心的是：

A. 这是否是一项让人感到自豪的工作，并受人羡慕尊敬。
B. 接受这项工作对我来说是否是场赌博，我失去的可能比得到的要多。
C. 经济上的待遇是否令人满意。
D. 我是否喜欢那些将与之共事的新同事，并且能够与他们和睦相处。
E. 我是否可以开拓新领域并做出更有创造性的工作。

6. 能发挥我最大潜力的工作是这样的：

A. 员工之间有种亲情关系，大家相处得很愉快。
B. 工作条件（包括设备、原材料以及基础设施）安全可靠。
C. 管理层善解人意，我的工作也很有保障，不太可能被解聘。
D. 我可以从个人价值被承认中感受到工作的回报。

E. 我所做出的成绩能得到承认。
7. 如果目前职位出现下面情况，我将考虑另换工作。
A. 不能提供安全保障和福利待遇。
B. 不能提供学习和发展的机会。
C. 我所做出的成绩得不到承认。
D. 无法提供亲密的人际交往。
E. 不能提供充分的经济报酬。
8. 令我感到压力最大的工作环境是：
A. 与同事之间有严重的分歧。
B. 工作环境很不安全。
C. 上司喜怒无常、捉摸不定。
D. 不能充分展示自己。
E. 没有人认可我的工作质量。
9. 我将接受一项新工作，如果
A. 这项工作是对我潜力的考验。
B. 这项工作能提供更丰厚的工资和良好的环境。
C. 工作有安全保障，且能长期提供多种福利待遇。
D. 新工作被其他人尊敬。
E. 能与同事建立良好的人际关系。
10. 我将加班工作，如果
A. 工作具有挑战性。
B. 我需要额外收入。
C. 我的同事们也加班加点。
D. 只有这样做才能保住我的工作。
E. 公司能承认我的贡献。

思考题

1. 什么是激励？西方激励理论中，具有代表性的理论有哪些？其基本观点是什么？
2. 简述管理工作中常用的激励方法及其特点。
3. 当代激励理论的整合模式相对其他单一的激励理论有何改进？
4. 我国国有企业的经营者频频发生"59岁现象"，你认为背后深层次的原因是什么？请你谈一谈如何才能有效地激励企业的经营者，促进企业的持续、健康发展？

第十五章 沟通与人际交往技能

内容提要
- 沟通与沟通过程
- 克服沟通障碍的技术
- 人际交往技能的开发

第一节 沟　通

一、什么是沟通

管理者所做的每件事情都包含着沟通。松下幸之助关于管理有句名言："企业管理过去是沟通，现在是沟通，未来还是沟通。"管理离不开沟通，沟通已渗透于管理的各个方面。正如人体内的血液循环一样，如果没有沟通的话，企业就会趋于死亡。

沟通是意义的传递与理解，理论上完美的沟通是经过传递之后被接受者感知到的信息与发送者发出的信息完全一致。需要注意的是，良好的沟通常常被错误地解释为沟通双方达成协议，而不是准确理解信息的意义。"我可以非常明白你的意思却不同意你的看法。"这就是一种良好的沟通。

所谓人际沟通，即存在于两人或更多人之间的沟通方式，其对象是人而不是物体。组织范围内的沟通，包括组织沟通的流程、沟通的网络、管理信息系统的改进等。

良好的进行交流沟通是一个双向的过程，它依赖于你能抓住听者的注意力和正确地解释你所掌握的信息。你给人留下的印象是一贴正确理解您信息的催化剂。

【案例一】 良好沟通的益处

能获得更佳更多的合作；
能减少误解；
能使人更乐于作答；
能使人觉得自己的话值得聆听；
能使自己办事更加井井有条；
能增加自己进行清晰思考的能力。

二、沟通过程

图15-1描述了沟通的详细过程：信息源把头脑中的想法进行编码而生成了信息，信息通过一定的沟通渠道进行着传递，信息传递到接受者时需要接受者对信息进行解码，被编码和解码的信息主要受到四个条件的影响：技能、态度、知识和社会文化系统。除此之外，噪声，如噪音、光线、颜色等影响因素影响着编码和解码过程。

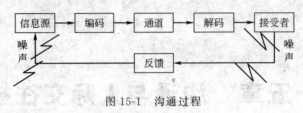

图15-1 沟通过程

三、管理沟通的类型

1. 按沟通渠道划分：正式沟通与非正式沟通

正式沟通就是通过组织明文规定的渠道进行信息传递和交流。非正式沟通是在正式沟通渠道之外进行的信息传递或交流。

2. 按沟通信息的流向划分：纵向沟通和横向沟通

① 纵向沟通。上行沟通、下行沟通都属于组织中的纵向沟通。上行沟通是沟通信息从组织的底层向较高管理层流动的过程。下行沟通是组织中的上层领导按指导系统从上而下的情报沟通。

② 横向沟通。横向沟通即平行沟通。是指组织中各平行部门或人员之间的信息交流，包括一个部门的人员与其他部门的上级、下级或同级人员之间的直接沟通。

3. 按沟通的反馈划分：单向沟通和双向沟通

从发送者与接收者的地位是否变换的角度来看，两者之间的地位不变是单向沟通，两者之间的地位不断变换就是双向沟通。

4. 按沟通的方法划分：口头沟通、书面沟通、非言语沟通、电子媒介沟通

① 口头沟通。口头沟通是指人们之间通过言谈进行的沟通。这是我们最常见的交流方式，如演说、讨论、传闻或小道消息的传播。其优点是快速传递和快速反馈；缺点是容易失真。

② 书面沟通。是语言沟通的另一种形式。书面沟通是用图、文的表现形式进行的沟通。包括信件、备忘录、组织内发行的期刊、布告栏及其他任何传递书面文字或符号的手段。优点是它持久、有形、可以核实；缺点是往往耗时较多。

③ 非言语沟通。非言语沟通是指用非语言的某些方法，如表情、动作、语调、情绪等进行的沟通。

④ 电子媒介沟通。即利用电话、邮寄、闭路电视、计算机、静电复印机、传真机等一系列电子设备所进行的信息传递方式，是现代办公的一种重要的信息渠道。

研究者发现，在口头交流中，信息的55%来自于面部表情和身体姿态，38%来自于语调，而仅有7%来自于真正的词汇。因此，最有效的沟通是语言沟通和非语言沟通的结合。

5. 按沟通范围和环境划分：组织内部沟通与组织外部沟通

① 组织内部沟通是指发生在组织内的沟通，包括组织内的人际沟通、组织内的团体沟通、团体与个人的复杂沟通等。

② 组织外部沟通是指组织与外部环境互动的过程，也是信息互换和沟通的过程。组织

与供应商、合作企业、顾客、政府的沟通。

【案例二】 东西方在沟通上的比较[1]

项　目	东方(如日本)	西方(如美国)
价值观的不同	强调集体主义	强调个人主义
沟通风格	人际间接触比较频繁，而且更多是非正式 日本管理者针对一件事首先进行大量的磋商，而后才以文件的形式总结已作出的决议	个体取向，并且直言不讳。习惯于使用备忘录、布告、论文及其他正式的沟通手段 美国主管为了使自己获得晋升机会或使下属接受自己的决策和计划，常保留机密信息。下级员工也同样如此
谈判	日本人以建立关系为开始； 日本人以谈及通则入手	美国人一开始就切入正题； 美国人一开始就涉及数字和细节问题； 美国人直截了当、不拐弯抹角

四、有效沟通的障碍

(1) 过滤。所谓过滤是指故意操纵信息，使信息显得对接受者更为有利。过滤的程度与组织结构的层级和组织文化两个因素有关。组织结构的层级过多，信息传递链过长，就会减慢信息的流通速度并造成信息失真。

(2) 选择性知觉。是指在沟通过程中，接受者会根据自己的需要、动机、经验、背景及其他个人特点有选择地去看或者去听信息。它是由人们对人对事的态度、观点、信念或动机不同造成的。例如，人们在接受信息时，符合自己利益需要又与自己切身利益有关的内容很容易接受，而对自己不利或可能损害自己利益的则不容易接受。

(3) 个人的个性特征差异。在组织内部的信息沟通中，个人的性格、气质、态度、情绪、兴趣等差别都可能引起信息沟通的障碍。如极端的情绪体验会阻碍有效的沟通。

(4) 语言表达、交流和理解的不同。同样的词汇对不同的人来说含义是不一样的。在一个组织中，员工常常来自于不同的背景，有着不同的说话方式和风格，对同样的事物有着不一样的理解，这些都造成了沟通的障碍。其中，年龄、教育和文化背景是三个最明显的因素，它们影响着一个人的语言风格以及他对词汇的界定。

(5) 非言语提示。非语言沟通几乎总是与口头沟通相伴，如果二者协调一致，则会彼此强化。比如，上司的言语告诉我他很生气，他的语调和身体动作也表明很愤怒，于是我推断他很恼火，这极可能是个正确的判断。但当非言语线索与口头信息不一致时，不但会使接受者感到迷茫，而且信息的清晰度也会受到影响。如果上司告诉你真心想知道你的困难，而当你告诉她情况时，她却在浏览自己的信件，这便是一个相互冲突的信号。

以上这些导致信息失真的因素主要是指个人的因素。除此之外，还有人际原因、结构原因以及环境原因。

人际原因主要包括沟通双方的相互信任程度和相似程度。在组织沟通中，当面对来源不同的同一信息时，员工最可能相信他们认为的最值得信任的那个来源的信息。上下级之间的猜疑只会增加抵触情绪，减少坦率交谈的机会，也就不可能进行有效的沟通。沟通的准确性与沟通双方间的相似性也有着直接的关系。沟通双方的特征，包括性别、年龄、智力、种族、社会地位、兴趣、价值观、能力等相似性越大，沟通的效果也会越好。

信息传递者在组织中的地位、信息传递链、团体规模等结构因素也都影响着有效的沟

---

[1] 斯蒂芬·P·罗宾斯. 管理学. 黄卫伟等译. 第4版. 北京: 中国人民大学出版社, 2003.

通。许多研究表明，地位的高低对沟通的方向和频率有很大的影响。例如，人们一般愿意与地位较高的人沟通。地位悬殊越大，信息趋向于从地位高的人流向地位低的人。信息传递层次越多，它到达目的地的时间也越长，信息失真率则越大，越不利于沟通。另外，组织机构庞大，层次太多，也影响信息沟通的及时性和真实性。

环境原因主要是指环境中存在着的干扰因素，它们也会成为有效沟通的障碍。

五、克服沟通障碍的方法

在选择了一个有利于沟通的良好环境的同时，我们在沟通时需要注意以下几点。

（1）运用反馈。很多沟通问题是直接由于误解或不准确造成的，如果运用反馈，则可减少失真率。

（2）正确地使用语言文字。管理不仅要简化语言，而且还要考虑到信息所指向的听众，以使所用的语言适合于接受者。语言文字运用得是否恰当直接影响沟通的效果。使用语言文字时要简洁、明确，叙事说理要言之有据，条理清楚，富于逻辑性；措辞得当，通俗易懂，不要滥用辞藻，不要讲空话、套话。非专业性沟通时，少用专业性术语。可以借助手势语言和表情动作，以增强沟通的生动性和形象性，使对方容易接受。

（3）积极倾听。是指对信息进行积极主动的搜寻，在倾听时，接受者与发送者都在思考，集中全部注意力。而单纯地听则是被动的。

（4）提高沟通的心理水平。要克服沟通的障碍必须注意以下心理因素的作用：在沟通过程中要认真感知，集中注意力；增强记忆的准确性；提高思维能力和水平；培养镇定的情绪和良好的心理气氛，因为情绪能使信息的传递严重受阻或失真，最简单的办法是暂停进一步的沟通直至恢复平静。

（5）注意非言语提示。我们说行动比言语更明确，因此更重要的一点是注意你的行动，确保它们和语言相匹配并起到强化语言的作用。非言语信息在沟通中占据很大比重，因此，有效的沟通者十分注意自己的非言语提示，保证它们也同样传达了所期望的信息。

（6）缩短信息传递链，拓宽沟通渠道。信息传递链过长，会减慢流通速度并造成信息失真。因此，要减少组织机构重叠，拓宽信息渠道。另一方面，管理者应激发成员自下而上地沟通。例如，运用交互式广播电视系统，允许下属提出问题，并得到高层领导者的解答。如果是在一个公司，公司内部刊物应设立有问必答栏目，鼓励所有员工提出自己的疑问。此外，在利用正式沟通渠道的同时，可以开辟非正式的沟通渠道，让领导者走出办公室，亲自和员工们交流信息。坦诚、开放、面对面的沟通会使员工觉得领导者理解自己的需要，取得事半功倍的效果。

要实现团队之间的有效沟通，在实际工作中，还要强调团队领导者的责任。领导者要认识到沟通的重要性，并把这种思想付诸行动。企业的领导者必须真正地认识到与员工进行沟通对实现组织目标十分重要。如果领导者通过自己的言行认可了沟通，这种观念会逐渐渗透到组织的各个环节中去。

【案例三】 沟通的成败[1]

有个女士要过生日了，她希望丈夫不要再送花、香水、巧克力或只是请吃顿饭。她希望得到一颗钻戒。

"今年我过生日，你送我一颗钻戒好不好？"她对丈夫说。

---

[1] http://baike.baidu.com/view/1561567.html.

"什么？"

"我不要那些花啊、香水啊、巧克力的。没意思嘛，一下子就用完了、吃完了，不如钻戒，可以做个纪念。"

"钻戒，什么时候都可以买。送你花、请你吃饭，多有情调！"

"可是我要钻戒，人家都有钻戒，就我没有！"结果，两个人因为生日礼物，居然吵起来了，吵得甚至要离婚。

也有个太太，想要颗钻戒当生日礼物。但是她没直说，却讲："亲爱的，今年不要送我生日礼物了，好不好？"

"为什么？"丈夫诧异地问，"我当然要送。"

"明年也不要送了。"

丈夫眼睛睁得更大了。

"把钱存起来，存多一点，存到后年。"太太不好意思地小声说，"我希望你给我买一颗小钻戒……"

"噢！"丈夫说。

结果，你们猜怎么样？

生日那天，她还是得到了礼物——一颗大钻戒。

【案例四】 沟通游戏

目的：增进人际沟通技巧，发挥自己表达优势。

游戏规则：

① 事先准备好两份图形；

② 人只能站在写字板后，不可走出，30秒思考时间；

③ 描述第一图时，台下学员只允许听，不许提问（单向沟通）；

④ 描述第二图时，学员可以发问（双向沟通）；

⑤ 每次描述完时，描述自认为对的人数和实际对的人数。

沟通效果评估讨论：

双向沟通比单向沟通更有效，双向沟通可以了解到更多信息，对听者而言：

① 自认为自己来做会做得更好——单向沟通时，听的比说的着急；

② 自以为是——认为自己做对了的人，比实际做对了的人多；

③ 想当然——没有提问，就认为是；

④ 仅对对方提要求，不反求诸己——同样情况下，为什么有人做对了，有人做错了？为什么我们不能成为做对了的人？

⑤ 不善于从别人的提问中接受信息。

对说者而言：

① 要注意听众的兴趣所在；

② 要对所表达的内容有充分的理解与了解；

③ 存在信息遗漏现象，要有很强的沟通表达技巧；

④ 要先描述整体概念，然后逻辑清晰地讲解。

第二节 人际交往技能的开发

人际交往技能是有效管理的前提条件。一项对500家公司中的6家公司的191名总经理的调查发现，对于这些主管来说，导致失败的最主要原因是缺乏人际交往技能。另一项调查显示，有一半管理者和30%的高层管理者在人际交往中存在一定的困难。

人际交往技能包括主动倾听、反馈、授权、训导、冲突管理和谈判等技能。

一、积极倾听技能

1. 主动倾听与被动倾听

"倾听"（Listening）技巧因常与"听"（Hearing）混淆，而被视为理所当然。"听"（Hearing）只是接受到声波的震动，而倾听则是去了解所听到的内容。主动倾听，它要求倾听应该是积极主动的而非被动的。

主动与被动倾听是不同。被动倾听只是吸收或记忆所听到的语汇，而主动倾听必须从发出信息者的观点来了解信息的含义。

积极的倾听有四项基本要求。

① 专注。它要求我们专心地去听说话者说什么，要摒除所有可能分心的想法。人脑处理"听"的速度约为"说"的6倍，因此，当你去专注时，你的效率是非常高的。

② 同理心。它要求我们设身处地站在说话人的立场，了解其想要传达的信息，而不是你想要知道的。

③ 接受。即客观地倾听后，接受说话者所说的。

④ 对完整性负责的意愿。它要求我们尽可能了解说话者所要传达的全部内容。听其内容，更要听其感觉。

2. 开发有效积极倾听技能的技巧

① 保持目光接触。会话交谈时，目光注视对方，保持必要的目光接触，既是对说话者的一种尊重，能起到鼓励说话的人的作用，同时更表明你正在集中精力地听。

② 肯定地点头或报以适当的面部表情。通过展现赞许性的点头和恰当的面部表情可以与说话者保持一种情感或态度上的"共振"。

③ 避免分心的举动或手势。如看表、心不在焉、拿着笔乱画等，这会使说话者感觉你很厌烦或不感兴趣。

④ 提问。要提出意见，以显示自己不仅在充分聆听，而且在思考。

⑤ 复述。用自己的话重述对方所说的内容。如，"你的意思是……"。

⑥ 避免打断对方的话。要有耐心，不要随意插话和随便打断对方的话。

⑦ 不要多说。大多数人乐于畅谈自己的想法而不是去聆听他人所说的。尽管说可能更有乐趣而沉默使人不舒服，但我们不可能同时做到听和说。一个好的听众知道这个道理并且不会多说。尤其是不要妄加批评和争论。

⑧ 顺利地转换说话者和倾听者的角色。良好的沟通需要说者和听者的角色能够顺利、自然地转化。这种转化会形成更多地互动和双向沟通。

二、反馈技能

1. 正面反馈与负面反馈

正面反馈与负面反馈是有差别的。正面反馈几乎总是被接受，而负面反馈则常常遭到抵制；人对正面反馈的知觉较负面反馈来得快速而准确。那么，这是否就意味着你应该避免提供消极反馈呢？

回答是否定的，知道这种想象有助于使我们认识到这种潜在的抵触是存在的，并学会在最易于接受的情境下使用消极反馈。管理者必须学习在最可能被接受的情况下，提出负面反馈。研究表明，当消极反馈来自于可靠的信息源或其形式客观时，最容易被接受，而只有当消极反馈来自于地位很高或很能值得依赖的人时，主观印象才会有分量。

2. 开发有效的反馈技能

① 强调具体行为。反馈应该针对特定行为，而非一般行为。

② 使反馈不对人。反馈应该是事实的叙述，而不加以判断或评估，针对与工作相关的行为而非个人。记住：无论你多么失望，都应使反馈针对于工作，而永远不要因为一个不恰当的活动而指责个人。

③ 使反馈指向目标。回馈应避免"倒垃圾"，维持正面反馈。如果必须说些负面的话，必须是导向接受者的目标，而非为了一己之快。

④ 把握反馈的良机。行为发生之后尽快给予反馈。但是如果未能掌握足够的信息或是情绪不佳时，所谓的时机就是稍候再说。

⑤ 确保理解。让反馈既清楚又精简。注意，成功的沟通不仅是信息被传达，更要被了解。

⑥ 使消极反馈指向接受者可控制的行为。让反馈与行为相关，而且导向接受者可以改变的行为。记住，让他人记住那些自己无法左右的缺点是毫无意义的。

三、授权技能

1. 授权

授权是组织运作的关键，它是以人为对象，将完成某项工作所必需的权力授予给部属人员。也就是说，将决策的权力从组织中的一个层级移交至一个更低的层级。主管将处理用人、用钱、做事、交涉、协调等决策权移转给部属，不只授予权力，而且还托付完成该项工作的必要责任。组织中的不同层级有不同的职权，权限则会在不同的层级间流动，因而产生授权的问题。授权是管理人的重要任务之一。有效的授权是一项重要的管理技巧。若授权得当，所有参与者均可受惠。授权就是把权力分派给其他人以完成特定的活动。

适当的授权不但无损权力，相反会更具效能。如果你把任务全部交给下属，而未清楚阐明下属应该做的具体工作、行使自主权的范围、应该达到的绩效水平、任务完成的时限等要求，你就是在放弃你的职责；如果没有反馈控制机制以保证出现严重问题时你会知道，授权就意味着放弃权力。

授权的要点：部属是会犯错的，但也会从错误中去学习；授权时必须适当控制，以确保犯错的成本不超过学习的代价。

2. 影响授权的权变因素

管理者应该下放多大权力？是否应该维持权力的集中，只下放极有限的权力？如果不是这样，那么，在确定权力下放程度时应考虑哪些因素呢？

(1) 组织规模。组织规模与授权成正比关系，即组织规模越大，授权也应越多。

(2) 责任或决策的重要性。它与授权成反比关系，即责任或决策的重要性越强，授权程度越小。

(3) 任务的复杂性。任务越复杂，高层管理者越难以获得充分而最新的技术信息作出有效的决策。应该伴随着更大的授权。

(4) 组织文化。组织中的信任程度越高，授权自然可以更加充分。如果管理层信任下属，则支持较高程度的授权。

(5) 下属的才干。授权要求下属具备一定的技术、能力和动机水平以接受权力并执行权力。下属的素质与才干越强,授权的效果也会越好,授权的广度和深度也应越大。

3. 开发有效的授权技能

（1）分工明确。授权时一定要强调授权的内容、授权的对象、预期的结果、时间和绩效,做到分工明确,职责规范。

（2）具体指明下属的权限范围。授权时你需要确定部属的自由裁量空间,你需要指出这些条件是什么,使下属十分明确地知道他们的权限范围。

（3）允许下属参与。下属的参与能增强授权的可接受性,便于授权的履行。

（4）通知其他人授权已经发生。不仅管理者和下属需要明确知道授权了什么以及下放了多大权力,还应告诉与授权活动有关联的其他人,即要告知大家与授权有关的事宜。包括组织内外人士、尤其需要通报的信息包括授权的内容、授权给了谁。不通知其他人很可能会发生冲突,并且会降低下属成功完成所交付任务的可能性。

（5）建立反馈控制机制。要建立一套反馈控制机制,否则很容易导致管理失控,产生弃权的后果。

四、训导技能

虽然,学习理论家们认为,惩罚可以减少或消除不良行为,却并不一定导致好行为的出现。然而,惩罚和训导的负面内涵并不能成为取消它的充分理由,它们仍然可以改变员工的行为。因此,训导技能也是管理技能中的不可缺少的一个方面。

训导问题的常见类型有：出勤情况方面,如旷工、迟到、滥用病假等;工作行为方面,如不服从、未使用安全设施、酗酒或吸毒等;不诚实方面,如偷窃、欺骗上级、在求职申请中伪造信息等;外部活动方面,如为组织的竞争对手工作、犯罪活动、参与未经批准的罢工活动等。

1."热炉"规则

"热炉"规则是指导管理者有效地训导员工的一套规则,具有以下几个特点。

（1）即时性。当你触摸热炉时,你会得到即时的反应。它告知管理者,如果违规与惩处之间的时间间隔延长,则会减弱训导活动的效果。

（2）事先警告。热炉旁应该有"小心烫伤"的警告。这种警告会使你知道一旦接触热炉会发生什么问题。作为管理者,在进行正式的训导之前应该给予警告,也就是说必须首先让员工了解到组织的规章制度并接受组织的行为准则。

（3）一致性。无论是谁触摸到热炉,得到的反应都应该是一致的。一致性要求管理者在使用训导技能时应该公平地对待每一个员工。

（4）不针对具体人。"热炉"规则的结果是不针对某个具体人的,在管理工作中要求处罚应该与特定的过错相联系,而不应与违犯者的人格特征相联系。

2. 开发有效训导技能

（1）以平静、客观、严肃的方式面对员工。管理者通过自由、放松、非正式的方式可以促进许多人际交往活动,因为这样的环境能使员工感到无拘无束。然而,训导的实施与这些情境完全不同。此时,应避免愤怒或其他情绪反应,而以平静、严肃的语气表述你的意愿。但也不要以开玩笑或聊家常的方式来减弱紧张的压力。这类举动会令员工感到困惑,因为它们传递了相互矛盾的信号。

（2）具体指明问题所在。当你与员工坐在一起时,指出你有具体针对这一问题的记录。出示违规发生的日期、时间、地点、参与者及其他任何环境因素。要确保使用准确的语言界定过失,而不是仅仅引证公司的规章制度或劳动合同。你要表达的并不是逾越规则这件事本身，而是违规对工作集体的绩效所造成的影响。具体阐明它对员工个人的工作绩效、对单位的工作效果以及对其他同事造成的影响，以解释这一行为不应再度发生的原因。

(3) 使讨论不针对具体人。在反馈技能中我们说过，批评应指向员工的行为而不是人格特征。比如，一名员工多次上班迟到，应指出这一行为如何增加了其他人的工作负担，或影响了整个部门的工作士气，而不应该责怪此人自私自利或不负责任。

(4) 允许员工陈述自己的看法。无论你拥有什么样的事实支持你的谴责，正确的工作程序应该是，给员工一个机会陈述自己的看法。从他的角度来看，发生了什么事？为什么会发生？他对规则、条例和环境的理解会是怎样的？如果在违规方面，你与员工的观点差异极大，恐怕你需要做进一步的调查。

(5) 保持对讨论的控制。不要让他干扰你或使你偏离目标。在很多人际交流活动中，你希望鼓励开放式的对话，你希望抛开控制而制造一种双方平等的开放沟通的气氛。但在实施训导时却不是这样。为什么？因为违规者会利用一切机会将你置于守势。换句话说，如果你不进行控制，他们就会控制。让员工从自己的角度陈述所发生的事情，抓住事实真相，但不要让他们干扰你或使你偏离目标。

(6) 对今后如何防犯错误达成共识。训导应包括对改正错误的指导。让员工谈谈他们今后的计划以确保违规过失不会再犯。对于严重的违规，要让他们拟定一个改变问题行为的"计划"，然后安排以后见面的时间表以评估他们每一次的进步。

(7) 逐步地选择训导程序，考虑环境因素的影响。选择惩罚手段与量刑十分相似。如果某种违规行为重复发生，则处罚应该逐级加重。一般情况下，训导活动以口头警告为最轻；而后依次为通报批评、暂时停职、降职或降薪；极为严惩的事件，以开除处理。你所选择的惩罚措施应该是公平而一致的，这意味着你需要考虑到环境因素。比如，这一问题的严重程度多大？对这一违规事件，员工在多大程度上曾被警告过？他过去是否也有过类似的违犯行为？

五、冲突管理技能

1. 冲突

美国管理学会针对中、高阶主管的研究发现，他们 20% 的时间是用来处理冲突的。针对实务管理者的调查显示，冲突管理技能的重要性远高于决策、领导和沟通技能。

所谓冲突，是指由于某种抵触或对立状况而感知到的不一致的差异。事实上，是不是真的有差异存在并不重要，重要的是只要知觉到有差异存在，冲突就会发生。冲突的范围可以从细微的、间接的、高度控制的冲突一直到罢工、暴动甚至战争等的外显行为。

若干年来，组织的冲突有着三种不同的观点。

(1) 传统观点。传统观点认为冲突都是不好的，并且常常会给组织造成消极的影响。所以，只要是冲突就应该避免。冲突甚至还成为暴力、破坏和非理性的同义词。从 19 世纪末至 20 世纪 40 年代中期，这一观点一直统治着管理学的文献。

(2) 人际关系观点。该观点认为冲突是任何组织无可避免的必然产物，但它不一定会导致不幸，而是可能成为有利于组织工作的积极动力。自 20 世纪 40 年代末至 20 世纪 70 年代中期，人际关系的观点在冲突理论中占据统治地位。

(3) 相互作用观点。人际关系观点接纳冲突，而相互作用观点则鼓励冲突。主要贡献在于：有些冲突是组织运作所必需的，它鼓励管理者维持这种冲突的最低水平，这样就能够使组织保持旺盛的生命力，善于自我批评和不断创新。

2. 功能正常的冲突和功能失调的冲突

相互作用的观点并不是说所有的冲突都是好的。有一些冲突支持组织的目标，可以促进组织目标的达成。它们属于建设性类型，称为功能正常的冲突；还有一些冲突会阻碍组织目标的达成。它们是功能失调的冲突。

冲突是良性，还是恶性，得视所处情境而定。冲突太多或太少都是不恰当的。管理者应激发功能正常的冲突以获得最大收益，但当其成为破坏力量时又要降低冲突水平。冲突与组织绩效的关系如图15-2所示。

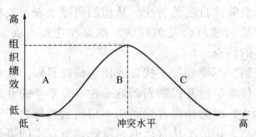

情境	冲突水平	冲突类型	组织的内部特征	组织绩效水平
A	低或无	功能失调	冷漠、迟钝、对变化反应慢、缺乏新观念	低
B	最佳	功能正常	生命力强、自我批评、不断革新	高
C	高	功能失调	分裂、混乱无秩序、不合作	低

图 15-2 冲突与组织绩效的关系

3. 开发有效的冲突处理技能

对于功能失调的冲突，管理者应如何处理呢？你需要知道你自己及冲突对方的基本的冲突处理风格，了解冲突产生的情境并考虑你的最佳选择。

（1）你基本的冲突处理风格是什么样的？尽管大多数人都会根据不同情境变化对冲突的反应，但每个人都有自己倾向的冲突处理风格。（可通过相关测试了解）

（2）审慎地选择你想处理的冲突。我们不应该对所有的冲突一视同仁。一些冲突可能不值得花费精力，还有一些冲突则可能极难处理。

并不是所有的冲突都需要处理的。回避可能显得是在"逃避"，但有时这是最恰当的做法。通过回避琐碎的冲突，可以提高总体的管理成效，尤其是冲突管理技能。你最好审慎地选择你的战役，把精力留给那些有价值、有意义的事件。有些冲突是无法管理的、有些冲突可能不值得花费精力、有些冲突是难以处理的、有些冲突在你的影响力之外。那么，剩余的冲突才是功能正常的，你需要把这样的冲突挑选出来。

（3）评估冲突当事人。是什么人卷入了冲突？冲突双方各自的兴趣是什么？双方各自的价值观、人格特点以及情感、资源因素如何？如果你能站在冲突双方的角度上看待冲突情境，则成功处理冲突的可能性会大幅度提高。

（4）评估冲突源。冲突不会在真空中形成，它的出现总是有理由的。解决冲突方法的选择很大程度上取决于冲突发生的原因，因而你需要了解冲突源。研究表明产生冲突的原因多种多样，但总体上可分为三类：沟通差异、结构差异和人格差异。

① 沟通差异。是指由于语义困难、误解以及沟通通道中的噪声而造成的意见不一致。造成的原因包括不同的角色要求、组织目标、人格因素、价值系统等。

② 结构差异。组织结构的垂直或是水平分工。这种结构上的分化导致了整合的困难。这些冲突并不是由于不良沟通或个人恩怨造成，而是植根于组织的结构本身——尤其是官僚

体制。如不同个体在目标、决策变化、绩效标准和资源分配上的意见不一致。

③ 人格差异。是指由于个体的特性、意识形态和价值观系统而引发的。一些人的特点使得别人很难与他们合作。

（5）进行最佳选择。当冲突过于激烈时，管理者采取什么手段或技术来减弱冲突呢？你可以从五种冲突解决办法中进行选择，它们是回避、迁就、强制、妥协和合作。每一种方法都各有其长处和弱点，没有一种办法是放之四海而皆准的。你需要从冲突管理的"工具箱"中考虑每一种"工具"。"工具箱"如表15-1所示。

表 15-1　解决冲突的五种方法

方法	含义	适用
回避	从冲突中退出或者抑制冲突	冲突微不足道时；冲突双方情绪极为激动而需要时间使他们平静时；付诸行动带来的潜在破坏性会超过冲突解决后获得的利益时
迁就	把别人的需要和考虑放在高于自己的位置上，维持和谐关系	当争端的问题不很重要或你希望为而后的工作树立信誉时，这一选择十分有价值
强制	以牺牲对方为代价而满足自己的需要，即利用职权解决争端	需要对重大事件作出迅速处理时；需要采取不同寻常的活动时；对于你的处理方式其他人赞成与否无关紧要时
妥协	要求每一方作出一定的让步	冲突双方势均力敌时；希望对一项复杂问题取得暂行的解决方法时；时间要求过紧需要一个权宜之计时
合作	双赢的解决方式，此时冲突各方都满足了自己的利益	当没有什么时间压力时；当冲突各方都希望双赢的解决方法时；当问题十分重要不可能妥协折中时，合作是最佳策略

4. 激发冲突

冲突管理的另一面，即要求管理者激发冲突，激发冲突这一概念常常很难被人接受。在绝大多数人心中"冲突"一词带有明显的消极含义，有意制造冲突似乎正好与优秀的管理背道而驰。几乎没有人愿意让自己处于冲突情境之中。但是，有证据表明，在一些情境中增加冲突是具有建设意义的。

管理者是否需要激发冲突？对这个问题的回答需要你对下面的问题作一个认真的调查和思考，如果你能肯定地回答其中一些或全部问题，则表明你的组织需要激发冲突了。

① 你是否被"点头称是的人们"所包围。
② 你的下属害怕向你承认自己的无知与疑问吗？
③ 决策者是否过于偏重折中方案以至于忽略了价值观、长远目标或组织福利。
④ 管理者是否认为，他们的最大乐趣是不惜代价维持组织单位中的和平与合作效果。
⑤ 决策者是否过于注重不伤害他人的感情。
⑥ 管理者是否认为在奖励方面，得众望比有能力和高绩效更重要。
⑦ 管理者是否过分注重获得意见的一致。
⑧ 员工是否对变革表现出异乎寻常的抵制。
⑨ 是否缺乏新思想。
⑩ 员工的离职率是否异常。

那么，当你的组织需要激发冲突时，你通常又会采取何种方法呢？下面是一些激发冲突的常用方法，你不妨一试。

① 改变组织文化。激发功能正常的冲突的首要一步就是管理者应向下属传递这样的信息，冲突有其地位，并以自己的行动加以支持。应该对那些敢于向现状挑战、倡议革新观念、提出不同看法和进行独创思考的个体给予大力奖励，如晋升、加薪或其他强化手段。

② 运用沟通。利用不愿具名的"可靠消息来源"在媒体上发布消息，这种模糊或是恐吓性的信息是可以挑起冲突的。

③ 引进外人。改变组织或单位停滞迟钝状态所普遍使用的方法就是通过从外界招聘或内部调动的方式引进背景、价值观、态度或管理风格与当前群体成员不相同的个体。很多大型企业曾采用这一技术来填补他们董事会的空缺。妇女、少数民族成员、消费者积极分子，以及其他在背景、兴趣方面与原董事会成员极不相同的人员被有意地选择进董事会以增加新见解。

④ 重新建设组织。我们知道结构变量也是冲突源之一，因此把结构作为冲突激发机制是符合逻辑的。它是瓦解组织结构现状的一种方法。决策集中、重组工作群体、在个人主义的文化中引进团队、增加正式化的程度、增加部门间相互依赖的程度等都是常用的方法。

⑤ 任命一名吹毛求疵者。这样的人会有意地去反对大众，检查群体的思考、质疑现在的做法、挑战"我们一直都是这样做的"！如果其他人能认真倾听他们的意见，吹毛求疵者可提高小组决策的质量。

六、谈判技能

所谓谈判，是指双方或多方互换商品或服务并试图对他们的互换比率达成协议的过程。管理者需要与新员工协商薪水；与上级领导讨论政策；与同事处理意见分歧；与下属解决冲突矛盾等，这些就是管理者所必须进行的谈判。

1. 谈判的策略

这里介绍两种基本的谈判方法，即分配谈判和综合谈判。他们的区别如表 15-2 所示。

表 15-2 分配谈判和综合谈判的比较

谈判特点	分配谈判	综合谈判
可能的资源	被分配的资源数量固定	被分配的资源数量不定
主要动机	我赢，你输	我赢，你赢
主要兴趣	相互对立	相互融合或相互一致
关系的焦点	短时间	长时间
影响	埋下敌对种子，拉大差距	建立长期关系，以利日后合作

分配谈判的本质是，对于一份固定利益谁应分得多少进行协商。分配谈判最明显的特点是，在零和条件（有输有赢）下运作。也就是说，我所获得的任何收益恰恰是你所付出的代价；反之亦然。

而综合谈判是基于这样的假设，即至少有一种处理办法能得到双赢的结果。综合谈判与分配谈判的不同点，它建构的是长期的关系并推进了将来的共同合作。它将谈判双方团结在一起，并使每个人在离开谈判桌时都感到自己获得了胜利。综合谈判取得成功的必备条件是：信息的公开和双方的坦诚；一方对另一方需要的敏感性；信任别人的能力以及双方维持灵活性的愿望。

2. 阻碍有效谈判的决策偏见

① 承诺的非理性增加。人们倾向于按照过去所选择的活动程序继续工作，而不是采用理性分析的方式。这种不当的坚持浪费了大量时间、精力和金钱。

② 虚构的固定效益观念。谈判双方常常以为他们的效益必定来自于另一方的代价。

③ 固定与调整。人们常有一种倾向，即把他们的判断停留在无关的信息上，如最初的报价。有效的谈判者不会使自己受到固定看法的限制。

④ 构建谈判。人们很容易受到信息提供方式的影响。在劳资合同谈判中，假设你的雇员目前每小时可得 15 元，工会希望再提高 4 元，而你则打算提高成 17 元。如果你能成功地把谈判塑造成为每小时增加 2 元的得益，相比每小时降低 2 元的损失，工会对二者的反应会截然不同。

⑤ 信息的可得性。谈判者常常过于依赖已有可得的信息，却忽视了更为相关的资料。因此，有效的谈判者要学会区分哪些是他们在情绪和情感上熟悉的信息；哪些是可靠且相关的信息。

⑥ 成功者的苦恼。谈判结束后一方（如卖方）常感到的遗憾。你的对手很快接受了你报价，这表明你的报价应该更高。你可以通过尽可能多地获得信息并将自己置身于对方的位置上来减少这种"苦恼"。

⑦ 过于自信。当人们拥有某种信念和期望时，倾向于忽视与之相矛盾的其他信息，其结果导致了谈判者过于自信。

3. 开发有效的谈判技能

① 研究你的对手。尽可能多地获得有关对手的兴趣和目标方面的信息。了解对手可以知道对手的行为，预测对手的反应，提出有利的解决方案。

② 以积极主动的表示开始谈判。研究表明，让步可能换得互惠，获得回报，并最终达成协议。

③ 针对问题，不针对个人。当谈判进行得十分棘手时，应避免攻击对手的倾向。你不同意的是对手的看法或观点，而不是他个人。应把事与人区分开来，不要使差异人格化。

④ 不要太在意最初的报价。最初的报价只是自己最初的看法，仅仅如此。所以要把最初的报价只作为谈判的出发点。

⑤ 重视双赢解决方式。追求整合性解，以对手的利益为诉求来提议解决之道，容易让双方都胜利。

⑥ 以开放的态度接纳第三方的帮助。当谈判陷入对峙的僵局时，应考虑求助于中立的第三方的帮助。调停人能帮助各方取得和解，但其不强求达成协议；仲裁人则听取各方的争论，最后强加一种解决方法；和解人则更为不正式，其扮演着沟通管道的作用，在各方之间传递信息、解释信息并澄清误解。

【案例分析一】 老王的牢骚[1]

老王要去找总经理抗争。

"我们虽然是工友，但也是人，怎么能动不动就加班，连个慰问都没有？年终奖金也没几文。"老王出发之前，义愤填膺地对同事说，"我要好好训练那自以为了不得的总经理。"

"我是老王。"老王对总经理的秘书说，"我约好的。"

"是的，是的。总经理在等您，不过不巧，有位同事临时有急件送进去，麻烦您稍等一下。"秘书客气地把老王带到会客室，请老王坐，又堆上一脸笑，"您是喝咖啡还是喝茶？"

"我什么都不喝。"老王小心地坐进大沙发。

"总经理特别交代，如果您喝茶，一定要泡上好的龙井。"

"那就茶吧！"

不一会儿，秘书小姐端进连着托盘的盖碗茶，又送上一碟小点心："您慢用，总经理马上出来。"

---

[1] http://vip.book.sina.com.cn/book/chapter_141197_100991.html.

"我是老王。"老王接过茶，抬头盯着秘书小姐，"你没弄错吧！我是工友老王。"

"当然没弄错，您是公司的元老，老同事了，总经理常说你们最辛苦了，一般同仁加班到九点，你们得忙到十点，实在心里过意不去。"

正说着，总经理已经大跨步地走出来，跟老王握手：

"听说您有急事？"

"也……也……也，其实也没什么，几位工友同事叫我来看看您……"

不知为什么，老王憋的那一肚子不吐不快的怨气，一下子全不见了。临走，还不断对总经理说："您辛苦、您辛苦，大家都辛苦，打扰了！"

思考

总经理是如何进行冲突管理的？

【案例分析二】 迪特尼公司的企业员工意见沟通制度[1]

迪特尼·包威斯公司是一家拥有 12 000 余名员工的大公司，他早在 20 年前就认识到员工意见沟通的重要性，并且不断地加以实践。现在，公司的员工意见沟通已经相当成熟和完善。特别是在 20 世纪 80 年代，面临全球性的经济不景气，这一系统对提高公司劳动生产率发挥了重要作用。

公司的"员工意见沟通"系统是建立在这样一个基本原则上的：个人或机构一旦购买了迪特尼公司的股票，他就有权知道公司的完整账务资料，并得到有关资料的定期报告。本公司的员工，也有权知道并得到这些账务资料，如一些更详尽的管理资料。迪特尼公司的员工意见沟通系统主要分为两个部分：一是每月举行的员工协调会议；二是每年举办的主管汇报和员工大会。

一、员工协调会议

早在 20 年前，迪特尼·包威斯公司就开始试行员工协调会议，员工协调是每月举行一次公开的讨论会。在会议中，管理人员和员工共聚一堂，商讨一些彼此关心的问题。无论在公司的总部、各部门、各基层组织都举行协调会议。这看起来有些像法院结构，从地方到中央，逐层反映上去，以公司总部的首席代表协会会议为最高机构。员工协调会议是标准的双向意见沟通系统。

在开会之前，员工可事先将意见或怨言反映给参加会议的员工代表，代表们将在协调会议上把意见转达给管理部门，管理部门也可以利用这个机会，同时将公司政策和计划讲解给代表们听，相互之间进行广泛的讨论。

在员工协调会议上将讨论些什么呢？这里摘录一些资料，可以看出大致情形。

问：新上任人员如发现工作与本身志趣不合，该怎么办？

答：公司一定会尽全力重新安置该员工，使员工能发挥最大作用。

问：公司新设置的自动餐厅的四周墙上一片空白，很不美观，可不可以搞一些装饰？

答：管理部门已拟好预算，准备布置这片空白。

问：公司的惯例是工作 8 年后才有 3 个星期的休假，管理部门能否放宽规定，将期限改为 5 年？

答：公司在福利工作方面作了很大的努力，诸如团体保险、员工保险、退休金福利计划、意见奖励计划和休假计划等。我们将继续秉承以往精神，考虑这一问题，并呈报上级，如果批准了，将在整个公司实行。

---

[1] http://wenku.baidu.com/view/36ff188884868762caaed583.html.

问：可否对刚病愈的员工行个方便，使他们在复原期内，担任一些较轻松的工作。

答：根据公司医生的建议，给予个别对待，只要这些员工经医生证明，每周工作不得超过30个小时，但最后的决定权在医生。

问：公司有时要求员工星期六加班，是不是强迫性的？如果某位员工不愿意在星期六加班，公司是否会算他旷工？

答：除非重新规定员工的工作时间，否则，星期六加班是属于自愿的。在销售高峰期，如果大家都愿意加班，而少数不愿意加班，应仔细了解其原因，并尽力加以解决。

要将迪特尼12000多名职工的意见充分沟通，就必须将协调会议分成若干层次。实际上，公司内共有90多个这类组织。如果有问题在基层协调会议上不能解决，将逐级反映上去，直到有满意的答复为止。事关公司的总决策，那一定要在首席代表会议上才能决定。总部高级管理人员认为意见可行，就立即采取行动，认为意见不可行，也得把不可行的理由向大家解释。员工协调会议的开会时间没有硬性规定，一般都是一周前在布告牌上通知。为保证员工意见能迅速反映上去，基层员工协调会应先开。

同时，迪特尼公司也鼓励员工参与另一种形式的意见沟通。即在四处安装许多意见箱，员工可以随时将自己的问题或意见投到意见箱里。

为了配合这一计划的实行，公司还特别制定了一项奖励规定，凡是员工意见经采纳后，产生了显著效果的，公司将给予优厚的奖励。令人欣慰的是，公司从在这些意见箱里获得了许多宝贵的建议。如果员工对这种间接的意见沟通方式不满意，还可以采用更直接的方式来面对面地和管理人员交换意见。

二、主管汇报

对员工来说，迪特尼公司主管汇报、员工大会的性质和每年的股东财务报告、股东大会类似。公司员工每人可以接到一份详细的公司年终报告。

这份主管汇报有20多页，包括公司发展情况、财务报表分析、员工福利改善、公司面临的挑战以及对协调会议提出的主要问题的解答等。公司各部门接到主管汇报后，就召开员工大会。

三、员工大会

员工大会都是利用上班时间召开的，每次人数不超过250人，时间大约3小时，大多在规模比较大的部门里召开，由总公司委派代表主持会议，各部门负责人参加。会议先由主席报告公司的财务状况和员工的薪金、福利、分红等与员工有切身关系的问题，然后便开始问答式的讨论。

这里有关个人问题是禁止提出的。员工大会不同于协调会议，提出来的问题一定要具有一般性、客观性，只要不是个人问题，总公司一律尽可能予以迅速回答。员工大会比较欢迎预先提出问题的这种方式，因为，这样可以事先充分准备，不过大会也接受临时性的提议。

下面列举一些讨论的资料：

问：本公司高级管理人员的收入太少了，公司是否准备采取措施加以调整？

答：选择比较对象很重要。如果选错了参考对象，就无法作出客观评价，与同行业比较起来，本公司高层管理人员的薪金和红利等收入并不少。

问：本公司在当前经济不景气时，有无解雇员工的计划？

答：在可预见的未来，公司并没有这种计划。

问：现在将员工的退休基金投资在债券上是否太危险了？

答：近几年来债券一直是一种很好的投资，虽然现在的经济不景气，但是，如果立即将这些债券脱手，将会造成很大的损失，为了这些投资，公司专门委托了几位财务专家处理，他们的意见是值得我们考虑的。

迪特尼公司每年在总部要先后举行 10 余次员工大会,在各部门要举行 100 多次员工大会。那么,迪特尼公司员工意见沟通系统的效果究竟如何呢?在 20 世纪 80 年代全球经济衰退中,迪特尼公司的生产每年平均以 10% 以上的速度递增。公司员工的缺勤率低于 3%,流动率低于 12%,在同行业中最低。许多公司经常向迪特尼公司要一些有关意见沟通系统的资料,以做参考。

思考

1. 仔细分析迪特尼公司的总体指导原则是什么?依据是什么?
2. 迪特尼公司是怎样实施员工沟通制度的?为什么至今采用这种方法的公司并不多?

测试题 冲突处理风格问题

当你与其他人意见不一致时,你是否经常用下列方式来表示。

当我与其他人意见不同时	经常	有时	很少
1. 我会进一步了解我们之间的不一致,而不是立刻改变自己的看法或强加给他人我的看法			
2. 我坦诚地表明自己的不同意见,并欢迎有关这一方面的进一步讨论			
3. 我寻求一种双方共同满意的解决办法			
4. 我要确保自己的意见被倾听,不让别人不听我的意见就下结论,当然,我也会认真听取别人的意见			
5. 我采用折衷办法,而没有必要非去寻求完全满意的解决办法			
6. 我承认自己错了一半而不去深究我们的差异			
7. 我总是迁就别人			
8. 我希望自己只说出了真正想说的一部分			
9. 我完全放弃自己的看法,而不是改变别人的意见			
10. 我把有关这一问题的所有矛盾搁置在一旁暂不考虑			
11. 我很快就会同意别人的观点,不去争论			
12. 一旦对方对某一争论感情用事,我很快就会放弃			
13. 我试图战胜其他人			
14. 我要不惜一切代价取得成功			
15. 对于一项好的建议,我从不退缩			
16. 我更愿意取胜,而不是进行妥协			

思考题

1. 什么是沟通?沟通有哪些分类?各有什么特点?
2. 信息沟通的媒介有哪些?它们各有什么优缺点?
3. 造成人际沟通的障碍因素有哪些?采用哪些方法和技巧可以进行积极有效的沟通?
4. 在管理活动中,如何提高沟通的效果?

管理学

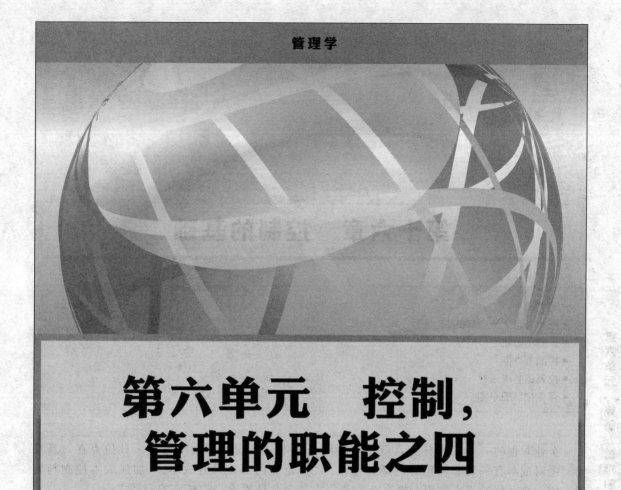

第六单元 控制，管理的职能之四

　　有效的管理者应该始终督促他人，以保证应该采取的行动事实上已经在进行，保证他人应该达到的目标事实上已经达到。

——斯蒂芬·P·罗宾斯

第十六章 控制的基础

内容提要
- 控制的含义及构成要素
- 控制的必要性
- 控制的类型
- 控制的基本过程
- 有效控制的原则

企业管理的一个根本任务，就是不断降低成本。美国管理大师彼得·杜拉克在《新现实》中对成本有一句非常精辟的话，他说："在企业内部，只有成本。"加强成本控制与管理，树立全方位的成本意识，提高企业竞争力是企业最紧迫、最核心的问题之一。

控制是管理活动的一个重要的职能。管理中的计划职能为组织明确了目标，规划了具体的方案；组织职能又为计划的实现提供了组织机构和资源配置上的保证。但是，计划制定得再好，如果没有有效的控制，组织目标还是难以实现。本章从这些方面来讨论管理控制，即控制的性质及类型、控制的基本过程以及有效控制的原则。

第一节 控制的基本概念

一、控制的含义

控制的一般解释就是指监视各项活动以保证它们按计划进行并纠正各种重要偏差的过程。例如，火车、汽车、飞机的驾驶员通过操纵方向盘，使这些交通工具按一定的方向行驶；生产调度员通过对各种生产要素或工作任务的合理调配，使生产计划能够顺利完成。这些都属于控制活动。

管理控制作为管理工作的一项基本职能，是管理的一个不可缺少的环节，一般简称控制。管理控制的根本目的在于，保证组织活动过程和绩效与计划目标和内容相一致，以保证组织目标的实现。管理控制以系统论、信息论和控制论为理论基础，把控制对象看做是一个系统，通过信息收集、处理和反馈来影响系统的输出，从而达到管理的目的。因此，所谓管理控制，就是指通过制定计划标准，建立信息反馈系统，检查实际工作的进度和结果，衡量绩效，及时发现偏差以及分析偏差产生的原因，并采取措施纠正偏差的一系列活动。

控制工作通过纠正偏差的行动与其他几个管理职能紧密地结合在一起，使管理过程形成一个相对封闭的系统。在这个系统中，计划职能选择和确定组织的目标、战略、政策和方案以及实现它们的程序，然后通过组织、领导等职能去实现这些计划目标。为了保证计划目标的有效实现，就必须在计划实施的不同阶段，根据由计划产生的控制标准，检查计划的执行情况。这就是说，虽然计划工作必须先于控制活动，但其目标是不会自动实现的。一旦计划付诸实施，控制活动就必须穿插于其中进行。它对于衡量计划的执行进度，乃至发现并纠正计划执行中的偏差都是非常必要的。同时，要进行有效的控制，还必须有组织保障，必须给予活动正确的指导和领导。所以说，控制工作存在于管理活动的全过程中，它不仅可以维持其他管理职能的正常活动，而且在必要时，还可以采取纠正偏差的行动来改变其他管理职能的活动。

控制包含三个基本要素。

（1）控制标准。控制标准是开展控制工作的依据。制定控制标准的根据是计划、组织目标以及具体工作的专业规范。这些标准包括质量标准、消耗标准、利润标准等。

（2）偏差信息。偏差信息即实际工作情况或结果与控制标准之间的偏离情况。只有了解、掌握了偏差信息，才能决定是否应该采取矫正措施以及采取怎样的矫正措施。

（3）矫正措施。这是根据偏差信息以及偏差产生的原因而采取的一系列措施，其目的在于消除偏差、保证计划的顺利进行。矫正措施应建立在对偏差原因进行正确分析的基础上。在实际工作中，并不是一有偏差就需要采取矫正措施，矫正措施通常是在偏差达到一定界限时才需要；而且只有当矫正措施的投入产出令人满意的效果时，采取它才是必要的。

二、控制的必要性

组织为了完成其目标，没有控制是不可能的。一般认为有下列几个主要因素使得控制成为一个组织必不可少的管理职能，这些因素包括组织环境的不确定性、组织活动的复杂性、管理失误的不可避免性和工作偏差的累积性等。

1. 组织环境的不确定性

如果一个组织能够运行在稳定而均衡的环境中，如果管理者能够建立起目标并立即实现，那么就不需要进行控制了。但是，组织所处的环境总是复杂多变和不稳定的，从制定目标到目标实现总要经历一段时间。在这段时间内，组织内部和周围环境会有许多事情发生：竞争对手可能会推出新产品和新的服务项目，新材料和新技术可能会出现，政府可能会制定新的法规或对原有的政策进行修正，顾客消费心理可能会发生改变，组织内部人员可能会有很大的变动。这些变化不仅会阻止组织目标的实现，甚至可能要求对组织目标本身进行修改。因此，任何组织都需要构建有效的控制系统，帮助管理人员预测和把握内外部环境的变化，并对这些变化带来的机会和威胁作出正确、有效的反应。

2. 组织活动的复杂性

组织的各项工作由各阶层或各部门的工作人员分工管理和负责。如果一个组织没有一个有效的控制系统，高层管理者就无法检查下属的工作进展和结果，各部门之间就无法协同工作，就可能导致严重的内部冲突。另外，组织内部的复杂性使得授权成为必要，但许多管理者认为授权是一件非常困难的事，主要原因是害怕下属犯错误而由他来承担责任。因此，许多管理者试图靠自己做事来避免授权。但是，如果拥有一种有效的控制系统，这种不愿授权的情况就会大大减少。

3. 管理失误的不可避免性

工作中出现偏差在很大程度上是不可避免的。组织的各项计划都是由管理者来负责制定和执行的，而管理者在制定和执行工作的过程中，可能由于个人的知识、能力、经验所限，或个人的价值观和个性的不同，会出现判断失误，或犯各种各样的错误，这是不可避免的。关键是要能够及时获得偏差信息，采取有效的矫正措施。

4. 工作偏差的累积性

一般情况下，工作中出现小的偏差和失误可能不会立即给组织带来严重的损害，但在组织运行一段时间后，随着小差错的积少成多和积累放大，最终可能对计划目标的实现造成威胁，甚至给组织酿成灾难性的后果。防微杜渐，及早地发现潜在的错误和问题并进行处理，有助于确保组织按预定的轨迹运行下去。所以，有效的管理控制系统应当能够及时地获取偏差信息，及时地采取矫正偏差措施，以防止偏差的积累而影响到组织目标的顺利实现。比如，某家制造雷达探测器的大型公司，曾经由于需求日益旺盛而放松了质量控制，次品率由 4% 上升到 9%，到 15%，再到 25%。终于有一天，该公司的管理者发现，公司全部 250 名员工中有 100 人完全投入到了次品的修理工作中，待修理的库存产品价值达到了 2000 万元。

从以上的分析可以看出，控制对于一个组织的运行是非常重要的。但是，并不是越详细、越严格的控制就越好。控制如果超出一定的限度，就会对组织管理带来危害，因为过于严格的控制容易造成被管理者的墨守成规，缺乏积极性和创造性。因此，控制也要以能够充分发挥下级人员的积极性和创造性为原则。也就是说，控制本身不是目的，它仅仅是保证目标实现的手段之一。

三、控制的类型

管理控制活动可以从不同的角度、按照不同方法分为以下几种类型。

（一）前馈控制、同期控制和反馈控制（按控制时点分）

1. 前馈控制

前馈控制，又叫预先控制、事前控制，是指计划之前预先规定计划执行过程中应遵守的规则和规范等，规定每一项工作的标准，并建立偏差显示系统，使人们在工作之前就已经知道如何工作。这是一种面向未来的控制，而不是等事情发生以后再进行控制。这类控制建立在预测的基础上，尽可能在偏差发生之前将其觉察出来，并及时采取防范措施。前馈控制强调"防患于未然"。前馈控制的重点是预先对组织的人、财、物、信息等合理地配置，使它们符合预期的标准，从而保证计划的实现，如成本控制中的标准成本法、预算控制、管理部门制定的规章制度、政策和程序等，都属于前馈控制。

实际上，前馈控制是一个非常复杂的系统，它不仅要输入影响计划执行的各种变量，还要输入影响这些变量的各种因素，同时还有一些意外的或事先无法预测的影响因素，这些因素虽然事先无法了解，但它们的影响必须在事前就进行提防。

2. 同期控制

同期控制，又叫实时控制、过程控制、现场控制，是指计划执行过程中所实施的控制，即通过对计划执行过程的直接检查和监督，随时检查和纠正实施中计划的偏差。其特点是在行动中，一旦发生偏差，马上予以纠正。其目的就是要保证本次活动尽可能少地发生偏差，改进本次的而非下一次活动的质量。

同期控制是被较多地用在生产经营活动现场的控制，由基层管理者执行，主管人员通过深入现场亲自监督、检查、指导和控制下属人员的活动。同期控制通常包括两项职能：一是技术指导，即对下属的工作方法和程序进行指导；二是监督，确保下属完成任务。在进行同期控制时，主管人员要避免单凭主观意志开展工作，要"亲自去视察"，因为有效的管理者都知道亲自视察所得到的信息是唯一可靠的反馈信息，光听汇报是不够的。

随着计算机应用的普及以及信息技术的日益发展，实时信息可以在异地之间迅速传送，这意味着同期控制可以在异地之间实现，从而突破了现场的限制。例如，一些超市实行计算机联网，能将商品的库存信息马上反映到供应商那里，以便及时得到货源的补充。

3. 反馈控制

反馈控制，又叫结果控制、事后控制，是一种最主要的传统控制方法。它的控制作用发生在行动之后，其特点是把注意力集中在行动的结果上，并以此作为改进下次行动的依据。其目的并非要改进此次行动，而是力求能"吃一堑，长一智"，改进下一次行动的质量。

反馈控制的过程首先从与其和实际工作成效的比较开始，找出偏差并分析其原因，然后制定出纠正的计划并进行纠正，纠正的结果将可以改进下一次实际工作的成效或者将改变对下一次工作成效的预期。可见，在评定工作成效与采取纠正措施之间有着很多重要环节，每个环节的工作质量，都对反馈控制的最终成果有着重大的影响。

企业中反馈控制的对象可以是行动结果，如企业财务报表分析、产成品质量检验、工作人员成绩测评等；也可以是行动的中间结果，如新产品样机、工序质量、产品库存等。这类控制对组织营运水平的提高发挥着很大的作用。但反馈控制最大的弊端就是它只能在事后发挥作用，对已经发生的对组织可能的危害却无能为力，它的作用类似于"亡羊补牢"，而且在反馈控制中，偏差发生和被发现并得到纠正之间有较长一段时滞，这必然对偏差纠正的效果发生很大的影响。例如，有一家企业采购部门在购买稀缺原材料的谈判中没有按标准价格成交，答应了该供应商提价2%的要求。这一让步在单批订货中并没有造成明显的损失。对于一家大企业来讲，10万美元的订货中多付出2000美元的费用，这也许是微不足道的，但是当订货积累到一定的数量后，如总订货增加到500万美元时，那么将发生10万美元的损失，这就不再是一个小数目了。

（二）外在控制与内在控制（按控制力量的来源）

外在控制是指一个单位或个人的工作目标和标准的制定，以及为了保证目标和标准的顺利实现而开展的控制工作，是由其他的单位或个人来承担的，自己只负责监测、发现问题和报告偏差。例如，上级主管的行政命令监督、组织程序规则的制约等，都是这种外在加强的控制。

内在控制是一种自动控制或自我控制（称为自治），自我控制的单位或个人，不仅能自己监测、发现问题，还能自己订立标准采取行动纠正偏差。例如，目标管理就是一种基层管理人员和工人参加工作目标的制定（上下协商确定目标），并在工作中实行自主安排（自己决定实现目标的方法手段）、自我控制（自己检查评价工作结果并主动采取处理措施）的一种管理制度和方法。当然，目标管理只有在个人目标与组织目标差异较小、员工素质普遍较高时采用才容易奏效。而在目标差异较大、员工素质较低时，较多外在强加控制则是更为需要的。

（三）正式组织控制、群体控制和自我控制（按控制的来源划分）

正式组织控制是由管理人员设计和建立起来的对一些机构或人员进行的控制，像规划、预算和审计部门都是正式组织控制的典型例子。

群体控制基于群体成员的价值观念和行为准则，是由非正式组织发展和维持的控制。非正式组织有自己的一套行为规范，虽然这些规范往往是不成文的，但对其成员却具有很大的约束力。群体控制可能有利于达成组织目标，也可能给组织带来危害，所以要对其加以引导。

自我控制即个人有意识地按某一行为规范进行活动。这种控制成本低、效果好。但却要求人员有较高的素质，并要求上级给下级以充分的信任和授权。还要求把个人活动与成果报酬联系起来。相比之下，正式组织控制、群体控制是由个人以外的力量实施的控制，也叫做外部控制。

这三种控制有时是一致的，但有时又是互相抵触的，这取决于一个组织的文化。有效的管理控制系统应该综合利用这三种控制类型并使它们尽可能和谐，防止互相冲突。

第二节 控制的基本过程

无论控制的对象是什么，也无论采用什么样的控制手段和方法，完整的控制过程都包括了确定控制标准、衡量实际工作和采取纠偏措施3个步骤。图16-1表示了控制的过程。

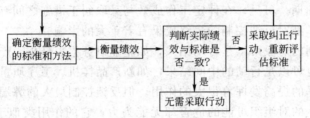

图16-1 控制的基本过程

一、确定控制标准

没有一套完整的控制标准，衡量绩效和纠正偏差就会失去客观的依据。从逻辑关系上说，制定计划本身就构成了控制过程的第一步，但由于计划相对来说都比较概要，不可能对组织运行的各方面都制定出非常具体的工作标准。一般来说，计划目标并不可能直接地用做控制的标准。因此，需要将制定专门的控制标准作为管理控制过程的开始。控制标准的确定是一个从确定控制对象、选择关键控制点到制定控制标准的科学决策过程。

1. 确立控制对象

影响组织目标成果实现的主要因素有：关于环境特点及其发展趋势假设、资源投入、组织活动过程等。在现实中由于人力、物力、财力和知识信息的限制，管理者不可能对全部影响组织实现目标成果的因素都进行控制。因此，管理者必须对影响组织目标成果实现的各种要素进行分析研究，从中选择出重点要素作为控制对象。这些因素有时也被称为关键绩效区域，它们通常涉及组织的主要活动。

对于哪些因素应成为控制的重点，需要根据具体的情况来加以选择。在工作成果较难衡量而工作过程也难以标准化、程序化的高层管理和创新性活动中，工作者的素质和技能是主要的控制对象。而在工作方法或程序与预期工作成果之间有比较明确或固定关系的常规性活动中，工作过程本身就是主要的控制对象。

2. 选择关键控制点

关键控制点有时也被称为战略控制点。事实上，企业控制住了关键点，也就控制了全局，正如俗话所说，"牵牛要牵牛鼻子"。比如啤酒酿造企业中，啤酒质量是控制的一个重点对象。尽管影响啤酒质量的因素很多，但只要抓住了水的质量、酿造温度和酿造时间，就能保证啤酒的质量。

选择关键控制点需要注意：影响整个工作运行过程的重要操作与事项；能在重大损失出现之前显示出差异的事项，管理者应该选择那些易检测出偏差的环节进行控制，这样才有可能对问题作出及时、灵敏的反应；若干能反映组织主要绩效水平的控制点，因为关键控制点数量的选择足以使管理者对组织总体状况形成一个比较全面的把握。

在选择关键控制点的过程中，管理人员可以对自己提出下列问题：什么是最好的反映本组织的指标？在计划目标未实现时，什么信息能让我最快、最准确地了解工作进展的情况？什么信息能让我最好地确定关键的偏差？什么信息能告诉我谁对成功或失败负全部的责任？什么样的标准在控制工作中成本最低？

3. 制定控制标准

标准是进行控制的基础，也是衡量绩效、纠正偏差的依据。控制标准可分为定量标准和定性标准两大类。定量标准主要分为实物标准（如产品数量、废品数量）、价值标准（如单位产品成本、销售收入、利润等）、时间标准（如工时定额、交货期）。

除了定量标准外，组织中还经常使用一些定性标准，像产品和服务质量、组织形象等方面的衡量一般都是定性的，比如产品等级、合格率、顾客满意度等指标就是对产品质量的一种间接衡量。由于控制的对象不同，控制标准的类型很多。企业究竟需要制定何种控制标准，这取决于所需衡量的绩效成果及其影响因素的领域和性质。

麦当劳公司奉行"质量优良、服务周到、清洁卫生、价格合理"的经营宗旨，为确保其经营宗旨得到贯彻，制定了如下几条可度量的工作标准：95%以上的顾客进餐厅后3分钟内，服务员必须迎上前去接待顾客；事先准备好的汉堡必须在5分钟内热好并供应给顾客；服务员必须在就餐人离开后5分钟内把餐桌打扫干净。这是对定性标准予以量化处理的实例。

二、衡量实际工作

控制标准是衡量工作绩效的依据。有了标准，就可以将实际工作成果与标准进行比较，从而判断出实际工作的绩效。为此，在衡量实际工作成效的过程中管理者应该对如何衡量、间隔多长时间进行衡量和由谁来衡量等作出合理的安排。

1. 衡量的方法

衡量绩效的关键就是及时获得工作成果的真实信息，管理者可通过直接观察、报表报告、抽样调查、召开会议等多种方法来获得实际工作绩效方面的资料和信息。各种获取信息的方法各有利弊，在衡量实际工作成绩过程中可以多种方法结合使用，以确保所获取信息的及时性、有效性和可靠性。

2. 衡量的频度

衡量的频度即衡量实绩的次数或频率。有效的控制要求确定适宜的衡量频度。对控制对象或要素的衡量频度过高，不仅会增加控制的费用，而且还会引起有关人员的不满，影响他们的工作态度，从而对组织目标的实现产生负面影响；但是衡量和检查的次数过少，则有可能造成许多重大的偏差不能被及时发现，没能及时采取纠正措施，从而影响组织目标和计划的完成。适宜的衡量频度取决于被控制活动的性质、控制活动的要求。

3. 衡量的主体

衡量实绩的主体不一样，控制工作的类型也就形成差别，也会对控制效果和控制方式产生影响。例如，目标管理之所以被称为是一种"自我控制"方法，就是因为工作的执行者同时成为了工作成果的衡量者和控制者。相比之下，上级主管或职能人员进行的衡量和控制则是一种强加的、非自主的控制。

三、纠正偏差

1. 找出偏差原因

解决问题需要先找出产生差距的原因，然后再采取措施纠正偏差。这一步是在衡量执行情况的基础上，针对受控对象状态相对于标准的偏离程度，及时找出产生偏差的原因。例如，销售收入的明显下降，无论是用同期比较的方法，还是用年度指标来衡量都很容易发现问题，但引起销售收入下降的原因却不那么容易一下就抓准。到底是销售部门营销工作中的问题，还是对销售部门授权不够引起的？还是生产部门制造质量下降和不能按期交货，或者技术部门新产品开发进度太慢致使产品老化、竞争力下降造成的？抑或是由于宏观经济调整带来的？每一种可能的原因与假设都不容易通过简单的判断确定下来。要通过评估反映偏差的信息和对影响因素的分析，透过表面现象找出造成偏差的深层原因，在众多的深层原因中找出最主要者，为纠偏措施的制定指导方向。

2. 确定纠偏措施的实施对象

需要纠正的可能是企业的实际活动，也可能是组织这些活动的计划或衡量这些活动的标准。大部分员工没有完成劳动定额，可能不是由于全体员工的抵制，而是定额水平太高；企业产品销售量下降，可能并不是由于质量劣化或价格不合理，而是由于市场需求的饱和或周期性的经济萧条等。在这些情况下，首先要改变的不是或不仅是实际工作，而是或而且应该是衡量这些工作的标准和指导工作的计划。

预定计划和标准的调整是由两种原因决定的：一是原先的计划或标准制定得不科学，在执行中发现了问题；二是原来正确的标准和计划，由于客观环境发生了预料不到的变化，不再适应新形势的需要。负有控制责任的管理者应该认识到，外界环境发生变化以后，如果不对预先制定的计划和行动准则进行及时的调整，那么即使内部活动组织得非常完善，企业也不可能实现预定的目标。例如消费者的需求偏好转移时，企业的产品质量再高，功能再完善，生产成本、价格再低，仍然不可能找到销路，不会给企业带来期望利润。

3. 选择恰当的纠偏措施

在纠偏方案设计时，要使其做到双重优化。第一重优化是要考虑采取纠偏措施带来的效果是否大于不纠偏的损失。有时即使产生了偏差，但最好的方案也许是不采取任何行动。这种情况多数是发生在纠偏措施的实施条件尚不成熟阶段。第二重优化是在此基础上，通过各种经济可行方案的比较，找出一个追加投入最少、解决偏差效果最好的方案来组织实施。

纠偏方案实施时，具体措施有两种：一是立即执行的临时性应急措施；二是永久的根治措施。对于那些迅速、直接地影响组织正常活动的畸形问题，多数应立即采取补救措施。例如，某一种规格的部件在加工过程中出现了问题，一周后如不能生产出来，其他部门就会受到影响而出现停工待料。此时不应花时间考虑该追究什么人的责任，而要采取措施确保按期完成任务。管理者可凭手中的权力，采取如下行动：一是要求工人加班加点，短期突击；二是增添人工和设备；三是派专人负责指导完成。危机缓解以后，则转向永久性的根治措施，如更换车间管理人员，变更整个生产线，或者重新设计部件结构等。现实中不少管理者在控制中常常局限于充当"救火员"的角色，没有认真探究"失火"的原因，并采取根治措施消除偏差产生的根源和隐患。长此以往，必将自己置于被动的境地。

第三节 有效控制的原则

管理者在实施控制时，不仅要掌握控制的基本过程和方法，还要遵循有效控制的一些基本原则。

一、重点控制的原则

有效的管理控制必须重点突出。首先，实际工作中经常要面对很多需要控制的目标，如果对所有目标都进行控制,不但控制效果不理想,而且有时根本无法实现控制。并不是所有成员的每一项工作都具有相同的发生偏差的概率,并不是所有可能发生的偏差都会对组织带来相同程度的影响。因此,必须挑选出关键的目标进行控制,而且仅当这些项目的偏差超过了一定限度才予以调节或控制。

无论什么性质的工作都可以列举出许多目标,但总有一个或几个目标是关键目标,完成了这些关键目标,其他目标就可能很容易地完成,即使这些次要目标完成不了也无碍大局。管理者的任务之一就是要在众多的甚至是相互矛盾的目标中选择出关键的、对组织发展的实现起着举足轻重作用的目标,并对之加以有效的控制。由于组织部门的多样性、被控对象的复杂性,以及政策和计划的多变性等,控制的重点必须具体问题具体分析。一般来说,组织的主要目标和重大例外情况都是管理者十分注意和需要控制的重点。可以利用 ABC 分析法和例外原则等工具找出这些关键环节和关键因素,并据此在相关环节上设立预警系统或控制点,进行重点控制。

二、适时控制的原则

组织活动中产生的偏差只有及时采取措施加以纠正,才能避免偏差的扩大,或防止偏差对企业不利影响的扩散。及时纠偏,要求管理人员及时掌握能够反映偏差产生及其严重程度的信息。纠正偏差的最理想方法应该是在偏差未产生以前,就注意到偏差产生的可能性,从而预先采取必要的防范措施。管理者应该注意提高控制的预见性,做到防患于未然。

时滞现象在反馈控制中是客观存在的,在实际工作中,检查实施结果并将结果同标准比较、找出偏差,可能不会花费很长的时间,但分析偏差产生的原因并提出纠正偏差的具体措施也许要花很多的时间,并且当真正采取这些措施去纠正偏差时,实际情况可能已有了很大的变化,因此,最后实施结果与目标又会存在一定的距离。为了避免时滞所带来的问题,较好的办法是采用前馈控制,即增强控制的预见性,使计划实施的最初阶段就能严格按照标准方向前进。一旦发现偏差,要对以后的变化情况进行预测,采取相应的预防措施,这样虽然还存在一定的时滞,但可以有效地减少实际绩效与目标的偏差。例如,企业加强产品需求量的预测,可以提高企业生产的预见性,减少盲目生产。

三、适度控制的原则

1. 避免控制过多或控制不足

有效的控制要求控制的范围、程度和频度恰到好处,既能满足对组织活动监督和检查的需要,又要防止与组织成员发生强烈的冲突。控制过多会对组织造成伤害,对组织成员行为的过多限制,会扼杀他们的积极性、主动性和创造性,最终会影响企业的效率;控制过少,则不能使组织活动有序的进行,不能保证各部门活动进度和比例的协调,将会造成资源的浪费。

2. 考虑控制的经济性

要把控制所需要的费用同控制所产生的结果进行经济比较,只有当有利可图时才实施控制。控制费用基本上随着控制程度的提高而增加,控制收益的变化则比较复杂。要使花费一定费用的控制得到足够的控制收益,组织就应根据活动的规模特点和复杂程度来确定控制的范围和频度,建立有效的控制系统。为此,要有选择地进行控制,全面、周详的控制不仅是不可能的,也是不经济的,应根据实际情况选择重要和关键问题进行控制;要不断改进控制方法和手段,努力降低控制的各种耗费,提高控制的效果。例如,企业在进行产品质量控制时,是进行全部检查,还是进行抽样检查呢?抽样检查时抽样的比率又是多少呢?这些问题都需要管理者根据实际情况,从经济性的角度作出适当的决策。损益分析的方法可以帮助管理者进行控制的经济性决策,只有在绩效价值与控制成本的最佳范围内实施控制才是合适的。

3. 加强自我控制

自我控制的主要特点是员工进行自我检查、自我考核、自我评价。这种控制方法既能够充分发挥每个员工的主观能动性,减少控制系统所需的人力和物力,又体现了人本管理的原则,强调在管理过程中人是第一位的,从而进一步提高了控制效果。

四、弹性控制的原则

一般地说,弹性控制要求企业制定弹性的计划和弹性的衡量标准。企业在生产经营过程中可能经常遇到某种突发的、无力抗拒的变化,这些变化使企业计划与现实条件严重背离。有效的控制系统应在这样的情况下仍能发挥作用,维持企业的运营,也就是说,弹性控制能够保证,一旦未能预测的事件发生之后,控制工作仍然有效。

弹性控制通常与控制的标准、控制系统的设计有关。控制的弹性要求控制者具有随机应变的能力,制定多种应付环境变化的替代方案,留有一定的后备力量,并采用多种灵活的控制方式和方法来达到控制的目的。弹性控制要求一切控制从实际出发,不能过分依赖于一些正规的控制方式,如预算、检查、报告等。正规的控制方法虽然都是比较有效的控制工具,但像数据、报告、预算等往往是建立在历史的基础上的,当实际情况发生较大变化时,这些报告、计划和预算就有可能同实际情况相差较大,过分依赖它们可能导致指挥失误、控制无效。常用的弹性控制方式或方法主要有弹性预算、跟踪控制等。

五、客观控制的原则

有效的控制必须是客观的、符合企业实际的。管理控制的客观性主要包括控制标准的客观性和实际绩效评价的客观性两个方面。

1. 控制标准的客观性

控制标准是衡量实际工作绩效的依据,只有客观、合理、简明的控制标准,才能较好地衡量工作绩效,才能保证实施有效的控制。为了保证控制标准的客观性,要尽量建立定量的标准,这有利于客观和合理地评价下属的工作业绩,从而达到控制的目的。控制标准的客观性要求也是评价工作绩效的基础。

2. 实际绩效评价的客观性

对实际工作绩效的评价是控制工作的一个重要环节,也是最易引起主观因素介入的阶段,对人的工作绩效的评价更是如此。这种现象的发生可能来自两种心理因素的作用:一种是晕轮效应;另一种是优先效应。晕轮效应是一种以点带面的效应,人们往往习惯于把人的行为中的某一点看成是他的全部行为,这种效应很容易造成评价上以偏概全。比如,"情人眼里出西施"就很好地描述了这种晕轮效应。优先效应是指人们往往把第一印象看得更加重要,以至于影响人们今后的评价,即"先入为主"的心理。为此,管理者在评价工作绩效时,必须避免上述两种心理效应的影响。如果管理者不能对工作绩效作出客观的评价,他就不可能准确地发现差异,调动下属的积极性,也就不可能从事有效的控制。

要进行客观的控制,管理者首先要尽量建立客观的计量方法,即尽量把控制的标准和实际工作绩效用定量的方法记录并评价,把定性的内容具体化;其次要站在组织的角度来观察问题并进行评价,尽量避免个人偏见和成见。

此外,在从事实际工作绩效评价时,往往要涉及使用数学模型、统计分析方法及各种图表等，而这些工具常常不为具体操作人员所了解和掌握。因此，控制标准和工作绩效评价的表达等要根据操作人员的具体情况，尽可能简单明了，易于了解和接受，这样有利于提高控制的效果。

【案例分析一】 格雷格厂长的困惑

格雷格担任厂长已一年多时间了。他刚看了工厂有关今年实现目标情况的统计资料，结果他气得说不出一句话来。记得他任厂长后的第一件事是亲自制定工厂一系列工作的计划目标。具体地说，他要解决工厂的浪费问题，要解决职工超时工作的问题，要减少废料的运输费用问题。他具体规定：在一年内要把购买原材料的费用降低 10%～15%；把用于支付工人超时工作的费用从原来的 11 万美元减少到 6 万美元；要把废料运输费用降低 3%。他把这些具体目标告诉了下属有关方面的负责人。

然而，他刚看过的年终统计资料却大出他的意料。原材料的浪费比去年更严重，浪费率竟占总额的 16%；职工超时工作的费用亦只降到 9 万美元，远没达到原定的目标；运输费用也根本没有降低。

他把这些情况告诉负责生产的副厂长，并严肃批评了这位副厂长。副厂长则争辩说："我曾对工人强调过要注意浪费的问题，我原以为工人也会按我的要求去做的。"人事部门的负责人也附和着说："我已经为削减超时工作的费用做了最大的努力，只对那些必须支付的款项才支付。"而负责运输方面的负责人则说："我对未能把运输费用减下来并不感到意外，我已经想尽了一切办法。我预测，明年的运输费用可能要上升 3%～4%。"

在分别向有关方面的负责人交谈之后，格雷格厂长又把他们召集起来布置新的要求，他说："生产部门一定要把原材料的费用降低 10%；人事部门一定要把超时工作费用降到 7 万美元；即使运输费用要提高，但也决不能超过今年的标准。这就是我们明年的目标，我到明年底再看你们的结果！"

思考

格雷格厂长采用的是哪种控制方式？有哪些控制工作做得不恰当？

【案例分析二】 邯钢的"模拟市场核算，实行成本否决"

河北省邯郸钢铁总厂（以下简称邯钢）是 1958 年建设的老厂。1990 年，邯钢与其他钢铁企业一样，面临内部成本上升、外部市场疲软的双重压力，经济效益大面积滑坡。当时生产的多个品种有 26 个亏损，总厂已到难以为继的状况，然而各分厂报表中所有产品却都显示出盈利，个人奖金照发，感受不到市场的压力。造成这一反差的主要原因，是当时厂内核算用的"计划价格"严重背离市场，厂内核算反映不出产品实际成本和企业真实效率，总厂包揽了市场价格与厂内核算用的"计划价格"之间的较大价差，职责不清，考核不严、干好干坏一个样。为此，邯钢从 1991 年开始推行了以"模拟市场核算，实行成本否决"为核心的企业内部管理体制改革，当年实现利润 5000 万元。接着从 1991 年到 1995 年，邯钢共实现利润 21.5 亿元，是"七五"期间的 5.9 倍，钢产量在 5 年内翻了 1 倍以上，使邯钢由过去一个一般的地方中型钢铁企业跃居全国 11 家特大型钢铁企业行列。

邯钢在实行管理体制改革的 5 年时间，实现的效益和钢产量已经超过了前 32 年的总和。这巨大的力量来自何处？邯钢的职工喜欢用"当一份家，理一份财，担一份责任，享受一份利益"四句话来概括他们的作用。而使邯钢人体验到由"当家理财"而"当家做主"的新型主人翁地位的，正是"模拟市场核算，实行成本否决"这一体制的成功发明与实践。据统计资料分析，邯钢这 5 年实现的 21.5 亿元利润中，有 8 亿元，占 5 年利润总额的 37.2%，是

2.8万名邯钢职工靠挖潜降成本增效而得来的。邯钢在原材料不断涨价的情况下，吨钢成本以平均每年4%强的速度下降。邯钢通过将成本责任和每个职工紧紧捆在一起，使大家树立了高度的成本意识，就像居家过日子一样精打细算，人人为成本操心，个人为增效出力。这就是与社会主义市场经济适应的成本中心责任体制的威力。

一、"模拟市场核算"

邯钢"模拟市场核算"的具体做法如下。

一是确定目标成本，由过去以计划价格为依据的"正算法"改变为以市场价格为依据的"倒推法"，即将过去从产品的原材料进价开始，按厂内工序逐步结转的"正算"方法，改变为从产品的市场售价减去目标利润开始，按厂内工序反向逐步推算"倒推"方法，使目标成本各项指标真实地反映市场的需求变化。

二是以国内先进水平和本单位历史最好水平为依据，对成本构成的各项指标进行比较，找出潜在的效益，以原材料和出厂产品的市场价格为参数，进而对每一个产品都定出"蹦一蹦能摸得着"的目标成本和目标利润等项指标，保证各项指标的科学性、合理性。

三是针对产品的不同情况确定相应的目标利润，原来亏损、没有市场的产品要做到不赔钱或微利，原来盈利的产品要做到增加盈利。对成本降不下来的产品，停止生产。

四是明确目标成本的各项指标是刚性的，执行起来不迁就、不照顾、不讲客观原因。如邯钢二炼钢分厂，1990年按原"计划价格"考核，该分厂完成了指标，照样拿了奖金，但按"模拟市场核算"实际亏损1500万元。1991年依据"倒推"方法确定该分厂吨钢目标成本要比上年降低24.12元，但分厂认为绝对办不到，多次要求调整。总厂厂长刘汉章指出，这一指标是根据市场价格"倒推"出来的，再下调就要亏损，要你们吨钢成本降低24.12元，你们降低24.11元也不行，不是我无情，而是市场无情。于是，该分厂采用同样的"倒推"方法，测算出各项费用在吨钢成本中的最高限额，将构成成本的各项原材料、燃料消耗，各项费用指标等，大到840元1吨的铁水，小到仅占吨钢成本0.02元的印刷费、邮寄费，逐个进行分解，形成纵横交错的、严格的目标成本管理体系；结果当年盈利250万元，成本总额比上年降低了2250万元。1994年，该分厂的总成本比目标成本降低3400万元，超创内部目标利润4600万元。

二、"实行成本否决"

邯钢"实行成本否决"的具体措施如下。

一是将产品目标成本中的各项指标层层分解到分厂、车间、班组、岗位和职工个人，使厂内的每个环节都承担降低成本的责任，把市场压力及涨价因素消化于各个环节。实行新管理体制的第一年，总厂各个分厂、18个行政处室分解承包指标1022个，分解到班组、岗位、个人的达10万多个。全厂2.8万名职工人人身上有指标，多到生产每吨产品担负上千元，少到几分钱，人人当家理财，真正成为企业的主人。

二是通过层层签订承包协议、联利计酬，把分厂、车间、班组、岗位和职工个人的责、权、利与企业的经济效益紧密地结合在一起。

三是将个人的全部奖金与目标成本指标完成情况直接挂钩，凡目标成本指标完不成的单位或个人，即使其他指标完成得再好，也一律扣发有关单位或个人的当月全部奖金，连续两个月完不成目标成本指标的，延缓单位内部工资升级。

四是为防止成本不实和出现不合理的挂账待摊，确保成本的真实可靠，总厂每月进行一次全厂性的物料平衡，对每个单位的原材料、燃料进行盘点。以每月最后一天的零点为截止时间，次月2日由分厂自己核对，3日分厂之间进行核对，在此基础上总厂召开物料平衡会，由计划、总调、计量、质量、原料、供应、财务等部门的负责同志参加，对分厂报上来的数据与盘点情况进行核对，看其进、销、存是否平衡一致，并按平衡后的消耗、产量考核各分厂目标成本指标完成情况，据此计发奖金。

除此之外，每季度还要进行一次财务物资联合大检查，由财务、企管部门抽调人员深入到分厂查账。账物不符的，重新核算内部成本和内部利润；成本超支、完不成目标利润的。否决全部奖金。5年来，全厂先后有79个厂（次）被否决当月奖金，有69个分厂和处室被延缓了工资升级时间。

思考

1. 邯钢推行"模拟市场核算，实行成本否决"制以后，各分厂由原来的单纯生产中心转变成了成本中心还是模拟利润中心？这两种责任中心体制有何联系和区别？它们各有哪些优缺点和适用条件？

2. 企业中哪些组织层次可作为成本中心来运作？处于不同组织层次的成本中心，应该如何有机地联结起来？

3. 你认为邯钢依据"市场成本"指标，对有关单位和人员实行"成本对全部奖金的一票否决制"的合理性如何？

思考题

1. 管理控制是什么？如何认识控制的重要性？
2. 控制职能与其他三项管理职能之间有什么关系？
3. 有哪几种常见的控制类型？它们各适用于什么场合？
4. 现代管理中前馈控制为什么显得更为重要一些？
5. 在不同的情境下如何确立控制标准？如何确定控制的关键点？
6. 绩效衡量过程中应当注意哪些问题？
7. 简述鉴定偏差和矫正措施的过程。如何选择适当的矫正措施？
8. 进行有效控制的基本原则是什么？怎样才能贯彻这些原则？

第十七章 控制技术与方法

内容提要
- 预算控制种类与方法
- 外部审计、内部审计和管理审计
- 全面质量管理
- 管理信息系统

控制技术和方法对于建立一个有效的控制系统是必要的。控制的技术和方法多种多样,根据组织要素以及控制目标的不同,有不同的控制方法,如表17-1 所示。本章将简要介绍几种常用的控制技术与方法,包括预算控制、审计控制、质量控制、管理信息系统(MIS)等。

表 17-1 组织要素、控制目标及控制技术与方法

组织要素	控制目标	控制技术与方法
人员	工作效率高、满足程度高	定期或不定期考核法、人员素质或功能测定法、鉴定式评价方法、成对比较法、强制分布法、关键时间评价法、实地调查法、目标管理法等
财务	成本低、利润高、投资收益率高、长期目标与短期目标均衡	预算法、标准成本法、盈亏平衡分析法、投资收益率法、投资回收期法、净现值分析法、内部收益率分析法、敏感性分析法、概率分析法、财务责任中心制等
物资	单位产品材料消耗率低、库存量合理、设备运行状态佳、安全条件好、质量符合标准	定额计算法、物资平衡表法、经济订购批量法、定期库存管理法、定量库存管理法、定期定量混合法、ABC管理法、设备动态监测法、成本-效益比较法、环境安全标准法、完全责任法、全面质量管理法(TQC法)、排列图法、因果分析图法、直方图法、相关图法、统计调查分析法、关联图法、矩阵图法等
时间	生产工期短、时间利用率高	甘特图法、网络图法、线性规划、动态规划、时间记录与统计分析法、限时法等
无形资产	组织形象佳	广告宣传法、赞助活动法、公关法、组织文化法、比较法、无形资产评估法等
信息	重要信息量丰富、传递速度快、真实度高	计算机网络通讯管理技术、信息中心制、比较法、评估法等

资料来源:龚荒,杨政军. 管理学. 徐州:中国矿业大学出版社,2005.

第一节 预算控制

在管理控制中使用最广泛的一种控制方法就是预算控制。预算控制最清楚地表明了计划

与控制的紧密联系。

所谓预算，就是用数字来编制一定时期的计划，即通过把组织计划逐层分解，变为各种具体业务计划，并把计划数字化，转化为财务报表形式。预算是政府部门及企事业单位使用最广泛的控制手段。

预算控制是指通过编制各项业务活动的预算，以编制的预算为标准，比较实际收支状况与预算标准的差异，分析产生差异的原因，采取有效措施对差异进行处理，从而达到控制组织各项活动的目的。

一、预算的种类和内容

预算的种类一般分为业务预算、财务预算和专门预算 3 大类。

1. 业务预算

业务预算是指组织日常发生的具有实质性活动的各项业务的预算。对制造企业来说，它一般包括销售预算、生产预算、直接材料采购预算、直接人工预算、制造费用预算、单位生产成本预算、销售及管理费用预算等。

销售预算是编制全面预算的基础。企业根据市场需求量预测和生产能力等情况，确定产品销售目标，编制年度、季度及月度的销售数量、销售单价、销售金额及销售货款收入等。

生产预算是根据销售预算所确定的销售数量，按产品类别、数量、质量等分别编制的预期生产量。生产预算必须考虑合理的库存量。为了保证均衡生产，一般还要编制生产进度日程表，以便控制生产进度。

直接材料采购预算是根据生产预算所确定的产品产量以及各种产品所消耗材料的品种、数量、单价、生产进度等确定材料采购数量及现金支付计划。为了保证既均衡生产又节约存货成本，应该考虑合理的材料存货量。

直接人工预算是根据生产所需的工时，确定各种工作总工时和工资率，以及直接人工成本等。

制造费用预算是根据产品销售量和生产量水平确定各种费用的总额，包括制造部门的间接人工、间接材料、维修费、设备及厂房折旧费等。

单位生产成本预算是根据直接材料、直接人工及制造费用预算确定的单位产品生产成本。

销售及管理费用预算是根据销售预算情况及各种费用项目确定销售及行政管理费用，主要包括销售广告费、销售佣金、运输费用、销售及管理人员薪金、保险费、折旧费、办公费及交际应酬费等。

2. 财务预算

财务预算是组织在计划期内反映现金收支、经营成果及财务状况的预算，它主要包括现金预算、损益表、资产负债表、财务状况变动表。

现金预算能够反映组织在计划期内现金收入、现金支出、现金余额及融资情况。通过现金预算能够及时掌握计划期内现金流动的状况，为有效控制现金的收支平衡提供条件，有助于充分发挥资金的使用效益。

损益表能够反映组织在一定期间的经营管理成果，包括产品的销售量、生产成本和收益的变动情况。通过损益表可以了解企业的盈利能力。

资产负债表反映了组织的资产、负债及权益情况，是组织财务偿债能力的重要表现。

财务状况变动表能够反映组织在计划期内资金来源和资金运用及其变化的情况，以及组织理财的情况。

3. 专门预算

专门预算是指组织不经常发生的、一次性的预算，如资本支出预算、专项拨款预算等。

二、编制预算的方法

传统的编制预算的方法是编制固定预算，即将组织在未来某一时期内的计划用各种数字表示出来，不考虑未来情况是否变化，预算所确定的各种数字是固定的，并且不再做调整和修改。实践证明，传统的固定预算是刚性预算，不能适应环境的千变万化，从而使预算控制不能发挥应有的作用。下面介绍三种预算方法，即弹性预算法、零基预算法和增量预算法。

1. 弹性预算法

弹性预算法又称柔性预算法，就是在编制费用预算时，考虑到计划期业务量可能发生的变动，编制一套能适应多种业务量的费用预算，以便分别反映各业务量所对应的费用水平。由于这种预算是随着业务量的变化做机动调整，本身具有弹性，故称为弹性预算。

在编制弹性预算时，先把所有的费用分为变动费用和固定费用两部分，固定费用在相关范围内不随业务量变动而变动，变动费用随业务量变动而变动，按各项活动的业务量分别计算出每项活动的预期费用，但这个预算并不一定是此项活动的最后的真实的预算；在预算期结束时，再根据每项活动计算出实际应得的预算费用，如变动费用按实际业务量的变动调整预算总额，如果实际应得的预算费用不同于预先计算的费用，就需要调整有关部门或活动的费用。

2. 零基预算法

零基预算法最早是由美国德州仪器公司的彼得·菲尔提出来的，目前在西方国家使用得比较普遍。零基预算是以零为基础编制的预算，开始时，认为管理活动重新开始。零基预算法的原理是：在每个预算期开始时，就像组织新成立时那样，一切以零为起点，根据组织目标，重新审定每项活动对实现组织目标的意义和效果；对每一项费用的发生，不是以现有的费用水平为基础，而是重新进行费用-效益分析；在此基础上，重新确定各项管理活动及这些活动的主次轻重，依次分配资金和各种资源。

一般来说，实施零基预算要经过如下步骤：下属各部门根据组织的总方针，提出本部门在计划期的各项目标及行动方案；各部门对各种行动方案进行成本-效益分析，计算出各项业务活动所用的资金及可能获得的利润；各部门按轻重缓急排列出各行动方案的先后次序；各部门的预算方案集中到组织总部，总部根据各部门的预算综合进行评价和平衡，确定组织的总预算。

零基预算法更强调预先控制，突出了组织目标对全部管理活动的指导作用，能够使组织目标的实现收到事半功倍的效果。

零基预算法的缺点：增加了文书工作，要花费大量的时间进行准备；管理者趋向于夸大他认为重要的活动的效益，以及多数情况下的最终效果并不比增量预算有明显的不同。

零基预算法的适用性：零基预算可能对规模较小的公共组织、工商企业中的职能部门或衰退中的组织更有效。当组织面临紧缩和财政困难时，管理者急需有效的手段来分配有限的资源。

3. 增量预算法

（1）特点。首先，基金被分配给部门或组织的单位，然后这些单位的管理者再将基金分配给适当的活动。其次，增量预算是从前期的预算中推演出来的，每一个预算期间开始时，都采用上一期的预算作为参考点，只有那些要求增加预算的申请才得到审查。

(2) 存在问题。当基金分配给组织单位以后，在一个单位内部区分活动的优先次序变得困难起来。因为组织的单位通常具有多重目标和从事多项活动，但增量预算并不考虑这种活动的多样性，它们只管把基金分配给单位而不是分配给活动。因此，此种预算方法缺乏有效的针对性，最容易掩盖低效率和浪费。

第二节 审计控制

审计控制是一种常用的综合控制方法，主要包括财务审计控制和管理审计控制两大类。财务审计控制是指以财务活动为中心，检查并核实账目、凭证、财物等，以判断财务报表中所列出的综合会计事项是否准确无误，报表本身是否可以信赖等；而管理审计则是检查一个组织的管理工作的好坏，其目的在于通过改进管理工作来提高效率和效益。根据审查主体和内容的不同，可将审计划分为三种主要类型：由外部审计机构的审计人员进行的外部审计；由内部专职人员对企业财务控制系统进行全面评估的内部审计；由外部或内部的审计人员对管理政策及其绩效进行评估的管理审计。

一、外部审计

外部审计是由外部机构（如国家审计部门、会计师事务所）选派的审计人员对企业财务报表及其反映的财务状况进行独立的评估。为了检查财务报表及其反映的资产与负债的账面情况与企业真实情况是否相符，外部审计人员需要抽查企业的基本财务记录，以验证其真实性和准确性，并分析这些记录是否符合公认的会计准则和记账程序。

外部审计实际上是对企业内部虚假、欺骗行为的一个重要而系统的检查，因此起着鼓励诚信的作用。由于知道外部审计不可避免地要进行，企业就会努力避免做那些在审计时可能会被发现的带有欺骗行为的事。

外部审计的优点是审计人员与管理当局不存在行政上的依附关系，不需看企业经理的眼色行事，只需对国家、社会和法律负责，因而可以保证审计的独立性和公正性。这一方面有利于发现组织运行过程中存在的问题并及时解决；另一方面还能使有关投资者对这些财务报表提供的信息产生信任感，有利于改善组织外部发展环境。但是，由于外来的审计人员不了解内部的组织结构、生产流程和经营特点，在对具体业务的审计过程中可能产生困难。此外，处于被审计地位的内部组织成员可能产生抵触情绪，不愿积极配合，这也可能增加审计工作的难度。

二、内部审计

内部审计是由企业内部的机构或由财务部门的专职人员来独立进行的审计。内部审计兼有许多外部审计的特点。它不仅要像外部审计那样核实财务报表的真实性和准确性，还要分析企业的财务结构是否合理；不仅要评估财务资源的利用效率，而且要检查和分析企业控制系统的有效性；不仅要检查目前的经营状况，而且要提供改进这种状况的建议。

内部审计是企业经营控制的一个重要手段，其作用主要表现在3个方面。

① 内部审计提供了检查现有控制程序和方法能否有效地保证达成既定目标和执行既定政策的手段。例如，制造质量完善、性能全面的产品是企业孜孜以求的目标，这不仅要求利用先进的生产工艺、工人高质量的工作，而且对构成产品的基础——原材料提供了相应的质量要求。这样，内部审计人员在检查物资采购时，就不仅限于分析采购部门的账目是否齐

全、准确，而且将力图测定材料质量是否达到要求。

② 根据对现有控制系统有效性的检查，内部审计人员可以提供有关改进公司政策、工作程序和方法的对策建议，以促使公司政策符合实际、工作程序更加合理、作业方法被正确掌握，从而更有效地实现组织目标。

③ 内部审计有助于推行分权化管理。从表面上来看，内部审计作为一种从财务角度评价各部门工作是否符合既定规则和程序的方法，加强了对下属的控制，似乎更倾向于集权化管理。但实际上，企业的控制系统越完善，控制手段越合理，越有利于分权化管理。因为主管们知道，许多重要的权力授予下属后，自己可以很方便地利用有效的控制系统和手段来检查下属对权力的运用状况，从而可以及时发现下属工作中的问题，并采取相应措施。内部审计不仅评估了企业财务记录是否健全、正确，而且为检查和改进现有控制系统的效能提供了一种重要的手段，因此有利于促进分权化管理的发展。

虽然内部审计为经营控制提供了大量的有用信息，但在使用中也存在不少局限性，主要表现在以下几个方面。

① 内部审计可能需要很多的费用，特别是如果想进行深入、详细的审计的话。

② 内部审计不仅要搜集事实，而且需要解释事实，并指出事实与计划的偏差所在。要能很好地完成这些工作，而又不引起审计部门的不满，需要对审计人员进行充分的技能训练。

③ 即使审计人员具有必要的技能，仍然会有许多员工认为审计是一种"密探"或"检查性"的工作，从而在心理上产生抵触情绪。如果审计过程中不能进行有效的信息和思想沟通，那么可能会对组织活动带来负激励效应。

三、管理审计

外部审计主要核对企业财务记录的可靠性和真实性；内部审计在此基础上对企业政策、工作程序与计划的遵循程度进行测定，并提出必要的改进企业控制系统的对策建议；管理审计的对象和范围则更广，它是一种对企业所有管理工作及其绩效进行全面系统的评价和鉴定的方法。管理审计是现代审计的一种新的审计类别，它是经济发展的必然结果，也是审计事业发展的必然结果。管理审计虽然也可由组织内部的有关部门进行，但为了保证某些敏感领域得到客观的评价，企业通常聘请外部专家来进行。

管理审计的方法是利用公开记录的信息，从反映企业管理绩效及其影响因素的若干方面，将企业与同行业其他企业或其他行业的著名企业进行比较，以判断企业经营与管理的健康程度。

（一）反映企业管理绩效及其影响的因素

反映企业管理绩效及其影响的因素主要包括以下内容。

（1）经济功能。检查企业产品或服务对公众的价值，分析企业对社会和国民经济的贡献。

（2）企业组织结构。分析企业组织结构是否能有效地达到企业经营目标。

（3）收入合理性。根据盈利的数量和质量（指盈利在一定时期内的持续性和稳定性）来判断企业盈利状况。

（4）研究与开发。评价企业研究与开发部门的工作是否为企业的未来发展进行了必要的新技术和新产品的准备；管理当局对这项工作的态度如何。

（5）财务政策。评价企业的财务结构是否健全合理，企业是否有效地运用财务政策和控制来达到短期和长期目标。

(6) 生产效率。保证在适当的时候提供符合质量要求的必要数量的产品,这对于维持企业的竞争能力是相当重要的。因此,要对企业生产制造系统在数量和质量的保证程度以及资源利用的有效性等方面进行评估。

(7) 销售能力。销售能力影响企业产品能否在市场上顺利销售。这方面的评估包括企业商业信誉、代销网点、服务系统以及销售人员的工作技能和工作态度。

(8) 对管理当局的评估。即对企业的主要管理人员的知识、能力、勤劳、正直、诚实等素质进行分析和评价。

(二) 管理审计的内容

1. 管理过程审计

管理过程审计是指以计划、组织、决策和控制等管理职能为对象的一种经济效益审计。它通过对各种管理职能的健全性和有效性的评估,考查管理水平的高低,管理素质的优劣以及管理活动的经济性、效率性,并针对管理中存在的问题,提出改进的建议和意见。如对决策职能的审查,主要应查明是否制定科学的决策和程序,是否遵守合理的决策原则;决策的方法是否科学、恰当;决策的结果是否正确等。对控制职能的审查,主要应查明有无健全和科学的内部控制制度;各项控制制度是否严格执行;其实际效果如何等。

2. 管理部门审计

管理部门审计,是以企业的各管理部门为基本对象,通过对企业各管理部门应承担的经济责任及其履行状况以及管理人员素质的审计,促进企业提高经济效益的一种审计活动。如对设备物资管理部门的审计,应查明是否履行了对物资消耗和存储定额的制定、采购、保管、收发和维护等职责。对财务部门的审查,应查明会计工作是否遵循了会计法规,有无严格的成本控制制度;是否采取了有效措施进行资金的筹措,减少资金占用,提高资金使用效率等。

企业内部审计部门开展管理审计后,从过去的纠错防弊、扮演"警察"角色为主向高层次的"参谋、耳目、助手"方向发展;从真实性、合规性审计为主向注重效益审计方向发展;从以财务报表为中心的财务收支审计向以内部控制为中心的财务基础审计的方向发展;从事后审计向事前、事中审计方向发展。

(三) 管理审计方法

1. "因果分析法"与"果因分析法"

"因果分析法"是从事件的起因查起,最终查出所对应的结果。"果因分析法"则正好相反,是从事件所产生的结果查起,最终透析出问题产生的原因。这两种方法各有优缺点。"因果分析法"的优点是循序渐进,环环相扣,审计内容较为全面,不足之处是审计所需时间较长,技术难度较大。"果因分析法"的优点是溯果撷因,方法简便,需要时间较短,不足之处是审计过程容易以点带面,内容不够全面。究竟哪种方法效果更好,这要视具体的审计情况和审计目的而定。一般来说,在没有审计线索的情况下,更多地采用"因果分析法",如果审计人员掌握了审计线索,为了提高审计效率,便可以考虑采用"果因分析法"。

2. "窗帘中间拉开式"审计法

如果一副窗帘由两片组成,在阳光充足的早晨,我们从中间拉开,眼前便会迅速地明亮起来。这种拉窗帘的方法应用到管理审计中,也会起到事倍功半的效果。具体来说,就是审计人员根据掌握的审计线索,依据自己的职业经验,对问题产生的原因做出判断。同时,向"左"追查问题产生原因的整体脉络,向"右"验证分析自身判断的准确性。这种方法也可以称为"先入为主"法。例如,某项工程成本管理审计,已知该项工程成本过高。审计人员根据经验判断,知道问题产生的原因是材料采购成本过高。依此判断,审计人员便可向

"左"追寻材料采购过程及管理方式，向"右"可通过抽查票据的方式，具体验证材料采购成本是否真的过高。如果向"右"的结果验证了审计人员的判断，向"左"的工作业已完成，此项管理审计便可初步结束。这种审计方法的优点是工作效率会大大提高，缺点是如果审计人员的判断出现偏差，反而会迟滞审计工作进度。因此，运用该审计方法，职业经验不足的审计人员不宜使用。

3. "遵循性"审计法与"思维创新"审计法

"遵循性"审计法是针对管理审计中发现的问题，依据已有的管理模式和固有的思维习惯，对问题的是与非做出判断。"思维创新"审计法则相反，它根据被审计单位的实际情况并打破原有的思维方式，对问题进行判断。举例来说，企业临时用工问题，按照国企固有的管理模式及固有思维方式，企业临时用工是不可取的，因为国企本身已经存在冗员。按照"遵循性"审计法，就会否定企业临时用工的做法。但我们如果采用"思维创新"法，换个角度去思考问题，可能又会得出不同的结论。如果由于临时用工可以使生产效率提高，所带来的经济效益大于用国有企业闲置职工，而这种大于效益又足以抵偿临时工用工成本的话，用临时工也未尝不可。因此，审计人员不能因循守旧，死抱框框。否则，审计结论不可能是实事求是的，甚至会给企业决策带来一定的误导作用。

4. "解剖麻雀"审计法与"高屋建瓴"审计法

强调管理审计要进行深入细致地分析与解剖，并不是说管理审计要一味地在"微观世界"中探索。深入地了解"微观世界"之后，审计人员还要"跳"出来，站在一定的高度，对"微观"进行总结、提炼，使之上升到一定高度，这就是我们所说的"高屋建瓴"审计法。通常所说的"既要进得去又要出得来"，就是这个道理。"解剖麻雀"法停留在"微观"层次，"高屋建瓴"审计法则提高到"宏观世界"，二者相辅相成，缺一不可。微观是宏观的基础，没有微观只有宏观是不可能的，同样只有微观没有宏观也是不行的，站在微观和站在宏观的角度所得出的审计结论也可能是不同的。如一个集团公司，内部有许多子公司，某一个子公司车辆需要进行修理，经过考察，委托集团公司以外的单位进行修理，比集团公司内部其他公司的价格要低得多。如果站在这个子公司"微观"的角度考虑问题，就会得出用外部单位进行修理的结论，但如果站在集团公司这个"宏观"角度考虑问题，从集团公司整体效益出发，又会得出用集团公司其他子公司进行修理的结论。可见，看问题的角度和高度不同，会在很大程度上影响审计结论。

5. "否定之否定"审计法

在实际审计工作中，由于受环境和知识水平等因素的影响，审计人员做出的审计结论往往不可能一次完成，先前的审计结论可能存在一定的偏差。这时，如果审计人员发现了这一偏差，应对原有的审计结论进行否定，重新得出正确的结论。否定之否定才是肯定。审计人员只有勇于面对自己的错误，才能不断得出正确的结论。我们所说的否定之否定，并不是单指一次否定，有些情况下，可能需要多次否定才能得出正确的结论。

总之，搞好管理审计需要审计人员细致入微的工作，需要实事求是的态度，同时还需要掌握正确方法。只有这样，管理审计才能逐步迈入正轨，内部审计的职能作用才能得到更好的发挥。

第三节　质量控制

企业要在激烈的市场竞争中生存和发展，仅靠方向性的战略性选择是不够的。残酷的现实告诉我们，任何企业间的竞争都离不开"产品质量"的竞争，没有过硬的产品质量，企业终将在市场经济的浪潮中消失。而产品质量作为最难以控制和最容易发生的问题，往往让供应商苦不堪言，小则退货赔钱，大则客户流失，关门大吉。因此，如何有效地进行过程控制是确保产品质量和提升产品质量，促使企业发展、赢得市场、获得利润的核心。

质量包括产品质量和工作质量，两者是相辅相成的，工作质量是产品质量的保证，产品质量是工作质量衡量的主要依据。因此，质量是企业的生命，质量控制是企业管理控制的重要手段。质量控制的发展过程经历了事后检验、统计抽样检验、全面质量管理等阶段。

事后检验是在产品已经完成后做终端检查，只能防止不合格品出厂，对已经造成的损失已无法挽回，而且还可能有"漏网之鱼"，对一些需要做破坏性检验的产品更是束手无策。

统计抽样检验将质量控制的重点从生产过程的终端移到生产过程的每道工序，通过随机抽样检验，将其数据用统计分析方法制作各种"控制图"，由此来分析判断各道工序的工作质量，从而防止了大批不合格产品的产生，减少了大量损失，但是其质量控制的重点仍然停留在具体的产品生产过程上。

全面质量管理（TQC）是由美国质量管理专家戴明（W. Edwards Deming）首先提出的，却在日本开花结果，从而风靡全世界。全面质量管理的特点就在"全面"上，所谓"全面"有以下四方面的含义。

1. 全面质量的管理

所谓全面质量就是指产品质量、过程质量和工作质量。全面质量管理不同于以前质量管理的一个特征，就是其工作对象是全面质量，而不仅仅局限于产品质量。全面质量管理认为应从抓好产品质量的保证入手，用优质的工作质量来保证产品质量，这样能有效地改善影响产品质量的因素，达到事半功倍的效果。

2. 全过程质量的管理

所谓的全过程是相对制造过程而言的，就是要求把质量管理活动贯穿于产品质量产生、形成和实现的全过程，全面落实预防为主的方针，逐步形成一个包括市场调研、开发设计直至销售服务全过程所有环节的质量保证体系，把不合格品消灭在质量形成过程之中，做到防患于未然。

3. 全员参加的质量管理

产品质量的优劣，取决于企业全体人员的工作质量水平，提高产品质量必须依靠企业全体人员的努力。企业中任何人的工作都会在一定范围和一定程度上影响产品的质量。显然，过去那种依靠少数人进行质量管理是很不得力的。因此，全面质量管理要求不论是哪个部门的人员，也不论是厂长还是普通职工，都要具备质量意识，都要承担具体的质量职能，积极关心产品质量。

4. 全面科学的质量管理方法

TQC使用的方法是科学全面的，它以统计分析的方法为基础，综合应用各种质量管理方法。全面质量管理提出"一切为了顾客，一切以预防为主，一切凭数据说话，一切按计划-执行-检查-处理循环（即PDCA循环）办事"。这里尤其值得一提的是，它说的"顾客"，不仅仅是产品或服务的购买者，还包括"公共顾客"，即与企业有关的周边环境、社会公众，企业的各类中间商，还有生产过程中的下道工序等。PDCA循环也称戴明环，整个质量管理体系按照其顺序循环运行，大环套小环，一环扣一环。"一切凭数据说话"即使用老质量管理 6 种工具（即统计分析表、排列图、因果图、直方图、控制图、散布图）和新质量管理 7 种工具（即关联图法、K 线法、系统图法、矩阵图法、矩阵数据解析法、PDCA 法、箭头图法）作为控制技术，进行数理统计分析，并由此了解质量状态。

从质量管理的发展进程可以看出，质量控制从事后检查产品或服务转变为控制工作质量，即从间接控制发展为直接控制，变事后控制为事先控制及现场控制，控制重点越来越靠前，控制方法越来越科学，控制范围越来越全面，而且形成了完整系统的质量保证体系，即包括实施质量管理所需的组织结构、程序、过程和资源。

随着科学技术的进步和社会生产力的发展，产品品种越来越繁多，越来越多的使用者无法判断产品的质量和性能。另外，国际贸易迅速发展，采购方要求得到质量保证的渴望也越来越强烈，所以，质量控制不仅仅是每个组织内部要求进行，而且延伸到组织外部，大家都希望在质量管理方面有共同的语言、统一的标准和共同的规范。与此同时，由于质量管理的发展，特别是全面质量管理的广泛应用，世界各国都积累了丰富的经验，因此，国际标准化组织在全面分析、研究和总结的基础上，制定发布了 ISO 9000 系列标准，它一产生就得到世界各国的认同和采用。1994 年国际标准化组织又对该系列标准进行了修订，成为影响最大的质量管理方面的国际标准。

第四节　管理信息系统

随着信息时代的来临，信息在管理控制中发挥的作用越来越大。能否建立有效的管理信息系统，及时有效地收集、处理、传递和使用信息，是衡量管理控制系统的标志之一。

一、信息与组织中的信息交流

1. 正式与非正式的信息交流

正式信息交流是指它是按照规定的方式或信息交流本身就是工作的一部分的信息交流，包括发生在同级之间、上下级之间以及组织内外之间的信息交流。

非正式的信息交流是指不经管理层批准的，不受等级结构限制的交流。

2. 信息交流的方向

（1）向下交流。从管理者沿着权力层次结构向下进行的交流就是向下交流。常用于通知、命令、协调和评估下属。

（2）向上交流。报告通常是沿着权力层次结构向上来汇报当前工作的进展和出现的问

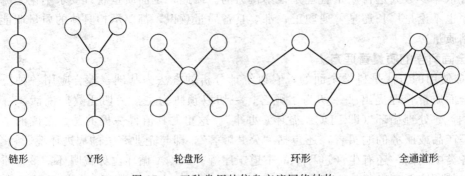

图 17-1　五种常用的信息交流网络结构

题，管理者依靠下属来获得信息。

（3）横向交流。是指在任何层次上发生的，同一水平层次上的人员之间的信息交流。

（4）超级交流。是指发生在跨越职能部门和权力层次的信息交流。

3. 信息交流网络

图 17-1 表示了五种常用的信息交流网络，它们分别是链形、Y 形、轮盘形、环形和全通道形，从图中我们可以看出它们各自的特点。此外，我们还可以在速度、准确性、领导者的涌现和组织士气上进一步对它们作一个对比，分析和评价网络的效果。请见表 17-2 所示。

表 17-2　五种常用的信息交流网络结构

标　准	交流网络				
	链形	Y 形	轮盘形	环形	全通道形
速度	中	中	快	慢	快
准确性	高	高	高	低	中
领导者的涌现	中	中	高	无	无
士气	中	中	低	高	高

二、管理信息系统

"管理信息系统"（Management Information System，MIS），就是向组织内各级主管部门（人员）、其他相关人员，以及组织外的有关部门（人员）提供信息的系统。更具体地说，我们可以把管理信息系统的定义表述如下：管理信息系统是一个以人为主导，利用计算机硬件、软件、网络通信设备以及其他办公设备，进行信息的收集、传输、加工、储存、更新和维护，以企业战略竞优、提高效益和效率为目的，支持企业的高层决策、中层控制、基层运作的集成化的人机系统。它通常是由多个子系统构成的，如库存管理子系统、生产管理子系统、人事管理子系统、财务管理子系统、销售管理子系统、决策支持子系统等。各子系统有自己的功能与输入输出设备。

其主要任务是最大限度的利用现代计算机及网络通信技术加强企业的信息管理，通过对企业拥有的人力、物力、财力、设备、技术等资源的调查了解，建立正确的数据，加工处理并编制成各种信息资料及时提供给管理人员，以便进行正确的决策，不断提高企业的管理水平和经济效益。

三、设计管理信息系统

（1）决策系统分析。管理者所作的决策可以指导管理信息系统的设计。因此第一步是识别所有的管理决策所要用到的信息。这应该包括一个组织中的所有职能，从最低一级的监工到最高一级的首席执行官。

（2）信息需要分析。最上层的管理者需要关于环境方面的数据和总结报告；而最基层的管理者则只需要关于操作问题的报告。一个设计完善的管理信息系统如果要满足管理者的不同要求就应该充分考虑到需求的层次性。

（3）决策集成。管理层在设计时可以让系统只包含尽可能少的重复信息，并且将相似的决策问题由一个人来作。

（4）信息处理设计。在这一阶段，内部的技术专家和外部的顾问可以在一起共同开发一个收集、存储、传送和查询信息的实际系统。

四、管理信息系统如何改变管理者的工作

(1) 决策能力。一个有效的管理信息系统能够提高管理者决策的能力。

(2) 组织设计。复杂的信息系统正改变着组织的结构。管理信息系统给组织结构带来的最明显的变化是：组织的层次更少、更有机化。

(3) 权力。管理信息系统改变了组织的管理层次结构。中层管理人员由于影响力的下降，在组织中的地位也下降了，他们不再是基层工作与高层领导之间的关键纽带。与此相似，普通办公人员的优越性也大大降低了，因为管理者不再依赖他们获得评价和忠告。

【案例分析】 上海通用汽车公司简介

上海通用汽车有限公司是上海汽车工业（集团）总公司和美国通用汽车公司各投资 50% 组建而成的迄今为止我国最大的中美合资企业，总投资为 15.2 亿美元。

上海通用汽车成立于 1997 年 6 月，从打下第一根桩到 1998 年 12 月第一辆中国别克新世纪下线仅用了 23 个月，创造了我国汽车工业建设史上的新速度。1998 年上海市政府把上海通用汽车列为上海市一号重点工程，同时也被美国通用汽车公司列为全球一号战略项目。上海通用汽车又是我国汽车工业产业政策颁布后首家在开始批产时即达到 40% 以上国产化率的轿车制造企业。1999 年 12 月，公司又推出别克 GL8 公务商务旅行车，离第一辆别克新世纪下线仅一年时间。2000 年 4 月，上海通用汽车根据市场需求，又推出新款别克 GS 轿车，三个月后，为了满足市场的需求，又推出别克 G 型轿车，这种连续推出新款的速度创造了我国汽车史上的新纪录。

上海通用汽车占地面积 55 万平方米，建筑面积 23 万平方米，共有冲压、车身、油漆、总装和动力总成五大车间。公司不但引进了国际上最先进的轿车产品汽车制造工艺和设备，而且同时引进了通用汽车公司先进的管理方法。

公司严格按照精益生产原则规划、设计、建设和管理工厂，五大车间采用模块化设计，柔性化生产，可以实现多个车型共线生产，满足市场多元需要。产品销售实行单层次市场拉动式营销体系和品牌经营战略，直接面向用户，对市场信息和用户需求快速反应。逐步扩大和完善的销售服务和售后服务网络，向用户提供了高品质的产品和服务。上海通用汽车生产的别克汽车是在通用汽车公司同步生产的最新车型的基础上，根据中国路况、法规要求和市场需要进行了多项适应性改进。目前系列产品包括别克 GS、别克新世纪、别克 GLX、别克 GL 和别克 G 五款中高档轿车、别克 GL8 公务商务旅行车和别克赛欧紧凑型轿车。在"以顾客为中心"的经营原则指导下，上海通用汽车将不懈努力继续推出新车型，以多元产品满足市场多元需求，并不断创造中国汽车工业新纪录。

公司现状

上海通用汽车目前已经形成凯迪拉克、别克、雪佛兰、萨博四大品牌，凯迪拉克 CTS、凯迪拉克 SRX、别克荣御轿车、别克君威轿车、别克 GL8 商务公务旅行车、别克凯越轿车、别克凯越 HRV 轿车、别克赛欧、昂科雷、君越、雪佛兰景程轿车、CRUZE 以及雪佛兰赛欧紧凑型轿车 15 大系列 57 种品种的产品巨阵，其各系列产品含有多项先进技术，在安全性、动力性、舒适性和环保方面表现优越并在各自的细分市场中处于领先地位。

上海通用汽车坚持"以客户为中心、以市场为导向"的经营理念，并不断以高质量、全系列的产品和高效优质的服务，满足用户日益增长的需求。目前，上海通用汽车拥有金桥、烟台、沈阳 3 大生产基地，金桥南厂、金桥北厂、烟台东岳汽车、沈阳北盛汽车 4 个整车生产厂，以及金桥动力总成、烟台东岳动力总成 2 个动力总成厂。其中金桥基地的生产能力为

年产 32 万辆整车，10 万台自动变速箱、20 万台发动机；烟台基地年设计产能为 24 万辆整车，37.5 万台发动机；沈阳基地年设计产能为 4 万辆整车。上海通用汽车年总产能可达到 60 万辆，其规模与实力在国内汽车企业中位居前茅。

定置管理

"定置"是定置管理中的一个专业术语，是根据安全、质量、效率和物品自身的特殊要求，而科学地规定物品摆放的特定位置。

"定置管理"是对生产现场中的人、物、场所三者之间的关系进行科学地分析研究，使之达到最佳结合状态的一门科学管理方法。企业从自己的实际出发，将生产现场的物品分为 A、B、C 三类，以使人们直观而形象地理解人与物的结合关系，从而明确定置的方向。一般分为五个区域：成品、半成品待检区；返修品区；待处理品区；废品区；成品、半成品合格区。

走进上海通用制造车间，给人留下的第一印象就是环境整洁、管理有序、工艺现代化，环境整洁。

上海通用有冲压、车身、涂装、总装 4 大工艺车间。在车间外部通过柏油路相连接，大面积的绿地装饰其中，使整个工厂区看上去更像是一个大公园；在每个工艺车间内部，地面采用浅色系色调，天花板镶嵌使用透明的玻璃顶棚，给人通透之感。车间工位一尘不染，工人制服整洁统一。制造车间更是管理有序主要有两点：第一，各个生产环节工艺流程清晰，生产要求明确并且标准化；第二，生产线旁的备件摆放整齐有序。

现场管理

现场管理的基本内容有以下几项。

① 现场实行"定置管理"，使人流、物流、信息流畅通有序，现场环境整洁，文明生产。

② 加强工艺管理，优化工艺路线和工艺布局，提高工艺水平，严格按工艺要求组织生产，使生产处于受控状态，保证产品质量。

③ 以生产现场组织体系的合理化、高效化为目的，不断优化生产劳动组织，提高劳动效率。

④ 健全各项规章制度、技术标准、管理标准、工作标准、劳动及消耗定额、统计台账等。

⑤ 建立和完善管理保障体系，有效控制投入产出，提高现场管理的运行效能。

⑥ 搞好班组建设和民主管理，充分调动职工的积极性和创造性。

汽车行业是高科技的综合性工业，已成为国家经济发展的命脉。许多汽车企业在建立了 QMS 的同时，也相继建立了 EMS 和 OHSMS，进行企业的环境安全管理，不断提升企业的环境安全管理绩效。由于汽车生产过程的复杂多样性，铸成其与环保、人身健康与安全的不可分割性，所以，明确其中的环境、安全健康问题是有利于提高企业环境安全管理水平的。

汽车生产（含零、部件和材料）涉及的相关行业有（不限于）：钢铁材料、有色金属、石油化工、机械制造、电加工、电气仪表、轻工纺织、采暖制冷、焊接涂装、表面处理等，高级车还涉及航天工业等。行业不同，环境、安全健康的特点和要求也不同。

汽车生产（含零、部件和材料）的工作场所一般涉及（不限于）：铸造、锻压、机加工、电镀（表面处理）、热处理、塑性成型、冲压（压力加工）、焊接（钎焊）、涂装（喷涂）、装配、实（试）验室（场）、工具、机修、变配电站、动力站房、仓储库房、起重运输等。这些场所无不涉及环境、安全健康问题，且规模不同、程度各异。

在整个生产过程中，铸锻、清洗、焊接、喷镀、电镀以及机加工和其他附加过程，如燃烧、加热、冷却和成品装配、整理过程中，都会向水体、大气、土壤排放废水、废气、废渣等污染物，同时还会产生噪声、振动、光辐射、电磁辐射等污染，危害环境和人员健康安全。除坠物伤人、运输安全、电器火灾等安全问题外，归结汽车生产造成的污染危害有以下几个。

① 水污染。按性质分，可分为有机废水、无机废水和有机无机兼有废水。按水中污染物的成分分，可分为含油废水、含乳化液废水、含酸（碱）废水和含镀液废水。

② 气污染。如粉尘、烟尘、雾化挥发、燃烧废气燃气等。

③ 振动污染。锻锤、机床、风（电）动工具等运行过程中都是振动污染源。

④ 噪声污染。不同设备、不同工艺产生的噪声种类和程度也不同，如机械设备的运转声，机加工时的摩擦声、加工声以及风机、空压机、喷砂机等工作时的各种声音。

⑤ 磁辐射污染。应用高频加工设备、高频焊接、高频淬火、等离子喷涂、大功率电机、变压器等都会产生电磁辐射。

⑥ 固体废弃物污染。由机加工工艺、除锈、焊接、报废的零、部件以及产品包装物等。

企业应该严格按国家规定的粉尘、污水、有害的生产排泄物的排放标准进行选址，建厂规划与设计尽可能大地扩大绿化面积；严格按国家允许使用标准范围采购和建设安装生产设备；严格进行排污除尘设备的配套建设；加强生产排泄物的再生处理工作，并配套好必要的再生处理设备和设施；及时清理、清扫，提高企业全体员工的绿色环保意识。

质 量 管 理

通过不断实践和创新，上海通用汽车在积累了多年质量体系经验的基础上，创造出对TS16949质量管理标准的全新诠释，以推进公司的质量体系建设。

T——Technology，建立一支专业化的质量体系专职人员和部门/区域协调队伍。

S——Support，各级管理层领导的指导和支持。

1——一丝不苟地做好本职工作（基础）。

6——应用六西格玛追求零缺陷（理念）。

9——应用"纠"正措施和预防措施提高质量（方法）。

4——应用P-D-C-A四个环节持续改进质量（工具）。

9——将不符合抛到九霄云外（目标）。

公司确定了"质量体系和项目规划、设计、建设同步进行"的三同步原则，为上海通用汽车质量体系的发展指明了方向。

在从QS 9000转版为TS的过程中，更新了质量至上的方针，创建了新的质量方针——满足并超越顾客期望，明确了以顾客为关注焦点的经营理念。

目 视 管 理

目视管理是利用形象直观而又色彩适宜的各种视觉感知信息来组织现场生产活动，达到提高劳动生产率的一种管理手段，也是一种利用视觉来进行管理的科学方法。

① 规章制度与工作标准的公开化。为了维护统一的组织和严格的纪律，保持大工业生产所要求的连续性、比例性和节奏性，提高劳动生产率，实现安全生产和文明生产，凡是与现场工人密切相关的规章制度、标准、定额等，都需要公布于众；与岗位工人直接有关的，应分别展示在岗位上，如岗位责任制、操作程序图、工艺卡片等，并要始终保持完整、正确和洁净。

② 生产任务与完成情况的图表化。现场是协作劳动的场所，因此，凡是需要大家共同完成的任务都应公布于众。计划指标要定期层层分解，落实到车间、班组和个人，并列表张贴在墙上；实际完成情况也要相应地按期公布，并用作图法，是大家看出各项计划指标完成中出现的问题和发展的趋势，以促使集体和个人都能按质、按量、按期地完成各自的任务。

③ 与定置管理相结合，实现视觉显示资讯的标准化。在定置管理中，为了消除物品混放和误置，必须有完善而准确的资讯显示，包括标志线、标志牌和标志色。因此，目视管理在这里便自然而然地与定置管理融为一体，按定置管理的要求，采用清晰的、标准化的资讯显示符号，将各种区域、通道，各种辅助工具（如料架、工具箱、工位器具、生活柜等）均运用标准颜色。

④ 生产作业控制手段的形象直观与使用方便化。为了有效地进行生产作业控制，使每个生产环节、每道工序能严格按照期量标准进行生产，杜绝过量生产、过量储备，应采用与现场工作状况相适应的、简便实用的资讯传导信号。

⑤ 物品的码放和运送的数量标准化。物品码放和运送实行标准化，可以充分发挥目视管理的长处。例如，各种物品实行"五五码放"，各类工位器具，包括箱、盒、盘、小车等，均应按规定的标准数量盛装，这样，操作、搬运和检验人员点数时既方便又准确。

⑥ 现场人员着装的统一化与实行挂牌制度。现场人员的着装不仅起劳动保护的作用，在机器生产条件下，也是正规化、标准化的内容之一。它可以体现职工队伍的优良素养，显示企业内部不同单位、工种和职务之间的区别，因而还具有一定的心理作用，使人产生归属感、荣誉感、责任心等，对于组织指挥生产，也可创造一定的方便条件。

挂牌制度包括单位挂牌和个人佩戴标志。按照企业内部各种检查评比制度，将那些与实现企业战略任务和目标有重要关系的考评专案的结果，以形象、直观的方式给单位元挂牌，能够激励先进单位更上一层楼，鞭策后进单位奋起直追。个人佩戴标志，如胸章、胸标、臂章等，其作用同着装类似。

安 全 管 理

① 建立健全各项安全生产管理制度和安全预警工作机制。安全工作的依据是各项规章制度。要建立健全企业安全生产责任制，加快安全维修标准的制定和修订工作，加强重点部位、关键设备、重大危险源点的监控，增强防控事故能力。要形成一个自上而下逐级管理、自下而上逐级负责的管理网络，把各自规范的责任内容分别落实到每个员工，层层构筑安全生产的一道道防线。

② 严格执行各项安全操作规程。要求每个员工必须自觉遵守操作规程，既要互相遵守，又互相严格监督。定期依据安全操作规程检查各岗位人员履行安全操作规程的情况，做好书面记录。对检查中发现的安全责任问题，立即从严处理。

③ 加强安全生产的教育与培训。安全教育与培训是预防维修企业事故发生的治本措施之一。要把从业人员岗位安全培训教育摆在突出的位置。在教育的途径上要多管齐下，既要通过安全培训、常规性的安全教育，又要强化宣传效果，形式和内容上要突出知识性、趣味性，寓教于乐，营造浓厚氛围，使员工在潜移默化中强化安全意识，逐步实现从"要我安全"到"我要安全"，再升华到"我会安全"的境界。

④ 配备安全设施与设备。加强易燃易爆物料的采购、储存、使用及废料处理的全过程管理。危险物品有：汽、柴油、润滑油、轮胎、涂料、稀料、清洗剂、制冷剂、电瓶液、乙炔气、塑料、棉织物等，必须由专人管理和使用。废油料要合理堆放，及时处理。这些物品和压力容器应有安全防护措施和设施，定期检查设施的功效。

⑤ 落实安全生产激励及奖惩措施。重视激励作用，把情感融入安全管理，刺激工作热情，激发创造力，促进安全管理。同时，运用经济杠杆，引入安全管理竞争机制，将安全生产奖惩措施纳入企业经营管理的重要内容，实行重奖重罚、随奖随罚的原则。设立安全奖励基金，用于奖励安全生产的有功人员，形成奖惩分明的安全目标和考核体系。积极开展安全生产周、安全生产月竞赛活动，对优胜者进行表彰、奖励。

⑥ 注重营造维修企业安全文化。在安全管理过程中，必须坚持"以人为本"，采取多种措施，增强员工安全生产的积极性、创造性，全面提高员工的综合安全技能，让使员工找到归属感，形成安全管理"命运共同体"，推动安全管理工作向纵深发展。安全文化能弥补安全管理的不足，因为安全文化注重人的观念、道德、伦理、态度、情感、品行等深层次的人文因素，通过教育、宣传、奖励等手段，不断提高企业员工的安全修养，改进其安全意识与行为，使员工从不得不服从管理制度的被动执行状态转变成主动自觉行动。

总之，安全生产是汽车生产企业永恒的主题，更是贯穿企业经营管理发展的生命线。企业必须把安全性放在首位，运用现代安全管理手段，保障员工良好的安全生产环境，有效预防、控制、减少伤亡事故的发生和财产的损失，建立高效的适应社会主义市场经济体制的安全生产管理机制。

6S 管 理

整理（SEIRI）——将工作场所的任何物品区分为有必要和没有必要的，除了有必要地留下来，其他的都消除掉。目的：腾出空间，空间活用，防止误用，塑造清爽的工作场所。

整顿（SEITON）——把留下来的必须要用的物品依规定位置摆放，并放置整齐加以标示。目的：工作场所一目了然，消除寻找物品的时间，整整齐齐的工作环境，消除过多的积压物品。

清扫（SEISO）——将工作场所内看得见与看不见的地方清扫干净，保持工作场所干净、亮丽。目的：稳定品质，减少工业伤害。

清洁（SEIKETSU）——维持上面3S成果。

素养（SHITSUKE）——每位成员养成良好的习惯，并遵守规则做事，培养积极主动的精神（也称习惯性）。目的：培养有好习惯、遵守规则的员工，营造团队精神。

安全（SECURITY）——重视全员安全教育，每时每刻都有安全第一观念，防患于未然。目的：建立起安全生产的环境，所有的工作应建立在安全的前提下。

团队管理

① 分权管理。分权就是转交责任，一个上级不是什么决策都自己作，而是将确定的工作委托给他的下级，让他们有一定的判断和独立处理工作的范围，同时也承担一部分责任，提高下级的工作意愿和工作效率。参与责任提高了积极性，上级可以从具体工作中解放出来，可以更多投入本身的领导工作。

② 结果管理。上级把要得到的结果放在管理工作的中心，在目标管理中给定目标。像目标管理一样，结果管理包括更多的工作意愿和参与责任，但在结果控制时不一定要评价一个下属，而可以评价一个部门或他所从属的一个岗位。

③ 目标管理。上级给出一个他的下属要达到的（上级）目标。例如，目标为销售额提高15%。各个部门的下属要共同确定达到这目标应该完成的（下级）目标——提高产品销售，上级则有规律地检查销售额变化的情况。像分权管理和例外管理一样，目标管理可提高工作意愿和参与责任。此外，下属们共同追求要达到的目标，促进了团体精神。

④ 例外管理。领导只对例外的情况才亲自进行决策。例如一个下属有权决定6%以下的价格折扣。当一个顾客要求10%的折扣时，就属于例外情况了：这必须由上司来决定。例外管理同样可提高职工的工作意愿，职工有独立处理工作的可能，这样就减轻了上司的负担。这个方法的实际困难在于：什么是"正常"业务，什么是例外？因此管理者经常要检验他们的决策范围。

⑤ 参与管理。下级参与有些问题，尤其是与他本人有关的问题的决策，例如调到另一部门或外面的分支机构任职。当对重要问题有共同发言权时，职工不会感到被"傲慢"

地对待了，比如他们可以认识到调职的意义并信任其理由。这样做可以提高对企业目标的"认同"。

⑥ 系统管理。对确定的企业流程进行管理。把企业作为一个大系统，这个系统就像一个电流调节系统似地运行，对那些不断重复的活动有许多规定和指令（例如机器的开和关、更换和维修）。因此这种方法主要用于工业企业，将所有工作过程组织成通畅的流程，许多的规定是为了保证"整个系统的运行"，领导者所要注意的只是不要使企业内太"官僚主义"。

思考

1. 上海通用汽车有限公司是如何向管理要效益的？公司的管理有何特点？
2. 结合案例，简述控制的内容与方法有哪些？论述如何对组织进行全面的管理控制？

实训题 99.9%怎么样？

有一种观点认为"99.9%的合格率已经够好了"或者"顾客对99.9%的合格率已经满足了"。真的是这样吗？

目标：提高对产品质量重要性的认知度

时间：20分钟

教具：列有相关统计数字的资料人手一份

过程：

① 提问：如果在座的学员奉命去主管一条生产线，他们可以接受怎样的质量标准？（质量标准用合格品占全部产品的百分比来表示）以举手方式统计学员可以接受的质量标准。

百分比	接受人数	百分比	接受人数
90%		97%	
95%		98%	
96%		99%	

② 告诉学员，现在有些公司正在努力把不合格率降到仅为1%的1/10——即99.9%的质量合格率！提问：是否99.9%的合格率已经足够了？

③ 举出材料上令人震惊的统计数字，说明即使是99.9%的合格率也会造成严重的不良后果。

④ 最后告诉学员，摩托罗拉的承诺是达到"六星级"的质量标准——在每100万件产品中，不合格品应少于3件。

思考

1. 你是否仍然对99.9%的合格率感到满意？
2. 我们的顾客是否会对此标准感到满意？

测试题 你愿意在多大程度上放弃控制？

通过下列问题，你会对是否放弃足够的控制而又保持有效性的问题有一个明确的认识。如果你只有有限的工作经验，可根据你所知道的情况和你个人的信念来回答。对每一个问题指明你同意或不同意的程度，在相应的数字画圈。

项 目	极其赞同	赞同	中立	反对	极其反对
1. 我会更多地授权，如果我授权的工作都能像我希望的那样完成	5	4	3	2	1
2. 我并不认为会有时间去合适地领导	5	4	3	2	1
3. 我仔细地检查下属的工作并不让他们察觉，这样在必要时，我可以在他们引起大的问题之前纠正他们的错误	5	4	3	2	1

续表

项目	极其赞同	赞同	中立	反对	极其反对
4. 我将我所管理的全部工作都交给下属去完成,我自己一点也不参与,然后检查结果	5	4	3	2	1
5. 如果我已经给出明确的指令,但工作仍然没有做好,我会感到沮丧	5	4	3	2	1
6. 我认为员工缺乏和我一样的责任心,所以只要是我不参与的工作就不会干好	5	4	3	2	1
7. 我会更多地授权,除非我认为我会比现任的人做得更好	5	4	3	2	1
8. 除非我的下属非常有能力,我才会更多地授权,否则我会受到指责	5	4	3	2	1
9. 如果我授权的话,我的工作就不会那么有意思了	5	4	3	2	1
10. 我委任一项任务时,常常发现最终总是自己从头干一遍所有的工作	5	4	3	2	1
11. 我并不认为授权会提高多少工作效率	5	4	3	2	1
12. 当我委任一项任务时,我会清楚而又简明地具体说明应该如何完成这项任务	5	4	3	2	1
13. 由于下属缺乏必要的经验,我不能一相情愿地授权	5	4	3	2	1
14. 我发现当我授权时,我会失去控制	5	4	3	2	1
15. 如果我不是一个完美主义者,我会更多地授权	5	4	3	2	1
16. 我常常加班工作	5	4	3	2	1
17. 我会将常规工作交给下属去做,而非常规工作则必须由我亲自做	5	4	3	2	1
18. 我的上级希望我注意工作中的每一个细节	5	4	3	2	1

思考题

1. 什么是预算控制?它的优缺点是什么?
2. 何谓财务报表分析?它包括哪些内容?
3. 试述审计的含义、内容和作用。
4. 什么是内部控制制度?有效的控制制度有哪些特征?

管理学

第七单元 领导能力开发，管理者的自我修炼

"我不认为领导能力是能够教出来的，但我们可以帮助人们去发现，并挖掘自己所具备的领导潜能。"

——约翰·科特（John Kurt）

第十八章 能力素质的提出

内容提要
- 能力素质含义

第一节 综合素质的三维结构

理论界对综合素质概念的解释和定义并不统一，各高校的素质评价也不尽相同。综合素质需要理论创新，要求提出的综合素质概念既要具有动态性、兼容性、发展上的顺承性等特点，同时又要与国务院关于深化教育改革全面推进素质教育的决定相符合，每一素质模块所包含的具体特征变量要能随着研究对象、研究角色和研究侧重点的不同而不同，要能体现素质教育在不同阶段和不同方面应当有不同的内容和重点。此模式最好是一种系统的、完整的研究素质结构的一级指标，以它为基础，研究者可以根据研究内容和具体环境设计研究的二级指标和具体的素质特征。在此，以《综合素质的理论创新与开发管理》（管理观察，费湘军，2011，P30-P33）一文中所定义的综合素质概念为基础进行分析研究，如图18-1所示。

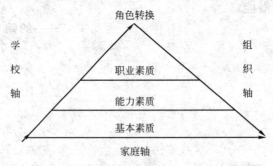

图 18-1 大学生综合素质培养的三维金字塔结构

素质模块一：基本素质。以传统的德、智、体、美、劳为主要研究内容，同时再增加一些变量元素，这些变量在数量上、内容上是可变的，其影响因素主要有组织特点、时代性、环境、角色等。具体来说主要包括思想德育素质、智育素质、文化素质（含美育素质）、身心素质等，身心素质中的心理素质包含个性与特质、动机、态度、自我概念、价值观、情商、逆商、同理心等。

素质模块二：能力素质。能力素质在不同学校中的具体要求和内容是不同的，主要包括管理能力（如计划、组织、领导和控制能力）、学习能力、创新和实践能力、团队管理能力、执行力等。其中领导能力又包括沟通与人际交往技能所涉及的内容。

素质模块三：职业素质。主要包括：职业道德、职业知识和技能、组织文化认同与忠诚、岗位适应与拓展、职业动机、社交礼仪等。

第二节　能力素质是应用型本科人才培养的重心

如今，中国高校对应人才培养的种类大致分为技能型、应用型与学术型三种类别，在人才培养的理念与目标上各有所指向。

2003年党的十六大提出了拔尖性人才的要求。所谓拔尖型人才是指具有较强的创新精神和能力，在各自研究领域颇有成绩，能够为国家做出重大贡献的带头人和杰出人才。

2003年中共中央国务院关于进一步加强人才工作的决定指出要大力实施人才强国战略，建设宏大的高素质人才队伍。要以能力建设为核心，加强高技能人才队伍建设。所谓高技能人才是指在一线岗位，掌握熟练的操作技能，并在工作实践中能够解决技术和工艺的操作性难题的人员。

2010年中共中央国务院国家中长期人才发展规划纲要（2010—2020）指出要注重培养应用型人才，国务院关于加快发展现代职业教育决定中提出要引导普通本科高等学校向应用技术类型高等学校转型。邵波在《中国大学教学》中指出应用型本科人才在强调专业性、职业性知识与能力培养和训练的同时，也不能忽视其他本科教育目的，应更加重视作为本科教育普通知识和基础能力培养。所谓应用型人才是指能将理论知识应用于所从事的职业领域，胜任开发、设计、管理、技术服务、策划、系统集成等专业技术或生产管理工作的人员。

由此可见，高技能人才以职业素质为主线，理论知识与能力素质够用即可。应用型本科人才培养以能力素质为主线，理论知识与实践能力并重。

第十九章 开发培训的方案选择

内容提要
- 领导力含义与开发

第七单元 领导能力开发，管理者的自我修炼

第一节 领导力内涵界定

21世纪，当社会变革、国际交流、信息技术、个性发展等诸多挑战与机遇降临到社会分工的每一位参与者面前时，无论我们是否身处领导者的职位，都应该或多或少地具备某些领导力。卓越领导力学院首席执行官、亚太领袖发展协会创办人陈建宏认为组织经理人有三个必备核心：专业知识、管理技巧及领导能力，目前国内大多数培训都以专业知识和管理技巧为主，影响力最大、最为重要的领导力培训却十分匮乏。作为未来最具影响力的国家，中国急需一批拥有国际化领导力知识和视野的高素质领导者。

领导能力是领导者素质的核心。领导力不仅仅是领导的方法和技能，也不仅仅适用于领导者，它是我们每个人都应该具备或实践的一种优雅而精妙的艺术。领导力是一门综合的艺术，它不仅仅包含了各种具体的领导技能，也囊括了前瞻与规划、沟通与协调、真诚与均衡等更诸多要素。

领导能力是反映影响领导活动效果的个性心理特征和行为的总和，领导力可以被形容为一系列行为的组合，而这些行为将会激励人们跟随领导去要去的地方，不是简单的服从。根据领导力的定义，我们会看到它存在于我们周围，在管理层，在课堂，在球场，在政府，在军队，在上市跨国公司，在小公司直到一个小家庭，我们可以在各个层次，各个领域看到领导力，它是我们做好每一件事的核心。一个头衔或职务不能自动创造一个领导。

七层次领导力是全球最新领导力实战总结与五层次需求理论进行结合的结晶。它具有亚伯拉罕·马斯洛（Abraham Harold Maslow）的五层次需求理论和罗伯特·豪斯（Robert J. House）的目标路径理论，罗伯特·豪斯的综合激励模式，罗伯特·豪斯的魅力型领导，罗伯特·豪斯的价值领导力，理查德·巴雷特的七层次领导力为基层，产生以价值驱动的七层次领导力。

层次一：危机主管/会计
层次二：人际关系管理者/沟通者
层次三：管理者/组织者

层次四：推动者/影响者
层次五：整合者/激励者
层次六：指导者/伙伴
层次七：智者/高瞻远瞩

领导力应该包含做好领导工作的基本技能和超凡能力。管理学原理中领导力内容与层次应该只涉及领导技能这个层次。因此，本书对于领导力的研究范畴是指为了做好管理工作所需要具备的基本领导技能，是围绕着管理者角色进行设计的。对应于七层次领导力模型，其研究范围应该是指前五个层次的领导力，后两个层次的领导力属于超凡领导力，是站在更高层次、组织层面、战略层面进行研究的。

领导力又可以分为两个层面：一是组织的领导力，即组织作为一个整体，对其他组织和个人的影响力。这个层面的领导力涉及组织的文化、战略及执行力等。二是个体领导力，对于企业来讲，就是企业各级管理者和领导者的领导力。管理学原理课程所涉及的领导力属于个体领导力层面。

通过上述关于领导力的分析，本书侧重研究以下几个领导技能：沟通技能、倾听技能、反馈技能、授权技能、训导技能、冲突管理技能、谈判技能、激励能力和团队管理技能等。

第二节 领导力开发方案选择

为了便于管理者进行领导力修炼，本节列举了有关方面的简单训练，这只是一个引子，目的就是促使学习管理的学员能够有意识地进行自我修炼，以提升做好管理工作的领导能力，不断完善自我，将每个人的领导潜力激发出来，更好地做好管理。

1. 管理头脑风暴

分享管理心理

练习目的：通过练习，发现管理在组织运行中的基本职能，领悟一个有效的管理者所需要具备的技能。

练习内容：3～4名学生以小组为单位，围绕各自在不同组织中的管理和被管理经历开展讨论。依次举例介绍自己在过往的组织经验中印象最深刻的管理者；列举有效管理者的性格特征；将管理职能与管理者技能与上述罗列的性格特征进行一一对应。

练习步骤
(1) 教师布置练习任务，并提出练习要求。
(2) 学生分组，确定组织负责人和记录人。
(3) 学生开始进行分组讨论。
(4) 组织各组汇报各自讨论情况，教师进行汇总点评。

2. 沟通能力训练

撕纸游戏

练习目的：为了说明我们平时的沟通过程中，经常使用单向的沟通方式，结果听者总是见仁见智，个人按照自己的理解来执行，通常都会出现很大的差异。但使用了双向沟通之后，又会怎样呢，差异依然存在，虽然有改善，但增加了沟通过程的复杂性。所以什么方法是最好的？这要依据实际情况而定。作为沟通的最佳方式要根据不同的场合及环境而定。

形式：20人左右最为合适。

时间：15分钟。

材料：准备总人数两倍的A4纸（废纸亦可）。

适用对象：所有学员。

操作程序

(1) 给每位学员发一张纸；

(2) 培训师发出单项指令：

——大家闭上眼睛；

——全过程不许问问题；

——把纸对折；

——再对折；

——再对折；

——把右上角撕下来，转180度，把左上角也撕下来；

——睁开眼睛，把纸打开。

培训师会发现各种答案。

(3) 这时培训师可以请一位学员上来，重复上述的指令，唯一不同的是这次学员们可以问问题。

有关讨论

完成第一步之后可以问大家，为什么会有这么多不同的结果？

完成第二步之后又问大家，为什么还会有误差？

3. 倾听能力训练

只有一个橘子

目的：学习人际沟通中倾听的技巧，学习主动倾听别人需求的技巧。

人数：不限。

时间：10分钟。

场地：教室。

用具：一张白纸和一个橘子。

拓展游戏步骤：

(1) 培训师告诉组员，下面将讲一个关于两个小女孩和一个橘子的故事：两个小女孩一起走进了厨房想找橘子，但最后在厨房的桌子上只找到一个橘子。

(2) 培训师出示一个橘子。提问组员"这两个小女孩该怎么做？"大家可能会建议把橘子一切为二，或去买另一个橘子等，把这些建议列在白报纸上。

(3) 之后，再问组员"在知道小女孩怎么办之前，我们是否需要知道一些重要的信息？但这些直到现在还没人问过的信息，会是什么呢？"

(4) 记录组员的意见，直到有人说我们需要知道的是两个女孩的需求。

(5) 培训师说明，如果在一开始就知道两个女孩的需求，解决方案就很明显：一个女孩需要橘子的皮做蛋糕的装饰，另一个女孩想用橘子肉榨橘子汁。

为什么我们总是在没有确认问题之前好好倾听女孩的需求？在与人沟通或销售过程中，如何避免过多的假设行为？

(资料来源：http://www.godzr.cn)

4. 反馈技能训练

你问我答

目的：锻炼积极反馈和消极反馈的能力。

步骤：两人一组，为对方提供三道问题，并记录答案。

（1）在外形上，你喜欢/不喜欢自己的两个方面；
（2）在个人品质上，你喜欢/不喜欢自己的两个方面；
（3）在才华或技能上，你赞同/不赞同自己的两个方面。

讨论：对于积极反馈，你的状态如何？对于消极的反馈，你自我感觉如何？又是如何应对的？

5. 激励能力

为所在班级制订一份学习激励计划

练习目的：培养对实际管理系统进行观察分析的能力；培养运用激励理论进行有效激励的能力。

练习要求

（1）调查并分析本班学生学习积极性以及包括奖学金在内的激励状况。
（2）分组进行，为班级起草一份激励计划。
（3）在班级组织讨论，深入分析目前的激励状况，研讨如何有效激励，充实完善本组的激励计划。

6. 训导技能训练

你怎样对待这样的员工？

目的：训导指的是为了强化组织规范或规章，管理者所进行的活动。训导的实施应该平静、客观和严肃。通过一定的训练使你掌握一定的训导技能。

活动背景：你所管理的公司有一个员工出卖公司商业机密（如客户资料等），你发现后怎么处置？

活动形式：团队成员参与活动进行角色模拟。

讨论：

（1）在你得知此事时，你的第一反应与心情如何？
（2）模拟处置的过程怎样，记录下来。
（3）模拟处置完此事后，你的收获是什么？
（4）总结出开发有效的训导技能的程序。

7. 授权能力训练

他的授权方式

练习目的：让学员体会及学习作为一位主管在分派任务时通常犯的错误以及改善的方法。

形式：8人一组为最佳。

时间：30分钟。

材料：眼罩4个，20米长的绳子一条。

适用对象：全体参加团队建设及领导力训练的学员。

操作程序：

(1) 培训师选出一位总经理、一位总经理秘书、一位部门经理，一位部门经理秘书，四位或剩余均为操作人员。

(2) 培训师把总经理及总经理秘书带到一个看不见的角落而后给他说明游戏规则：

——总经理要让秘书给部门经理传达一项任务，该任务就是由操作人员在戴着眼罩的情况下，把一条 20 米长的绳子做成一个正方形（长方形、等边梯形、圆形），绳子要用尽。

——全过程不得直接指挥，一定是通过秘书将指令传给部门经理，由部门经理指挥操作人员完成任务。

——部门经理有不明白的地方也可以通过自己的秘书请示总经理。

——部门经理在指挥的过程中要与操作人员保持 5 米以上的距离。

"他的授权方式"操作指导图形

8. 冲突管理能力训练

冲突管理实训

个人、所在的班级或组织与他人、别的班级或组织有无发生冲突？列举几项冲突，分析一下冲突产生的原因以及你、你们是如何解决冲突的。

9. 团队管理训练

建 桥 过 河

练习目的：让学员体会团队合作的重要性、领导的作用、有效沟通是合作成功的要素。

方法：设置一条宽 6 米的河，（借助地形）河的两边分别有两个组，而这两个组都要渡到河的对面，使用道具只有上述材料。另外河中有一名船夫（教官扮演）可帮助搬运三件东西（包括人），每次一件。

规则：(1) 在渡河中不能有人落水（接触地面），否则此人将被水淹（退出活动5分钟）。

(2) 任何工具碰到河水（接触地面）将被没收。

讨论：在游戏过程中，两组的组员是如何进行沟通的。

你们的资源是如何进行分配的，如何达到资源的有效利用？

两个小组如何进行协调合作的？

你们用什么方法来做你的计划？

团队如何收集不同的意见？

队员的投入与参与程度如何？

该项目中是否有领导？他担任什么样的角色？

10. 谈判能力训练

模 拟 谈 判

角色分配：每两人一组，一人扮演顾客（一位来中国一个月的荷兰人，英语流利，汉语能听懂，但不能流畅表达），一人扮演销售员。

对象选择：可选择以下商品进行销售谈判：便携式计算机、电吹风、汽车遮阳棚以及长城一日游。

程序：首先请列表写出顾客可能提出的异议及谈判应对措施。其次模拟完成以上假设，注意在模拟前对销售员应具备的素质进行讨论，作好思想准备。

测试题参考答案

第二章

你可以通过将你的得分与下述标准比较，评估你对数学的忧虑程度。

15～25 点＝有把握的；26～40 点＝小心谨慎的；41～45 点＝胆怯的；46～60 点＝忧虑的。

第四章

对于项目 5、6、7 和 9，分数如下：强烈赞同＝＋2，赞同＝＋1，不肯定＝0，不赞同＝－1，强烈不赞同＝－2；对于项目 1、2、3、4、8 和 10，分数与此恰好相反（强烈赞同＝－2，等等）。加总你的全部得分，你的得分将落入＋20～－20 的区间。

你的得分越高（正），你越是对正规的、稳定的、规则导向的和结构化的文化感觉良好，这对应着处于稳定环境中的大公司和政府机构。

负的得分表明你更喜欢那种小型、创新、灵活、团队导向的文化，这种文化常见于研究单位和小型企业。

第五章

对问题 1、3、5、6、11，回答"A"的总数填入得分项 [A＝　　]。
对问题 2、4、7、8、9、10、12，回答"B"的总数填入得分项 [B＝　　]。
直觉总分 [A＋B＝　　]（0～12）。（得分越高，则直觉能力越强。）

第七章

根据本份问卷设计者的观点，优秀的计划人员可能的答案是：1. 是；2. 否；3. 是；4. 是；5. 是；6. 是；7. 是；8. 否。

第八章

把你对 22 项特征的得分加总，它将介于＋44～－44 分之间。正分数越高，就越具有成功企业家的共同特质。

第十三章

如果 1、4、7、10、13、16 题答"是"多，说明具有专制型倾向；

如果 2、5、8、11、14、17 题答"是"多，说明具有民主型倾向；

如果 3、6、9、12、15、18 题答"是"多，说明具有自由放任型倾向。

第十四章

把你对每个问题的 A、B、C、D 和 E 的选择的相应分数填入表1的对应项中。注意，评分表中的字母并不总是按字母顺序排列的。然后合计每一列的分数得到每种动机水平的总分。

表 1　评分表

动机水平	Ⅰ	Ⅱ	Ⅲ	Ⅳ	Ⅴ
问题 1	A	C	B	E	D
得分					
问题 2	A	B	D	C	E
得分					
问题 3	B	C	E	D	A
得分					
问题 4	E	A	C	B	D
得分					
问题 5	C	B	D	A	E
得分					
问题 6	B	C	A	E	D
得分					
问题 7	E	A	D	C	B
得分					
问题 8	B	C	A	E	D
得分					
问题 9	B	C	E	D	A
得分					
问题 10	B	D	C	E	A
得分					
总分					

5种动机水平如下：

水平Ⅰ　生理需要　　　　　　　　水平Ⅳ　尊重需要
水平Ⅱ　安全需要　　　　　　　　水平Ⅴ　自我实现需要
水平Ⅲ　社会需要

那些得分最高的需要是你在你的工作中识别出的最重要的需要。得分最低的需要表明已经得到较好的满足或此时你不再强调它的重要性。

第十五章

给你所选择的"经常"打5分；"有时"打3分；"很少"打1分。然后计算每组陈述的总分，分组方式如下。

A组：项目13~16。B组：项目9~12。C组：项目5~8。D组：项目1~4。分别对每组进行分析。得分在17分或以上的，属于高程度；得分在12~16分之间属于较高；得分在8~11分之间属于较低；得分在7分或以下，属于低程度。

A、B、C和D分别代表不同的冲突解决策略。

A＝强迫/支配：我赢，你输。

B＝和解：我输，你赢。

C＝妥协：双方都有所赢，有所输。

D＝合作：我赢，你也赢。

第十七章

累加18项问题的全部得分，得分可以解释如下：

72~90分＝无效的授权；54~71分＝授权习惯需要大量改进；36~53分＝还有改进的余地；18~35分＝优秀的授权。

参 考 文 献

[1] 方振邦，鲍春雷. 管理学原理. 北京：中国人民大学出版社，2014.
[2] 周三多，陈传明，鲁明泓. 管理学：原理与方法. 第5版. 上海：复旦大学出版社，2013.
[3] 斯蒂芬. P. 罗宾斯. 管理学. 李原等译. 第11版. 北京：中国人民大学出版社，2012.
[4] 林志扬. 管理学原理. 第4版. 厦门：厦门大学出版社，2011.
[5] [美]克瑞尼. 管理学原理（英文版）. 第11版. 北京：清华大学出版社，2010.
[6] 王欣欣，杨静. 管理学原理. 北京：北京交通大学出版社，2012.
[7] 吴秀敏. 管理学原理. 成都：西南财经大学出版社，2010.
[8] 徐碧琳. 管理学原理. 北京：机械工业出版社，2012.
[9] 吴亚平. 管理学原理教程. 第3版. 武汉：华中科技大学出版社，2012.
[10] 李品媛. 管理学原理. 第2版. 大连：东北财经大学出版社，2012.
[11] 周三多. 管理学原理. 南京：南京大学出版社，2009.
[12] 倪杰，周璐，罗茜. 管理学原理. 第2版. 北京：清华大学出版社，2011.
[13] 王利平. 管理学原理. 第3版. 北京：中国人民大学出版社，2009.
[14] 王珍，卢启程. 管理学基础学习指南与习题集. 北京：北京大学出版社，2007.
[15] [美]哈罗德·孔茨等. 管理学. 张晓君等译. 第10版. 北京：经济科学出版社，2003.
[16] [美]迈克尔·波特. 竞争优势. 陈小悦译. 北京：华夏出版社，1997.
[17] [美]凯瑟琳·巴托尔. 管理学（英文版）. 北京：机械工业出版社，1998.
[18] [美]麦迪. 有效激励. 北京：中国商业出版社，2003.
[19] [美]斯图尔特·克雷纳. 管理百年. 邱琼，钟秀斌等译. 海口：海南出版社，2003.
[20] 周三多. 管理学. 第2版. 北京：高等教育出版社，2005.
[21] 周三多. 管理学——原理与方法. 第4版. 上海：复旦大学出版社，2005.
[22] 陈传明. 管理学. 北京：清华大学出版社，2003.
[23] 陈红. 管理学. 徐州：中国矿业大学出版社，2004.
[24] 龚荒. 管理学. 徐州：中国矿业大学出版社，2005.
[25] 朱永庚. 人力资源管理. 天津：天津大学出版社，2009.
[26] 谭力文. 管理学. 武汉：武汉大学出版社，2000.
[27] 徐国华. 管理学. 第3版. 北京：清华大学出版社，2002.
[28] 周祖城. 管理与伦理. 北京：清华大学出版社，2000.
[29] 魏英敏. 新伦理学教程. 北京：北京大学出版社，1993.
[30] 周健临. 管理学教程. 上海：上海财经大学出版社，2003.
[31] 芮明杰. 管理学——现代的观点. 上海：上海人民大学出版社，1999.
[32] 陈惠雄. 人本经济学原理. 第2版. 上海：上海财经大学出版社，2006.
[33] 陈春花. 企业文化. 北京：机械工业出版社，2010.
[34] 张德. 企业文化. 北京：清华大学出版社，2007.
[35] 杨文士，张雁. 管理学原理. 北京：中国人民大学出版社，1994.
[36] 陈佳贵. 冲突管理：寻找矛盾的正面效应. 广州：广东经济出版社，2000.
[37] 陈建萍. 企业管理学——理论、案例与实训. 北京：中国人民大学出版社，2004.
[38] 戴克敏. 现代工业企业管理. 大连：大连理工大学出版社，1994.
[39] 巩维才. 现代工业企业管理. 徐州：中国矿业大学出版社，1999.
[40] 侯书森. 权变管理. 北京：中国言实出版社，2003.
[41] 胡震. 管理学十日读. 北京：企业管理出版社，2001.
[42] 黄雁芳. 管理学教程案例集. 上海：复旦大学出版社，2001.
[43] 潘大均. 管理学教程. 北京：经济管理出版社，2003.
[44] 彭建良. 管理学. 徐州：中国矿业大学出版社，2002.
[45] 许庆瑞. 管理学. 北京：高等教育出版社，1997.
[46] 邢以群. 管理学. 杭州：浙江大学出版社，1997.

[47] 孙成志. 管理学. 大连：东北财经大学出版社，2001.

[48] 苏惠文. 管理学原理与案例. 青岛：青岛海洋大学出版社，1999.

[49] 孙成志. 组织行为学. 大连：东北财经大学出版社，1999.

[50] 余秀江. 管理学原理. 北京：中国人民大学出版社，2004.

[51] 厉以宁. 中国企业管理教学案例. 北京：北京大学出版社，1999.

[52] 王凤彬. 管理学教学案例精选. 上海：复旦大学出版社，1998.

[53] 俞明南. 现代企业管理. 大连：大连理工大学出版社，1999.

[54] 周文霞. 管理中的激励. 北京：企业管理出版社，2004.

[55] 单宝. 企业管理前言理论与方法. 上海：上海财经大学出版社，2006.

[56] 陈健，吴楠. 管理学原理与实务. 北京：清华大学出版社，2018.

[57] 蔡世刚，魏曦. 管理学. 南京：东南大学出版社，2015.

[58] 李海峰，张莹. 管理学：原理与实务. 第3版. 北京：人民邮电出版社，2018.